U0564091

中国广告四十年

FORTY-YEAR HISTORY SERIES
OF ADVERTISING IN CHINA

总策划：黄升民　　总编辑：丁俊杰

中国广告公司四十年

(1979 ~ 2019)

1979

FORTY-YEAR HISTORY
OF THE ADVERTISING AGENCY IN CHINA

刘佳佳　王昕　著

2019

社会科学文献出版社

SOCIAL SCIENCES ACADEMIC PRESS (CHINA)

"中国广告四十年" 项目组

总　指　导：张国华

总　统　筹：李西沙

总　监　制：杨汉平

总　策　划：黄升民

总　编　辑：丁俊杰

主　　　编：刘英华　赵新利

编　　　委：黄京华　王　薇　王　昕　宋红梅　高　山
　　　　　　刘　珊　董俊祺　黄爱武

课题组组长：丁俊杰

执行副组长：黄升民　刘英华

课题组成员：

消费四十年课题组：
　　　　　　董俊祺　黄京华　李　珂　张心淼　云　庆
　　　　　　曹启淏　邢　楠　余　敏　刘莎莎　谭迪新
　　　　　　弓　婕

媒体经营四十年课题组：
　　　　　　王　薇　刘　珊　陈苡扬　刘　硕　张熙悦
　　　　　　谢晨薇

品牌四十年课题组：
　　　　　　赵新利　张　驰　项星宇　张允竞　安　瑀
　　　　　　彭英伦

广告公司四十年课题组：

　　王　昕　刘佳佳　刘新鑫　王墨雨　刘姝君
　　陈　烨

文献记录组：

　　高　山　王　帆　邢　拓　李　柳　李文蕾
　　吴昕宇　葛伟滕　傅潇莹　邵巧露　王天绮
　　刘怿卿　王静倩　黄　爽　张乐平　付少文
　　黄　岳　高卉语

事 务 组： 轩金鸽　张兰兰　高　慧

支 持 机 构： 中国商务广告协会
　　　　　　　　中国广告协会
　　　　　　　　中国广告主协会
　　　　　　　　中国新闻史学会
　　　　　　　　（排名不分先后）

支 持 媒 体： 中央广播电视总台

总　序

壮哉，四十年！

四十年弹指挥间，中国广告浮沉跌宕，壮丽磅礴。

二十年前，我们第一次用纪录片手法回顾中国广告二十年。影片开头就是为迎接国庆，重新绘制的巨幅主席像在天安门城楼徐徐升起，解说词旁白，毛主席微笑地看着长安街川流不息的车水马龙。这个时候有谁想到主席像的绘制者就是中国的老广告人？五十年代绘制抗美援朝大跃进的宣传栏，六十年代做过满大街"红海洋"，七十年代一声春雷，他们打开尘封的画册，将单一的"语录街"变成了七彩斑斓的广告街。

广告反映时代，我们记录广告，且每十年一次。二十年，三十年，又到今天四十年，我们以品牌、媒体、创意与消费四个板块形成四大卷本和四十集文献纪录片，铺展中国的广告社会史。

第一卷：狂飙突进的品牌　1978 年改革开放，中国经济从崩溃边缘走出，企业作为国民经济的细胞，于混沌之中率先破冰，成为中国市场探索的先行者。从完全的计划经济转向市场经济，企业活跃于最激烈的市场变革中，疯狂生长，奋力求生，其间历经千难万险，付出巨大代价，有落后挨打也有领先突破，于短短四十年间，完成了发达工业国上百年的历史积淀，发展之快令世人瞠目结舌。进入风云际会的新时期，转型升级成为当下中国企业发展的关键词，作为广告活动的发起者、需求者与规则制定者，企业通过广告营销塑造出享誉世界的中国品牌，在与国际品牌的较量中，不断创新求索，于奔跑中适应全球化步调，于兴衰沉浮中谱写中国广告的品牌历程。

第二卷：生死轮回的媒体　媒体与企业一样，在改革开放中从事业单位走向市场经营，从原来作为创收补充的小型广告体做大到集团产业，做强到拥有全球最大互联网市场的巨头公司。如今中国传媒产业总规模早已突破万亿元，广告经营额达到8000亿元量级。可以看到，一方面媒体于市场竞逐中不断演进，于技术迭代中增加传播力，匡助企业完成一次次品牌建构。另一方面，官商两面的属性使媒体肩负政治与商业的双重使命，于制度和市场博弈中左冲右突夹缝求生。旧媒体衰落于新媒体降生之中，更新的媒体又好整以暇酝酿而生，淘汰不灭，生生不息。媒体变革风起云涌，改革历程艰辛非常。

第三卷：彩练当空的广告　凭借对时代的敏锐嗅觉，广告人最早洞察行业复苏迹象。1979年以后，经历了为广告正名，摘掉意识形态污名化的帽子，中国本土广告于奋斗中走过了短暂繁荣，但争议与责难一直不断。随着国外4A公司登上中国舞台，土洋竞争持续升级，资本角力，技术掣肘，从20世纪90年代至2000年，本土广告公司都在惊涛骇浪中步步惊心。伴随互联网广告公司登场，包括国际4A在内的所有广告公司都面临艰难的变革突破，生存还是死亡，是时刻紧扣广告公司及其背后广告人的深刻焦虑。相比于企业和媒体两大市场主体，广告公司于市场中竞争最为彻底开放，这期间广告人凭借聪明才智一次次扭转危局，避开急流险滩。这群以灿烂作品名动于世的幕后英雄们，虽至今仍未赢得广泛尊重，却用智慧与汗水演绎出最精彩绝伦的壮阔舞曲。

第四卷：汹涌澎湃的消费　改革开放为压抑已久的中国市场打开缺口，民众的消费欲望瞬间迸发，成为浩浩荡荡、奔腾不息的原始动力，推动市场经济全速发展。蓬勃的消费浪潮一浪高过一浪。人民追求幸福的权利天经地义，满足民众最根本的消费需求是所有生产者与传播者的终极目标。创意策动传播，传播作用生产，深厚的消费力带动广告生产持续发力，蓬勃的消费血液深深汇入中国社会的骨络，循环往复，生生不息——人民，只有人民才是历史的创造者。

企业的强烈需求对接消费者的蓬勃消费欲望，媒介的技术变革呼应广告公司的转型突破，消费市场代表一切广告的本源和终点。四个角色于相互碰撞之中交相配合、环环相扣，共同构成四十年中国广告社会的长轴画卷。

　　广告世相，滴水太阳。广告渺小而平凡，却蕴含折射世间万象的力量。透过广告，可以看到企业的形象和媒体的兴衰，可以看到无穷的创意和喷涌的需求，可以看到人类文明的演进和一个大步跳跃的国家步伐。当然，也可以在社会梦境之中看到人类共有的深层欲望……

中国传媒大学资深教授、中国广告博物馆馆长

黄升民

目　录

绪论：幕后英雄们的历史群像

一 史料与史观：研究的价值与意义

2018 年，恰逢中国改革开放 40 周年。回顾改革开放的历史进程，系统总结改革开放的历史经验，成为各个行业的"流行议题"。波澜壮阔的改革开放实践，创造了极为丰富的改革经验。从 1979 年到 2018 年，中国发生了 5000 多年历史上最为深刻的一场社会变革。中国特色社会主义在改革开放中焕发出蓬勃生机的客观事实，中华民族再度崛起的巨大成就，无可辩驳地证实了这场社会变革的必要性和正确性。

广告业界与学界也积极投身到改革开放 40 周年的广告研究中。对于中国广告行业而言，1979 年显得更加意味深长。从 1979 年开始，近乎空白的中国广告行业开始悄然拉开一个新时代的序幕。而当我们真正走进历史，扑面而来的，是悠悠历史岁月带来的厚重之感。我们惊叹于广告作品背后的创意，对广告人的精神赞叹不已，尤其是，当我们依稀看到喜欢"破旧立新"的中国广告深处的历史延续与智慧传承的脉络时，在本书写作过程中的南上北下、挑灯夜战、钻故纸堆、坐冷板凳都是值得的。所谓"孔子作《春秋》，使乱臣贼子惧"，史家的风骨、视野和对历史本真的留存，成为中国当代社会记忆的一个重要部件。

但也有太多的遗憾。广告作品作为用完即扔的"易碎品"，广告人作为一群致力于创作的"无名氏"，广告公司作为社会经济变迁大潮中的"幕后军师"，虽然距离 1979 年仅仅 40 年，但已经有太多的史料遗失在历史长河之中，每每遇到这样的情况，我们总是有太多的遗憾。比如 1979 年中国第一个电视广告播出的当天，恰逢邓小平同志出访美国。这条在中国广告史、中国电视史，甚至是中国改革开放史上都具有划时代意义的广告，在我们走访了各方主体后依然难以寻觅。广告公司作为现代广告代理业最为重要的核心环节，在过往的历史中有着重要的影响，但是并没有被完整地梳理与记录。"一个没有记忆的行业是没有发展前途的行业"①，中国广告正面临着丢失历史的危险。尽可能地留存更多的关于中国广告的史料，保护和抢救广告的文物，本书的研究初衷，即在于此。

如果把中国的广告公司发展与演变的历程视作一个舞台，那么，从清朝末年开始出现的第一批广告公司谱写了一曲属于中国广告公司发展的跌宕序曲，在政治革命、经济起伏、文化转向、国际浪潮的影响下，它们历经磨难，前赴后继。在技术匮乏的年代，广告公司和广告人用双手勾勒创意；在形势多变的年代，广告公司和广告人用坚定的信念保护和培育中国广告业；在市场勃兴的年代，广告公司和广告人奉献了一个又一个的成功神话；在全球化浪潮中，来自世界各地的广告公司、广告人等和中国本土广告力量一起星光闪耀。在此期间，有太多的广告公司大起大伏，谱写了一曲又一曲的壮丽高歌。这是历史的规律，也是现实的存在。你方唱罢我登场，这是规律，更是承前启后、继往开来的需要。回顾这些广告公司，它们有的依然挺立在时代和行业的浪尖，有的正在经历转型和升级带来的阵痛，有的因为各种原因已经成为历史的尘埃，但不管怎样，这些公司，以及公司背后的一个个专业奋斗者群体，都曾经在中国广告行业的发展中，扮演着独一无二的角色。

站在40年发展历程的节点上，我们需要重新思考广告公司的角色与价值，这可能是在面对当下生存与发展焦虑时唯一可以依赖的智慧。在广告公司40年留下的社会印记中，蕴含在广告作品、广告策划和创意能力之中的，不只包括商业传播的行为和活动，还包含广告对于精神、理念和文化等多层面的传播功能集成，40年来，它已经形成了一个完整的体系。今天的广告，不只是给人消费品，还有文化；不单是促进消费，还承担着社会责任；不仅是简单的重商，还有情怀的传达；不只是镜像的反映，更是作为必要部分参与社会经济整体的建构。

站在40年发展历程的节点上，我们需要重新思考广告的哲学观。一方面，广告是社会消费欲望的点燃器，没有欲望就没有消费，就没有商业流通，经济就是缺乏生机的一潭死水，所以我们可以讨论广告，可以批评广

---

① 语出中国传媒大学丁俊杰教授讨论筹建中国广告博物馆时的发言。

告，但不能没有广告；另一方面，广告不需要没有原则的赞美，单纯赞美或批评广告的观点都是肤浅的，广告真正需要的是正确认识其客观价值：广告是社会功能中不可或缺的部分，广告的核心价值在于点燃受众的欲望，欲望是经济的动力，动力汇聚，推动的是一波又一波的消费升级、经济浪潮、文化变迁和产业涌动。

二 多元与统一：关于分期标准的思考

分期，是历时性研究中的关键节点所在。什么时候分期？缘何如此分期？这些问题的背后代表着论者对研究的基本判断。以往的分期，总是按照政治改革的进度来完成分期，的确，在中国广告行业发展的最初时间里，自上而下的政治力量和意识形态管控曾经是影响广告业发展的最主要力量之一，也是跨国广告公司迟迟未在中国全面布局的主要原因，也是民营资本直到邓小平南方谈话之后才开始进入广告行业的主要原因。但随着广告行业发展成熟，自下而上的市场力量逐渐成为主要影响因素，广告行业和广告公司的变化也愈发依赖整体产业环境中的某些因素。如果说，在整体上，媒介、本土广告公司、跨国广告公司、社会经济、国家政策等因素是一个一体化的过程的话，那么在分期这一关键问题上就应该考虑广告发展的"藤蔓"，以及多种因素的综合考量。虽然各个因素之间有着相互的影响关系，但整体上依然呈现一些有着不同特征的时间阶段。这种超速度的迭代性发展与共时性存在，以及外部影响因素与内部变革因素的交互影响，是中国广告行业的发展特色所在。

中国现代广告自改革开放以来，虽然时间仅仅有40年，但从今天的发展规模和水平来看，可以说，它在很大程度上走完了西方广告行业一百多年的专业化演进历程。如前面所述，之所以选取这一时期加以研究，是因为中国广告公司在40年之后的今天，基本上走完了单向的模仿和学习阶段，全球广告业在中国的本土化改造也已完成，本土广告公司的国际化进程日渐频繁，更重要的是，中国的资本力量、互联网力量和庞大的市场力量正在推动着中国广告业从边缘走向世界中央。

具体来看，中国广告行业从1979年复苏，尤其是从1992年邓小平南方谈话之后快速发展，截至目前，其历史相对较短，在此基础上再进行细分，顾此失彼的情况难免会发生。广告公司的实践需要"嵌入"在中国广告的发展进程当中，而中国广告行业发展背后是身处改革与开放之中的中国不断追求现代化。以宏观的政治改革和经济指标划分，以广告行业的发展节点划分，以微观的广告公司的事件划分，这些划分方法各有利弊，要获得普遍的认同确是一个极大的难题。①

综观各类研究文献，大部分侧重对中国广告发展史阶段的划分。主要的划分时间段和划分依据大致有以下几种。

其一，从广告本体思考入手，以现代广告内涵的演变为划分标准。余虹、邓正强在《中国当代广告史》中以此作为依据，从中国的现代广告活动发展的历程出发，将传统广告与现代广告区分开来，注重广告活动本身的运作规律以及广告活动的微观层面。划分结果为广告的复兴（1979~1985年）、现代广告探索期的早期工作（1985~1992年）以及现代广告探索期的动荡与发展（1992~1996年）②。该书将广告公司置于广告业的分期之中加以讨论，也成为后来很多广告史研究屡次提及的著述，但该书完稿于1998年，写作下限截至1996年，对1997年以后中国广告行业的变化动态，尤其是规模化、资本化和技术革命带来的变革未能加以描述，不免有很多遗憾。

其二，以广告业发展的速度来作为划分标准，将广告视为一个从零到一的产业。北京广播学院广告学系（现中国传媒大学广告学院）和国际广告杂志社等合著的《中国广告猛进史》将1979年到2003年的广告以数据划分为几个阶段。划分结果为懵懂发展期（1979~1982年）、高速发展期（1983~1985年）、快速发展期（1986~1991年）、超高速发展期（1992~1994年）、快速发展期（1995~1997年）以及稳步发展期（1998~2003年）③。该书更类似于资料的汇编，将广告公司与广告业发展过程当中的诸多史料以编年体的脉络加以整理，创新地将广告业"嵌入"诸如社会文化与经济发展等"世相"的变迁加以讨论。但这种分期方法在时间节点上截止到中国广告业的全面开放之前，同时限于体例，也没有展开观点与思想的讨论，分期以各类"速度"作为中国广告业发展的基准，也有些流于表

---

① 中国传媒大学张树庭老师的博士论文给了笔者很大启发，对广告公司的分期有很多帮助。
② 参见余虹、邓正强《中国当代广告史》，湖南科学技术出版社，1999。
③ 参见国际广告杂志社、北京广播学院广告学系等《中国广告猛进史（1979~2003）》，华夏出版社，2004。

面，缺乏对更深层次原因的书写。

其三，以重大政治事件和经济事件作为划分标准，以自上而下的政府视角来看待广告发展历史。这种分期以国家工商行政管理总局的观点为主，重视影响广告业发展的宏观因素，将广告业置于国家和时代的重大变迁中加以审视，默认广告发展的推动力是政治与经济事件，对广告本体的特殊性思考得不够充分。主流的划分结果为：恢复和初步发展阶段（1978～1991年），快速发展阶段（1992～1997年），多元发展阶段（1998～2002年），持续稳定发展阶段（2002年至今）①。

除此之外，还有基于其他标准的论述。例如，对中国广告业发展的数据进行了大量整理的范鲁彬在2004年由中国大百科全书出版社出版的《中国广告25年》中，以"大事记"的方式对1979～2003年中国广告发展史方面的许多重要资料进行了总结。

这些划分的标准和依据各有其特点，但也各有其不足。如何将宏观数据与微观形态、广告主体与广告环境、现代广告与传统广告等因素综合考量，是分期的基本判断。具体到本研究，从广告公司的实践变化入手，是本研究分期的关键所在。鉴于中国广告行业的发展特征和广告公司的多元主体、复杂特征和数量繁多的特点，我们从北京、上海、广州等中国广告业最先规模化发展的区域入手，而后辐射到南京、唐山、武汉等城市，在体制改革和市场勃兴等力量的刺激下，在哈尔滨、乌鲁木齐、昆明、福州、杭州、合肥、长春等地雨后春笋般地涌现了很多有代表性的广告公司。跨国广告公司携带着专业化和全球化优势开始在中国布局。

改革开放40年的中国广告公司的发展历程，是现代广告在中国发展的历程；是中国广告从一种传统的几乎消失的状态，超高速发展崛起，走向世界的历程；是中国广告与世界广告全面接轨的40年——中国广告公司用40年的时间，走完了西方广告公司上百年的历程。故而，本研究的分期，从历史的连续与结构联系的脉络入手，聚焦不同时期中国广告公司和广告业发展中的新兴力量和代表性群体，按"不同发展阶段的不同特点，以共同特征为主题，兼顾更广阔区域的发展样态"作为分期依据，以此来描述

---

① 参见刘凡《中国广告：和谐与创新——国家工商行政管理总局副局长刘凡访谈录》，《现代广告》2007年第7期，第14页。

中国广告公司40年的发展与流变。我们可以将改革开放以来中国广告公司的发展分为五个阶段，各个阶段有着不同的面向与特点。

第一阶段：1979年之前的中国广告业与世界广告业

这一时期的中国广告业并非一片空白。对外经贸和内贸宣传依然在承担着广告的角色，因为广告与商品经济的紧密关系，所以广告在某种程度上也被意识形态化，成为资本主义的代名词。但这一时期，有很多原有的广告人在从事政治文化宣传、美术设计、对外经济贸易的媒介代理等工作，或者在对广告需求较大的轻工业和家庭用品的企业中默默耕耘，虽然他们的工作不叫"广告"，但依然在承担着广告的重任。而他们也成为改革开放之后现代广告复苏过程中的重要人才支撑，他们中的多数主动投入广告行业的相关领域，在积极实践的同时，开始思考广告的专业性与职业性。

这一时期，国外的广告公司也在中国香港、澳门、台湾以及中国周边如马来西亚、泰国、新加坡等国家开始布局，这些地区成为跨国广告公司日后进入中国的重要跳板。

第二阶段：1979~1992年，这一时期的主题是政治、意识形态与广告公司

在1979年之初，中国广告产业几近空白，广告被认为是意识形态的"妖魔"，没有广告被认为是社会主义优越性的一个表现，社会公众对广告的认知普遍消极。在改革开放的大潮中，广告成为改革开放的排头兵。广告的变化浓缩了国家和政府对广告认知的变化，也凝聚着民众对广告态度的变化。这一时期，广告领域主要的议题包括为广告正名、社会主义广告等，诸多其他学科的学者开始从不同视角讨论广告学的必要性和价值，他们努力将广告从政治宣传和意识形态工具的认知误区中解放出来，以迎接下一次广告高潮的来临。

这一时期，广告公司的主体大部分是从之前内贸和外贸系统中改制而来的广告公司，他们几乎全部是集体和国有公司，天然服务于区域和所在系统，这从公司名字上可见一斑，内贸广告公司往往以区域所在的城市命名，外贸广告公司往往以所在出口贸易的产品品类命名，这与外国的广告

公司多以个人姓名命名完全不同。这既是发展的基础和优势所在，也成为后来发展局限性的根源。

这一时期，露美化妆品的美容院、皮尔·卡丹的服装秀、健力宝的体育营销策划、作为广告公司业务类型之一的服装模特队、卡西欧与上海电视台联合策划的轰动上海的家庭卡拉 OK 大赛，成为广告史上的美妙回忆。其中，国有广告公司依托体制内的力量，有着更多经济效益之外的文化传播与社会责任的思考；新产品的引入与普及，也带来了现代化的温馨生活方式。这一时期，传统广告的萌发与现代广告的引介成为广告业发展的两个脉络。初生的广告公司还遇到了广告意识形态的争议、外商风波、日本橱窗事件、社会主义广告讨论、第三世界广告大会，等等。在政治与市场之间，广告公司的发展可谓跌宕起伏。

第三阶段：1992～2001 年，这一时期的主题是市场、开放与广告公司

1992 年是中国从计划经济全面走向市场经济的关键之年。政策对广告业管控的松动使得大量的民营资本和私营资本进入广告领域，广告公司在广告业的营业额在这一年年底首次超过了电视、报纸等媒介广告经营单位的经营额度，成为中国广告产业中最为重要的一股力量。1994 年颁布的《中华人民共和国广告法》从整体上框定了广告作为一种"负责任"的自由表达的边界。

这一时期，伴随着国内各个地区的市场经济主体的快速发展，广告公司也从北京、上海、广州三地往更多的城市扩散，被压抑许久的中国广告人群体纷纷开始创立广告公司，他们中的很多人来自国有企业，来自体制内的相关部门，来自高等院校的相关艺术和商业专业。这些有着热情、知识和机遇的广告人很快就成为广告公司集群中的一股不可忽视的力量。与此同时，从 1992 年开始，跨国广告公司开始大量进入中国，它们经过前一阶段的谨慎探索，开始在专业、经验、资本等多个优势领域发力。国际化和本土化也成为这一时期讨论的一个重要议题，中国广告行业是否会陷入"殖民化"的境遇，成为时代的焦虑和历史情结的缩影。这一时期，主要涉及的广告话题包括国际化与本土化、既注重经济效益又注重社会文化责任的新广告运动、广告泛滥与虚假带来的广告批

评等。

躁动的市场与多元的主体是这一时期的时代特色。市场化带来广告业的突飞猛进，乱象之后，才见到真知。广告公司领域的话题较之前有了爆发式的增长："全民办广告"热潮，以白马影视与黑马平面为代表的广州地区的广告崛起，CI广告策划的引进与"太阳神"神话，"点子公司"与"大师"策划人的昙花一现。广告公司处在快速分化与多元多变的格局中：民营、国营、个体、跨国、"大师"，各有各的优势，各有各的生存方式，他们共同谱写了这一时期的广告业的华丽乐章。

第四阶段：2001～2010年，这一时期的主题是资本、文化与广告公司

从2001年开始，中国开始大跨步地走向世界，世界也开始更加主动地走进中国。跨国广告集团携资本优势和全球经验在中国市场上开始高频并购，本土广告公司开始与资本联手，2001年白马广告公司在香港上市之后，以分众传媒为代表的创新性户外媒体，以广东省广告公司和蓝色光标为代表的综合性广告公司，都成为资本市场上的宠儿。在专业发展方面还尚未完全成熟的中国广告公司，又在资本维度面临着挑战。

这一时期，中国广告公司开始逐渐走向自觉，这体现在其对中国市场的理解上，体现在对自身方法论工具的打造上，更体现在对中国历史和文化资源的重视上。2005年，中国元素国际创意大赛由9个本土广告人筹资成立，广告公司开始与更多的文化产业领域融合，而对中国文化的洞察与基于此的创意则是广告公司的优势之一。这一时期，规模经济与资本并购、中国元素与文化自觉、自主创新与积极学习等成为广告行业的新命题。

第五阶段：2010年至今，这一时期的主题是技术、生态与广告公司

从更早的时期，对技术和数据更加重视的互联网广告公司就开始出现，2004年上市的分众传媒收购当时中国最大的互联网广告代理公司好耶，即是想在新的传播生态下重新塑造自身。2009年3G时代全面到来之后，互联网广告公司开始从舞台边缘走向中央。诸多新概念开始在中国广告产业中出现，相较于之前，变革的浪潮更加汹涌。包括 4A 在内的大型广告集团开始重新思考自身在传播生态和营销链条中的位置，转型、改革、重构成为这一时期的热门字眼。

身处技术浪潮下的中国广告公司，不仅面临世界上最为复杂的市场格局，也正在从一个跟随者逐渐成为引导者，它们正在不断解决世界最前沿的营销传播问题，而这些恰恰是新的广告学理论和广告公司形态的现实来源。这一时期的讨论议题聚焦在新传播生态方面，"互联网＋"、IP、场景、精准、互动等技术概念在进入广告领域的同时，内容、故事、创意等人文概念也在不断被提及。对于以"大创意"为核心的广告公司，如何将原有的洞察、创意、资源整合、客户服务等优势在巨大变革的今天延续下去，成为决定其生与死、最好的时代与最坏的时代的关键。这一时期，社会弥漫着各种同业与异业竞争的讨论，对技术入侵和价值重塑的焦虑，对生态变迁和商业变革的迷茫，既是中国广告业和广告公司面临的重要挑战，也是数百年来世界广告业发展遇到的前所未有的挑战。

三 问题意识与内容框架

历史研究往往怕陷入平铺直叙的流水账，只顾堆积材料，缺乏问题意识。"史料不会开口说话，因此需要研究者做出细致的分析，理出材料的内在逻辑，揭示隐匿其间的意义。如果只记流水账，停留于某年某月发生了某事，却把分析悬置起来，而指望材料自我表白，一般不可能是精彩之作。"[①] 在讨论历史之前，找到"内在逻辑"与"意义"则是首要任务所在。"新史学不同于旧史学主要有三点，一是更注重史学的'当代性'，二是更注重史学的'思想性'，三是更注重史学的'叙事性'。"[②] 在新史学看来，历史从来不是僵死的过去，不是考古的名物，而是生生不息的人类实践和息息相通的社会运动，既包含着"剪不断，理还乱"的往昔纠葛，更体现着当下的现实关怀。

中国是广告产业发展不平衡的国家，不同区域有着差异很大的广告公

---

① 李金铨：《报人报国》，香港中文大学出版社，2013，第 20 页。
② 李彬：《"新新闻史"：关于新闻史研究的一点设想》，《新闻大学》2007 年第 1 期，第 40 页。

司。一方面，北京、上海、广州等一线城市的著名广告公司与其他区域的广告行业变革有着密切的关系，从某种程度上说，它们见证并参与了中国改革开放的进程，是我们思考和研究中国广告公司演进与中国广告行业发展的重要样本；另一方面，中国是一个由城市和乡村构成的一个复杂集合，不同地区有着不同的广告发展水平，也有着差异性较大的广告公司和广告作品与之相适应与匹配，而历史发展往往将它们忽视和遗忘，它们有着自身的价值。透过这些广告公司，我们才能真正全面理解中国。

研究的基本框架围绕三个核心问题展开：不同区域的广告公司"因何而生？""倚何而立？""往何处去？"本研究以广告公司的生存形态和活动形态作为研究的主要线索，同时把媒介和市场环境的变化与之相结合，将广告公司置于更广阔的社会、文化和政治史的宏大脉络中进行考察。整体研究尽可能做到立足史料，体现现实关怀；超越个体经历，梳理历史发展规律；既要讨论社会互动和变迁对广告公司的影响，也讨论广告公司本身的能动价值。

主题一：主线脉络以广告公司与社会/文化的关系为主——广告公司通过广告作品来反映和建构社会

借用美国广告学者麦克夸肯的观点，"广告通过意义传递把消费品和属于文化范围的世界带到了一起。广告公司的创造人员追求的是让观众/读者一看便能发现二者（消费品和文化）之间有共同的一些属于文化范围的特征，这些特征可以归属到广告所代表的消费品上去。……这样，从文化到商品之间的特征转引便完成了。"[①] 本研究将广告视为现代商业社会的一种强大的文化力量，如同原始社会的图腾与禁忌、近代社会的礼教与宗教一般。广告公司在这样一种背景下被思考和分析。

主题二：政府与广告公司关系——监管、引导与激励

改革开放以来的中国所经历的变化可能是世界范围内人类历史上最为剧烈的一场变革。置于其中的广告行业与广告公司、广告人群体如何在政府这一最为强大的影响动力下，不断寻求自己的发展空间以及专业化、职

---

① Grant McCracken, *Culture & Consumption*, Indiana University Press, 1990, p. 77.

业化的道路，这是本书写作的另外一个重要主题。

主题三：企业/品牌需求与广告公司关系——导师、智囊与执行

广告行业与广告公司并不是一个单独存在的行业，从广告的诞生开始，广告就是一种经济发展的产物。正如日本学者中山静所言，"广告从来都不是制造的，而是一种自然成长的结果"。① 广告发展与社会大分工和商品经济的出现有着密切的关系。在企业的商业营销活动中，广告公司如何与企业和品牌合作，以期完成自己的价值与角色，这是一个永恒的主题。在改革开放的40年时间里，有着无数的精彩的广告个案和广告事件，这些个案和事件其实是广告公司与企业关系的直接反映。

主题四：媒体与广告公司关系——助力与分羹

广告公司实现价值的一个主要方式，即是通过媒体来完成自己广告创意作品的刊载，媒介代理也是广告公司的两大核心业务之一，但相较创意的代理，显得有些被忽视。但在很多时间里，甚至是当下，媒介代理收入依然是广告公司营收中最为重要的部分。很多人认为广告是一种广而告之的传播活动，也从广告与大众媒体关系的角度对其进行了思考。作为一种体制内事业单位和舆论喉舌的媒体，与改革前沿和商品经济代表的现代广告公司，二者在过往的40年时间里擦出了许多火花，也发生了诸多值得挖掘的案例与故事。

主题五：其他营销传播类公司与广告公司的关系——竞争与合作

按照主流的观点，广告是营销传播的一种重要工具。随着企业商业营销活动的不断深入，相应的专业化与分工也在不断深化，广告公司与其他营销传播类公司在历时性演进中有着前后传承的关系，而在共时性层面，它们又相互竞争与合作，共同建构了企业外部的营销传播生态。自由职业者、广告公司、公关公司、咨询公司等不断丰富与更迭。这也是现在咨询公司、In-house公司、IT公司、互联网媒体公司等成为4A广告公司替代

---

① 丁俊杰：《现代广告通论》（第3版），中国传媒大学出版社，2013，第64页。

者的讨论缘起。

主题六：广告公司内部视角的变化与发展

从广告公司自身类别发展来看，广告公司的主体包括：民营（个体）、国有（集体）、外贸与内贸、跨国广告公司等。从广告公司的内部组织架构来看，有业务部门、调研部门、策划部门、创意部门、媒介代理部门等。

不同主体、不同分工、不同架构的广告公司类别，回应了一个核心议题：作为组织这一"看得见的手"①，如何去适应市场这一"看不见的手"，以及政府体制和政策。另外，从这一主题出发，本书还计划对代表性广告人的出身与发展轨迹，广告公司的专业知识与方法论的形成、演变与更新等更为具体的主题进行深入挖掘。这些知识与经验、方法与规律、思考与教训，是广告公司留给时代的丰厚宝藏。

上述的六个研究维度，共同指向一个历史观念，即历史的连续与结构的联系。没有所谓孤立的事件和实践，如马克斯·韦伯认为"人是悬挂在自己编织的意义之网上的动物"，广告公司的背后也有着一张更为庞大复杂的时间脉络。从更深层次来讲，这张"大网"包含着影响长时段的因素，也有着重中时段的因素，还有短时段的影响因素②，它们共同作用于每一个广告公司个体。这是思考和讨论中国广告公司40年发展历史的基本框架。

其一，何谓历史的连续？即基于一种延续的视野，各个广告公司及相关主体的出现与衰落，它们之间的智慧、资源以及能力都是一种承接和丰富，而不是一种单纯的替代和更迭。借用赖特·米尔斯的观点，"非历史研究通常容易成为对有限环境的静态或短期性的研究。但这是一种期望而

---

① 这一概念来自美国企业史研究专家小艾尔弗雷德·钱德勒在研究美国大企业历史时的发现，钱德勒在1977年出版了《看得见的手——美国企业的管理革命》，在书中他主要讨论美国一些典型企业发展过程中出现的内部组织与管理革命。核心观点为"现代工商企业在协调经济活动和分配资源方面已取代了亚当·斯密的所谓市场力量的无形的手"。

② 这一概念来自法国《年鉴》学派的代表人物费尔南·布罗代尔的发现，他的核心观点是，历史时间可以分为相互联系的长时段、中时段和短时段的"三个时段"，分别表述三个不同层次的历史运动，而其中的长时段历史也就是结构史，是最基本最重要的一个阶段，对人类社会的发展起长期的决定性的作用。只有借助于长时段历史观，才能够更深刻地把握和理解人类生活的全貌。

已，因为在更宏大的结构发生变迁时，我们更容易认识这些结构，而只有在我们拓展视野，使它包括一个恰当的历史阶段时，我们才有可能了解这些变迁。要想理解小环境大结构至今如何相互作用，理解在这些有限环境中起重要影响的大事，我们就得处理历史资料"①。对于中国广告的40年，我们更应该看到的是这样一种历史观，这样才能真正还原历史与当下乃至当下与未来的关系，才能真正释放广告公司发展历史的价值与意义。

其二，何谓结构的联系？广告公司从一开始就处在媒体和市场之间，又处在经济、文化、政治、科学技术等更广泛的影响力量之下。广告本身是一种多学科交叉的产物，当下的学科和实践往往将广告视为文化、商业、意识形态等多重属性的集合体，广告作为一种镜像反映，也作为一种建构力量出现。而广告公司与媒体、企业、消费者等主体共同建构了广告产业和广告环境，广告公司身处在政治、经济、文化的复杂结构中。不同时期，各个因素对广告公司施加的影响有所不同，这些因素共同作用于广告公司，呈现中心—边缘的关系。某些时期政治是主要的影响，某些时期政治则退居其后，相应的广告公司发展面临的主要矛盾也发生变化。

在50多年前，麦克卢汉从社会宏观视角出发，将广告这一社会力量视作工业社会时代的民俗，每一个生活在其中的工业人着迷于广告神话编织的梦幻，甚至我们的集体意识"多半来自实验室、演播室和广告公司"②。"作为现实世界一部分，人的日常生活领域是按照人的意识和心理建构起来的。对这样的世界，20世纪的商业广告和14世纪的玻璃画窗一样，将要成为20世纪最丰富、最忠实的反映，在反映全社会一切领域的各种活动中，其他时代的社会都只能望其项背。"③ 对于广告的生产主体——广告公司，麦克卢汉感慨道，"有史以来第一次，在我们这个时代里，成千上万训练有素的人耗尽自己的全部时间，只求能打进集体的公共头脑。"④ "广

---

① 〔美〕C. 赖特·米尔斯：《社会学的想象力》，陈强、陈永强译，生活·读书·新知三联书店，2005，第160页。

② 〔加〕马歇尔·麦克卢汉：《机器新娘——工业人的民俗》，何道宽译，中国人民大学出版社，2004，《麦克卢汉自序》，第2页。

③ 〔加〕马歇尔·麦克卢汉：《机器新娘——工业人的民俗》，何道宽译，中国人民大学出版社，2004，《麦克卢汉自序》，第2页。

④ 〔加〕马歇尔·麦克卢汉：《机器新娘——工业人的民俗》，何道宽译，中国人民大学出版社，2004，《麦克卢汉自序》，第2页。

告队伍在研究和测试公众的反映上，每年有数以十亿计的经费，它们的产品积累了有关整个社区共同经验和情感的大量资料。"①

回顾中国改革开放以来的绝大多数关于企业市场开拓和媒体经营的风云事件，背后都有广告公司的身影。作为幕后英雄，企业的产品和媒体的内容才是台上聚光灯下的明星，广告人没有站在大众面前，却一直影响着大众的选择，通过建构人与物的关系，广告最终建构了人与人、人与自身、人与社会的关系。从当年的"为广告正名"、《铁臂阿童木》的引进、北京亚运会的招商，到后来的保健品神话、哈药故事、央视招标、外商风波、公益广告创作、体育与文化活动等，皆是如此。归根结底，中国广告公司 40 年历史的研究主体是广告公司，它们的价值和意义、智慧与思想、过去与现在，需要我们记录和梳理。作为研究者的我们，更像是一个画家，来描绘中国广告公司这一幕后英雄们的历史群像，梳理它们的思想、它们的作品。这也成为本书的问题意识和内容框架。

---

① 〔加〕马歇尔·麦克卢汉：《机器新娘——工业人的民俗》，何道宽译，中国人民大学出版社，2004，《麦克卢汉自序》，第 2 页。

第一部分

1979 年之前的世界广告与中国广告业

第一章　探寻时代转换的空白：1979年前后的中国广告业与广告公司

对中国大陆广告而言，"当代"似乎是从1979年开始。"1979年"被视为一个意味深长的数字，很多著述中往往用简单的"从无到有""破冰""恢复"来概括改革开放之初的广告行业发展状况，这些词语会带来另一种理解。1979年仿佛只是一个飘浮在空中的历史起点，好像在这之前，中国广告业是空白的，其原因是"文革"的灾难性摧残和对广告的意识形态批判。广告学者黄升民教授在查找了相关历史档案后认为，国家从未颁布任何禁止广告的相关法令。① 的确，我们在历史中寻找时，发现了诸多党和国家领导人对广告的积极指示。比如，1956年1月3日，时任中共中央副主席的刘少奇同志在听取商业部副部长姚依林、王磊汇报后提出如下意见："广告是向人民宣传的，应当有威信。各工厂、合作社搞广告必须经过广告公司，不许讲假话。要货真价实，讲优点、缺点、有科学家鉴定。"② 同年5月28日，刘少奇同志在听取中央广播事业局负责人梅益等的汇报后说："广播电台为什么不播广告？人民是喜欢广告的。许多人很注意和自己有关的广告。过去北京有一些电台播广告，你们取消了，是不是怕搞广告？报纸也是要登广告的，我看有些城市电台可以播广告。"③

令我们遗憾的是，中国广告业正面临着丢失历史的重大问题。作为易碎品的广告，作为无名氏的广告人，作为幕后英雄的广告公司的诸多珍贵史料，因为缺乏系统保护和积累，有很多已经难以再次看到。但是，1979

① 参见黄升民《广告观》，国际文化出版社，2003。
② 《刘少奇年谱》（下卷），中央文献出版社，1996，第353页。
③ 《少奇同志与广播事业》，载于《梅益谈放手电视》，中国广播电视出版社，1987，第10页。

年之前的广告历史绝对不是空白的，或者说，不能轻易用"断裂的"判断去鲁莽对待。在讨论如此重大转向的议题时，对于时代变革之前的考察尤为重要。

从历史的角度来看，广告代理业是受广告主委托从事广告的行业，它经历了几个发展阶段。19世纪中期，最早出现的广告代理公司从属于报社，以出卖报纸版面为主要的经营方式，被称为版面捎客，后来业务发展到替客户设计、制作广告稿件。19世纪末期，欧美国家的广告业产生新的观念。广告人根据日常积累的广告知识和经验，开始替客户进行简单策划，后来逐步脱离过去单纯的报纸版面买卖，从报社独立出来成立广告公司，形成最早的广告代理业。进入20世纪后，由于大众传媒迅速发展、市场观念进一步演进、现代营销理论兴起，广告代理业发生了革命性的变化。广告公司的服务内容超越传统的范围，包括为广告主进行市场调查、整体广告策划、广告制作、选择广告媒介及协助企业实施营销计划等任务，这些公司被称为综合广告代理公司。在广告发展史上，这被认为是现代广告行业的开端。广告人和广告公司在现代广告诞生的一个多世纪里，不断引进一些复杂的东西，如通过动机研究来界定消费者的行为，通过媒介分析来触达消费者，通过创意战略来增强销售讯息传播。① 现代广告公司成为不断延续与丰富的广告专业知识的最重要生产者与传承者。

从广告行业自身的发展规律来看，具备专业知识的高素质人才是广告行业中最重要的一种生产要素，也是广告公司的核心竞争力所在。在形势多变的时代，广告人用坚定的信念来保护和培育依然稚嫩的中国广告行业。广告行业中有一句老话，"广告除了人之外别无长物"。② "最有价值的不是工人那双手，而是他们的脑袋"③。广告人所"售卖"的正是他们的智慧而非体力劳动。人才的质量决定了一个广告公司的水平。员工是广告公司最重要的资产。"广告的作业，是由人的头脑、才能组合而成的。原料、材料与生产过程统统在人的脑中进行完成。在电通，所能销售的商品，就是人。也就是说，我们本身就是商品。坐在广告主面前的电通人就是电通

① 参考《克莱普纳广告教程》中的相关内容。
② 〔美〕马丁·迈耶：《麦迪逊大道：不可思议的美国广告业和广告人》，刘会梁译，海南出版社，1999，第82页。
③ 参考彼得·德鲁克《企业的概念》，机械工业出版社，2006，第36页。

的商品。"① 1993 年，在国家工商行政管理总局和国家计划委员会联合发布的《关于加快广告业发展的规划纲要》通知中提到，"广告业在我国是一门新兴产业，属于知识密集、技术密集、人才密集的高新技术产业，是第三产业的重要组成部分"。这是国家第一次在战略层面引导广告行业，也是第一次将广告业明确为"三密集"的产业。人才的重要性可见一斑。

对广告人才的描述花费如此多的笔墨，是想从某种程度上论证 1979 年中国广告业并非一片空白。人才是 1979 年与之前的历史时期依然存在着联系的纽带。1979 年的中国，是中华人民共和国成立以来，乃至更长时期中国历史上政治、经济体制改革和变化最为剧烈的时期之一，整个时代处在一个转换当中。中国的广告行业的发展与探索则是整个社会现代化追求的组成部分，本研究聚焦到 1979 年前后的广告从业群体身上，讨论在现代化追求这一社会核心主题与价值取向中的广告从业群体的早期形成历程，从而回应时代转换中的中国广告行业的历史连续性命题。

从广告专业主义的角度来看，广告行业一直通过专业化的努力来获得社会尊严。但快速增长的营业规模和蜂拥而上的广告经营单位并不足以实现这一目标。美国学者威伦斯基曾经提出从职业到专业的五个阶段："第一，开始努力成为专职或全日制的职业；第二，建立起训练学校；第三，形成专业协会；第四，赢得法律支持以能自主掌管自己的工作；第五，专业协会公布正式的行业准则。"② 很明显，这五点的第一要务即是形成一定规模的从业群体，并且他们能够将这一职业视为长期乃至终身的一个事业。这是广告专业意识形态和专业核心理念形成的必经之路。本章也尝试将 1979 年前后的广告从业人员的变化，置于广告专业主义追求和职业系统建构这一理论视野下加以讨论。

一　激荡百年：时代变迁中的中国广告业

对 1979 年的时代转换的思考，需要和更早一些、从 1949 年开始的时代转换联系起来。在过往对中国广告史的叙述中，我们可以看到一个稍显

---

① 赖东明编著《广告之路》，台湾新生报社出版部，1981，第 140～141 页。此话源自日本电通广告公司吉田秀雄的言论。

② 转引自黄旦《传者图像：新闻专业主义的建构与消解》，复旦大学出版社，2005。

奇怪的现象，民国时期广告行业的蓬勃发展与改革开放之初中国广告行业的复苏之间几近空白，这期间到底发生了什么？自清末民初开始，伴随着近代报刊的出现、沿海商品经济的发展以及外商在中国市场的活动，近代广告事业快速崛起。1909 年王梓廉本着提倡广告、促进工商的目的创办的"维罗广告社"，一般被今天的广告学界认为是中国人开办的第一家广告公司。① 此后，广告公司如雨后春笋般涌现，1921 年，投资 150 万银圆的美灵登广告公司在上海爱多亚路开始营业，主要经营路牌、公共车辆以及电话簿广告。1927 年 2 月，中华广告公会（即后来的广告商业同业公会）成立。除联合、华商、美灵登、克劳、荣昌祥和穉英画室等规模及影响都比较大的广告专业机构之外，还有许多相对较小的广告公司、广告社、出版社、图片社、美术设计公司等，如虞顺懋、严宝礼合资创办的交通广告公司，陆守伦、郑耀南、姚君伟等人创办的联华广告公司，曹浦珊创办的华美广告公司等。② 除以上海为中心外，广告公司遍布广州、南京、青岛、天津、北平、哈尔滨等重要城市。一个专门从事广告相关业务的职业群体逐渐形成。

和欧美及日本的广告业发展规律一样，早期的广告人大多脱胎于报纸、杂志等印刷出版业。"广告代理人开始只是跑跑腿，为报馆招揽业务，从中收取佣金。后来，报纸广告业务不断扩大，报馆纷纷设立广告部，代理人方逐渐演变为报馆广告部的雇员，以后又出现了专营广告制作业务的广告社和广告公司。"③ 而后，简单的媒介代理竞争开始陷入白热化，策划、创意和实施广告的能力开始成为广告人追求的核心素质。广告公司的业务也由单一走向多元化经营，服务的内容逐渐从初级的媒介"捐客"性质，拓展到市场调查、研究顾客心理、编制图文、帮助顾客选择媒介等。当时流行的月份牌广告④，直到今天依然为人津津乐道，甚至成为艺术品投资收藏的对象。"华商""联合"，以及美商"克劳"和英商"美灵登"

① 杜艳艳：《中国近代广告史研究》，厦门大学出版社，2013，第 184 页。
② 曹汝平在其 2016 年上海大学博士毕业论文《上海美术设计机构研究（1909～1978）》中对上海地区的广告公司在改革开放之前的历程进行了全面的梳理。
③ 曹汝平：《上海美术设计机构研究（1909～1978）》，博士学位论文，上海大学，2016。
④ 月份牌广告是清末民初以后，在上海地区出现的一种广告媒体形态：它借鉴和运用了在中国最有群众性的民间年画样式，将其融入商品广告。人们获得这种商品宣传画后，可装饰欣赏，也可查阅日期。

被称为当时上海广告业中的四大广告公司。1927 年 2 月，六家广告社共同发起的中华广告公会（即后来的广告商业同业公会）在上海成立，1936年，华商广告公司的创始人林振彬编辑了《近十年中国之广告事业》，其中谈道，"在过去十年里，中国广告在不同领域都取得了巨大进步……许多技术人员通过与国内广告主和一些享有盛誉的广告公司打交道而得到了锻炼。"[①] 北京第一家广告代理店出现于 1921 年，名为"杨本贤广告社"，其主要业务是为在京各个报刊招揽广告。到 1935 年，全市一共有 10 家小型广告社，它们的规模大多只有三五人。1945 年，北平市广告社同业公会成立，当时有会员单位 40 家，其中不少是个体经营者。[②]

1953 年，我国开始对农业、手工业和资本主义工商业进行社会主义改造，在流通领域实行了计划收购、计划供应和统购包销的政策，以市场为中心的生产与消费模式逐渐消失，广告最终被纳入国家统一规划。[③] 1950年 5 月 1 日，上海市广告管理事项由原公用局移交市工商局。1952 年前后，美术设计机构面临业务萎缩的不利局面，仅 1952 年一年，就有几十家广告社申请解雇职员或倒闭。[④] 接下来的 1952 年有更多中小型广告机构已无法维持正常运转，只能无奈地选择解雇职员或歇业，由金雪尘、李慕白经营的"穉英画室"同样也在这一年解散。仅此一年，就有多家广告社（公司）向上海市人民政府劳动局提出解雇或歇业申请。在不长的时间内，这么多家广告机构无法继续进行正常作业而申请歇业或裁员，原在自由经济市场环境中的这些商业服务机构转瞬成为过眼云烟，国内学者曹汝平在研究中借用了 1952 年 11 月 4 日上海市广告商业同业公会所做的工作报告或许能部分解释这种状况："一是'五反运动'致使工商各业均告缩小，二是私营厂商广告费不得列为成本计算，三是私营厂商产品有国营公司包销，广告费用可以节省，四是会员对本行业前途缺乏信心，部分会员劳资关系未能解决。"[⑤] 暂时还没有歇业的广告机构仍然需要满足这一时期社会

---

① 林振斌：《近十年中国之广告事业》，上海市档案馆，档案号：Q275 - 1 - 1840 - 1，转引自曹汝平《上海美术设计机构研究（1909～1978）》，博士学位论文，上海大学，2016。

② 北京广告协会编著《当代北京广告史》，中国市场出版社，2007，第 19 页。

③ 陈培爱：《中外广告史：站在当代视角上的全面回顾》，中国物价出版社，2002，第151 页。

④ 参见曹汝平《上海美术设计机构研究（1909～1978）》，博士学位论文，上海大学，2016。

⑤ 参见曹汝平《上海美术设计机构研究（1909～1978）》，博士学位论文，上海大学，2016。

商业宣传与生活消费的需要。

国内学者黄升民在《广告观》一书中，以《中国广告的消失和复兴》为题重点探讨了这一问题。中国广告行业"消失"，一方面是因为意识形态的控制，另一方面，也是更重要的一点，是国家经济政策导致。随着举国上下的公私合营大潮，原有的各自经营的私营广告公司，按照城市以及相应的服务行业被整合为国营广告公司。所有权和经营权的变化也使广告的角色与价值，以及形态和风貌发生了根本变化。原有的广告公司和广告创作存在的社会基础发生了本质性的改变，从事广告行业的群体，由于工作环境的巨大变化，不得不偏离原来的人生轨迹①。1959 年是中华人民共和国成立 10 周年，也是中国迈向社会主义建设的第三年。此时，全国正经历"左"倾错误的泛滥。当年的 9 月 7 日，《人民日报》第三版发表短评《提高广告的思想性和艺术性》，提出"社会主义广告是与资本主义广告相对应的广告学范畴，利用资本主义广告之长发展社会主义广告，同时建议发展和建设广告学"②。

1959 年前后，我国社会主义广告事业获得了较大的发展。这年 8 月，商业部在上海召开了 21 个开放城市的商业广告工作会议，会议期间举办了广告、橱窗和商品陈列艺术观摩展览会，展出广告展品 1000 余件，供来自全国各地广告工作者代表学习观摩。在 1981 年出版的《实用广告学》一书中，唐忠朴对这一时期的广告发展有较为详细的描述："新中国的商业广告，一方面批判地吸收旧社会所遗留下来的一些便利消费者的广告形式和方法，另一方面又根据社会主义商业的性质和任务，充实了新的内容。当时要求广告做到真实、美观、经济、实用和贯彻执行党和国家的政策；强调广告主题的选择应富有教育意义和能激发人们高尚的情操，反对资本主义庸俗的色情气氛；并且提倡民族风格，注意采用人民喜闻乐见的形式。广告内容侧重于结合国家政策和政治运动进行政治宣传和时事宣传是这个时期广告的显著特点。"③ 当时的广告业规模，唐忠朴先生也在书中有专门的陈述："在五十年代，我国广告事业的代理机构，大多分布在工业

① 黄升民：《中国广告的消失和复兴》，《广告观：一个广告学者的观点》，中国三峡出版社，1996。
② 参见 1959 年 9 月 7 日《人民日报》。
③ 唐忠朴、贾斌等主编《实用广告学》，中国工商出版社，1981。

生产比较集中、商业比较发达的主要城市，上海、天津、广州、北京、武汉、重庆、南京七大城市均设有广告公司。广告从业人员约 1300 人。广告公司经营的业务不限于所在的城市，而是扩及其外围与城市素有经济联系的区域。据不完全统计，当时全国广告费约占全年商品流转额的万分之二至三，商业部系统的广告费仅有流转额的万分之一点五。"①

随着计划经济的深入发展和政治意识形态的转变，"广告"一词逐渐被意识形态化，成为腐朽、落后、邪恶的资本主义的代名词。于光远在《谈谈广告》一文中也谈道，"在我国政治经济学教学中，以往很长一个时期内，认为没有广告是社会主义优越性的一个表现。"② 在粉碎"四人帮"之后，1977 年，国内学术界率先展开了声势浩大的批判"四人帮"的浪潮，各大报刊从不同角度对"四人帮"的"罪魁祸首"行为进行了猛烈的批判。当时有文章这样写道："长期以来，他们像最善做广告的投机商那样，挖空心思，绞尽脑汁，靠那些花样翻新的各色广告进行招摇撞骗，兜售封、资、修的黑货，以腐蚀、欺骗、拉拢、毒害青年，妄图使青年成为他们搞修正主义、搞分裂、搞阴谋诡计，颠覆无产阶级专政，复辟资本主义的工具。"③

"广告"一词几乎消失，并不完全代表广告业的空白，更不能抹去这一时期与上一时代的广告从业群体的努力，虽然他们的广告从业者身份被诸如"美术设计""包装""宣传"等所代替。假若以狭义的"广告"字眼去审视 1979 年之前的一段广告历史，就会陷入以当下的"现代广告"的定义去理解尚处在"传统广告"恢复期的中国广告业的误区。毕竟，在市场对广告的要求只是简单的信息发布，且现代广告的运作机制和社会分工还不够健全时，广告与很多其他行业之间的边界并不是清晰的，广告从业人员与其他职业群体之间的流动也较为频繁。所以，在对 1979 年前后的广告从业群体的分布与流动研究时，我们将眼光投到更广阔的广告相关领域，包括工艺美术、商业服务、新闻出版等与广告业关系紧密的领域，从改革开放的更广阔的时代视野和 20 世纪中国社会经济的变迁视角来切入研究。

---

① 唐忠朴、贾斌等主编《实用广告学》，中国工商出版社，1981。
② 于光远：《谈谈广告》，《中国广告》1986 年第 2 期，第 2 页。
③ 《"四人帮"是毒害青年的罪魁祸首》，《武汉钢铁学院学报》1977 年第 3 期。

二　内贸与外贸：国家体制内的国营广告公司

中国的广告领域，从 1949 年开始，到 1979 年之后的一段时间里，虽然经历了几次大的调整，但整体上依然是以国营广告公司为主体的条块分割的行业经营模式。[①] 曾经活跃于商业领域的广告从业群体，除了归于沉寂的部分，以及成为职业画家，从事诸如国画、油画、漫画、新年画、连环画创作等艺术创作的那些人，其他的成为国营广告公司的"国家工作人员"，这是广告业的一条重要的延续路径。1951 年 2 月 12 日，上海市广告商业同业公会正式成立，会员单位共有 78 户，分为报纸组、路牌组、其他组；次年 3 月统计时为 108 户；1956 年 1 月统计数为 69 户。[②] 其中，上海广告业成为延续中国广告行业智慧和传统的关键阵地，一部分广告人以各种方式依然在从事广告创作。例如，徐百益、金雪尘等为内贸系统的上海市广告装潢公司所接纳，徐昌酩、施福国等则进入外贸系统的上海广告公司，各自承担着不同的广告相关任务。

对外贸易是 1979 年前后广告从业群体的重要领域。中华人民共和国成立之后的中国的外贸体制，是一套由外贸专业公司统一经营进出口业务的单一外贸经营体制。外贸专业总公司对各个地方分公司实行垂直领导，而出口商品广告所需的宣传费用，由当时的外经贸部从"非从属外汇"项目中拨付。纺织品、工艺品、农牧产品等各个产品领域都有相应的进出口公司。而这些进出口公司中绝大多数设置有相应的对外广告宣传部门，这些群体在整体上也成为中国广告业发展的一股生力军。这一时期，冷战与中苏关系的破裂等带来一系列国际环境的变化，发展对外贸易，加大加快出口和争取外汇成为国家发展的主要任务。国际贸易的规律与市场经济的规则，使中国对外贸易广告这一环节，主要表现为各口岸出口公司都设有宣传科室，从事有关市场经济中主要商品的各项附属工作，这为以后对外广告恢复与发展储备了人才。这一时期，有两家广告公司专业从事出口商品的广告，一家是上海广告公司，另一家是位于香港的中国广告公司。

[①]　余虹、邓正强：《中国当代广告史》，湖南科学技术出版社，1999，第 5 页。

[②]　参见曹汝平《上海美术设计机构研究（1909~1978）》，博士学位论文，上海大学，2016。

1962 年，上海广告公司成立。它当时代理了国内八大出口贸易口岸在出口贸易中涉及的出口商品的宣传。作为负责出口商品的媒介代理，它的主要工作包括收集欧美市场主要媒介的价格资料等，以支持国内出口企业在海外市场进行的产品销售。不过，当时他们做的主要不是消费者广告，而是在国外专业性媒体或贸易性媒体上做的贸易性广告，借以寻找进口商/代理商/经销商。1967 年，中国广告有限公司在香港成立。这家公司主要是将中国的出口商品在香港进行展览和宣传；同时还负责出口欧美市场的中国商品的广告宣传工作。即使在 1970 年 6 月 29 日之后，上海广告公司牌子虽被摘下，但很大一部分工作人员仍在上海外贸局下属的包装公司工作，为出口商品做宣传样本、样照和样品。粉碎"四人帮"以后，"上海广告公司"的名称于 1977 年在对外贸易中重新出现，但对内仍然叫作上海包装广告进出口公司、上海外贸局包装广告处、上海外贸局包装研究处，一个机构，四块牌子。1979 年 1 月 14 日，在距离十一届三中全会结束不到一个月，时任上海广告公司设计科科长的丁允朋在《文汇报》第二版"杂谈"栏目发表了《为广告正名》，这也成为中国广告全面复兴的历史起点。随后的 2 月 13 日，上海广告公司在《文汇报》上刊发了承办进出口广告的广告，明确提出了"承办对国外的各项广告业务，承接外商来华各项广告业务"。

上海广告公司在 1979 年之前，一直是中国对外广告的唯一窗口，在它的带动下，北京外贸系统和广东外贸系统分别在 1979 年 7 月 18 日和 10 月 22 日成立了北京广告公司和广东省广告公司，对外贸易系统下的广告公司逐渐组成一个方阵，为中国广告业的重新崛起发挥了重要力量。随后，各省市外贸广告公司纷纷成立，1981 年已有 13 家外贸广告公司。这样的局面一直持续了近十年，1987 年开始国家外贸体制改革，单一的自上而下体制才逐渐被公司自主决策的新局面所替代，原有的外贸体制内的广告从业者，又成为 1992 年开始的广告市场化大潮中的创业者。

在 1979 年之后条块分割十分严格的中国广告经营中，除了进出口广告和相应的外贸系统的广告公司之外，来自工商、文化等政府系统的内贸广告公司，它们在媒体资源开发、媒体代理和制作设计等方面，也吸引了相当数量的广告从业人员。如上海市对原有旧广告社进行调整合并，组成由上海市商业局领导的上海市广告装潢公司和由上海市文化局领导的上海市美术设计公司。① 北京市美术公司在北京市文化局的主导下成立，天津市也在1951年将全市广告行业调整合并，新成立的国营广告公司由天津市第三商业局领导，下设五个门市部，后划归工商局领导，1956年又划归文化局领导，经过调整充实后，改名为天津美术设计公司。1956年，广州市也成立了美术广告公司。

鉴于国家战略的调整和主管部门等的变迁，很多内贸广告公司的名称会发生相应的变更。如上海市广告装潢公司在几十年的时间里几易其名。1956年，在社会主义工商业改造的浪潮中，上海几乎所有私营广告公司合并，命名为"中国广告公司上海市公司"。1958年2月更名为"上海市广告公司"，1968年3月，经批准使用"上海市美术公司革命委员会"新名称，1979年5月，上海市第一商业局同意公司更名为上海市广告装潢公司。1979年1月28日，上海市广告装潢公司促成了国内第一条电视广告——参桂养荣酒广告的播出，广告业务得到恢复。②

北京广告行业在中华人民共和国成立之后也经历了起伏。1956年，在对私营工商业进行社会主义改造中，全市78户私营广告社全部被归入北京市美术公司，广告只是美术公司的一部分业务，此后，一直到1979年，北京地区没有以广告为主业的广告公司。企业的广告宣传及媒体的广告业务，主要依靠自己运作。改革开放后，北京广告公司于1979年8月成立，不久，北京市广告公司（脱胎于北京美术公司，后改名为北京市广告艺术公司）、中国广告联合总公司相继成立，北京广告代理业缺失的历史从此结束。随后，越来越多的城市开始改建或新建广告公司。1979年8月17日，广州市广告公司成立，随后，唐山市美术（广告）公司、天津市广告公司、南京市广告公司纷纷成立，加上原有的涉及广告业务的上海美术设计公司和三家外贸系统的广告公司，在1979年年末，中国一共有10家广告公司，广告相关从业人员接近4000人。

如果将1979年的时代转换与更早一些的1949年到1956年的时代转换联系到一起，我们可以发现，之前的时代转换在变革过程中，广告公司和广告人被转变成计划经济分配和消费环节中的一部分，而在1979年的改革

---

① 参见曹汝平《上海美术设计机构研究（1909~1978）》，博士学位论文，上海大学，2016。
② 参见曹汝平《上海美术设计机构研究（1909~1978）》，博士学位论文，上海大学，2016。

与复苏中，体制内的内贸与外贸广告公司，又成为中国广告行业起步阶段的关键力量。这些早期广告公司往往以城市来命名，区别于国外广告公司以创始人来命名的做法，从称谓上人们可以感受到早期广告公司的经营依靠政策和体制的基因。被意识形态化的广告在 1979 年开始被逐渐正名。而实践的浪潮，恰恰来自依托政府相关部门纷纷成立的广告公司和有着职业理想的、勇敢的广告人群体。

三 世界广告的扩张与港澳台广告人

对于当代中国广告发展的历史的思考，我们应该将其置入全球广告行业的变迁演进中。如果将视野放到更广阔的中国大陆之外，从 1972 年开始，中国开始大规模引进外国技术，从那时起，它在国际社会中承担的角色也逐步增强，学校重新得到加强，考试恢复了正常，学生们出国进修，外国学生也被邀请来华。技术进口，包括进口成套设备，又开始进行，规模超过了 20 世纪 50 年代。

在中国走向世界过程中，中国的港澳台和东南亚地区成为一个重要的平台，尤其是中国香港。从近代以来，因为特殊的历史和地理原因，香港成为中国看世界的窗口。由 1938 年中国共产党为抗日战争在香港建立的地下交通站演变而成的华润集团，在香港成立了中国广告公司。位于香港的中国广告公司成为中国与世界联系的关键窗口。它的营业规模在 1976 年之后也快速扩大，1976 年广告费为 1700 万港币，1978 年增为 3800 万港币，1979 年增至 5500 万港币，1980 年为 5600 万港币。

从 20 世纪 60 年代开始，新加坡、中国香港、中国台湾和韩国的经济发展成为世界领域的一道亮丽风景，其广告行业也开始快速进步。香港广告人纪文凤曾经在 1986 年的一次演讲中说，"台湾广告落后香港 10 年，大陆则起码 30 年。"[①] 新加坡、中国香港和中国台湾等的历史背景决定了它们各自广告行业的开放时间和开放程度，这也影响了现代广告行业的发展水平，具体体现在广告公司和广告人的专业水平上。由于诸如市场格局、地缘特色、经济水平等多方面的原因，新加坡与中国香港和欧美广告人的交流频繁。1980 年，香港已经出现包括纪文凤在内的第一代本土优秀广告

---

① 纪文凤：《一个香港广告人的自白》，《广告杂志》1997 年 7 月号，第 34~36 页。

人。这个群体与中国有着血缘、地缘、亲缘等特殊关系。中国香港、台湾和澳门地区以及新加坡、马来西亚等国家的一些广告人群体，成为跨国广告公司在中国布局的重要力量，也成为广告专业知识的积极传播者，也自然成为中国广告业发展的组成部分。1991年11月2日下午，在北京考察的台湾华威葛瑞广告公司董事长郭承丰做了《一个台湾广告人的心路历程》的演讲，其中谈道："虽然我退休了，但我突然发现面对中国的广告人，我好像还有没做完的事情，原本心静如水的心突然又沸腾起来。不仅我来了，还有几个相关的朋友同行。虽然他们都是外国人，但当我告诉他们我的想法，一份中国人血浓于水的感情，他们被我感动了。"[1]

还有一个群体来自国际广告公司。国际各大广告公司对中国市场如此关注，主要在于中国是一个潜在的庞大的广告市场，而且它们所代理的广告主更对中国广大的消费市场感兴趣。早在20世纪70年代初，日本电通广告公司通过参加日本企业在中国的展览与北京广告人士接触，筹划成立中国办事处，并且因为中国在日本的出口贸易关系，日本电通广告公司在20世纪60年代就成立了中国研究室。[2] 1979年奥美广告公司开始向中国有关外贸专业出口公司的宣传人员做系统的广告讲座，1979年麦肯广告公司在北京举办广告讲座并设立办事处。

国外力量与中国港澳台广告人两股力量的汇流，一个典型的例子是林振彬及其华商广告公司的发展。1949年林家迁至香港。1950年，曾经的民国上海四大广告公司之一的华商广告公司在香港重新开业。[3] 在香港，华商广告遇到了当时世界上国际化程度最高的麦肯国际广告公司。来自美国的麦肯广告公司所属的IPG集团的业务迅速扩张，与当地最大的广告公司华商广告公司共同组建华美广告公司（Ling - McCann - Erickson）。华美广告公司的诸多员工，在中国恢复广告之初，又成为第一批北上的广告人。在《奥格威论广告》中，有一段关于跨国广告公司进入中国的珍贵记录："（中国内地的）广告公司总数在67家以内，其中17家是负责国内产品的对外宣传，及外国产品的对内宣传。日本电通广告公司在北京及上海有小型的办公室，美国的麦肯在北京也有办公室。"这些跨国广告公司中的很

---

① 参见姜弘《广告人生》，中信出版社，2012。
② 参见王菲、倪宁《日本在华广告活动20年》，中国轻工业出版社，2004。
③ 参见麦肯·光明广告公司编《百年麦肯》，国际文化出版公司，2002。

多员工来自中国港澳台地区。

四　企业与媒介中的广告经营单位

在中华人民共和国成立之后的广告行业社会主义改造中，除了从市场化的私营广告公司到类似于全民所有的国营广告公司，还有广告从业人员被分配至轻工业局、文化局等下属的各个生产企业，他们也成为推动中国广告发展的一支重要力量。

1956 年初上海全行业实行公私合营后，除上述三家国营美术设计机构外，许多美术设计人员被分流至上海各个国营企业，成为 1949 年以后社会主义公有制下的一支重要的设计力量。与当时的国营广告公司的业务范畴类似，这些厂属机构的业务主要集中围绕着产品展开，具体体现在包装设计、轻工业产品造型设计和图案纹样设计上。从事包装设计的厂属机构多隶属于上海市轻工业局，影响力比较大的有上海人民印刷八厂、上海美术印刷厂、上海人民印刷七厂等 20 多个印刷厂，当然还包括上海日用化学工业公司、上海冠生园等企业所属的广告设计相关部门，它们都拥有数量不等的美术设计师[①]。这也成为 20 世纪 80 年代上海商品风靡国内的原因之一。国内学者曹汝平在对这一时期的设计人员和机构研究之后发现，当时包装设计是上海美术设计业中实力很强的设计力量。"加上从事搪瓷杯、热水瓶、面盆绘画与制作的人员，上海轻工业设计团队在当时上海设计领域就是最强大的力量了，这些设计力量有每个厂各自培养的，也有从全国各个院校分配过来的，还有一些是上海美术家协会的画家。"由于上海在当时有着很强的综合影响力，且其轻工业在当时国内具有举足轻重的地位，全国上下的日常消费以购买"上海货"为荣，很多日用商品，如鞋袜、手表、化妆品、自行车等都产自上海，这也为上海的广告设计与创作提供了巨大的需求量，再加上本来就具备的"海派文化"因子，上海的诸多企业中的广告从业人员有了充足的历史文化素材与市场需求等去开展广告实践，邵隆图等优秀的广告人就在这一时期积累了大量的广告创作经验。在 20 世纪 90 年代，毗邻港澳的广东经济的崛起，与广东广告业的崛

---

① 曹汝平：《上海美术设计机构研究（1909～1978）》，博士学位论文，上海大学，2016，第 238 页。

起之间也存在着复杂的相互促进的关系，以家电、服装等品类为主的"广东货"，又成为新的时尚浪潮。

这类广告人因为在企业的工作经验，对广告的角色与价值有着更实用、更高层面的理解，广告被上升到营销的角度来思考，广告与产品造型、产品结构、产品规格、文字图案、色彩以及产品所面向的具体国家的特殊销售习惯等都被纳入思考与分析的范围。如果说媒介与出版领域走出的广告人对于媒介有着更加深刻的洞察，那么，从企业走出去的广告人则更具有接近于现代广告运作的思维方式，从信息收集的调查和洞察，寻找产品的"卖点"与消费者的"痛点"，进而用创造性的策略和创意来解决问题。更难能可贵的是，这些广告不限于狭义的大众媒体上的广告作品，在表现上甚至具备了"整合营销传播"的某种思维。他们的很多广告作品在今天看来都颇有冲击力。

五　双重观照：西方参照与中国情境

在1984年的第一届全国广告装潢设计展览上，时任中国广告学会会长张仃在总结了中国广告事业发展历程之后说："我们有优越的社会主义制度与悠久的文化传统，有老一辈画家的经验可以借鉴，也可以向一些姊妹艺术和一切外国有益的经验学习，遵照'百花齐放，推陈出新''古为今用，洋为中用'的方针，为中国广告艺术创造出一个新局面。"① 1979年前后内贸和外贸体制的国营广告公司、欧美跨国广告公司与港澳台地区广告人群体，以及某些企业与媒体等广告经营单位，还包括其他一些后来进入广告领域的社会精英群体，他们在广告行业发展的最初阶段，以星星之火之态，在时代转换中参与建构了广告业的复兴。新闻人、商业人、艺术工作者等群体，以各种专业知识和经验投身到现代广告的探索与实践中，思考广告专业化进程和广告业的专业意识形态，努力追求广告职业的尊严与应得的社会地位。多学科交叉的广告业，也从科学与艺术、营销与传播、商业与文化、物质文明与精神文明等方面汲取其他领域的营养、逐步自觉建构自身的专业身份。

---

① 引自中国广告联合总公司编《第一届全国广告装潢设计展览优秀作品集》中的《序言》内容，中国工商出版社，1984，第1页。

　　现代广告是一个功能多样、构造复杂的"怪物"。关于广告的功能和构造，西方的社会学者至今还在议论纷纷。日本著名的广告学者山本武利教授称广告为"一面社会窗口"，反映着不同时代的生活水平和社会政治。广告的本身，一方面是生产与消费的节点，另一方面是媒体与企业的中介，因而，是一个"重层构造"的产物。① 山本先生的话对我们理解中国广告产业的复杂性、多样性和特殊性不无帮助。然而，应该指出的是，中国的广告除了与消费、生产、企业以及媒体的经营有关系之外，还和社会政治、意识和文化紧密相连。处于历史文化与现代化追求的转换中、本土传统与外来知识的交叉点，中国广告更是一个多元构造的产物。

　　中国广告市场的许多变化，可以归结于当时的政治运动、媒介政策以及消费意识，然而，最终的结局，还是和经济体制有直接的关系。改革开放，特别是经济体制的改革无疑是重建中国广告的"催生婆"，企业的各种改革和消费结构变动，为广告产业开辟了宽广的舞台。然而，在广告产业的发展过程中，社会文化、政治意识和媒介政策的任何变动都曾经给这个产业带来不可低估的影响。所以，在分析中国广告市场的现实时，用一两个视点或一两个理由来解释其发展规律和变动原因都是欠准确的。②

　　回到当下，全球广告业数字化转型和中国社会经济的变迁的双重力量为中国广告业提供新的历史情境，从某种程度上可以说这是一种新的时代转换。原有的以"4A"为核心的双重代理模式已濒临崩溃，甚至广告的边界都难以清晰界定。在上一个时代转换中，几种不同类型的广告从业群体参与建构了广告行业的复兴与发展，在这样一个新的历史舞台上，广告从业人员在流动的同时，也在不自觉刻画新的广告职业群像。云计算、大数据、人工智能、计算广告，一个个新浪潮的背后，我们更应该关注机构以及机构背后人的变化：旧人离去，新人登台。换句话说，对于广告行业而言，变革本来就是广告业的灵魂，广告在变与不变之间完成智慧传承。

　　改革开放以来，随着市场机制的引入，国外投资、对外贸易以及信息、人才和技术的全球流动，来自国外的全球化力量史无前例地进入和改变着中国的经济和社会。各种基于不同利益的从业主体以不同的方式参

---

① 转引自黄升民《中国广告活动实证分析》，北京广播学院出版社，1992，第 68 页。
② 黄升民：《广告观》，中国三峡出版社，1996。

与，广告对整个社会中事件的流行和活动的进程具有意义深远的影响，全球化了的广告业实为全球商品进入一个特定地方的开拓者。其联系产品、媒体和区域市场，适应、引导或带领地方消费文化的过程，实际上也就是将地方编码为全球化的覆盖面、进入全球经济网络的过程①。中国迄今为止的"现代化"追求既受"西方模式"的引导，又是对中国现实历史的直接反应②。中国广告、中国消费文化乃至中国的历史进程，也需要在西方参照和中国情境这两大议题中来理解。

---

① 柏兰芝、陈诗宁：《从跨国广告业看全球化和全球城市——以中国广告业为例》，《地理研究》2004 年第 5 期。

② 引自余虹、邓正强《中国当代广告史》，湖南科学技术出版社，1999。

第二章　全球接力：现代广告业与
广告公司的成熟

　　英国学者李约瑟在其编著的 15 卷《中国科学技术史》中提出了一个关于中国的重要问题，"尽管中国古代对人类科技发展做出了很多重要贡献，但为什么科学和工业革命没有在近代的中国发生？"这在后来被称为"李约瑟难题"。[①] 具体到中国广告领域，也存在着类似的"李约瑟难题"。据有关资料，从公元 6 世纪到 17 世纪初，在世界重大科技成果中，中国所占的比例一直在 54% 以上，而到了 19 世纪，骤降为只占 0.4%。如中国科技一样，古代中国的广告一直走在世界前列。作为变革动因的印刷术，作为最适宜大众媒体印刷的造纸术，以及大量人口集聚的发达商品经济，这些促使现代广告萌发的动因在古代中国首先出现。早在宋代就出现了"裹贴"等式样的广告形态，北宋时期济南刘家针铺的"白兔"商标是中国最早的印刷广告。到了明代中后期，伴随着某些地区商品经济的发展，以及当时社会民众对通俗文化的需求，书籍的书尾上常常印上相应的图书广告，并出现了类似的广告职业人员。但是，为什么现代化的广告，以及职业化、专业化的广告公司，却迟迟没有在中国出现？

　　在对世界历史上的现代广告公司和跨国广告公司诞生的史料进一步分析之后，研究有了更多的疑惑。为什么古登堡在 1450 年发明金属活字印刷术，时隔两百多年，1650 年左右报纸广告才在伦敦出现？为什么作为当时经济发展水平最高的欧洲地区，广告业的创新却不如大洋彼岸的美国？为什么当"美国广告业之父"本杰明·富兰克林在 1729 年创办《宾夕法尼亚公报》，并引发了"便士报革命"之后，在长达一百多年时间里，并没有诞生现代意义上的广告公司？直到 1840 年左右，才开始出现最早的职业

---

　　① 在 1976 年，美国经济学家肯尼思·博尔丁首次提出了"李约瑟难题"。

广告人？这一百年时间发生了什么？在什么样的时代背景下，跨国广告公司开始出现，并逐渐资本化与集团化？它们又如何逐步在中国周边布局，等着1979年开放号角的响起。

在本节，研究通过查阅大量现代广告历史文献，以全球视野呈现同一历史阶段、具有突破性的一系列代表性事件，通过比对分析呈现现代广告公司及跨国广告公司形成的历史路径，试图探究出置身于时代发展变化的历史长河中，广告公司这一组织之所以演变和转型的深层原因，以及跨国广告公司发展的历史动因与时代使命。

一 现代广告之前的传统广告：多源发生

广告伴随着人类的社会分工而诞生。广告是商品经济的产物，它是伴随着社会经济的发展而发展的。广告起源最直接最重要的动因就是人们在商品交易和其他商业活动中产生了将产品/商品信息广而告之的需求。[①] 日本神户高等学校教授中山静指出，"广告不是社会制造的，而是自然产生的"[②]。当生产者和消费者之间存在距离，而且生产者有必要刺激消费时，就会出现广告行为。显而易见的是，只有在工业生产大量存在、消费品大量生产的地方，才会有繁荣的广告。[③]

在广告史的论述中，广告从业人员的历史和广告起源的历史几乎一样。公认的现存最早的文字广告出现在公元前3000年左右，是在古埃及底比斯城散发的"广告传单"，内容是悬赏追捕逃跑的奴隶[④]。古代埃及也有专门雇用叫卖人在码头上叫喊商船到岸时间的做法，船主还雇人穿上前后都写有商船到岸时间和船内装载货物名称的马夹，让他们在街上来回走动。根据弗兰克·普勒斯利（Frank Pressbrey）的说法，夹身广告员就是从这时开始的[⑤]。中世纪的欧洲，吟游诗人和口述师在公众聚集的场合通过吟唱形式做广告。1141年，法国国王路易七世批准发证，统一卜莱省由12人组成的口头广告团体成为省内口头广告的垄断组织。这个团体的负责

---

① 丁俊杰、康瑾：《现代广告通论》（第2版），中国传媒大学出版社，2004，第49页。
② 〔日〕柏木重秋：《广告学概论》，中国经济出版社，1991，第1页。
③ 〔法〕埃德加·莫兰：《社会学思考》，阎素伟译，上海人民出版社，2001。
④ 丁俊杰：《现代广告通论》（第2版），中国传媒大学出版社，2007，第29页。
⑤ 丁俊杰：《现代广告通论》（第3版），中国传媒大学出版社，2013。

人与特定的酒店签订合同，在酒店里吹笛子，招揽顾客。法国国王奥古斯都（Philip Augustus）于 1258 年公布法令保障叫卖人的权益，甚至规定了叫卖人的报酬。

传统广告在世界上的诞生与发展是多源的。在中国古代的典籍中，有许多带有广告传播性质的历史记载。在 3000 年前的《诗经》中就有广告的痕迹。《清明上河图》《乾隆南巡图》等也直接描述了广告在当时中国的繁盛。历史悠久的中华文化，聪明勤奋的中国人在城市发展与早期商品经济的形成中，开创了丰富多彩的广告形态，可以说代表了同时期世界的最先进水平。和古代西方很多地区的广告形式类似，中国古代的广告传播方式也是区域内的一种人际传播行为，这与当时较低的商品经济发展水平和有限的传播形态相关。[1]

在广告产生后相当一段时间内，由于多种原因的存在，中国广告以及世界其他各地的广告长期保持着初始的状态，往往停留在人际传播、实物展示阶段，或者借助某种户外媒体等限定于一定区域、一定规模。这一时期的广告活动仍然只是个别行业部分商人的行为。绝大多数的广告发布活动与商品生产者与经营者的活动基本上是三位一体的关系。尽管广告形态很多，但广告显然停留在传统平面广告的范畴，没有专业的广告人，更谈不上独立的广告产业。[2]

二 印刷术、工业革命与现代广告：欧洲突破

中国在很长的一段时间里，传统广告最为兴旺发达。而后，随着资本主义在环地中海和环大西洋地区诞生，市场作为一种主要的力量，推动了大众媒介和商品经济的快速发展，现代广告开始在欧洲出现。这里所指代的现代广告与传统广告不同，它以规模化和标准化的方式，成为一种传播乃至革命的力量，引发了社会文化和经济的变革。虽然说，技术并不是引发变革的最主要动因，"印刷在某些领域，确实帮了学者的忙，但若据此认定，加速促成时人接受新知、新观念的，就是印刷术，整体而言仍然不

---

① 周茂君：《中西古代广告传播方式比较》，《武汉大学学报》（人文科学版）2006 年第 3 期，第 363~367 页。

② 黎明：《古代广告演进的基本类型》，《广告大观》（理论版）2013 年第 3 期，第 101~ 105 页。

宜。事实上，印刷术还一度推广着既定的旧信仰，强化了传统的偏见，并令似是而非的理论更难动摇；许多新观点难获认同，甚至可说是印刷术从中作梗"①。技术中心论的思想并不可取，现代广告的诞生应该有着更为复杂的因素。但是，仅以媒介技术的变革历史来看，技术是对身体的延伸和延长，是对时间和空间的占有或拓展，它自然会反映在生产、生活甚至战争等各个方面。虽然活字印刷术最早在 1045 年前后由北宋年间毕昇发明，但真正作为一种诱导性因素引发"多米诺骨牌"效应，还是要到 1450 年德国人古登堡采用铅和其他金属的合金铸成了字母。②

"在古典时期的江湖术向不久前消失的旧式广告过渡的过程中，工业革命将自身的经济意义赋予了现代广告。虽然 19 世纪仍以在马戏团灯火中卖弄绝技的巴纳姆式的表演为重，但广告人员的使命已经不是江湖郎中的哗众手法了。"③借助于大众媒体的现代广告的诞生与发展与工业化所带来的大规模生产密切相关。曾有学者对当时英国工业革命的中心城市之一曼彻斯特进行了调查，工人的日生产效率在半个世纪中平均提升了 20 多倍。工厂越来越多地涌现，而新产品也越来越大批量地产生。技术革新引发的生产力革命，重新建构了人和物之间的关系，同时也引发了新的问题，需要相应的社会创新来与之相匹配。作为一种社会创新的大众传媒工具，现代广告由此诞生。

大众交流无疑同一个连续进程息息相关，两百年来随着技术改进的节奏，世界象征性地变小了。轮转印刷机显然使印刷载体达到了人力印刷达不到的庞大发行量，但是，从广告这一方面来看，却是进步少，停滞多。市场和企业的需求有了，大众媒体也有了相当的规模，并逐步被改造成为广告媒体。按常理说，新的广告主、新的传播需求、新的广告媒体，会带来现代广告的勃兴，以及广告公司的诞生，但是，事实上却是，"从巴黎报刊犹犹豫豫地接受付费广告的王朝复辟时期，到广告进入社会风尚的第二帝国时期，这期间人们的想法完全是摇摆不定的"④。以当时广告最为发

① 〔美〕伊丽莎白·爱森斯坦：《作为变革动因的印刷机：早期近代欧洲的传播与文化变革》，何道宽译，北京大学出版社，2010，第 4 页。
② 黎明：《古代广告演进的基本类型》，《广告大观》（理论版），2013 年 3 月，第 101～105 页。
③ 〔法〕拉尼尔·热尼奥：《广告社会学》，林文译，商务印书馆，1998，第 12～13 页。
④ 〔法〕拉尼尔·热尼奥：《广告社会学》，林文译，商务印书馆，1998，第 17 页。

达的英国为例，从1712年到1803年，英国政府对报纸杂志上的每一则广告征税1先令，从1803年直到1856年，税率增高到3.5先令。

广告走向20世纪初期的胜利经历了一番艰苦的长征，原因是多方面的。现代广告运作体系所需要的相应的思维、制度等依然还停留在传统时代，甚至是在很多学术领域，广告也往往被视为一种被批判的对象，这些往往成为阻碍广告进一步突破与发展的重要因素，也往往被广告史研究所忽视。广告的发展绝非只是技术与经济变革的产物，它的发展嵌入更广阔的社会文化系统、民众认知、管理部门的政策等多个方面。在当时的世界贸易中心城市伦敦，"绅士"是不能与广告有任何关系的。在海峡对岸的巴黎，从事广告业往往意味着放弃自己的名声和相关的社会地位。对广告这一新事物的接受，更重要的是广告所带来的一个全然不同于传统和过去的对体系和制度的担心。这种体系和制度的更迭，需要更多的时间、更多因素的必要不充分条件的综合作用。有学者在研究德国广告业发展时也谈到，军事上的统一和法律障碍的解除，相对于根深蒂固的文化助力和社会公众对广告认知的障碍，只是很小的制约现代广告业增长的部分。①

三　广告专业化与现代广告公司的成熟：美国模式

在美国历史上，名副其实的最早的广告公司于1841年成立于费城。但必须等到南北战争时，该领域才真正被组织起来。以集群形式出现的广告代理商出现于19世纪五六十年代的费城、波士顿、芝加哥，尤其是在下曼哈顿区和附近街道的出版行业所在街区内。② 虽然说早期的广告公司是非正式的小型企业，人员也不是严格专业化，广告业务与管理人员的边界并不分明，甚至于组织也谈不上以法理权威为基础，常常是朋友或者家人通过合作关系一起创立公司。

现代广告代理公司的演进经历了从掮客到公司、从中介到专业、从市场到组织的变化。在现代资本主义生产的大环节中，广告公司扮演了不可或缺的角色。科研机构产生大量的科技发明，企业和资本基于成本和利润的角度将其产业化、规模化和标准化，而广告公司恰恰用广告完成了将产

---

① 〔法〕拉尼尔·热尼奥：《广告社会学》，林文译，商务印书馆，1998，第17页。
② 〔美〕杰克逊·李尔斯：《丰裕的寓言：美国广告文化史》，任海龙译，上海人民出版社，2005，第56页。

品转化为商品的过程。但从历史的角度来看，广告行业开始作为一个全新的职业，与马戏团的小丑和狂欢式的轻佻分开，以一种正统的生意人的姿态开始了其专业化的历程：专门管理经济风险以及理性地追求收益，代表一种新的效率与生产力。这对于现代广告的发展来说，无疑是最为关键的一个节点，广告行业开始延续职业化、专业化和组织化的漫长征程。"产生于法英杂交中的现代广告公司模式在美国找到了最适宜的土壤，美国成了世界上第一个出现现代企业及其生产管理和销售问题的国家。"① 诞生于法国的阳狮广告公司的奠基人马塞尔·布路斯坦·布朗谢在自己的回忆录中写道："我到美国去，我知道那里是能够研究真正广告的唯一地方。我就是一个到麦加朝觐的穆斯林。我所学到的东西很简单：您不能为一个坏产品做出好的广告。我羡慕美国两样东西：传播民主和尊重舆论。我回来只有一个愿望，就是把广告变成有一个负责任的、受尊重的职业，让它不再仅仅是刺耳的喧嚣和口号。"②

按照企业史研究学者小阿尔弗雷德·钱德勒在《有形的手》和《规模与范围》中的观点，我们来尝试解释一下广告公司这一独特组织产生并成熟的过程。第一，广告公司可以提高规模效率。为了追求生产要素与产出之间的规模报酬递增，广告公司的价值在于将资源更有效地组织起来。以广告公司为核心，连接上下游的相关服务企业，建构一个商业传播服务生态圈，一种相对牢固和稳定的合作关系链条。第二，广告公司可以提高"范围经济"的效率。在广告作品以文案和美术作为两种主要职业分工的时代，一个广告文案工作者如果只在一个企业工作，那么他的经验以及工作效率就很难提升，他积累的广告策划和创意经验也可以用在同行业的其他公司甚至其他行业的公司身上。"范围经济"的意义就在于此。广告公司通过扩展生产服务的范围来提高效率，通过内部的管理和生产组合产生更高规模效率和范围效率。这也是广告公司存在的最重要的价值立足点。第三，广告行业最重要的资产就是人，如何将人的工作效率最大化？如何将人的经验更好地推而广之，源源不断地产生创意？广告公司将职业分工、团队合作、整体架构、流水线生产等一系列的特点吸纳为一体。广告

---

① 〔法〕阿芒·马特拉：《全球传播的起源》，朱振明译，清华大学出版社，2015，第251页。
② 〔法〕阿芒·马特拉：《全球传播的起源》，朱振明译，清华大学出版社，2015，第251页。

公司成为人的要素与工业制度全面结合的一个重要场所，成为一个生产创意产品的智力工厂，成为连接现代工业生产与社会消费的一个关键中介。

1. 美国广告行业的实践努力

现代广告公司的诞生之路，以及职业化专业化的广告人群体的出现是非常坎坷的，这需要百多年的努力，需要冲破诸多的制度限制。比如，大众新闻媒体与广告联姻，并且从观念和舆论上被民众所接受，这就是一个艰巨的任务。比如广告掮客背负的社会争议与负面评价，这需要一个个英雄人物的出现。如乔治·罗厄尔、沃尔特·汤普森、艾耶父子等，他们为改进广告力量和方式提出有价值的、切实可行的建议，并且报之以行动。从最早的沃尔尼·帕尔默（Volney Palmer）到乔治·罗厄尔（George Rowell）再到弗朗西斯·艾耶（Francis Ayer）的职业生涯中可以看出早期的广告行业的职业化进程有多么的复杂。

其一，乔治·P. 罗厄尔与现代广告规范化

1860年，罗厄尔创办了与帕尔默相似的媒介掮客公司，并将经营范围从报纸扩展到了所有媒体。罗厄尔的广告代理店是第一个向媒体垫付费用的代理店，革新了原有的等到广告主付费才向媒体支付费用的惯例，现代广告代理制度由此诞生，广告公司的收益来自媒体返还的折扣或佣金，虽然佣金的比例在不断调整和变化，但这一合作模式一直持续至今。同时，罗厄尔编辑了《美国报纸索引》，将当时美国的 5411 家报纸的各种运营数据甚至是发行量公布。媒体信息透明化使得广告交易双方的信息开始对等，广告公司再像以前那样依靠信息的不对等来轻松获得大量利润的时代已经过去了。1888年，罗厄尔创办了美国第一本以广告为主要内容的杂志《印刷者油墨》（1972 年停刊），督促并参与了美国广告法律法规体系的建立，推动了广告人的职业化及广告代理规范化，并且对企业和公众传播了有关广告功能与作用的诸多知识①。

作为广告史上的关键人物，乔治·罗厄尔在他的《40 年广告生涯》（1906 年）中，使用了 19 世纪后期商人自传常用的比喻，将他的职业生涯比作将秩序带入欺骗成性的混乱广告狂欢世界。他通过建立一套制定广告

---

① 刘佳佳：《规范的力量——浅析〈印刷者油墨〉杂志的历史意义》，《现代视听》2017 年第 2 期。

价值的流程使广告行业的商业关系更加系统化和可预知。奉着"数字从不会说谎"的信条，广告代理商并不只是单纯为出版商贩卖版面，而是建议客户如何以及在哪里能够有效地购买版面。这种咨询和建议，一直持续到今天。罗厄尔在规范广告业中坚信，广告业应该通过将产品同理性与进步结合在一起，从而为广告客户带来利益，并且也要将广告同小商贩及其他一切边缘商人们的关系剔除干净。

1902 年，作为最早成立且长期保有极大影响力的广告专业杂志，乔治·罗厄尔创办的《印刷者油墨》杂志赞美了"专家"的消亡。所谓"专家"指代的是自由职业的骗子。"到了今天，经过广告业十年发展之后，'专家'已经像美洲野牛一样彻底灭绝了。"同其他领域的职业化鼓吹者一样，广告贸易期刊宣称，自己创造了一个单一的、普遍的、客观的知识标准，并一直如此坚持。[①] 传统广告的从业者，诸如彩色石印手工艺人，逐渐被一种制度化和流程化了的艺术监督、印刷主任、业务经理所替代，广告日趋流程化和标准化，也越来越细分化、专业化和职业化。

其二，智威汤逊、艾耶父子广告公司与广告专业化努力

正如罗厄尔所言，如果他的客户能让他为广告撰写文案，他完全可以为"改进广告力量和方式提出有价值的、切实可行的建议"。以斯坦利·雷索领导的智威汤逊广告公司和弗兰西斯·艾耶创立的艾耶父子广告公司为例，探索广告公司如何帮助企业实现更加有效的传播活动这一根本的议题。一本关于艾耶父子广告公司发展的书谈道："从（艾耶父子）广告公司开始，广告代理公司充分证实了自己策划和实施广告的能力……这在过去是绝对不可能的。艾耶父子广告公司和国民饼干公司的合作非常密切，艾耶父子广告公司在企业推销的每个步骤都要提出建议，帮助协调饼干公司的销售力量及其与零售商之间的广告工作关系。"[②] 广告公司的服务范围从早期的"版面购买"开始迅速扩大。设计、文案、制作等工作被纳入广告公司的工作范围。以调查工作为例，1879 年，艾耶父子广告公司实施了首次正式调查项目，1915 年，智威汤逊广告公司率先设立了市场调查部

---

① 〔美〕杰克逊·李尔斯：《丰裕的寓言：美国广告文化史》，任海龙译，上海人民出版社，2005，第 110 页。

② Ralph P. Hower, *The History of An Advertising Agency*, Cambridge, Mass：Harvard University Press, 1949, p. 19.

门。市场调查开始成为现代广告运作中的重要组成部分。

"当一些重要工业的企业主认定树立品牌形象和促销可以为自己带来利润时，全国性广告便应运而生了。"① 1909 年，当时美国最大的广告公司艾耶父子广告公司郑重告诫其客户，要"慎重选择（广告）代理商，就像选择私人律师和医生一样"。美国前总统塔夫特在 1919 年曾对艾耶有高度的评价，"对这位将广告变成科学的人，将广告的作用发扬光大的人，将广告从邪恶中拯救出来的人，我们在此要致以最崇高的敬意"②。艾耶认为广告代理商尊严的最大障碍就是佣金系统，为出版商和广告客户两头服务，就容易滋生腐败。艾耶公开代理商同广告客户的合同，在此基础上建立了全方位的广告服务。从调查，到方案，到实施。正如艾耶 1886 年创立的"永恒带来成功"一样，职业化和专业化的广告代理行业通过半个多世纪的努力，终于赢得了合法性与正统性地位。③

就是在这个时期，瓦尔特·汤普森创立了智威汤逊公司。大约在 1870 年，宗教新闻在美国成了广告市场的重要组成部分：有 400 多种报刊，发行量有 500 万份。1887 年，瓦尔特·汤普森改变了方向，他给广告客户提供了 25 种报刊，其中就有女性杂志。在 4 年前创刊的《家庭妇女杂志》的发行量在 19 世纪末和 20 世纪初超过了 100 万份。这种杂志的出现是对目标受众早期思考的一个体现。1909 年，瓦尔特·汤普森如此总结了自己过去 40 年的经验："妇女们在花钱。为了吸引妇女，我们必须渗透到家庭中。为了触及家庭的核心，广告公司要面向杂志……这些出版物在报刊亭就可以买到，或通过家庭来直接订阅。在这里，该出版物有 30 天的生命期。令人吃惊的是，商业和出版界没有抓住这种媒介在广告领域中所提供的机会。"④ "在制造者和消费者之间画下一条笔直的线条"⑤，这是智威汤逊的创始人瓦尔特·汤普森在 20 世纪初对自己的广告公司功能的界定。在

---

① Daniel Rope, *The Making of Modern Advertising*, New York：Basic Books, 1963, p. 62.

② 张健：《从"尴尬的亲戚"到"高高在上的主人"：进步主义时代美国广告业与报刊社会关系的再构建》，《新闻大学》2010 年第 2 期，第 104~109 页。

③ 〔美〕杰克逊·李尔斯：《丰裕的寓言：美国广告文化史》，任海龙译，上海人民出版社，2005，第 61 页。

④ 〔美〕杰克逊·李尔斯：《丰裕的寓言：美国广告文化史》，任海龙译，上海人民出版社，2005，第 110 页。

⑤ 〔法〕阿芒·马特拉：《全球传播的起源》，清华大学出版社，2015，第 289 页。

这种广告理念的指导下，他的广告公司成为美国跨边界广告网络的原型：美国于 1889 年在伦敦设立第一个广告公司分支，这也成了广告迈向国际化的第一步。

其三，广告职业的分工与流程再造

诸多广告职业类别开始出现。在罗德暨托马斯广告公司的阿尔伯特·拉斯科尔与克劳德·霍普金斯的努力下，广告文案写作成为一种专门的职业，并且霍普金斯开始努力建构一种科学的广告范式，在他于 1923 年出版的《科学的广告》一书中宣称"广告已经达到了科学的高度，它以固定的法则为基础"。调查开始成为广告公司的日常部门之一和专业运作流程的重要一环，除此之外，有关艺术表现方面的商品设计、广告设计、装潢设计等，以及有关科学推销方面的推销谈判、销售员培训、销售战略制定等成为分工细致的广告公司的主要架构。甚至在经济大萧条时期，广告公司为了更好地获得客户的青睐，会主动改变或者提供跨界服务，在当时也引发了对于广告公司专业性的争议。

第二次世界大战之后，大众媒体的快速发展，经济的长期繁荣，工业技术的不断进步推动了美国广告业进入了繁荣时期。一批优秀的广告人和广告公司开始出现。他们的作品和观念对整个广告行业产生了深远的影响，在很大程度上也建构了广告学的知识体系和方法论工具。广告公司基本上形成了稳定的组织结构、职业分工与生产流程。在大卫·奥格威、李奥·贝纳等广告人的推动下，"品牌""创意""洞察""产品戏剧性"等词和"文案""媒介"等词一起建构了现代广告行业的话语体系。伯恩巴克的创新适应了从印刷媒体到电子媒体时代的变化。20 世纪 60 年代，威廉·伯恩巴克及其所属的 DDB 广告公司所引发的广告创意革命，使得寻求"大创意"开始成为广告业的共识。个性化表达的工作方式开始被越来越多的广告公司所接受，"先文案，后设计"的两步走的工作模式让位于文案人员与美术人员协同工作，这也是对广告专业化程度不断提高的一种主动适应。

2. 大学等研究力量的介入

19 世纪的广告掮客凭经验总结出来的所谓"秘诀"已经不能满足需要，必须组织起紧密联系、协调一致的宣传活动，来取代张贴在墙上、刊登在报纸上的水平不一的广告大杂烩。这样的宣传活动以分析市场，即调查各个市场的习惯、财力及适用的载体为基础，通过围绕中心主题，即宣传活动的"轴心"，来进行筹划；最后依靠围绕分销商在销售地点进行的促销活动和围绕品味和舆论领袖、评论家、检察官、记者、名人等进行的公关行动得以延续。同时，有关娱乐和工作的福特主义文化的崛起促使企业和政府机构转向学术界来寻求研究支持。一些大学参与到广告专业知识的建构中。行为主义的发明者约翰·华生在1914年出版了自己的《行为：综合心理学入门》一书，并于1922年离开霍普金斯大学，加入智威汤逊广告公司，指导那里的研究工作。作为艾奥瓦大学教员和心理学博士的丹尼尔·斯达奇在1924年也成为美国广告代理公司协会的研究负责人。他的同事乔治·盖洛普曾就不同报刊标题记忆写过一篇心理学方面的论文，在1932年也加盟扬·罗比凯广告公司，对广告信息的记忆问题进行研究，后来创立了自己的公共舆论研究所。其他的大学研究人员在加入实践行列的同时，仍保留着自己的大学教席。学界的力量在现代广告业发展的初期成为一种关键力量，广告学也被纳入一种学科规制范围，传播学、心理学、营销学等学科开始成为推动广告专业化发展的重要智慧来源。从某种程度上来说，广告业的健康发展与学界的外部支持是一种相辅相成的关系，二者共同构建一种良好的知识生产与实践的生态，这也是快速变化的广告业所必要的需求。

3. 广告公司的组织与自律

1900年，美国的广告投资是内战前夕的9倍，并在一段时间后，职业规范也被组织起来。1873年，"广告商"召开了自己的第一届会议。1888年，广告业有了自己的喉舌《印刷者油墨》。从1900年到1917年，美国广告俱乐部联盟努力把国内的广告行业联合起来，并通过道德规范来进行职业界定，1906年，随着联邦政府采取调节措施，颁布《食品和药品法案》来保障消费者的利益，这种做法的意义就变得更大。1914年，俱乐部通过了作为规范条例的《实践标准》，该标准立足于高度象征性的观点：把广告看成"公共服务"，这是一种对"消费利益"负责的服务行为。同年，广告公司、客户与出版商创立了一个发行公信会，这是一家由自我调节思想启发而来的非营利机构，旨在收集媒体方面的所有信息，公布被核实的发行量。1917年，不少于300家的广告代理公司结合起来，组成了取代美国广告俱乐部联盟的美国广告代理公司协会，这就是影响广告业近百年的"4A"的来源。

4. 美国广告环境的思考

广告的环境条件在各个国家是不同的。新国家、新体制、新的力量格局与社会运作机制催生了全新的现代广告业运作体制，以及广告公司的运作模式。那里的政治经济双重自由思想，在前工业社会结构以及贵族文化传统方面遇到的障碍最少。历史文化及其社会制度决定了广告行业发展方向，这也是技术与经济等易见的因素之外的影响因子。欧洲大多数分析家认为"旧世界和新大陆的相异点大于相同点"。[①] 尽管美国可以称为欧洲向世界扩张的产物，但美国文化既是欧洲文化在新大陆的延续，更是欧洲文化在新大陆的创新。"欧洲重视质量，美国只知道数量；欧洲有一种强烈的真实感，美国却欣赏虚构；欧洲喜欢古老和闲适的环境，有深深的积淀，美国却在浅薄的追求中放荡不羁；欧洲清楚并欣赏个性，美国却把个性服从于无情的标准化。"[②] 美国文化根深蒂固的开拓创新基因和征服控制自然资源基因，推动着美国商业广告走向繁荣。从本杰明·富兰克林开始，美国开始引领全世界不断开拓新的技术、使用新的媒体、以商业广告支撑起媒体的良性运营，传播着新的生活方式，"未来的公民正在变成幸福的奴隶和舒适的动物"。而广告公司也在这一过程中逐渐专业化和职业化，成为支撑一个"美丽新世界"的重要社会文化机制。

因而，广告急先锋美国自1832年起有了登满广告的大众日报，自1840年起有了广告社。广告巩固为一种可以自我形变的机构。托克维尔曾在大众文化的范围内这样分析民主社会的存在方式：首先通过普及成批制造的、质量稳定均衡的商品，将生活条件拉平。当时，广告的影响力所产生的结果已经显示出来。从美国开始，现代广告开始诞生，广告成为一种社会创新，一种社会体制，与生产、消费、资本、信仰、幸福、未来、国家、社会、个人等共同建构了一个完成的体系。作为专业机构的广告公司的出现是为了更好地满足这种需求。其价值的大小也在于其满足这种需求的效率。从微观上来说，当企业的产品品质不能继续提升，不得不在消费

---

① 王晓德：《对欧洲上层社会消极美国观的历史考察》，《欧洲研究》2006年第3期，第51～68页。

② 王晓德：《对欧洲上层社会消极美国观的历史考察》，《欧洲研究》2006年第3期，第51～68页。

者层面产生差异时，从产品范式到消费者范式的转变就成为一种必然。企业会采取其他的营销手段，而其中就需要专业广告公司的力量。从这一角度来看，广告公司扮演的是将企业的产品转变成消费者所要购买的商品，尤其在产品技术创新和生产速度日趋加快的情况下，增加附加价值、维护产销平衡的重要性也在增加。从宏观上来说，当技术创新产生了大量的革命性变化，就需要相应的社会创新与文化创新与之相匹配。而其中，广告公司的广告营销服务与工业设计层面的"有计划废止制度"、金融层面的"分期付款"等一起建构了一个现代消费社会的文化创新系统。

小结　并非空白：中外广告交往的视野

历史是连续的，我们的现在，伫立在过去的基础之上。在讨论改革开放以来的中国广告业和广告公司发展历程时，我们需要充分考量1979年之前的世界广告与中国广告业的交往。在这一部分，议题尝试从更广阔的时空视角展开。

一方面，政治、经济、文化、社会等领域的变化对广告业的发展有着重要影响，我们很难脱离当时的整体社会情况和历史变迁情况去回应广告发展的问题。从这一部分描述的历史发展维度来看，现代广告发展演进的动力机制可以概括为："广告是经济发展的晴雨表，是社会发展的风向标。"第一，广告真正的原生动力是消费与市场。如果爆发战争，工业产能在战场上释放，你也会看到相应的公益广告增多。广告是市场经济体系的重要组成部分，市场机制完善，广告自然也在发挥其应有的角色与价值。第二，广告是社会发展的风向标。广告始终是社会敏感神经系统的一部分。广告在服务于商业信息传播的同时，还具有意识形态和社会文化价值。广告的发展需要相应的社会认知、公共政策等与之匹配。

回应当下的中国广告业的急剧变动。许多人把变动的动因简单地概括为"技术驱动"。这个概括抓住了问题的主要方面，值得肯定。但是，这种单一性概括，也掩盖了行业变动的复杂性、多因性。广告业的变动，除了技术性（如新媒体、移动互联网、大数据等）因素之外，还与经济、政治、历史、文化、区域、资源等因素有直接或间接的关系。

另一方面，中国从来没有和世界真正分离，尤其在中华人民共和国建立之后，意识形态的分离也难以抵挡世界与中国的交往。在探寻中国广告业时代转换的空白中，我们可以发现，中国广告业和广告公司在民国时期曾经有过繁荣的局面，上海、天津、广州、哈尔滨等商业经济发达城市和对外开放城市中出现了一批优秀的广告公司。中华人民共和国成立之后，内贸和外贸体制内的国营广告公司、世界广告的扩张与港澳台广告人、广告主与媒介中的广告经营单位，以及一些与广告业相关的商业与艺术机构等，构成了中国广告业从空白中走出来的主要力量。这一部分对广告人群体的考量，能更深入地把握在专业的广告机构消失之后的传承与保留，从而说明1979年的广告业绝非是一种所谓的断裂与空白。

从全球视野来看，伴随着商品经济的发展，世界各地的广告业出现了多元并进的局面。除了传统广告的发展，现代广告体系在逐渐成熟。所谓现代广告，是一种匹配规模化生产、大众媒体传播等商业信息交往体系。西方开始成为世界的中心，欧洲地区成为现代广告论述的重点。随后，美国出现现代广告公司，建构现代广告业的基本运作模式，引领全球范围内的广告业发展，广告业的规范化、专业化、国际化、规模化、资本化等发展浪潮几乎都与美国广告业的发展分不开。与此同时，有着丰富的传统广告形态和商业传播智慧的中国广告业也在不断前行，在改革开放后，与发展百余年的全球范围内的现代广告业相遇，世界广告业的影响力量在随后的开放大潮中，更加深远地开始影响中国广告业。这也成为思考中国广告业发展的一个重要视角。

第二部分

艰难复苏：体制、意识形态与广告公司
（1979～1992）

第三章　广告的"破冰"与上海地区的广告公司

一　偶然与必然：广告的萌动

1979 年 1 月 28 日，这个星期天的与众不同并不因它同时又是春节，这一天，上海 129 万台电视机屏幕上播出了中国有史以来第一条电视广告——参桂养荣酒广告。这一天，距党的十一届三中全会闭幕才 37 天。临近春节，人情往来，孝敬父母，家庭聚会，正是保健酒产品销售的大好时机。[①] 从更广阔的现代化进程来看，不同国家的现代广告诞生，如美国、日本以及中国，保健品往往成为资助广告业发展和现代媒体发展的重要行业力量之一。保健品暗含了人们对于世俗"身体"的追求，是"现代性"的集中体现。

在缺乏广告公司和影视制作机构的时代，电视台就成为企业广告运作中优先考虑的专业依靠。在改革开放初期，媒体下属的广告经营机构在最初的十多年时间里，其营业规模一直在专业的广告公司之上。很多广告活动的策划和运营都来自媒体内部的广告工作人员。媒体也往往扮演着广告公司的角色。上海美术公司，即后来的上海市广告装潢公司成为客户代理方，上海电视台成为广告制作方。遗憾的是，广告作品的"易碎性"带来了其短暂的生命周期，这则广告我们已经无从看到。在中国传媒大学主导的《中国广告二十年》纪录片拍摄时，我们寻访很久都没有找到原作品。现在遗留的只有当年广告制作的相关人员对参桂养荣酒广告的回忆。广告的大致情节是：晚辈到商店里买保健酒，然后送到长辈家孝敬长辈们，拿

---

① 这一部分的故事引用了 2013 年 12 月 24 日《解放日报》袁念琪的相关报道，具体请参照当期报纸文章《1979，上海广告归来》。

着酒的长辈笑逐颜开。距离 1941 年美国播出全世界第一则电视广告已整整 38 年。此后，上海电视台向上级宣传主管部门申请发布《上海电视台广告业务试行办法》和《国内外广告收费试行标准》，中国广告开始成为一种常见的日常"景观"。

第一则报纸广告却在更早一些时间在同处沿海开放城市的天津出现。虽然相对于上海在 1843 年即被列为通商口岸的时间相比较晚，但天津依然在中国近现代历史中有着浓墨重彩的一笔。从第二次鸦片战争被开辟为通商口岸后，天津快速成为北方最为重要的商业城市，政府所主导的"洋务"运动，外商在租界内的商业经营，快速扩大的城市化所带来的商品经济的发展，以及相匹配的交通、通信、邮政、教育、司法等领域的发展，使得天津一度成为中国商业发展和广告经营的"样本"。这样的历史沉淀也折射在改革开放之后的广告发展中。在天津的大地上诞生了中国改革开放之后的第一条消费品报纸广告。1979 年 1 月 4 日，《天津日报》登出了一则"天津牙膏主要产品介绍"的广告。这是中国改革开放之后的第一条消费品广告。

中华人民共和国成立以来，以上海、天津等沿海商业发达城市为代表的广告业走过的路程与共和国的命运紧紧相连。多少年来，人们认为市场经济是属于资本主义的，服务于它的广告自然是彻头彻尾的资本主义工具。人们还未认识到社会主义同样需要广告在商品的生产和流通中发挥作用，广告不仅是提供生产信息的活动，还是经济是否具有市场活力的一个标志。最初的广告出现在沿海地带，既有着商品经济发展的原因，也有开放口岸带来的国外广告运作的影响，这种偶然的背后是历史发展的必然。

二 上海广告公司的奔走

正如上节所言，中国广告的"破冰"之旅肇始于上海。上海是中国最大的商业都市，有深厚的广告传统。中华人民共和国成立后，在广告也被挤压削减的情形之下，上海仍保留了一定规模的广告业，全国最大的几家广告公司也在上海。改革开放之初，上海市的广告公司主要有三家：隶属上海市商业一局的上海市广告装潢公司、隶属上海市文化局的上海美术设计公司和隶属上海市外贸局的上海广告公司。"文化大革命"中，当广告业被摧残殆尽之时，上海仍以多种方式保留了一批广告人。因而，"文革"

之后，是上海这批广告人最先闻风而动，为广告之复兴奔走呼号，并率先而为。

从 1979 年开始的中国广告复兴面临的主要障碍是意识形态方面以及全社会对广告的无知。广告启蒙教育成为这一时期的基本任务。在广告运作方面，这一时期主要是恢复以国营广告公司为主的条块分割的行业经营模式。外贸系统的广告公司以进出口广告的媒体代理为主，内贸系统的广告公司以媒体代理和制作设计为主。整个广告理念与运作方式还沿用传统的简单信息告白模式。但不管怎么说，这也是中断日久、百废待兴的中国大陆广告行业的重新开始。在 20 世纪 70 年代末，为中国广告复兴做出重大贡献的是上海广告公司和上海市广告装潢公司。它们成为这一时期广告运作的先锋队。

上海广告公司成立于 1962 年。中华人民共和国成立以后，党和政府在很大程度上沿袭了苏联的计划经济模式，计划内的生产、分配与消费使得以沟通产销为己任的广告失去了其应有的角色与价值，从而导致了从事国内广告业务的一大批广告公司的败落与合并。但为了适应外贸业务的需要，政府又不得不面对国际市场，不得不按照国际市场的规律与要求去做广告，为此，在上海外贸系统各个美术综合工厂的基础上成立了专营进出口广告的上海广告公司，统一经营上海乃至全国的进出口广告。从某种程度上来说，位于中国广告行业最前沿的上海广告公司，成为当时广告行业的唯一阵地。在 20 世纪 60 年代，中国依然和诸多发展中国家，甚至和美国、日本等发达国家保有着相当规模的进出口贸易。上海广告公司的业务一度进展良好，广告业务也越做越大，但好景不长，到 20 世纪 60 年代末，突如其来的"文化大革命"将广告视为资本主义的东西而横加摧残。意识形态成为广告的代名词，而现实的经济环境又使广告的商业信息沟通功能无处施展。1970 年，上海广告公司被撤销，对外说是业务停顿，但在上海工艺品进出口公司中保留了一个设计小组继续做一些广告的执行事宜。其后，上海外贸建立包装业务处，又名业务四处，零星做一些对外宣传样本。粉碎"四人帮"以后，"上海广告公司"的名称于 1977 年重新在国外露面，但对内仍然叫作上海包装广告进出口公司，又叫上海外贸局包装广告处、上海外贸局包装研究处，所谓"一个机构，四块牌子"。

上海广告公司恢复以后，依然需要面对极其困难的环境，但毕竟被压抑太久的市场和社会需要广告公司的专业代理服务。被遣散的人员陆续调回，中断多年的对外联络迅速重建，各项实际工作重新开始。到1978年上半年，上海广告公司就已和19个国家和地区共16家新闻媒体建立了联系。1978年7月7日，上海广告公司在停业多年后第一次在这些媒体上发布中国出口产品广告。半年时间不到，上海广告公司先后在荷兰、英国、加拿大、巴基斯坦、科威特等73个国家的报纸上发布广告，刊登161次，总金额达到83万美元。

上海广告公司虽然先行一步，但依然步履维艰。它们的业务仅限于简单的对外广告。1978年的国内媒体依然禁止刊登广告，人们谈起广告，仍然不寒而栗。余虹、邓正强编著的《中国当代广告史》一书，较为详细地还原了上海广告公司参与中国广告复苏的这段历史。1978年，上海广告公司派出公司元老陈建敏几次奔赴北京，通过《工人日报》向时任中宣部部长的胡耀邦提出在国内恢复商业广告的建议。上海广告公司的一批广告人敏锐感觉到一个新的时代正在到来，复兴广告的世纪正在到来。胡耀邦同志的支持更使上海广告公司的广告人受到极大鼓舞。陈建敏从北京回来之后即与凌燮阳、丁允朋等人做了以下两件意义重大的事情。①

一是讨论了如何为广告正名的问题。1979年1月14日《文汇报》发表了由时任上海广告公司设计科科长丁允朋撰写的文章《为广告正名》，在舆论上为广告复兴做准备，这是广告复兴之初最早为广告存在和发行进行辩护的文章。隶属对外经济贸易系统的上海广告公司有着天然的与国外广告行业和广告媒体的联系，这也给了丁允朋足够多的思考时间和资料信息来源，才有了《为广告正名》的诞生，以及其在中国广告史上巨大的影响作用。丁允朋出访过欧洲五国、日本、美国及东南亚诸国，他基于自己的国际视野为当时的中国市场提供了很多前瞻性的建议。

二是他们四处奔走，说服媒体发布外商广告。1978年以后，当时已经有很多外商来华推广业务，陈建敏等人先说服并帮助上海媒体发布外商广告。这就出现了之前广告"破冰"背后的一幕，外商广告开始出现在上海的各个媒体类别上。1979年2月13日上海广告公司在《文汇报》刊发了承办进出口广告的广告。同年3月15日，上海电视台播出了"文革"后

---

① 余虹、邓正强：《中国当代广告史》，湖南科学技术出版社，1999，第10页。

上海广告公司代理的第一条外商电视广告——瑞士雷达表的广告。同期上海南京路竖起了"文革"后上海广告公司代理的第一块外商户外广告,上海第一百货公司展出了"文革"后上海广告公司代理的第一个外商橱窗广告。①

唐明生在《SAC——三十而立》一文中谈到上海广告公司与中国广告局面打开的这一"丰功伟绩"。"同年初春,乍暖还寒。凌燮阳、陈建敏两位公司元老身裹棉大衣北上首都。一到北京,两人一面跑《人民日报》、《人民画报》、中央电视台、中央人民广播电台等中央级新闻媒体,宣传广告的作用、意义及做法;一面奔北京饭店,拜访各国驻京贸易办事处,介绍中国的市场、广告刊例,洽谈广告业务。此行成果喜人,单是户外广告,就接到 18 块之多,全部就地落实。北京返回,再南下广州。广州是全国外贸中心之一,每年春、秋两季的广州交易博览会万商云集,广告宣传大有用武之地。南行结果,收获亦佳。以上海为中心,南北拓展,堪称接触的战略。此后,再加以横向辐射,一个立体的广告网络迅速形成。毫不夸张,SAC(上海广告公司)在中国广告业重新崛起之日发挥了重要作用。至 1979 年年底,它一直是中国对外广告的唯一窗口,为中国广告业的发展,它开创了许许多多个第一。后人撰写中国广告史,必将有属于它的一页。"②

在上海广告公司的带动和启示下,北京外贸系统和广东外贸系统在 1979 年相继成立了北京广告公司和广东省广告公司。广告复兴之火迅速在全国外贸系统形成燎原之势。这两家广告公司也在后来的中国广告现代化探索中起到了巨大的作用,我们在后续的章节中会对其进行详细说明。

三 上海市广告装潢公司的突破

除了主营进出口广告业务的上海广告公司,同时期为国内广告的复兴做出重大贡献的还有上海市广告装潢公司,即之前的上海美术公司。③

上海市广告装潢公司成立于 1952 年,是中华人民共和国成立初期国内

---

① 余虹、邓正强:《中国当代广告史》,湖南科学技术出版社,1999,第 10 页。
② 唐明生:《SAC——三十而立》,见《上海外贸风云录》,香港亚洲企业家出版社,1992,第 58 页。
③ 关于上海市广告装潢公司的历史文献资料,主要参考了余虹、邓正强在《中国当代广告史》中在"时代转折与广告复兴"一部分的具体史料。

最大的专业广告公司。公司合并了从民国走过来的上海市范围内的所有私营广告单位，可谓人才济济，实力雄厚，曾一度执中国广告界之牛耳。从1962年开始，中国大陆广告经营的条块分割十分严重，进出口广告一律归外贸系统的广告公司经营，其他广告公司只能做国内广告，而外贸系统的广告公司也不能做国内广告。上海市广告装潢公司归属工商系统，故而只能做国内广告。

"文革"期间，上海市广告装潢公司虽然受到巨大冲击，但总算顽强活了下来，并为中国广告的复兴积蓄了力量。"文革"刚刚结束，上海市广告装潢公司的一些广告人就开始着手恢复国内广告业务。十一届三中全会召开之后不久，1979年1月28日、29日、30日，上海市广告装潢公司就连续在《解放日报》上发布了广告。

"文革"之后的第一条商业广告于1979年1月4日刊发于《天津日报》，这成为学界和业界认为的广告复兴的起点，但毕竟孤掌难鸣，其后《天津日报》的广告经营并未在国内产生巨大的影响。上海市广告装潢公司的国内广告一发不可收，《解放日报》《文汇报》等大报在连续发布国内广告的同时，还请上海电视台拍摄了第一条国内电视商业广告——之前所提到的参桂养荣酒广告，并于1月28日播出。除此之外，上海市广告装潢公司还率先将当时的毛主席语路牌改为广告牌。上海市广告装潢公司作为当时国内最大的广告公司不仅在恢复国内广告方面先声夺人，而且在促进广告专业公司联合推动中国广告行业组织的建立、创办广告专业刊物等方面都起到了排头兵和核心作用。

我国早期广告公司以城市来命名的特色，区别于国外广告公司以创始人来命名的做法，从称谓上可以感受到早期广告公司的经营依靠政府、政策而立的境况。如，隶属上海市商业一局的上海市广告装潢公司、隶属上海市文化局的上海美术设计公司和隶属上海市外贸局的上海广告公司。

表3-1 早期广告公司的分布

城市	广告公司
北京	北京广告公司；北京市广告公司
上海	上海市广告装潢公司；上海美术设计公司；上海广告公司
广州	广东省广告公司；广州市广告公司
其他	唐山市美术（广告）公司；天津市广告公司；南京市广告公司

　　1979 年 10 月，上海市广告装潢公司和其他几家广告公司在上海东亚饭店举行了有关广告业务的工作交流会。之后，上海市广告装潢公司牵头，积极倡导召开了全国广告工作会议。在当时诸多同属国营机制的南京广告公司、北京市广告艺术公司、天津美术广告公司、杭州广告公司、广州市广告公司等的响应下，1980 年 11 月 28 日在广州越秀宾馆召开了第二次全国广告工作会议。

　　会议讨论了广告恢复之初的第一部广告法律法规——《广告管理条例》（草案），《条例》后来以《广告管理暂行条例》的名称，由国务院于1982 年 2 月 6 日正式颁布。有关会议还根据当时的广告业发展情况，从承揽全国性、国际性广告业务出发通过了广告联合公司的章程，1981 年 4 月正式成立了中国广告联合总公司。此外，行业协会是一个行业发展和专业化进程的重要节点。会议决定筹建"中国广告艺术协会"，出版专业杂志《中国广告》。1983 年 12 月 27 日成立的"中国广告艺术协会"后来更名为"中国广告协会"，成为与"中国对外贸易广告协会"（1981 年 8 月 21 日成立，后改名为"中国商务广告协会"）并立的两大行会组织。这与当时中国的内贸和外贸广告分离有密切关系。《中国广告》杂志于 1981 年 4 月 15 日在上海创刊，由中国广告艺术协会主办，主编是上海市广告装潢公司总经理王庆元。1981 年 7 月 15 日，工商行政管理总局批准《中国广告》杂志正式出版，其后，《中国广告》一度由中国广告联合总公司和上海市广告装潢公司联合主办。1985 年 9 月，中国对外贸易协会在上海创办《国际广告》，与《中国广告》一起成为中国当代广告史上最重要的两种学术理论刊物，为现代广告的理论引进和专业启蒙做出了巨大的贡献。在国家力量的主导与推动下，行业法规、行业组织、行业杂志以及国营的广告公司、依托国家媒体的广告部门成为中国广告业恢复之初的重要现象。

四　什么是社会主义广告？

　　关于广告的讨论始终伴随着广告的发展。广告重返社会舞台之后，除了国家宏观层面关于广告是姓资还是姓社的讨论，还有地方媒体对广告的作用与其工具性属性的厘清，最为生动和丰富的是在微观层面社会民众对广告的感受和体验。

社会民众对于广告的讨论，一直是广告批评中不可忽视的内容。在广告恢复之后，民众对于广告的意见有较大的差异。可以从两则报道来感受。如图3-2是刊登在杂志上的读者来信：左图反映上海缝纫机厂的广告是一个"吹牛的广告"，文中强调"报纸是党的宣传工具，广告宣传和其他宣传一样，也需要实事求是"①；右图内容认为广告是工厂和用户的"红娘"，给予了好评。②

今年七月十日，解放日报上刊登了一幅上海缝纫机总店《缝纫机之家》的广告，内容是："家用缝纫机及零配件应有尽有，挑选方便，代装代送，检修上门，售出保用，配套零买，经济实用。"我们看了非常高兴，随即写信联系，谁知至今没有回信。听外地来苏州的人说，这不过是登广告而已，在上海还不容易买到呢！我们不相信会有这样的事。不久前，又写信问报社并提了一点意见，结果还是没有回音。看来，这个广告很可能是一个吹牛的广告。

报纸是党的宣传工具，广告宣传和其他宣传一样，也要实事求是。否则，有损于商店的信誉，也有损于报纸的威信。这件事应该引起各报社注意。

苏州地区人民医院
周祖德　谢顺兴

广告是"红娘"

《农业机械》登广告，为工厂和用户做了"红娘"，受到工厂、用户的欢迎。我们除了愿意看到整机产品的广告外，更希望看到配套农具、零配件等广告。我们希望《农业机械》作一个出色的"红娘"，为农业机械化作出更多的贡献。

（浙江三门县高见公社　郑金国）

贵部登的广告在我们这里起到了很大作用，真是比忠实认真的采购员还要可靠。

目前，手扶拖拉机配套农具很不齐全。希望看到这方面的广告。

（河南鄢陵县农科所　鲁根才）

图3-1　两则民众对广告的讨论意见

这一时期，来自社会各层面围绕广告的讨论，对于从上至下，深化对于广告的理解、确立广告的应有价值起到了推动作用。其中，有关"社会主义广告"概念的讨论是思考这一时期广告业和广告公司发展的重要思想背景。

发表在1981年4月《中国广告》创刊号上的《试论社会主义广告事业发展的客观依据及其作用》一文，作者是上海市广告装潢公司的钱慧

---

① 参见《新闻战线》杂志，1979年3月。
② 参见《农业机械》杂志，1981年5月。

德。文章的学理论证如下：广告是商品经济的产物，商品经济并非资本主义的专利，社会主义也存在商品经济。"马克思曾经设想，到了社会主义社会，可以实现生产资料的全社会拥有制，商品货币都将消亡，因而传统的政治经济学往往把广告看作不创造任何价值的纯商品流通费用，是资本主义富有的表现，还由此推论在社会主义计划经济的条件下，广告费是完全可以节省下来的，并把它作为社会主义制度优越性的反映。但是，实际上社会主义国家都还相当广泛地存在着不同类型的商品货币关系，并且还在继续发展……既然社会主义的经济仍然属于商品经济的范畴，那么，伴随着商品生产和商品交换发展起来的广告事业的存在和发展，也就有了它的客观基础了。"①

此后，来自社会科学、经济学等领域的诸多理论家也陆续加入了"社会主义广告"的大讨论，从某种程度上来说，他们必须以"社会主义"这个限定词来先行表明自己的意识形态立场，以防被指责和批判。1982 年 2 月 25 日，《中国广告学会章程》指出，本会的任务即是探讨社会主义广告的性质、方向和任务。1982 年 5 月，《中国广告》杂志发表编辑部文章，指出，首先要分清社会主义和资本主义广告的界限，并认为，广告既是商品宣传，也是意识形态宣传。紧接着，上海社会科学院经济研究所陶永宽、上海市财经学院院长姚耐、暨南大学经济学院教师傅汉章与邝铁军等分别从各自角度对社会主义广告的概念撰文进行了讨论。

关于"社会主义广告"的讨论，暨南大学傅汉章 1988 年发表在《新疆社会科学》上的《社会主义广告体系探讨》一文概括了"社会主义广告"的内涵。"广告作为一种传播信息的工具，它适用商品生产任何社会形态，哪一个阶级都可以运用，我们不能也不应简单地把广告与某个阶级或某种生活方式画等号。广告作为一种信息工具，它本身是没有阶级性的，但是，广告一旦为某个阶级所用，就可以为某个阶级服务，具有不同的经济特征。在社会主义初级阶段，我们的社会主义广告是为社会主义商品经济服务的，它具有社会主义的特征，从性质上看，它不同于资本主义广告。"②

之前撰写了《为广告正名》的丁允朋先生，在 1985 年《中国广告》

---

① 钱慧德：《试论社会主义广告事业发展的客观依据及其作用》，《中国广告》1981 年 4 月创刊号。
② 傅汉章：《社会主义广告体系探讨》，《新疆社会科学》1988 年第 3 期。

第 1 期发表了《我国社会主义广告特征刍议》。丁允朋的文章首先概述了我国有关"社会主义广告特征"的研究史。"在我国，关于社会主义广告特征提出较早、历史较久的，大概要算过去惯称的'四性一格'，即思想性、政策性、真实性、艺术性和民族风格。但在这之后，特别是党的十一届三中全会以来的出版物中，陆续出现了很多不同的提法。这些不同的提法，总的说，除对'思想性''真实性'和'艺术性'三点大体一致外，又出现了诸如'商品性''计划性''知识性''教育性''情报性'（信息性）'现实性''科学性'和'趣味性'等等提法……一些提法有其一定的道理，但用来概括社会主义广告的特征，其中有些特性是不必予以兼收并蓄或等同并列的。"① 相较之《为广告正名》一文的呼吁和姿态，这篇文章从严密的学理层面上论证这样一个在当时不容回避的问题："如果我们必须坚持走社会主义道路，那么，社会主义社会应不应该有广告？或者说，广告究竟姓资还是姓社？广告能否姓资又姓社？"②

丁允朋认为广告特征是指广告活动、广告作品所表现出来的独具的特点。不同的社会制度，由于其生产和服务目的不同，广告也具有不同的特征。丁允朋认为应该从五个方面考察社会主义广告的特征：其一，社会的经济关系与精神文明；其二，广告功能与广告效果；其三；广告关系与广告道德；其四，广告计划与广告策划；其五，广告艺术。据此他提出社会主义广告特征"五性一格"的说法，即思想性、情报性、真实性、科学性、艺术性和民族风格。

从当时中国广告行业的发展阶段而言，丁允朋的文章反映了广告意识的悄然转型，他在"社会主义广告"的表面下讨论了"现代广告"的基本内涵，从现代广告的角度谈论社会主义广告。广告中已有的"政策性"的提法被放弃，广告的"信息性"和"科学性"的提法被归纳到社会主义广告的特性中。正如丁允朋在文章的结尾所言："'五性一格'是同资本主义广告相比较而存在的，但又并非与之绝对割裂开来。它们在市场营销、信息传播、艺术创作等方面的规律性是相通的，有些甚至是一致的。为了实现我国广告的现代化，借鉴和吸收发达国家广告中一切有用的东西是必不

---

① 丁允朋：《我国社会主义广告特征刍议》，《中国广告》1985 年第 1 期。

② 余虹、邓正强：《中国当代广告史》，湖南科学技术出版社，1999，第 35 页。

可少的。"① 来自广告公司等一线广告经营单位与来自广告相关学界的专家学者第一次精诚合作，使广告开始逐渐与意识形态分离，成为一种"政治正确"的职业与行业。对于当时的广告公司发展而言，政治意识形态的突破使得最大的障碍被扫除，广告公司也迎来了第一次发展高潮。

"社会主义广告"这一概念的讨论，也成为中国广告发展历程，乃至世界广告发展史上的一个特例。社会主义广告有着服务社会的功能，比如促进社会生产、指导人民消费、加速商品流转、促进内外交流，以真实性和科学性为基本特点，维护社会主义广告的信誉，强调思想性、政策性和艺术性，在内容和形式上有益于培养群众的审美趣味。②

从中国广告发展的现实来看，"社会主义广告"成为中国社会经济转型期的一个重要概念。从 1978 年开始零星提出，到 20 世纪 80 年代的来自政府、学界、行业的热烈讨论，一直持续到邓小平 1992 年"南方谈话"之后，关于社会主义广告与资本主义广告合法性的讨论才逐渐落幕。但其影响足够深远，直到 1996 年，时任中央电视台台长、中国电视行业的拓荒者杨伟光还曾撰文《坚持广告正确导向，办好具有中国特色的社会主义广告》，只不过，这一时期的社会主义广告，已经不再是一种艰难时代的生存话语，而更多地被赋予了产业化、商业化等经营层面的正当性。国内学者王凤翔在回顾了 1979～1991 年的社会主义广告话语之后认为，在中国社会转型初期（1978～1991 年），广告学界与业界构建了"社会主义广告"话语的批评思想，为改革开放鸣锣开道。同时，社会公众对广告的认知经历了"不知广告""排斥广告""认可广告""有意识选择广告"的心理接受过程，这也是思想解放的发展过程③。对于中国广告行业而言，政治层面和社会认知的障碍被去除之后，迎来的就是一个更加明媚的春天。

"社会主义广告"的讨论，是这一时期广告学术思考与广告业实践的重要对话成果。中国广告业的复苏过程，伴随的是广告学术的成长与成熟，二者相互依存，共同发展。对于从空白中走出来的广告公司而言，这是一个非常重要的专业知识交流、学习和成长的路径。宏观层面的"为广

---

①　丁允朋：《我国社会主义广告特征刍议》，《中国广告》1985 年第 1 期，第 7 页。

②　胡祖源：《论社会主义商品广告》，《学术论坛》1985 年第 3 期。

③　王凤翔：《论中国社会转型初期（1978～1991）的"社会主义广告"》2015 年第 6 期，第 51～57 页

告正名"，以及微观层面广告公司的成长与发展，成为广告学术与广告业交流的双重维度。1981 年 2 月 27 日，中华全国广告协会筹委会在京成立，包括广告业界及新闻、教育、科研等领域 45 人组成筹委会。4 月 15 日，《中国广告》杂志在上海正式出版发行。8 月 21 日，中国对外贸易广告协会成立。9 月 1 日，中华人民共和国成立以来，我国大陆首次出版广告著作《实用广告学》和《广告的知识与技巧》。1982 年 2 月 21 日~25 日，中华全国广告协会第一次代表大会在京召开，出席代表 132 人，会议决定成立中华全国广告协会，团体会员 102 个，个人会员 462 人。国家工商总局魏今非局长致开幕词。经上报中宣部和国务院财贸小组批示，中华全国广告协会改名为"中国广告学会"。同年 8 月 7 日，中国广告学会在山西太原召开第一次全国广告学术研讨会，数名老广告学者参加讨论，这是我国大陆广告学术研讨会的开端。1983 年 8 月 5 日~10 日，中国广告学会在辽宁北镇举办第二次全国广告学术讨论会，来自全国广告公司、高校及工商管理部门代表约 40 人参加。会后出版了学术论文集。12 月 27 日，经国务院批准，中国广告协会在京召开第一次代表大会，来自全国 28 个省、自治区、直辖市，以及香港地区代表参加了大会；中国广告协会成立（中国广告学会同时撤销）。1985 年 8 月，《国际广告》杂志在上海创刊出版。1986 年 12 月初，中国广告协会会长办公会议决定，成立"中广协学术委员会筹备组"，负责学委会的筹建工作。学委会筹备组成员有：王南生（中广协电视委员会秘书长）、杨荣刚（中广协报纸委员会秘书长）、潘大钧（北京商学院副教授）、金子泓（国际广告公司业务部经理），唐忠朴担任筹备组召集人。1987 年 8 月 6 日~10 日，中国广告协会学术委员会在湖北沙市成立，同时举行 1987 年度"全国广告学术讨论会"，就广告代理制问题展开研讨。至此，中国广告学术体系初具规模，行业组织、日常研讨、大学教育、广告研究群体、广告公司等组成了较完备的广告生态。①

五　露美与美容时尚潮②

之前谈到，历史的延续性有时令我们感慨，这也体现在广告业当中。

---

① 参考了唐忠朴先生整理的"中国广告学术发展大事记"的相关内容。
② 本部分内容参照了专题《露美，80 年代的美丽传说——记邵隆图先生改变一生的经历》中的相关史料内容。

1956 年初上海全行业实行公私合营后，除上述三家国营美术设计机构外，许多美术设计人员被分流至上海各个国营企业，成为 1949 年以后社会主义公有制下的一支重要的设计力量。与上海美术设计公司、上海市广告装潢公司和上海广告公司有明确的业务范畴一样，这些厂属美术设计机构的业务主要集中在包装设计、轻工业产品造型设计和图案纹样设计上。

中华人民共和国成立后的时代转换中这些人员的流动和历史传承，在几十年之后又以另外一个广告行业的经典案例出现。2008 年是改革开放 30 周年，《新周刊》杂志策划了一个《30 年小事记》专辑，其中有一篇《"上海小姐"的前世今生》，里面有这样一段描述："一群女孩子被带到华山路上著名的露美美容院做发型。1992 年的上海人，只有新娘子结婚才会到美发店烫头发，用黏黏的摩丝弄出很多打圈圈的卷来……"① "前些天，上海电台的主持人沈磊和小林在节目中又争论：究竟是 1984 年在淮海路上，还是 1989 年在华山路上开设了第一家露美美容院……"② 这里所说的露美美容院曾经是上海最高档的美容美发场所，而当时的露美化妆品，作为中国最高档的本土化妆产品，曾作为国礼赠送给时任美国总统里根及夫人、英国女王伊丽莎白，并受到他们的高度赞扬。而它的塑造者、策划者就是上海广告行业的大师级人物邵隆图先生。

20 世纪 80 年代初，中国人的穿着才刚刚告别蓝、灰、黑的集体记忆，而化妆品行业，上海乃至全国的等级和档次都偏低，与国际先进化妆品相比，相差十万八千里。此时，轻工业部及上海市经委下达了试制成套化妆品的任务。而当时的上海市日用化学工业公司经过了市场分析，认识到"改革开放以来，国内化妆品生产发展很快，但大多挤在同一个低档次的狭小市场上，数量不少，水平不高，竞争激烈，效益不好，与逐年提高的人民生活水平不相适应"。随着当时人们对美好生活的追求日趋强烈，化妆品生产和发展有了良好的市场环境和契机。因此，为了摸准新颖化妆品的发展方向，他们专门做了市场调查。北京友谊商店反映："他们周围有100 多个国家的大使馆，过往的外宾、侨胞眷属很多，而商店内供应的高级化妆品几乎全部依靠国外进口。"广东地区反映："当地接近港澳，开放

---

① 参见 2008 年 11 月 15 日《新周刊》当期专题《30 年小事记》。
② 参见 2008 年 11 月 15 日《新周刊》当期专题《30 年小事记》。

较早，人们的消费习惯变化很大，需要有高级的特别是成套的美容化妆品。"上海有关部门反映："上海每年有近 30 万对新婚夫妇，进出上海的外宾、侨胞也不下几十万人次，都需要高档化妆品，这是一个很大的潜在市场。"①

上海轻工业局日化工业公司成立了项目特别行动小组，时任技术科科员的邵隆图、唐仁承等一帮年轻人成为项目小组的中坚力量。在对国内外市场上的化妆品进行艰苦的调研和分析以及对新产品进行了成千上万次的试制和开发后，1980 年 1 月 3 日到 1981 年 3 月 5 日，经过了近一年零三个月的时间，在特别行动小组的精心策划下，全局 66 个协作单位，模具达 500 多付，全套 17 件精美的产品诞生了，这在刚刚挣脱了"左"倾枷锁的中国，是破天荒的一次。邵隆图、唐仁承在后来的文章中也详细记录了这套产品的整个营销宣传过程。

产品档次：高档水平。全套价格：60 元～70 元，比一般化妆品高一倍（1980 年高级工程师的工资为 45 元/月）。品牌名称："露美"，寓意"似露滋润，美尔娇容"。英文名称：RUBY，意为红宝石。产品组成：基础化妆品 5 件，美容化妆品 12 件，共 17 件。内在质量：采用营养丰富的水解蛋白和国际流行的素馨兰香型。包装设计：在众多的包装设计方案中，选择确定了以白底、红带、金线、灰字的色彩基调；因为红、白、金、灰四色是色彩组成中最富丽而又协调的颜色。系统设计：根据国际上 CI 系统理论，全套大小高低不同的 17 件产品，一律以白底、红带、金线、灰字这一特有的色、形基调来强化品牌印象，坚持了整套产品在设计上基调和风格统一，给人以格调高雅而又不乏热烈、不失细腻的感觉；为了进一步强化这种品牌印象，露美化妆品所有的广告媒体，包括橱窗陈列、路牌广告、灯箱以至百货商店的货架、拎包、说明书、礼盒等几乎都无一例外地贯彻了红白基调；因此，由于基调统一，当 17 件产品集合陈列摆放在货架上时，就形成一种以众压寡的气氛，给广告消费者造成强烈的视觉冲击，取得了特殊的效果。目标受众：根据露美化妆品的特点功能，分析目标

---

① 参见新浪网站专题《弄潮儿：排队美容，围观烫发，中国女性 40 年美的历程》。

消费群。年轻人结婚和亲友相互馈赠的礼品，满足时尚和社交的需求；生活安定、经济富裕的中老年妇女，选购时多数着眼于营养性基础化妆品，满足生理和安全需求；追逐时髦、爱好修饰打扮的女性，多数选购新颖而有特殊功效的美容品，满足自尊和社交需求；文艺团体、美容厅工作和营业需求；出口贸易、特供及生产单位作技术参考样品。广告策略：广告文案为"焕然一新的露美将使您的容貌焕然一新"；主要突出：国内第一套成套化妆品系列及与众不同的使用效果。于是，广告的区域慢慢由上海向全国展开。第一阶段：进入上海、北京、广州三大中心城市；第二阶段：进入大连、沈阳、哈尔滨等东北地区城市，因为历史的原因妇女有使用化妆品的习惯；第三阶段：进入杭州、武汉、重庆等省会级大、中二级城市，扩大产品宣传和影响。①

主流的广告学教材总是将挖掘和满足消费者的需求视为广告策划与创意的第一要务，但是，在当时中国的广告业，"露美"竟然主动尝试塑造消费者的认知。具体来说，就是改变消费者对于美容的认知。很多的"第一"开始出现，我国有史以来第一支美容队伍、第一本美容教材、第一批美容师，等等。美容师所到之处，围满了热情、好奇的人群。最典型的传播活动则是 1984 年年底，上海第一家"露美美容厅"隆重开业，位于淮海路和马当路口，前身是原来坐北朝南仅有 56 平方米的白玫瑰理发店；一时间掀起了露美化妆品走向社会、指导美容的高潮，以"产品"为中心的市场观念开始向以"人"为中心转变。优质的产品通过优良的服务每天通过顾客都在向社会提供着生动、形象的广告宣传。20 多元一次全套美容挡不住越来越爱美的上海人，自开店后该店一直门庭若市。两年以内，杭州、九江、武汉、福州等地都相继开设了露美美容厅，北京、广州、大连、青岛、呼和浩特、海口、南宁、佳木斯等地都派人来上海学习美容技术。1985 年，露美化妆品生产比 1984 年增长 26% 左右，露美美容院的营业额与利润比 1984 年增长了近 5 倍。到 1988 年，全中国共开设了 8 家露美美容院，也就是现在所谓的连锁店，一时间，露美成为中国时尚产业的

---

① 邵隆图、唐仁承：《强化品牌印象是商品广告活动的主题》，《中国广告》1986 年第 4 期，第 14 页。

代名词。①

国内学者余虹、邓正强曾对露美广告对中国广告行业的影响给予了很高的评价。"首先，80年代初的大部分商品广告只是有关产品的实体性报道而缺乏品牌意识，更不会做品牌广告，露美广告的成功预示着中国广告从产品广告到品牌广告的转折。其次，80年代初的大多数广告只是临时性的、被动的产品销售的辅助物，这些广告与企业的整体营销没有内在关系。事实上，大多数企业还根本不知道何谓营销。露美广告尝试将广告与整体营销有机结合起来，并以一个现实的案例证实了广告作为企业营销计划之一部分的重要性。"②"整个露美化妆品系列从设计、制作、投产、广告，直到销售和应用服务是一个完整的营销计划。在营销活动中，品牌成为消费者选购商品的依据，是产品的重要组成部分，也是企业的第二生命。塑造、强化、维护品牌印象便成为商品广告活动的主题，成为营销活动的核心。"③

而对于广告的策划实施者邵隆图和唐仁承，露美广告也开启了他们成为中国广告行业的栋梁之材的辉煌职业道路，几年后，邵隆图从上海家用化学品厂厂长助理的位置上进入上海金马广告公司担任创意总监，而后又创立了隆图广告公司、九木传盛广告公司，成为中国最早导入CI理论的实践者，他也是中国2010年上海世界博览会吉祥物海宝主创人员之一。唐仁承总结了多年的广告策划经验，在1989年出版了大陆第一本广告学专著《广告策划》，同时担任中国广告协会学术委员会副主任；1991年，任上海梅林食品集团公司总经理，同时兼任上海市食品开发中心董事长。

---

① 来自邵隆图的博客，《露美，80年代的美丽传说》，http://blog.sina.com.cn/longtushaw。

② 余虹、邓正强：《中国当代广告史》，湖南科学技术出版社，1999，第36～37页。

③ 邵隆图、唐仁承：《强化品牌印象是商品广告活动的主题》，《中国广告》1986年第4期，第14页。

第四章　北京地区的广告公司群像

中国广告业发展的一个重要特色，是地区之间的差异所带来的丰富的发展样态。北京作为中国的首都，是中国的政治与文化中心，也是中国与世界连接的国际信息交流中心。得地利之便的北京广告人最先领受西方现代广告理论与经验的启示。这一时期，北京广告公司、北京市广告艺术公司，以及颇具时代创新的中国广告联合总公司成为主要代表，除此之外，北京国安广告公司、地铁广告公司、公交广告公司、机场广告公司、邮政广告公司等公司也在不同时期、不同领域发挥了各自的作用。这一时期，路牌广告、银幕广告、电影广告、杂志广告、车船广告等传统广告不断恢复，新型的霓虹灯、电视广告也开始出现。紧跟着上海广告业复苏的步伐，北京广告业和广告公司形成了一条独特的"北京道路"。

一　北京广告公司的诞生①

1962 年开始的外贸体制政策，决定了上海广告公司作为唯一的外贸广告机构而存在。北京地区的外贸广告业务需要远在上海的上海广告公司承接，这引起了当时北京外贸系统中一些人的关注。1979 年 5 月，担任北京包装公司出口商品宣传科科长的程春，在党的十一届三中全会精神鼓舞下，被国内恢复广告的形势所推动，主动向公司领导提交了一份《建议筹建北京广告公司的报告》。他在这份报告中提出以下几点。第一，北京市对外贸易发展速度加快，特别是党的十一届三中全会后，出口额激增。为了适应外贸的发展，应向上海学习，成立一家专业广告公司，为出口贸易服务。第二，对日益增加的出口广告和外商来华广告，应由广告公司

---

① 本部分关于北京广告公司的资料非常详尽。这得益于以姜弘为代表的老"北广"广告人对广告史的不断记录与思考，也要感谢中国传媒大学广告学院和中国广告博物馆收藏的档案以及相关口述史资料。

归口领导，使广告业务正常发展。第三，在不增加组织机构的前提下，以出口商品宣传科为基础成立北京广告公司；一套班子，两块牌子。程春的这一具有前瞻性的建议，得到了北京包装公司领导的全力支持，他们随即层层上报。同时，在公司内建立了北京广告公司的筹备机构，并指定分管广告宣传的郭绍望副经理和程春科长具体负责广告公司的组建工作。

北京广告公司的筹备工作刚一启动，消息传开，立刻引起了国际广告业界的瞩目。1979年6月，由美国康普顿、伯恩巴、埃尔三家广告公司组成的美中广告委员会，抢先派出代表团，在吉尔伯特·鲁宾孙主席率领下前来北京，主动与北京广告公司筹备组举行会谈，探讨双方广告业务合作的可能性。同年7月，日本电通株式会社派出海外事业室的业务部长福岛昂、国际广告局参事增田毅和第九联络局副参事八木信人一行来京，同北京广告公司筹备组商谈，讨论业务合作的范围与做法、设定日本来华广告双重代理佣金标准等事宜，并签署了《业务会谈纪要》。紧接着，扬罗必凯、麦肯、奥美、大广、博报堂等多家国际广告公司相继来访，以十分急迫的心情，期待与北京广告公司携手，早日进入北京广告市场。1979年8月10日，北京市革命委员会财贸办公室批复北京市外贸局《关于开展对外商品广告业务的请示》，正式批准北京广告公司成立。作为首都和全国政治、文化中心的北京成立了广告公司，当时北京街头的"语录牌"几乎一夜间变成了"广告牌"，这一惊人的变化，确实震动了西方世界，"中国真的开放了"。

1979年10月23日，北京广告公司正式对外营业。公司的营业地址设在租用的北京西苑饭店两间办公室里，以北京市外贸局拨付的20万元作为开办费。当时，北京广告公司没有隆重的开业仪式，只是在《人民日报（海外版）》和《北京日报》上发了个新闻稿，一群有着梦想的广告人，向世界宣布"北京广告公司成立了"。第一任经理由北京市包装公司经理王大林兼任，包装公司副经理郭绍望任广告公司副经理，程春任广告业务部主任。公司机构在包装公司原出口商品宣传科的基础上进行扩充，下设三个部门：广告业务部、外贸电影摄制组和出口商品宣传科。广告业务部是广告公司的核心部门，组成人员仅6人，但大多具有较高的文化素质和外语水平以及较强的工作能力。如牛爱国、尚恒德、刘哲、金子弘等，后来都成长为北京广告业界的主要力量。应时而生的北京广告公司从一开始即有其明确的定位和发展目标。北京广告公司的经营方针是："以出口商品广告宣传为主，来华广告为辅，为促进我国进出口贸易服务，为发展我国经济建设服务，为提高我国人民生活水平服务。"发展目标为："通过建立广泛的合作关系，学习和借鉴现代国际广告企业的经营管理经验和先进技术，结合中国国情，逐步提高公司整体运营机制和设计制作能力，把公司建设成具有现代国际广告水平的企业。"[①]

携北京之地理优势与外贸系统之身份优势，北京广告公司从一开始即获得了中央和地方媒体的信赖和支持。北京广告公司成立后，根据当时的业务范围，对内与北京地区100多家媒介单位建立了业务代理关系，这些单位包括报纸、杂志、广播、电视、机场、饭店、商场、地铁、火车站等。北京广告公司与媒体的良性互动关系，表现在以下三个方面。一是为媒体提供了充足的广告量。由于北京广告公司是当时北京唯一能代理来华广告的窗口，拥有比较稳定的外商客户，这对广告恢复初期媒体广告量相对不足是个有力的支持。二是媒体接受"先刊登广告，后付款"的广告执行方式，有利于广告代理维持稳定的客户关系。三是广告代理可享受双重佣金，即媒体支付给广告代理的佣金中，含国外广告代理15%的佣金和国内广告代理15%的佣金。[②]

除了向上海广告公司学习广告运营的经验与模式之外，北京广告公司从筹备期即与国外广告公司有着很多的联系。可以说北京广告公司在正式成立之前，已突破了中国传统广告的旧模式，开始学习、模仿国际先进的现代广告代理运营模式。北京广告公司早在建立之前的筹备阶段，已经与许多国际广告代理公司接触和交流，如之前提到的1979年6月"美中广告委员会"访问北京广告公司筹委会；同年7月，日本电通株式会社首次访问北京广告公司；8月美国麦肯广告公司与北京广告公司共同举办"中美广告交流"，美方特别介绍了麦肯的广告运营和"广告制作的调查研究"，强调了"广告策略和计划（企划）是从基本的市场策略发展出来的"；10

---

① 参考了中国传媒大学广告学院图书馆与中国广告博物馆内对北京广告公司老广告人的采访资料。

② 参考了中国传媒大学广告学院图书馆与中国广告博物馆内对北京广告公司老广告人的采访资料。

月，公司刚挂牌营业不久，与美国扬罗必凯广告公司共同组织了"美国广告与市场"讲座，除北京广告公司成员外，讲座还邀请业界相关人员100多人参加。这一时期，北京广告公司对外先后接待了日本、美国、法国、澳大利亚等国以及香港地区的广告公司、贸易界人士达50多批150多人次。同世界上影响较大的日本电通、大广、博报堂，美国的扬罗必凯、麦肯、奥美等广告公司以及香港的中国广告有限公司、李奥贝纳、美怡等正式建立了业务关系。

北京广告公司还通过出国考察和外派广告研修生的方式，学习、借鉴广告先进国家的经验。1980年6月30日，应日本电通株式会社的邀请，经中华人民共和国对外贸易部批准，北京广告公司派出以公司副经理郭绍望为团长的全国第一个广告考察团，出席了日本第33届电通赏颁奖典礼，并参观了年度电通赏获奖作品展。而后，从20世纪80年代初开始，结合当时广告业务需要，陆续向国外派出广告研修生，到世界一流的广告公司进修。先后共有七人分赴日本、美国、澳大利亚接受广告培训。如牛爱国赴美国扬罗必凯广告公司学习；程春、尚恒德赴日本电通株式会社研修；任小青、刘学镛到日本旭通社进修；等等。

北京广告公司是北京地区经营来华广告的唯一窗口，来华广告的发展从北京广告公司营业额的变化可见一斑。1979年11月，日本电通株式会社国际广告局副局长石川周三亲自带队访问了北京广告公司，并与北京广告公司签订了第一单广告业务，金额达128040元（外汇），其项目包括报纸广告、路牌广告、橱窗广告等。此后北京广告公司又与日本大广、向阳社，美国麦肯、奥美以及香港地区的广告公司等签订了广告代理协议和广告服务合同，金额达129.7万元。北京广告公司成立一年后，广告业务迅速发展和扩大，员工也从七八人增加到20多人。其营业额1981年上升为211.5万元，比上年增长61%；1982年达到313.6万元，比上年增长48%。在发展数据之外，北京广告公司更是创作了一系列成功的广告作品，培养了中国第一批优秀的广告人，这些广告人也成为中国广告业发展早期重要的实践者与思考者。

但广告业与广告公司的发展并非一帆风顺。以这一时期"松下橱窗"事件为例。日本电通与刚刚成立的北京广告公司签订了第一笔广告合同：日本松下公司将使用北京王府井百货大楼的橱窗，陈列松下品牌的家用电器产品，开展广告宣传活动。充满现代化生活气息的现代家电产品，使很多路人流连忘返。《中国青年报》1980年2月26日发表《从松下电器展览想到的》署名文章，倡导中国青年"要从这些五光十色的现代器具上激发起为现代化卧薪尝胆、艰苦创业的满腔热情"。

图4-1　《中国青年报》上刊发的《从松下电器展览想到的》

　　但是，松下的产品展示橱窗引来了一些民众的反对，更有甚者将"这是彻头彻尾的卖国主义！"的小字报贴到了松下橱窗的玻璃上，声称："国家即使恢复了广告，但北京是首都，也不应该搞什么广告！"松下橱窗所掀起的风波，引起了北京市有关部门的高度重视。为"维护"首都的形象和政治影响，有关部门多次开会、发文，就北京广告业的发展，特别是外商广告的有关问题做出"一些外国商品橱窗展览，政治影响不好""今后一般不再在商店展出外国的广告橱窗"等指示，并明确规定："今后一律不再签订外商橱窗广告合同。"这些规定，无疑给北京广告公司、电通北京事务所，劈头盖脸地泼了一盆冷水，也让尚处在襁褓之中的北京广告业面临着夭折的极度危险。更为麻烦的是，根据有关会议做出的"百货大楼展出的日本广告橱窗到期后不再延长"的决定，使已经实施到第三季的松下橱窗，到当年 9 月 26 日就不能延长。而日本著名友好人士、松下公司的创始人松下幸之助先生，将于 10 月访华期间，参观王府井百货大楼的松下橱窗，合同又必须延长。

面对严峻形势，电通北京事务所和北京广告公司辗转约请了正在《人民日报》做实习记者的中国社会科学院研究生曾新民（后为《经济日报》研究所所长、高级编辑，现已退休）到北京广告公司采访，如实向他反映了北京市撤销外商橱窗和户外广告的有关问题。曾新民据此写了一份题为"取消橱窗和路牌广告引起外商疑虑"的内参。1980 年 10 月 13 日，《人民日报》编印的第 508 期《情况汇编》，刊发了这篇题为"取消橱窗和路牌广告引起外商疑虑"的简报。简报如实反映了北京市有关部门提出的"北京不搞外商广告"的做法已经引起一些外商的不满和疑虑，指出北京市有关部门提出的"无论现在或将来，地铁都不能搞广告""我市不宜再发展室内外广告或路牌、张贴广告"等提法，与中央领导同志去年针对"广告应以国内为主"的提法，批示"不要限制"和中宣部下发的《关于报刊、广播、电视台刊登和播放外国商品广告的通知》精神不符。按照北京市的口径，"不但会造成相当数量的外汇损失，也将影响国家的信誉"，"希望有关领导部门及时加以指导，不要一道命令禁止了事。同时，也希望宣传部门做点工作，纠正一些人对广告的不正确看法"。10 月 22 日，时任对外经贸部副部长魏玉明同志向谷牧副总理报告了调查的情况，并对北京市可否设置外商广告问题，提出了自己的意见。报告明确提出："北京可以在有利于促进经济发展、有利于扩大国际交流、有利于美化市容的前提下，有领导、有控制地开展广告工作，包括适当地设置一些外商广告（如路牌、橱窗、地铁广告灯箱等）。另外，与外商已经签订的广告合同，如无特殊原因，应该履行，以维护国家信誉，避免经济损失，消除外国人对我路线政策的稳定性、连续性的疑虑。"并"建议立法部门早日制定我国的广告法，使广告工作有法可依"。谷牧、万里、王任重、姚依林、姬鹏飞五位副总理分别对报告做了批示，同意报告中对北京市广告工作提出的意见。这确保了刚刚兴起的北京广告业的健康发展。①

---

① 参考了程春讲述，徐琦、黄爱武整理《北京户外广告风雨曲折路——1980 年北京松下"橱窗广告"风波回顾》，《国际广告》2006 年第 5 期，以及姜弘《程春的刚正不阿》，《广告人》2010 年第 2 期。

二 "北广模式"的专业化努力

在北京广告公司发展至今的 40 年时间里,"北广模式"是北京广告公司献给中国广告行业的一件大礼。当时,日本的电通,美国的扬罗必凯、奥美、麦肯等,在带来外商来华广告和带走中国出口广告业务的同时,也带来了现代广告的经营理念和运作方式。北京广告公司在发展过程中,不断学习国外先进的广告运作经验,使其成为中国广告专业化的重要外部智力支持。

1981 年 2 月,应北京广告公司之邀,日本电通株式会社派了 6 位专家来到北京,举办了为期一周的广告讲座。专家们系统地介绍了日本广告市场的概况和现代广告的运作系统,详尽讲解了客户服务、市场营销、创意制作、媒体策略 SP/PR 等作业流程,分析了典型案例及广告作品。在这次讲座上,电通著名的市场调查专家玉木彻志先生,结合美国商品打入日本市场的实例,阐述了如何以市场营销策略安排广告计划的方法,并在八信人先生的帮助下,将 Marketing 定义为"以销售为目的的、统一的、有计划的市场活动",明确地指出"广告也应是统一的、有计划的传播活动",要求广告必须按照一定的程序进行,也就是明确广告目的、明确广告对象、明确广告区域、选择广告媒介、决定广告表达方式、决定广告预算、调查广告效果。[①] 这次讲座较早地把"市场营销"的概念引进中国,对中国广告界产生了深远的影响。此后,北京广告公司开始导入市场营销的概念,从简单的媒介代理业务,逐步朝着客户提供市场调查、广告策划的方向发展。

1984 年 6 月,根据北京市外贸局的决定,北京广告公司从与原外贸包装公司"一套班子,两块牌子"的体制中脱离出来,成为一个独立核算的经济实体。领导班子再次调整。经理李道奎因已兼任北京外贸总公司的副总经理,便把姜弘从北京工艺品进出口公司调来担任第一副经理,不久姜弘即升任为公司经理。姜弘曾经在北京工艺品进出口公司宣传展览科工作了 20 多年。改革开放前,他便以外贸广告主的身份同国外的广告公司和海外媒体打交道,对出口商品的对外广告宣传有着丰富的实践经验。1979 年

---

① 参考了中国传媒大学广告图书馆与中国广告博物馆内对北京广告公司老广告人的采访资料。

外商广告进入中国以后，日本电通、美国扬罗必凯等国际广告公司不断地派专家到北京对外贸广告主进行培训，使姜弘对国际上现代广告业的发展有了比较深入的认识。

调整后的领导班子对北京广告公司的内外环境进行了认真的分析。首先，国际上像日本电通、美国扬罗必凯这样的现代广告公司，都是以 Marketing 为基础，为客户提供从市场调查、策略制定，到广告创作、媒体实施，以至于效果评估等一整套服务的综合性广告代理公司。其公司内部也是采用与经营定位相适应的 AE 制的作业体系。北京广告公司以日本电通为"范本"，从电通专家们在北京授课的理论中，选取了"广告是 Marketing 整体营销活动中的一个有机组成部分；公司运作以 AE 为中心，组成各部门参加的 AE 制作业班子；AE 作业班子进行创意构思，制定以广告策略为中心的全面广告计划"等三个支点，作为效仿电通这种现代广告公司定位表述的依据，并初次将定位概括为"以广告创意为中心，能提供全面服务"。

之后，该理念被写进了《北京广告公司企业经营管理纲要》，"经过努力，在 80 年代将公司建设成为一个以广告创意为中心，能提供全面服务，在国内属一流水平，在国际有影响、有信誉的广告公司"。另外，在《北京广告公司经营发展规划纲要》，即公司独立后的第一个五年发展规划中，这个定位被确立为"年轻的广告公司经营发展的总目标"。两个《纲要》在 1984 年 8 月 8 日的公司职工代表大会上获得通过。后来，公司在对外宣传中，将这个定位的核心部分单独提出来加以微调，形成"以创意为中心，为客户提供全面服务"的公司经营理念。从此，北京广告公司开始了具有划时代意义的经营方式上的转变。

在组织架构方面，北京广告公司将原有的出口广告、来华广告、综合行政三个科，进行了新的扩编调整，把公司机构调整成出口广告部、来华广告部、市场调查部、媒介部、设计制作部、财务部和经理办公室等七个部门，除了两个行政部门以外的其他五个业务部，完全围绕着公司新的经营定位而设置。尤其在国内尚未出现专业市场调查公司的年代，北京广告公司为了整体广告运作的需要，率先在公司内部建立起市场调查部，这在全国的广告公司中，应该说是一种十分超前的举措。以往的广告大多是传统广告的模式，"卖什么，吆喝什么"，广告公司也往往是设计制作公司，或者是自设户外媒介资源为主要业务，或者是单纯的媒介代理与发布工作，而"北广模式"则创造性地将广告视为一个科学的运作流程，"谁需要我的产品，我才对谁做广告"，广告需要纳入营销的概念体系，以市场调查为基础，进而策划、创意与发布广告，原有的广告作品只是这样一个严密环境的"冰山一角"。

在业务架构方面，北京广告公司也率先以广告为中心，打破了外贸与内贸广告的边界，以外贸系统的广告公司身份主动服务国内广告市场和国内广告主。根据姜弘先生回忆，到北京广告公司之后，"马上就建立一个国内广告业务部，就开始搞万宝、福达这样一些东西。再把国外广告公司的这套运作理论、运作方式直接用于开发、服务于国内广告客户的业务上"。"北广模式"发挥效力的一个典型例子是北京天坛地毯。

北京广告公司在经过调查之后认为，不能把中国的观念强加给美国，而是要用中国的传统文化来吸引美国消费者，中国传统的文化既是天坛地毯的"卖点"，也是美国消费者的"痛点"。同时，北京广告公司又考虑到经费的有限性，决定采用公关的手段，拍摄一部"专题片"来进行对外宣传。专题片推出时正值"中国热"在美国的上升阶段，"用美国人的视角去表达他们对中国文化的好奇心"的"大创意"在当时就显得十分新颖。在具体的广告创意中，北京广告公司邀请美国导演和摄影师进行拍摄，从美国人的视角和感受出发，进行广告信息的创作，专题片在美国刊播之后反响很大，还在美国公共关系教育片上获得了大奖，并使天坛地毯在美国的销量迅速提高了11%。除了广告创意之外，北京广告公司还帮助天坛地毯在其他媒体上进行广告投放，如在美国的《建筑文摘》杂志和其他一些适合地毯产品投放的行业性杂志。虽然还没有明确的媒介策划的程序和方法，但是北京广告公司为天坛地毯所进行的媒介投放已经有了很多朦胧的现代广告运作意识。这一广告活动不仅对天坛地毯带来了巨大的收益，还改变了中国出口商品的广告宣传方式，市场的观念开始进入进出口商品宣传领域。

新成立的国内广告部，马上显现出旺盛的生命力和对公司经营方式转变的强大带动力。值得重点介绍的是 o. b. 卫生棉条项目和福达胶卷的项目。1985 年，北京广告公司负责 o. b. 卫生棉条项目。妇女用品 o. b. 卫生棉条是北京第三棉纺织厂引进德国技术所生产的一种新产品，它刚投放市场的时候，国内消费者对其性能、特点和使用方法，完全是陌生的。该厂是一家老牌国有企业，营销观念薄弱，没有明确的市场战略，因而销售不畅，造成产品积压。北京广告公司派日本学习研究归来的任小青先生组建团队来负责制定广告计划。在资料严重缺乏的情况下，他们克服重重障碍，通过市场调查和资料分析，进行准确的市定位，发掘广告概念，寻找解决问题之道。任小青先生带领团队仔细研究了产品之后，组织了各个年龄阶段的女性讨论她们的使用顾虑。他们首先对北京妇女市场加以细分，将"o.b."的目标消费对象锁定为北京市区25～45岁已婚女性这一群体，然后据以制定出《关于"o.b."导入北京市场计划》，寻找不被消费者喜爱的广告表现方式，最后决定采用一个相对保守的方式，不过分强调产品本身，而在创意中突出其舒适性。除了招贴画的推广方式，他们还请了北京妇科医院的资深专家在电视上以讲座的形式普及医学知识，讲解女性生理构造，消除消费者顾虑。同时，考虑到产品的私密性，还印刷了很多小册子在百货大楼发放，以供消费者讨论与研究。整套计划迅速打开该产品的销路，广告效果非常显著。①

从之前的无人问津到广告推出之后消费者在百货大楼柜台排队购买，体现了当时女性期待新产品会给她们带来新生活的一种渴望。从营销角度来看，o.b.卫生棉条从产品到推广的方式都是在营销理念下指导的完整营销活动，是整合营销传播的雏形，体现了营销理念的威力和作用。从社会角度来看，o.b.卫生棉条体现了女性对于自由、开放的向往，对于美好新生活的追求。同时，当时社会允许生产、销售o.b.卫生棉条，甚至允许其在电视上播出，体现了社会的包容度越来越大。因此，从某种意义上来说，o.b.卫生棉条广告是社会转型期的典型写照，是对社会从禁锢到开放转型过程的一种试探。

"o.b."广告策划的成功，体现出以下一些特点。第一，体现了广告策划的整体性、完整性。这个策划案从"o.b."市场环境分析入手，通过市场调查，比较好地把握了市场规模及发展前景，同时也比较客观地描述了"o.b."市场现状及问题点，提出了明晰的、可行的整套广告战略包括目标的确定、广告概念的提炼、媒体选择、促销策略等。第二，广告策划从实际出发，能紧密结合"o.b."面临的市场现状和问题点，提出切合实

---

① 参考中国传媒大学广告博物馆《广告公司30年口述史》之北京广告公司部分。

际的市场与广告解决方案。在广告预算极少的情况下，既强调达成广告目标，又注重广告的说服力；采取常规广告与公共关系相结合的方式，把广告宣传的冲击同公共关系的沟通融合在一起，加大广告的实效性；广告诉求突出广告概念和承诺的具体利益点，紧扣目标消费者的心理和情感，有的放矢。第三，平面广告的视觉表现新颖独特，对目标受众具有强烈的感染力和震撼力。"o.b."招贴画展现的是一位青春靓丽的女性正荡着秋千，她潇洒从容、面带微笑地说道："带给我舒适和自信。"广告中完全没有任何强加于人的口号，而是洋溢着一股浓浓的人情味。广告的表现脱离了简单的产品告知，而采取紧密联系目标消费对象的情感和利益，直观地传达出产品的价值与魅力，深深打动消费者的心灵，产生了难以阻挡的促销力。o.b.招贴广告是最早出现的、由本土广告人独立创作的创意广告，在业界获得普遍好评，并荣获全国优秀广告作品评比一等奖。

随后，他们又为中国厦门感光材料有限公司与美国柯达公司合作的"福达胶卷"，实施了《福达胶卷导入市场广告企划案》。1985年中国厦门感光材料有限公司与美国柯达公司合作，购买了柯达公司专利技术和设备，计划于1989年在厦门建一座年产能力为2500万卷彩色胶卷和60万筒彩色相纸的现代化感光材料厂。新产品的品牌名为"福达"胶卷。20世纪80年代末90年代初，我国胶卷的人均使用量不到一卷，国外则是近20卷，所以推广福达胶卷非常有难度。1985年，北京广告公司开始负责福达系列胶卷产品的广告总体策划，这是北京广告公司贯彻"以创意为中心，为客户提供全面服务"理念之后，为国内客户自主完成的第一例最成功的整体广告策划。公司在对产品进行全面分析之后，发现彼时消费者购买产品时对其产生最大影响的是包装，于是，在广告策划中，凸显包装，力求用福达胶卷色彩斑斓的包装去吸引人们的目光，并促使购买行为的产生。

同时，全面的市场调研和消费者分析还显示，胶卷的主要消费对象是以城市家庭为主要单位，消费习惯为主要在春秋两季旅游。于是，福达胶卷广告定位于家庭。其广告创意和表现主要以家庭为对象，广告口号为"生动色彩的再现"。广告活动运作之后，福达胶卷销量猛增，这个策划案的实施，使该公司投产后的第一年，就取得了销售1000万卷的惊人业绩。而且市场占有率达20%，产品知名度达29.4%，一度改变了中国彩色胶卷的市场格局；1988年10月，"福达"广告在中国广告协会主办的全国第二届广告作品展荣获全场特别大奖。[①]

围绕着超出当时广告业专业水平的"北广模式"，北京广告公司迅速跨入现代广告公司经营的快车道。尽管来华广告与出口广告仍无法摆脱与外国广告公司合作代理的基本模式，但中外双方在合作中对创意策划所起的主导作用和所处地位，发生了从以外国广告公司为主，向"以我为主"转变的重大变化。北京广告公司的"以创意为中心，为客户提供全面服务"的整体广告策划活动，一发而不可收。国内广告部的万宝电器、大宝化妆品、奥琪美容霜，出口广告部的"北京国际媒介会"，来华广告部的夏普电器展、长城杯三菱国际足球邀请赛、TDK杯国际青年足球友好邀请赛等，都是那一时期策划实施的大型广告推广活动。就连并不直接承担营业职能的市场调查部，也独立承揽了美国肯德基进入中国市场前的消费者口味调查。一时间，调查、创意、整体策划、全面服务，成了北京广告公司经营活动的主旋律。

1986年8月，中国广告协会在陕西咸阳召开了"全国广告学术讨论会"，会议的前几天专家学者们热衷讨论的主题依然是"视觉传达""几何图形的构成"等。会议气氛十分沉闷。参加会议的北京广告公司经理姜弘深感这种思路与广告发展现实太不合拍。姜弘以"面对新形势的中国专业广告公司"为题，全面介绍了北广在"以创意为中心，为客户提供全面服务"的经营理念统领下实施的一整套经营改革的情况和成果，当即引起与会代表的热烈反响。广告前辈徐百益老先生对此感慨万千；著名广告学者唐忠朴还做了即席发言。他强调指出："广告业的现代化，不光是添置现代化的先进设备，更主要的是在经营理念上，树立现代广告的意识。我认为，如果'真实'是广告的生命，那么，'创意'就是现代广告的灵魂。对广告公司而言，在经营理念与经营策略上，确立了'以创意为中心'的指导原则，就意味着高质量、高水平和高效益。"中国广告联合总公司等广告公司对现代广告运作一致响应，并对这一理念进行了补充，提出"以策划为主导，以创意为中心，为客户提供全面服务"的口号，从而完善了这一现代广告公司的经营理念。中国广告联合总公司在全国有很多成员公

---

① 参考中国传媒大学广告博物馆编《广告公司30年口述史》之北京广告公司部分。

司，它与中国广告协会合作，在全国推广现代广告公司的运作理念，带动了一批广告公司的现代转型。①

同年10月，中国广告协会广告公司委员会在成都召开全体会议，北京广告公司的副经理程春以"以创意为中心，为客户提供全面服务"为题，全面介绍了所服务日本产品"速灭杀丁"的整体市场策划及实施情况与效果，受到了与会代表的一致称赞。会议还当即做出决定：将"以创意为中心，以策划为主导，为客户提供全面服务"为题，刊登程春的发言②，并报道北京广告公司转变经营观念的情况和经验。为避免业内误将北京广告公司所提"创意策略"的"创意"一词，理解为广告作品"构思"，北京广告公司早在"创意"概念提出时，就在其《经营发展规划纲要》里明确指出"创意"在公司经营中的"中心"地位："客户找广告公司的目的是寻求产品市场、广告策略、推销手段等方面的'主意'。"《中国广告》杂志刊登的程春发言里，则说得更加明确："所谓'创意'（IDEA）就是'主意'；从某种意义上讲，广告公司经营的产品就是'主意'，广告公司就是出卖'主意'的公司。"③

1987年6月，"1987第三世界广告大会"在北京召开，为更好地宣传公司的新主张，在编印的简介里，北京广告公司将三年来实施"以创意为中心，为客户提供全面服务"的实践，总结概括为："我们要让广告主找到的，不仅是好的广告表现，而是对市场、产品、消费者的调查分析；是全新的广告创意和完美的广告创作；是综合实施的能力和广告效果的评估"；"建立一个全职能的现代广告公司，是我们孜孜以求的目标。我们沿着这条路已经走过了最初一段艰辛历程，今后还将不屈不挠地走下去。因为这条路是发展中国现代广告事业的必由之路，是希望之路！"

到20世纪80年代末，中国广告联合总公司、上海广告公司、上海市广告装潢公司、广东省广告公司、广州市广告公司、武汉市美术广告公司等广告公司都逐步完成了自身机构的现代调整。除此之外，一些集体、私营广告公司也开始按照现代广告公司的模式来建设自己。

站在今天的角度回头再看那段历史，北京广告公司在20世纪80年代，

① 余虹、邓正强：《中国当代广告史》，湖南科学技术出版社，1999，第74页。
② 参见1986年的《中国广告》杂志。
③ 参考中国传媒大学广告博物馆《广告公司30年口述史》之北京广告公司部分。

在体制内获得了对外经济贸易广告中的特殊身份，并获得了国外广告公司学习经验，承接诸多广告策划项目。北京广告公司和其他一些老广告公司贡献了"第一步"，最需要的是"第一步"的人和理念方法，而不是钱和硬件。北京广告公司的客户基本上是食品饮料、化妆品之类的快速消费品。这些产品整体上有一些先天的好处：第一，它是一个普通的产品；第二，它面临的是普通的消费者，不需要过于复杂。在那个时候把在国外学到的案例融会贯通到国内的产品广告中，广告效果十分惊人，销量往往成倍的增长。由于当时广告量少，脱颖而出非常容易，那时的广告创意简单甚至直白，因为大众还无法理解太深奥太复杂的广告表达，而且当时的传播条件也十分有限，电视、报纸和广播传递信息是主要的方式。身处在一个起步和转型的时代，人民生活水平依然较低，在营销、广告的促进下，人们购买动力激增，因为渴望去体验新生活，去体会新产品带来的快乐。

北京广告公司的"北广模式"和一系列的广告作品，从国内外交往的宏观层面来看，是中外广告行业交流的桥梁，更多的是国外广告先进经验向国内转化的通道。中国广告从 20 世纪 80 年代开始快速从一个近乎空白的起点开始恢复，当时跟国外的差距很大，一切从零开始，广告只是一种简单的告知方式，而中国广告发展中不可忽视的一种力量是来自于国外的广告先进经验。在"引进来"和"走出去"的大背景下，中国广告从理念和方法论上基本和国外接轨，由于当时对广告的需求量很大，供求不平衡，广告公司甚至有权力去挑选广告主。1992 年之后，随着国外 4A 广告公司在中国市场的全面布局，以及民营广告公司的快速崛起，国内外广告行业的交往更加频繁，并且差距逐渐缩小，中国向国外的"单向学习"也开始变为双向的沟通。国内外广告公司基本上处于一个交替成长、相互填补、共同提高的阶段。但从历史的发展过程来看，北京广告公司的相关理论突破、对 Marketing 理念的引入并在国内得到了验证，以及其策划和创作的一系列广告作品，是北京广告公司不可磨灭的功绩。

对当时的中国广告行业而言，包括北京广告公司在内的一批国营广告公司起到了很好的承上启下作用，它教会了一批人如何做广告，给了他们施展才华的舞台和空间，使他们可以在实际操作中应用所学，不断进步。同时，它们还为后来不断涌现的广告公司留下了很多宝贵的经验，它们在与美国、日本、欧洲国家等发达国家广告行业的交往与学习中所引介的诸多理论和经验，也成为中国广告行业在开放中快步发展的重要智力支撑。曾经担任北京广告公司设计师的房小洁后来谈道："北京广告公司是一个可以展现个性的舞台，在那里，年轻人得到了独特的发展空间，可以充分发挥他们的个性与才能，发展出自己的风格。北广对北广人的影响不仅仅是在广告创作方面，更是在生活的方方面面，北广交给他们的不仅仅是知识，更是生活态度和处事原则。从这个意义上说，北京广告公司可以称得上是培养了一批批广告精英的广告界的'黄埔军校'。"①

三　北京市广告艺术公司的成立②

北京市广告艺术公司前身北京美术公司，成立于1956年4月，在全行业公私合营中，由当时几十家美术社和私营广告社合并而成。公司聚集了中华人民共和国成立初期的各界美术人才，设计制作能力强。当时公司的人员一部分来源于在原华北大学美工队的基础上成立的北京市美术部和展览工作室的美术工作者，一部分来源于北方地区颇有名气的民营美术设计家，还有美术院校培养出来的设计新生力量。③ 它拥有职工750人，其中美术设计人员100余人、工程技术人员200余人，是当时全国最大的文化企业之一。

作为北京市文化局下属的北京美术公司，肩负着北京市和中央在北京的大型会议和军事博物馆、全国农业展览馆、北京展览馆等场馆的布展任务；也承担着出国展览任务，曾赴苏联、波兰、捷克斯洛伐克、法国和美国等国家布展。北京美术公司最初的工作总方针是："通过美术宣传和艺术产品，为无产阶级政治服务，为工农兵服务，为社会主义服务。"④ 这一时期，北京市美术公司参与了诸多设计，如全国农业作物展览会、罗马尼亚公益展览会、内蒙古自治区成立十周年成就展览会、广西岩溶展览会、中国军事博物馆、中国历史博物馆、瑞典鲁迅巡回展览、西苑饭店等的设

① 参见中国传媒大学广告博物馆《广告公司30年口述史》之北京广告公司部分，对房小洁的人物专访。
② 本节关于北京市广告艺术公司（原北京美术公司）的诸多资料，参考了中国传媒大学广告学院承担的"广告公司口述史"项目中的北京市广告艺术公司部分。
③ 朱维理、宋红梅：《一个企业和一个国家的形象塑造——歌华创意设计现象研究》，《中国广告》2012年第3期，第132页。
④ 参考了中国传媒大学广告学院承担的"广告公司口述史"中的北京市广告艺术公司部分。

计服务工作。在市场经济尚未完全崛起之前，文化传播和政治传播等体制内的美术设计工作是北京美术公司的主要业务，其中重要的工作之一即是承担北京天安门广场的毛主席巨幅画像的更换工作。除此之外，还包括1956年之后每年"五一""十一"两次具有广泛影响力的重大庆典中的彩车、广场景观设计制作。这一时期的北京美术广告公司开启了在业内堪称"国家广告公司"的历程，逐渐成为新中国政治宣传、形象设计的重要参与者和执行者，这也为当时的设计工作者提供了重要的历练机遇，而他们同时从事的商业运作，也是他们观察社会，比照、提升设计理念与技能的重要条件。①

其实，早在北京市广告艺术公司正式成立之前，北京美术公司即已介入商业广告领域，并尝试运用科学理论和专业化流程来处理广告实践问题。一些设计师开始在中外交往中学习国外的先进知识来提升专业水平，同时注重结合不同的设计任务，对包装装潢的商品个性、功能和消费心理在设计中的体现等进行探讨。1977年6月，北京美术公司受北京市儿童食品厂的委托，派由周建梅等组成的设计团队到该厂进行了为期三个多月的"蹲点"设计。在这次设计中他们一改以往"闭门造车"的方法，使装潢设计在方法上获得突破。突破主要体现在两个方面：第一，首先对儿童食品的配方、制作工艺、营养价值、同类食品的包装装潢现状以及儿童与家长们的消费心理做了多方调查；第二，为该厂的每种产品提出了20多个设计方案，并在全厂职工中广泛征求意见，经过修改后再进行公开评定，从中优选出部分被广泛认可的作品交付使用，这样的设计过程较好地解决了儿童食品包装个性化问题。这一活动的具体史料我们已经无从得知，但仅凭对时任设计师的周建梅的口述史访谈，我们也可以看出，中国广告公司在当时并不是一穷二白的，它们的策划思路、相应的调查主体、效果反馈的方式等要点已初具模样。②

儿童食品厂部分产品的包装纸盒背面有儿童吃娃娃酥的图案，而这一包装也可供儿童制作成能活动的纸制玩具如汽车等，在让儿童玩耍的同时起到启发智力的作用。为了掌握包装的成型规律，周建梅还结合可能的设

---

① 朱维理、宋红梅：《一个企业和一个国家的形象塑造——歌华创意设计现象研究》，《中国广告》2012年第3期，第133页。

② 参考了中国传媒大学广告学院承担的"广告公司口述史"中的北京市广告艺术公司部分。

计项目，对统一商品进行了多种盒型设计，在制作中反复探索，总结出了纸盒造型的"七种方法"：折叠法、正折法、反折法、制约法、扦插法、勾连法和粘接法，从而提高了纸盒的造型能力，更为今后研究包装造型奠定了良好的基础。

改革开放后，以经济建设为中心，就一定要发展商品经济，而广告宣传和商品经济密不可分。根据北京经济形势发展的需要，北京市美术公司为了广开生产经营门路，提出了大力发展广告业务的设想。1979 年，北京美术公司向上级提出以"做广告"的方式来解决公司发展困难的请示，而成立专门负责广告经营的广告公司成了首要任务。1979 年 11 月 30 日，中共北京市委宣传部第 19 号令颁发了《关于北京市文化局成立广告公司的批复》，批准成立北京市广告公司，允许北京广告公司承办相关路牌广告。隶属于北京市文化局的北京市广告公司与北京市美术公司一套人马，对外挂两个牌子。

与稍早成立的北京广告公司相比，北京市广告公司在名称上只有一字之别，英文名称完一样，北京广告公司经营进出口广告代理业务；北京市广告公司不能直接承揽进出口广告，专营国内广告业务。为了避免在经营中造成公司名称混淆，1980 年 5 月 19 日，中共北京市委下发第 101 号文件，将"北京市广告公司"更名为"北京市广告艺术公司"，北京广告公司的名称不变。同时，明确两家公司的分工：北京的来华广告统一由北京广告公司代理，其他单位不准经营；北京市的户外广告路牌，统一由北京市广告艺术公司管理。北京广告公司代理的外商户外广告，需通过北京市广告艺术公司执行。

和北京广告公司的外贸系统不同，北京市广告艺术公司是内贸广告系统的典型代表。成立之初的领导成员有：党委书记兼经理齐顺，副经理韩文丰、冯云祥等，他们大多来自各个内贸系统的工作岗位。公司开展广告经营后，因具有市政府授权的行政管理职能，对全市路牌广告负责统一规划、统一设计、统一制作、统一管理。以此为契机，该公司绘制并树立了北京市街道上第一块路牌广告，制作了第一块霓虹灯广告，绘制了第一块外商来华的户外广告。

户外广告成为北京市广告艺术公司发展初期的一个重要经营来源和创新突破口。但在改革开放初期，广告并没被放开，想在北京市内设置户外广告牌，并且发布相应的广告，需要得到诸多部门的一一审批。北京市广告艺术公司将文化局、宣传部、工商局、市容办、园林局、规划局等多个单位的相关负责人一并请来，承包了车辆让所有人员考察了北京火车站、崇文门、建国门、东单、前门、西单、复兴门等比较重要的待设置户外广告的路段，八家单位在一天之内均给予批准。改革开放初期，人们对于广告和户外广告感到很新奇。良好的市场效应使得北京市广告艺术公司快速摆脱了生存的困难，公司规模急剧扩大，成为当时北京市文化系统里薪酬最高的单位，当时每人每月奖金就高达 60 元。① 值得一提的是，北京市广告艺术公司凭借自身的资源优势和专业优势，前瞻性地将政治意味浓厚的语录牌改制成第一批商业户外广告设施。

户外广告的设计与经营是北京市广告艺术公司的重要业务内容。其中包括国内早期的霓虹灯广告，以及大量商业性户外广告牌、公交路牌和公益性宣传路牌的设计。这些户外广告，不仅体现了改革开放以来广告行业的复苏，也见证了北京城市外貌的变迁。改革开放后，北京市第一个霓虹灯广告出现在北京长安戏院的屋顶。当时，霓虹灯广告尚未得到普遍认可，北京市广告艺术公司经过实地考察，在确保安全的条件下，在长安戏院的顶层安放了两块霓虹灯广告，其中一块是为日本三洋电器公司所做的广告。不久之后，夜晚的北京亮起诸多漂亮的霓虹灯广告。这件事情被各大报纸纷纷报道，在社会上引起了强烈的反响。随后的一段时间，霓虹灯广告被大众慢慢接受，逐渐变成了日常城市生活中的一道亮丽风景。

这一时期，北京市广告艺术公司还创作了大量的广告设计作品、展览作品、包装装潢和标志设计作品、书籍装帧和内页设计作品等。从当时的专业人才分布来看，北京市广告艺术公司是当时北京地区广告制作与创意表现领域最重要的力量。北京市广告艺术公司曾为日本、法国、南斯拉夫等国来华展览布展工作提供接待服务，也为北京市外贸局及北京市各进出口公司设计样卡、商品招贴、包装装潢等，如"紫罗兰"化妆品设计，国家"七五"北京王府井展览设计，北京市第七届运动会、第十一届亚洲运动会等相关设计项目。这些项目也锻炼了一大批早期的广告设计师，包括穆多杰、陈德宝、刘延河等，他们数十年如一日地工作，也为中国广告行

---

① 参考中国传媒大学广告学院承担的"广告公司口述史"项目中的北京市广告艺术公司部分。

业积累了诸多的设计智慧。如设计师穆多杰所言，设计并非那么简单，他从物质技术和精神艺术两方面展开思考。"展览的主体应该是观众，换言之，即以人为主，物为人用，就是说，设计的思路应从观众出发"，① 所谓物质技术方面，就是为何改造环境，使观众在相应的条件下去参观，多接受展示内容；所谓精神与艺术方面，则是艺术的最高境界，换言之，要求设计者对不同展览赋予不同意境，并调动一切美学的手法将物品的意境体现出来，使得观众受到感染，产生共鸣，在更深刻地接受了展示内容的同时，感到不同的情趣，得到艺术的享受。从某种程度上说，这不是技巧的进步，也不是材料的突破，而是对"展览艺术的可塑性"的理解。

在运作机制上，北京市广告艺术公司是以对外经营业务科为窗口开展广告活动的。当广告客户找上门来要求刊登广告的时候，就由对外经营业务科负责接待。他们先向顾客介绍各类广告的作用，然后根据客户提供的商品样品和刊登广告的要求，经过认真研究，向客户提出刊登何种形式的广告和如何进行广告宣传的建议。倘若这种建议为客户所采用（如有不同意见，双方还可商议），就将所拟就的广告宣传计划，交由设计室设计草图，对外经营生产科又征求广告客户的意见，有时经过反复斟酌和修改，直至客户完全满意，才交有关车间去制作广告。整体上来看，北京市广告艺术公司工作程序如下：对外经营业务科——联合商议——签订合同——设计室——向客户征求设计图意见——制作车间——广告媒介——消费者。② 户外广告资源开发与设计、国内外展览与公共项目服务、商业美术设计等业务遍地开花，在服务了社会经济发展的同时，也为北京市广告艺术公司带来了丰厚的收益。1975 年，北京美术公司的营收为 94.8 万元，利润 11.5 万元，扩展到广告业与相关文化产业之后，1984 年，北京市广告艺术公司的营收达到 551.9 万元，利润为 96 万元。经过 9 年时间，营收增加 4.8 倍，利润增加了 7.3 倍。

这时的北京市广告艺术公司，成为当时广告界的佼佼者，开始不断尝试体制创新和经营创新，积极吸收国外的广告理念，提升自身作业水平，积极投身到广告业的发展中。1979 年及 1980 年，北京市广告艺术公司作

---

① 参考了中国传媒大学广告学院承担的"广告公司口述史"中的北京市广告艺术公司部分。
② 唐忠朴、贾斌等主编《实用广告学》，工商出版社，1981。

为主要力量参与并筹备了第一次、第二次全国广告工作会议。1982 年，广告界举办第一届全国广告装潢设计展览（后来改名为中国广告节），具体由北京市美术公司承担总体设计和承制。该展览后又到上海、沈阳、武汉、广州、重庆、西安等 6 城市巡展，在国内外产生很大影响。同年，北京市广告艺术公司作为主要力量，参与筹备了中国广告联合总公司。

1987 年，北京市广告艺术公司筹建广告策划部，一年后，广告策划部正式成立，从此北京市广告艺术公司也开始了整体现代化广告运作的探索。作为现代广告行业运作的核心环节，广告策划已不再是专业人员艺术创作的个体劳动，也不再是广告设计者主观艺术思维的自我表现，更不是脱离具体的消费对象和不顾市场环境的闭门造车，而是一个群体和团队的共同创作，是有调查、有目的、有计划、有步骤、讲策略、重效益，为广告主提供创造性解决方案和统筹实施的广告行为。一些广告人也形成了相应的策划与创意的口诀，"推十合一，寻求贴切；以一当十，创造意外"，将广告策划中的"说什么"与"怎么说"的内涵得以完美体现。[①] 广告策划部的成立和运作也为北京市广告艺术公司带来了诸多项目，如中意电冰箱、大众汽车、百事可乐等项目的广告策划，而北京市广告艺术公司凭借其创作、设计、文案、调研、客户、媒体和社会关系等层面的实力和优势，取得了令广告客户较为满意的效果。在 20 世纪 80 年代，北京市广告艺术公司凭借自身的户外媒体优势资源，强大的专业设计、绘画制作等力量，成为当时广告业的佼佼者，从而带动了北京地区广告行业的发展。1990 年第 11 届亚运会在中国召开，这是中国举办的第一次综合性的国际体育大赛，中国第一次向全世界主动展示自己，与世界进行更为广泛的对接与交流。在这次亚运会的筹备与策划中，北京市广告艺术公司承担了相当的内容，尤其主体育馆的景观设计和颇具创意的神州火炬接力活动策划，得到了各界的广泛认可。

四 中国广告联合总公司的应运而生

在"全国一盘棋"的改革大潮下，商品信息传播的范围已经不再局限在某一地域范围内，如何在全国范围内建立一个强有力的广告服务网络，

① 来自对朱维理老先生的采访，2019 年 6 月 28 日于北京。

成为改革开放初期中国广告业萌生的新想法。早在 1979 年，由上海市广告装潢公司王庆元带头，联合北京、天津、广州、南京等主要城市的国有广告公司共同发起，打算把分散各地的主要广告公司组织起来，成立一家全国性的广告企业。经过近两年的筹备，1981 年，上海、北京、天津、广州、南京、武汉、重庆、西安等 25 家在当地有较大影响的广告公司举行代表会议，共同决定成立中国广告联合总公司。1982 年 3 月 18 日，中国广告联合总公司经国家工商行政管理局核准登记注册，3 月 24 日正式成立，4 月 15 日挂牌营业。中国广告联合总公司挂靠国家工商行政管理局，总部设在北京，这是第一家全国性的广告企业，在广告界引起极大关注并产生了深远影响。① 按照当时公司章程规定，各成员公司是自愿参加，原来的经济体制、行政隶属关系和经营范围不变，业务上独立经营，经济上单独核算，自负盈亏，各自保持独立的经济实体。中国广告联合总公司与各个成员公司之间在业务上是上下指导，在经济上是互利互惠关系。

中国广告联合总公司的最高权力机构是代表大会，代表大会闭会期间，由董事会行使职权。中国广告联合总公司的主要任务包括如下内容：专营和代理国内国际各类广告业务及有关劳务，组织国内外广告艺术交流，推广广告设计，创作先进技术成果，发展现代化广告手段，培训广告事业经营管理的技术、艺术人才。最初的成员包括全国各地 25 家单位：北京市广告艺术公司、上海市广告装潢公司、天津市美术广告公司、南京市广告公司、广州市广告公司、大连市广告装潢公司、济南市广告装潢公司、青岛广告公司、青岛市美术公司、杭州市广告公司、苏州市广告公司、武汉市美术广告公司、长沙广告公司、西安包装装潢公司、成都市广告公司、南宁市广告公司、徐州市美术广告公司、沈阳市广告公司、合肥市广告公司、哈尔滨美术广告公司、哈尔滨市装潢公司、重庆市广告装潢公司、重庆市广告公司、福州广告公司、福州市美术广告公司。从第一批的联合单位来看，它们分处在不同的体制与地区，在当时条块分割明确的情况下，这样的“联合”无疑是一种大胆的突破与创新。在改革开放初期的中国，中国广告联合总公司超前性地建构了一张全国广告服务网络。中国广告联合总公司原总经理仇学忠在访谈中说道，“中国广告联合总公司

<hr>

① 参考了中国广告联合总公司的官方网站，http：//www.cnuac.com.cn/。

有两个含义，一个含义它是个法人实体，是一个独立的经营实体，另一个含义它又是一个松散的联合体，把全国60个城市的70多家成员公司组织到这样一个联合体当中来，那么在业务合作、信息交流等方面，都是一个很好的组织。所以我想当年这些广告界的老前辈，有这样一个创意，在今天看来也是很有意义的。"①

中国广告联合总公司首任总经理是国家工商行政管理局从当时的《人民画报》社调入的著名摄影家苍石，副总经理由上海市广告装潢公司的王庆元、北京市广告艺术公司的齐顺和广州市广告公司的朱永实担任。中国广告联合总公司的工作人员除了在北京招聘之外，上海、广州、南京、沈阳等成员公司也派来财务人员和业务人员对新加入的员工实行传、帮、带。各成员公司还注入了5万元至10万元不等的资金作为中国广告联合总公司的启动资金，这些资金不按入股分红处理，实际上是无息贷款。由中国广告联合总公司牵头各成员公司协办的《全国优质产品名录》以及每年的挂历，使中国广告联合总公司在成立之初就有了较为稳定的业务收入。可以看出，各成员公司对中国广告联合总公司给予了极大的支持，这是中国广告联合总公司创建后得以发展的重要因素。

中国广告联合总公司创建初期首先办了两件大事。一是由上海市广告装潢公司牵头，中国广告联合总公司及各成员公司联合承办了第一份广告专业刊物——《中国广告》杂志。二是1982年首次在北京中国美术馆举办第一届广告装潢设计展览，引起社会对广告业的普遍关注。北京展出期间，前来参展的人数每天多达万人。后来又相继在广州、武汉、沈阳、重庆、西安等城市巡回展览，影响广泛，一时间成为社会关注的公共话题。

中国广告联合总公司从成立之初到1991年，每年都会举行一次经理联席会议，先后在北京、南京、杭州、宁波、沈阳、大连、成都、广州、厦门、汕头等地由所在地的成员公司承办，内容丰富多彩。一是邀请国内外专家做学术演讲；二是成员公司介绍经验，如成都美术广告公司使用电脑强化企业管理，厦门市广告公司多种形式的户外广告等都给与会者留下深刻印象；三是交流信息，使大家对国内外广告业的现状以及本土广告公司面临的问题有了更清楚的认识；四是成立户外广告科研小组，改进户外广

---

① 仇学忠：《国有广告公司的对策与出路》，《中国广告》1994年第4期。

告制作；五是落实业务合作，每次会议都是成员公司之间的一次广告交易会，成果丰硕。至1991年，中国广告联合总公司的成员公司达到63家。在长期的交往中，彼此建立了深厚的友谊、互信和合作精神，携手同行，互相促进。此外，从1981年至1990年，中国广告联合总公司先后8次组织部分成员公司经理或业务骨干到日本、美国、中国香港地区以及欧洲访问，了解世界广告业的状况，吸取他们的经验，在开阔眼界、增强现代广告意识、加强与国外同行的交流和合作等方面都起了推动作用。

随着改革开放的深入，我国广告业蓬勃发展，本土广告公司数量猛增，外资广告公司也纷纷以合资的形式进入。中国广告联合总公司既面临发展的机遇又遇到激烈的竞争。国家工商行政管理局对中国广告联合总公司的要求是通过规范性的经营管理逐步开展广告综合代理业务，对本土广告企业的健康发展起示范作用。而当时的数十家成员公司分属各地文化局、商业局、工商局、轻工业局领导，多数是全民所有制也有少数是集体所有制，彼此之间没有共同的资本纽带，继续密切合作是可以的，但进一步的融合确实有困难。各成员公司在中国广告联合总公司兼职的人员因为体制和户口等原因难以调入北京，只能逐步返回原单位。为适应新的形势，国家工商行政管理局重组并加强了中国广告联合总公司的领导班子，由赵桂鸿担任总经理，周礼诚和李文政担任副总经理，从此中国广告联合总公司进入了新的发展阶段。

1985年，中国广告联合总公司同国家体委和企业合作，参与组织和赞助了"海鸥杯"四国女排赛、"柯达杯"17岁以下少年足球邀请赛和"孔雀杯"通俗歌手大奖赛。而后开始向广告综合代理布局，采取"吃饭靠媒体，发展靠代理"的经营战略，一方面用开发的广告牌等广告媒体资源来维持公司的生存，另一方面以综合代理来实现公司的长远发展。广告综合代理离不开广告策划，这是一个复杂的工程。中国广告联合总公司选择影视制作为切入点，用较低费用拍摄质量较高的广告片以争取客户，主要从代理佣金赢利。这就需要专业化的人才作为生产要素。这一时期，中国广告联合总公司的路盛章承担了重任。四年的时间，路盛章从1985年任部门经理，到1987年担任创作总监，再到1989年任中国广告联合总公司副总经理。与此同时，先后有北京广播学院、北京大学、北京师范大学、北京商学院毕业的大学生以及社会上对摄影和影视制作有一定造诣的人才加盟，使中国广告联合总公司的实力大增。

1986年，路盛章等组建的广告摄制团队，用电影胶片摄制电视广告片《张裕葡萄酒》取得了成功。这部片子用温馨的音乐烘托，印着张裕葡萄酒商标的瓶盖从美丽姑娘的面颊滑过，广告词仅有"张裕"二字，高雅含蓄，充分展现了清醇美酒的高贵品质，这同当时某些影视广告中，简单直白和"机关枪式"的吆喝完全不同，给人耳目一新之感，受到广泛好评。此后，广告影视制作成为中国广告联合总公司的重要业务组成部分。包括张裕葡萄酒、西安杨森息斯敏、中国人民保险公司、北京吉普、金谷晶大米等企业成为中国广告联合总公司的客户。中国广告联合总公司为中国人民保险公司创作的广告词"天有不测风云，我有人身保险"脍炙人口，"中美史克肠虫清"广告的"两片"也广为流传。

1990年，中国广告联合总公司第一次全公司多部门联合作战，为西安杨森的新药"息斯敏"上市进行整体策划。中国广告联合总公司事先做了充分准备，着重调查"息斯敏"和当时市场常用的"扑尔敏"等同类药品在医生、药房和患者中的反应，详尽地分析了两种药品的疗效、副作用和价格等。以此为依据，在广告策划中提出广告创意和一系列对策。然后由副总经理路盛章带领包括客户、创作、媒体、市场调查和财务部门组成6人小组，前往西安进行提案说明。西安杨森是具有丰富市场经验的广告主，对广告代理公司非常挑剔，曾有10多家广告公司前去竞标，全部落选。该公司对中国广告联合总公司的要求也很严格，对其事前有关"息斯敏"与"扑尔敏"对比的市场调查很感兴趣，对中国广告联合总公司提出的以患者服用"息斯敏"后不犯困为亮点的广告创意完全赞同，经过多个回合的答辩，中国广告联合总公司从众多对手中脱颖而出。1990年和1991年共拿到近4000万元的广告策划与传播大单。

从1985年开始，中国广告联合总公司的营业额及净利润均步上升。1984年全年营业额才200多万元，净利润仅8万元。1986年营业额突1000万元，1989年突破2000万元，1991年接近4000万元。1986年净利润547万元，1989年增长为1314万元。数年之内实现了三级跳。更重要的是在实践中中国广告联合总公司培养出一支相当过硬的队伍，为中国广告业贡献了一批优秀专业人才。1991年4月，公司与国家工商行政管理局脱钩，正式划归新华社，又与新华社下属的环球广告公司合并，仍然使用"中国广告联合总公司"这个名称。从此，中国广告联合总公司走上了新的征程。

五　第三世界广告大会

1987 年 6 月，正逢北京初夏，气候宜人。6 月 16 日上午 8 点半，北京"1987 第三世界广告大会"在北京人民大会堂隆重开幕。大会由中国对外经济贸易广告协会和英国《南方》杂志联合发起，时任中国对外经济贸易广告协会会长徐信对于促成这次合作功不可没。这次大会成为我国广告发展史上的一个空前的大事件。

第三世界广告大会虽是一次民间性质的国际会议，但得到了中国政府的大力支持。[①] 国务院代总理万里出席了开幕式并发表重要讲话。在讲话中万里提出，希望大会促进南北关系的发展，推动南南合作。全国政协副主席王光英、对外经济贸易部副部长王品清、国家工商管理局局长任中林、北京市副市长韩伯平、国际贸易促进会会长贾石、中国人民银行副行长邱晴等涉及国家工商、贸易、财政等各部门的领导皆有到会。我国出席大会的人员名单体现出国家对于大会的重视以及开好此次大会的决心，而当时来自世界各地的参会者也让这次大会显得丰富多彩。国际广告协会（IAA）会长亚历山大·布罗第、亚洲广告协会联合会主席瓦吉德·米尔沙等国际广告协会组织的领导人出席。来自 52 个国家和地区的 867 位国外代表同来自全国各地的 582 位国内代表济济一堂。这些广告、媒介、金融、贸易、厂商、旅游、民航、投资、市场调研等十几个行业的代表，既有来自发展中国家，又有来自发达国家的；但不论来自何方，参会者都对大会的主题和丰富多彩的活动表现出极大的兴趣和高度的热情。

国家政要人物的出席与发言对于这次广告大会来讲是让人印象深刻的。国家主席李先念在第三世界广告大会上发表讲话，并亲切接见出席大会的各国代表，预祝大会获得圆满成功。全国政协副主席王光英、国务院副总理姚依林、经贸部副部长李岚清、经贸部副部长王品清、中国人民银行副行长邱晴、经贸部副部长张皓若等发表讲话，分别对广告工作在行业中的推动和促进作用提出期许。会议历时五天，在开幕式之后的 19 次大会和 5 次分组会上有 131 位各方面人士发言，同时在人民大会堂内还举办了

---

① 邓树林：《中国：一个具有巨大潜力的广告市场》，《今日中国》（中文版）1987 年第 10 期。

国外媒介展览并辟设80多个中国业务洽谈室，这些都为与会各国人士提供了广泛接触和业务交流的机会。发达国家的广告界知名人士以及发展中国家的代表们广泛交流，对促进国际广告事业的发展和发展中国家的经济进步都产生深远的影响，对推动南北对话也大有益处。会上发展中国家也互相交流合作，这也增强了第三世界国家团结互助、自力更生的能力，进一步树立了发展中国家在国际经济生活中的地位，具有特别的意义。对于我国来讲，大会在中国的召开，也可以使世界更好地了解中国，使中国更好地走向世界。在20世纪80年代中期的中国，这样的大会无疑成为中国向世界展示自己的舞台。此外，许多来自国内外的知名广告公司与企业品牌也纷纷在大会上展示亮相。

正如大会主题所言，为了"发挥广告在促进经济发展中的作用"，会议着重研讨"如何最有效地运用北美、日本和欧洲先进广告、销售和信息交流技术来满足发展中国家的需要"等问题，同时也请外国广告界同行介绍相关的广告经验。在我国广告业正蓬勃发展的时期，召开这样的一次大会，无疑对于我国广告业积极开展对外交流活动，结合我国国情吸引外国的先进经验，引进先进的技术和设备，加速广告业的科学化和现代化具有重要的意义。

自1979年对内搞活经济、对外改革开放，我国的广告业才开始逐渐起步，至1987年召开第三世界广告大会时，我国的广告事业已经历了近十年的发展。其间广告协会组织纷纷建立，广告公司和经营广告的媒介单位日益增多，从业人员规模也呈扩大趋势。此次大会除了广告外，还有另一个主题，那就是：友谊、交流、合作。这可以从出席此次大会的代表规格上窥见一斑。

这是中国政府对广告从未有过的表态。正如当时大会联合主席高哈先生所言："在人民大会堂举行这样的大会，有其特殊的意义，它表明了中国实行对外开放政策的持续性及其通过贸易与合资来实现现代化的决心。"① 广告成为中国与世界各国经济发展和贸易往来的一个平台，一种媒介，一种信号。随后几年时间里，中国广告代表团陆续参加在埃及举行的阿拉伯广告大会等多项国际广告会议，将更多的改革开放的信号带到了世

---

① 《"中国开放的信号"：1979上海广告归来》，转引自东方网。

界各地。从某种程度上说，广告是中国展示给世界的一张名片。

为了这次广告盛会，中华人民共和国邮电部发行了"第三世界广告大会"纪念邮资封一枚。邮票图案将第三世界广告大会的标志作为核心要素，用北京的万里长城形状代表中国，用各种类型的线条作为背景来象征中国与世界各国的信息交流。邮票左上角淡色调的彩虹象征欢迎、美好之意。信封背面为中英对照文字："一九八七年六月十六日至二十日，在北京召开第三世界广告大会。"

六　广告公司与社会生活百态

1. 广告公司与电视节目创新

"越过辽阔天空，啦啦啦，飞向遥远群星。来吧！阿童木，爱科学的好少年……善良勇敢的，啦啦啦，铁臂阿童木。我们的好朋友啊，无私无畏的阿童木。"[①] 这首歌和它背后的动画片想必大家都很熟悉，但它来到中国的故事，大家可能不太了解。阿童木问世于 1952 年，出自日本著名动画制作人手冢治虫先生之手。阿童木有点像中国脚踩风火轮的哪吒，不过他是脚底喷火穿梭天穹。[②] 1980 年，它随日本向阳社广告公司和卡西欧（CASIO）广告亮相中国。中央电视台的日本动画片《阿童木》是由日本向阳社免费提供的，但前提条件是里面需要植入卡西欧的电视广告。这种电视节目引进与开发与广告经营相结合的模式，成为中国电视产业起步的重要支撑。缺乏外汇来购买大量设备的媒体在获得了优秀的电视节目的同时，还通过插播广告获得了一定的收益，这一收益也成为先进广播电视设备的购买资金。广告公司除了为企业提供营销策划和创意传播的服务，也开始积极参与媒体发展和改革创新。广告收入成为电视台发展与升级的重要经济来源。

1985 年上海电视台的卡西欧杯家庭演唱大奖赛，直至今天来看，它仍是广告与电视节目成功结合的一个杰作。这一活动的背后有日本向阳社、卡西欧、中国上海电视台、上海广告公司等联合参与。此后的 960 万平方公里土地上，几乎是无杯不赛，无赛不杯，诸如雀巢杯通俗歌曲演唱大奖

---

① 参见《阿童木之歌》中文版歌词。
② 《"中国开放的信号"：1979 上海广告归来》，转引自东方网。

赛、健牌中国国际台球大赛、风华杯杂文征文、如意杯节目主持人评选等纷纷涌现。① 从 1985 年到 1997 年，卡西欧杯家庭演唱大奖赛共举办了 11 届，成了上海万千家庭的一个年度期待。②

如果说当时阿童木的动画片太过久远，卡西欧杯家庭演唱赛仅限于长三角地区，广告公司、电视媒体、企业三方的创新合作方式当时更为出名的是《榜上有名》。在电视广告创新的大潮中，中央电视台将当时只针对北京地区播出的中央三套文艺频道和中央二套经济频交予国安广告公司来做代理，这为国安广告公司的电视运作积累了大量的经验。经过和中央电视台的反复协调，中央电视台将新闻联播前的两分钟广告时间也委托给了国安广告公司，这就是名动天下的《榜上有名》广告栏目的来源。

由于这是一种全新的电视广告专栏形式，广告企业对此没有认知，所以拜访客户、说服客户成为最初的难题。每天两分钟的广告对国安广告来说是一种资源，但这建立在将广告时段顺利销售出去的基础上。在今天，栏目广告已经是司空见惯的事情，但在当时的历史环境下，《榜上有名》第一个客户是三五座钟，接着是红梅相机、北京啤酒、海尔电器，以后的一段时间内广告客户爆满，"榜上有名"开创了中国电视广告的先河。这种形式和以前单调的广告形式比起来更有创意、更受到消费者的欢迎，产生了更好的广告效果。

这个栏目还具有重要的历史意义：它的出现体现了体制的松动与变化。原来广告时段都是独家经营的，但这个广告专栏的出现意味着媒体广告垄断经营的体制被打破。国安广告公司所主导创意的《榜上有名》在中央电视台一播就是 20 年，充分体现了这个栏目的生命力和市场价值。1990 年 8 月，国安广告公司与中央电视台广告部合作，开发了第二个电视广告专栏《名不虚传》。同时，又联合策划《天气预报》和《7 点报时》的广告，也同样取得了成功。广告公司与中央电视台合办节目，成为国安广告公司广告经营的一大特点；另一大特点是，它与媒体深度合作，共同创办富有文化含量的综艺节目，既受观众欢迎，又拓展了广告空间。③ 1993 年元旦伊始，国安广告公司通过无线电波，以其夺人的气势闯进了京城的千

---

① 《"中国开放的信号"：1979 上海广告归来》，转引自东方网。
② 《"中国开放的信号"：1979 上海广告归来》，转引自东方网。
③ 杨林：《国安门下广告人》，《销售与市场》1994 年第 12 期。

家万户。公司经过几番努力，将北京人民广播电台的王牌节目《周日综艺》改为《国安综艺》。① 这显然不同于一般的企业赞助栏目，它是由国安广告公司投入巨资买下全年的节目制作、播出和广告承揽权。参与《名人访谈》的嘉宾包括影视界、音乐界、文艺界、企业界、体育界、科技界的知名人士，节目产生了极其广泛的社会影响。《国安绿茵传真》是国安广告公司与北京电视台合办的节目，曾被北京市广电局评为优秀电视节目。这些栏目的创办，带动了诸多广告公司与媒体的合作。广告人直接参与节目制作，将广告智慧融合到精心创作的节目中，并应用到品牌建构与广告经营创新。

2. 广告公司与体育、文化和展览②

在广告业复苏的最初阶段，营销传播、商业服务等领域的发展尚未有专业的分工。第一批成长起来的广告公司，承担了包括广告在内的诸多社会新型服务内容，在今天看来，可能有些"泛专业化"，但回到当时的社会经济状况和专业发展水平，有着体制内丰富资源优势的广告公司自然成为不二之选。在当时，创造并完成一个广告方案，远比现在复杂，存在的障碍体现在意识形态层面的批判、广告产业上下游服务的缺失、市场意识尚未彻底开放、媒体沟通也很艰难等诸多方面。作为当时广告营销活动的核心主体，广告公司在其中扮演着多种角色，比如协调政府、媒体、协作单位等各方关系，整合资源以完成从策划到执行的具体工作等。

体育是当时广告公司的一大业务来源。在中国重新回到世界舞台的过程中，体育本身的特殊性往往附加了很多国人的民族自豪感和历史情结。在改革开放之后的一段时间里，体育获得了政府及民众的关注，体育赛事也成为一种重要的广告媒体。有着首都地理优势的北京广告公司"近水楼台先得月"，在20世纪80年代组织筹划了一系列的体育赛事，为中国早期的体育营销做了重要的探索工作。

1986年5月，北京广告公司和国家体委、北京市政府共同组织了盛大的TDK杯国际青年足球锦标赛，这是我国第一次通过广告赞助的方式举行的体育赛事，堪称中国较早的体育营销活动之一。此次比赛由日本旭通广

---

① 杨林：《国安门下广告人》，《销售与市场》1994年第12期。
② 这部分关于北京广告公司的实践活动，资料来源于中国传媒大学广告博物馆"广告公司30年口述史"中有关北京广告公司的资料。

告公司的客户 TDK 磁盘赞助，筹备期间，北京广告公司成为合作伙伴和执行代表。北京广告公司联合国家体委和国家足球协会，协调客户需求，和各方一起进行活动方案的策划和执行。这一活动运作也非常成功，促进了当时中国的体育交流，产生了较好的社会效应。同年的 7 月 27 日到 8 月 4日，北京广告公司又与国家体委共同举办了"1986 年长城杯三菱国际足球锦标赛"。依然由北京广告公司和来自日本的旭通广告公司共同筹划，由日本著名品牌三菱赞助，当时参赛的有刚果红魔队、朝鲜平壤队、日本三菱队、波兰华沙联队、中国队、天津队等。

20 世纪 80 年代是中国国内体育赛事发展的一个高潮时期，北京广告公司积极为中国体育事业和即将到来的亚运会服务。北京广告公司全权代理北京亚运会的广告经营工作。第十一届亚运会也是国内第一个按照国际化手法运作的赛事，北京广告公司积极努力为亚运会广告招商引资，为客户提供亚运会广告服务。美国品牌 M&M 成为中国体操队的指定巧克力品牌，并且赞助亚运会 150 万美元。在具体的广告资源开发中，依托北京广告公司的客户资源和客户服务经验，亚运会的 30 多个场馆中开发设置了1500 多块广告牌，亚运会整体的广告招商突破 8000 万元人民币。良好的广告开发效果也促使北京广告公司在 1990 年北京亚运会结束之后开始将视角继续投向体育产业，面对国家即将申办 2000 年奥运会的巨大商机，北京市政府批准北京广告公司筹建北京北奥广告公司，1991 年 6 月，北京北奥广告公司正式成立。

除此之外，北京广告公司还参与了其他重要赛事及活动的组织与运营工作。如 1987 年《北京日报》海蓝电视机国际男子篮球邀请赛、1988 年北京密云国际游乐场落成典礼、1988 年幸福可乐杯摩托车超级越野邀请赛、1993 年第七届全国运动会、1994 年登喜路杯北京国际足球挑战赛、1994 年第六届远南残疾人运动会、1995 年万宝路世界桥牌锦标赛、1995年世界妇女大会、1997 年香港回归、1999 年第六届少数民族运动会、2001年第 21 届世界大学生运动会等。

与体育交相辉映的是大型文艺活动。在改革开放初期，人们的精神文化生活还不太丰裕时，大型文艺晚会成为一个主要组成部分。从 1979 年中国广告行业恢复开始，有着全面策划和执行力的广告公司就成为很多大型文艺演出的承办单位，对于某些大型文艺晚会而言，协调政府、媒体和赞助客户并且组织演出都是非常复杂的事情。这一时期，也诞生了诸多由广告招商所支持的文艺演出活动，对于广告公司而言，这类活动一开始没有统一的名字，后来把这些文艺演出统称为广告文艺晚会，这一系列活动也成为广告公司在娱乐营销上的初步尝试。

广告文艺晚会的发端，可以追溯到改革开放之初的"群众喜爱的 15 首歌"评选活动。1979 年，中国音乐家协会联合中央人民广播电台，举办了"群众喜爱的 15 首歌"评选活动，借助游戏的形式在全国进行活动推广。评选分专家评选和群众评选两个部分，评选声势非常浩大，是当时规模最大的一次群众评选，来自全国各地的信件超过 60 万封。这次活动的商业运作由新成立的北京广告公司负责，其任务具体包括承接北方地区的所有广告，负责活动策划、宣传推广及执行，以及后续的评选活动的晚会和音乐会。

1979 年"群众喜爱的 15 首歌"评选活动获得巨大成功以后，元旦和春节等节日期间的广告文艺晚会开始成为常态。北京广告公司负责了 1979 年到 1984 年的相关活动，在首都体育馆和工人体育场分别举办 4 场。之所以选择体育场是因为体育场场地容纳人员较多，并且适合投放广告。广告公司与大型媒体单位、国家相关负责部委一起，承担了主要的策划和执行工作。借助文艺晚会发布广告，同时借助广告来承办文艺晚会，成为广告公司的创新之举。由于当时文化生活非常单调，晚会非常受欢迎，场场爆满，甚至还出现了"黄牛"倒票，五毛钱的票能卖到两块钱。当时的赞助商包括卡西欧、三五烟、日本商社以及国内化妆品厂商等。每次中央电视台都会调配转播车前来录制，这种大型文艺演出的形式甚至早于春晚，在一定程度上也可以说是春晚的前身。

在中国广告业复苏之前，展览已经是一种非常重要的传播沟通平台，各个行业、各个部委，乃至中外交往中，都将展览作为一种重要的传播形式。在 20 世纪 80 年代，外商来华的展览，以及国内各个内贸系统的展览，成为两种重要的展览来源。广告公司成为承接展览的第一选择。以北京广告公司为例，在这一时期承接了很多外商来华的展览，包括 1984 年北京外贸大楼的佳能产品展览、1985 年日本夏普公司在北京饭店举办的首次来华综合技术展览、1985 年索尼技术产品展览、1985 年国家体委大院举行的日本尼桑新车发布展览、1986 年北京饭店的马自达 929

新车展览、1986年在长城饭店举办的日本雅马哈产品展览会、1987年在西安饭店举行的一系列高端计算机展览等。这一系列活动从场地选择到现场管理、程序管理、嘉宾邀请以及广告礼品等都由北京广告公司负责并具体执行。

具体而言，这一时期有几个典型的展览案例。1987年5月，北京广告公司承接了"万宝路体育世界"大型展览，该活动由位于香港的李奥贝纳广告公司引进，北京广告公司负责二次创意，包括开幕式及现场布置。北京广告公司就"万宝路体育世界展览"举行了记者发布会，深受社会关注。"万宝路体育世界展览"的主题是万宝路赞助体育项目的赛车、摩托车、自行车等。展板上有各个赛事赞助的图片，展览现场还设有放映厅，用几十台幻灯机播放动态幻灯。现场的模特身着万宝路的服装，向公众传达万宝路的概念，传递时尚和追求。由于当时参观者并不了解这种形式，并且当时很难买到万宝路品牌的香烟，很多参观者都带着现金来现场买烟。此次展览影响巨大，受到了各方的好评。

同年，北京广告公司承办了日本NUC职业服展览。该活动包括身着航空服、防火服等各种职业服的模特表演以及相关论坛和新闻发布会。该活动由日本职业服装协会发起，北京广告公司负责现场所有设计、论坛及表演活动安排，此次活动吸引了民航、铁路、军队、消防、医院等诸多行业部门的人员前来参观。此次展览促使当时的中国企业开始考虑统一服装的问题，各个企业开始引进新观念、改善各种工作服。工作服的相关行业也从此开始兴起。

广告公司在这一时期还有一些在今天看来奇怪的"不务正业"活动，比如组织国际拍卖会。1992年，北京广告公司与荷兰一家公司主办，由北京市文物局等单位协办，共同组织了一次国际拍卖会，该拍卖会也被称为"九二拍卖会"。此时，中共十四大即将召开，这便成为中国改革开放的象征信号。当时邀请了香港的拍卖师，在中日友好饭店连续进行了三天的拍卖，非常隆重。这次国际拍卖会吸引了众多媒体，在社会上引起轰动，各家媒体进行了积极热烈的报道，外国媒体评论"这次拍卖会标志着中国改革开放的真正深入展开"。再比如举办国际会议。1986年7月28日到31日，北京广告公司与IMR国际媒介代表有限公司共同在北京长城饭店举办了大型北京国际媒介会议，出席本次会议的国内外代表共计368人，这是一次经贸、广告、媒介等众多行业的盛大聚会。这次会议促进了国内外媒介的交流与合作。广告公司还承办大型赈灾义演。1991 年北京广告公司与中国影协合作，承办了《风雨同舟》大型电影界赈灾义演。一大批全国著名导演、演员参加了义演活动，在社会上引起了巨大反响，取得了良好的社会效益。

七 广告作品千奇百态

现代广告是一个功能多样、构造复杂的"怪物"。关于广告的功能和构造，西方的社会学者至今还在议论纷纷。日本著名的广告学者山本武利教授称广告为"一面社会窗口"，反映着不同时代的生活水平和社会政治。广告的本身，一方面是生产与消费的节点，另一方面是媒体与企业的中介，因而，是一个"重层构造"的产物。[①] 山本先生的话，对理解中国广告产业的复杂性、多样性和特殊性不无帮助。然而，应该指出的是，中国的广告除了与消费、生产、企业以及媒体的经营有关系之外，还和社会政治、意识和文化紧密相连。身处历史文化与现代化追求、本土传统与外来知识的交叉点，中国广告更是一个多元构造的产物。这一时期千奇百态的广告作品，也需要从"重层构造"的角度加以审视。中国广告市场的许多变化，可以归因于当时的政治运动、媒介政策以及消费意识。在广告产业的发展过程中，社会文化、政治意识和媒介政策的任何变动都曾经给这个产业带来不可低估的影响。所以，在分析中国广告市场的现实时，用一两个视点或一两个理由来解释其发展规律和变动原因都是欠准确的。[②] 理解这一时期千奇百态的广告作品，也应该有着多元的视角。

1. 广告的信息观与艺术观

这一时期，传统广告的复兴是一种主要的形态，很多广告人开始重操旧业。"简单告白＋艺术装饰"是广告复兴之初最普遍的广告设计模式。1979 年 2 月 10 日，上海市广告装潢公司承办了一则《文汇报》上的广告。它分别介绍几种中药药品的功能与用途，广告采用简单的平行排列构图，制作者以简单的手工绘制出商品的外观特征，并以一女子舞

---

① 转引自黄升民《中国广告活动实证分析》，北京广播学院出版社，1992，第 68 页。
② 黄升民：《广告观》，三峡出版社，1996。

剑点缀，暗示该产品为中华传统之宝。这种模式一直持续到 20 世纪 80 年代中期。

在现代广告理念和运作方式尚未形成之前，企业家以及广告人对广告的认识还停留在传达信息的层面，尤其在社会主义初级阶段的中国，马克思主义以"生产"为中心的商业运作制度也决定了广告的目标是传播商品本身的信息，以缩短流通时间，提升资本的效力。将产品的物质层面的功能属性用简单直叙的方式告知，单纯的图片加文字，最多点缀一些背景元素，是中国广告业复苏之初的主要形态。故而，广告被人们视为雕虫小技。从这一点上，中国的广告与国外早期"将广告视为有关商品与服务的新闻"的观点非常类似。不仅当时国内内销广告的广告公司大多采用这样信息告白的广告，就连长期承办进出口广告的广告公司也如此。在这样的基础上，一部分广告开始向着科学化发展，另一部分广告开始吸纳各类艺术中的意趣，走向更加追求艺术表现力的形态。这与国外广告业发展中科学与艺术的争论颇有些相似。①

一大批原来的美术设计行业的人员进入新兴的广告行业，他们成为第一批广告人群体的重要组成部分。这也给广告带来了原有的美术设计思考，他们的理念往往以"艺术个性"为核心，自命为"艺术家"，很多作品按照个人的艺术风格来设计，这与广告的核心价值有很大的不同。② 在 20 世纪 80 年代，广告的创作理念基本上是这两者互相冲突与妥协的产物。不过，由于这一时期实际拥有广告话语权力的是一批艺术家，他们控制着话语的最高阵地：中国广告协会和广告相关评奖体系，所以，具有"艺术眼光"的作品成为出现频率最高的主流。当时诸多类似的广告作品出现的一个主要原因，是广告公司依然没有能够发展成为一个主要力量，并且当时广告公司的主要创作人员大多来自原有的宣传和文化教育领域，他们的美术表达功底很好，但是很多人并不能够将广告本体与其他美术作品区分开来。1982 年，中国举办了广告复兴之后的"第一届全国广告装潢设计展览"，这次展览评出的优秀作品大多出自"商业美术工作者"之手，其艺术倾向性自不待言。作为评委之一的周绍淼在当时的《中国广告》杂志上

---

① 余虹、邓正强：《中国当代广告史》，湖南科学技术出版社，1999，第 25 页。

② 余虹、邓正强：《中国当代广告史》，湖南科学技术出版社，1999。

撰文谈到了这次评奖的标准，认为"意境"和"趣味"是衡量广告作品设计水平的重要因素。他认为广告作品应与齐白石的绘画一样具有深邃的"意境"，需要引人联想回味，而不能一目了然。另外，好的广告作品还要匠心独运，别有情趣。[①]

2. 名人代言与公益广告的出现

电视广告在我国最早出现于20世纪70年代末的上海。这种新的广告媒介具有视听结合、形象生动的特点，很受观众的欢迎，于是迅速成为企业最乐意选用的促销手段。但早期的电视广告制作粗糙，画面单调。大多只是展现工厂大门、车间等处的直白图像，广告词也千篇一律，没有说服力。20世纪80年代后期，由于该领域积极引进国外新的广告理念与手法，注重广告效果，创意性广告逐渐增多。这时，一些市场营销观念比较强的企业开始利用名人给自己的产品做广告。

这一时期诞生了中国第一个名人代言的广告和第一支公益广告。李默然代言的三九胃泰广告在中国现代广告史上占据着重要的位置，开创了国内明星广告代言人之先河。[②] 在电视广告中，李默然说道："干我们这一行的，生活没有规律，常患胃病……三九胃泰是治胃病的良药。制造假胃药品，是不道德的行为，应该受到社会的谴责！"[③] 李默然成为国内名人广告的首创者，当时曾招致社会上一些人的非议，引起了他本人的自责。20世纪80年代末，在李默然做胃药广告后不久，另一位影坛著名女明星潘虹为上海霞飞化妆品代言的广告，也频频地在电视上亮相。[④] 她淳朴、阳光、漂亮的容貌，与"霞飞"紧密地联系在一起，形成一种难以抗拒的魅力。霞飞化妆品借助这种力量，迅速地博得了国内女性消费者的青睐。1991年，"霞飞"因其极高的美誉度被评为"中国驰名商标"。1993年元旦，国内电视台播出影星巩俐为"美的"空调拍的广告片。根据媒体当时报道，"美的"集团为这个广告付给巩俐100万元酬金。1994年刘晓庆为TCL做广告，酬金为20万美金；到伏明霞为雪碧做广告的酬金已达500万

---

① 见周绍森发表于《中国广告》1985年第3期的文章。
② 见联合国妇女发展基金与网易女人频道的专题：2010年女性传媒大奖，这一部分讨论了"性别平等"方面表现出色的广告。
③ 《李默然走了！他是首位广告代言人，报酬仅是一部随身听》，《重庆晨报》，2012年11月5日。
④ 《中国化妆品广告40年简史》，《界面新闻》，2018年5月3日。

元人民币。① 尽管如此高昂的代价，企业还是对名人广告趋之若鹜。时至今日，一个又一个名人在广告中闪亮登场，却很少有人为此而惊讶了。在市场经济大潮中，行业竞争激烈更促使一些急功近利的广告主请名人为产品做广告。名人往往引领着时尚，名人凭自己的名气和魅力打动受众，使受众有意无意地认同他们的价值观。名人为企业做广告，不仅给自己带来了滚滚财源，而且增加了曝光的机会，可以进一步提高自己的知名度，可谓名利双收。

这一时期，广告还被视作一种社会服务和公益传播的重要工具。1986年，贵阳电视台就制作并送中央电视台播出了我国第一条公益广告——《节约用水》②，由此开启了我国电视公益广告的新纪元。播出之后在贵阳市民当中引起了强烈反响。在广告播出后的第四季度，贵阳市自来水消费量比上年同期减少了47万吨。

3. 独特的媒介：服装广告模特

这一时期还出现了中国广告历史乃至世界广告历史上一个奇特的形式：时装模特表演。在中国的特殊时代和特殊社会经济环境下，时装模特表演和广告公司相互依靠着走向了繁荣，时装模特表演成为广告的媒介，成为广告公司的重要工作内容，也成为开启消费和审美变革的排头兵。

一切都要从皮尔·卡丹先生说起。1979年，皮尔·卡丹先生在北京民族文化宫举办了第一次仅限于专业人士参加的服装表演，后来在1981年，在北京饭店举办了首次面对普通观众的服装展示，从而在中国开创了服装表演的先河，在中国服装发展史上留下了他光辉的名字。③ 几乎同时，1981年，上海服装公司建立国内第一支服装模特队，1983年，中国第二个时装表演队在天津成立，一时间，时装模特表演成为推动服装公司产品畅销的最有效工具之一，而这也被广告公司视作一种重要的广告媒介形态。

广告公司是时装模特职业化和产业化中最重要的外部力量，很多优秀的时装模特在广告公司开始了专业化和职业化生涯。1986年，广东省广告

---

① 凌卓：《基于信息源可信性模型的名人广告效果影响因素研究》，硕士学位论文，浙江大学，2008。

② 中国传媒大学全国公益广告创新研究基地：《中国公益广告年鉴（1986～2010）》，中国工商出版社，2011。

③ 《Pierre Cardin："授权"燃星火，"调整"焕青春》，《中国制衣》2007年第10期。

公司成立时装模特队。中国丝绸进出口公司为了推销时装，进行广告宣传，也在同年与同属进出口行业体制的北京广告公司合办了"北京时装模特队"，这是北京第一支专业的模特队。当时有1000多人报名，最终选了10个人，由北京广告公司副经理班金鹏领导，并聘请香港著名时装模特教练，按照国际时装模特标准进行培训。北京时装模特队曾出访美国、德国、意大利、新加坡、马来西亚、中国香港等十多个国家和地区，不但为丝绸进出口总公司的丝绸、服装等产品的对外宣传起了很大作用，也对活跃中国的时装业起到了很大的作用。1988年，在意大利举行的"今日新模特国际大奖赛"上，北京广告公司时装模特队签约模特彭莉夺魁，这是新中国历史上第一位国际模特大赛冠军，在国内外获得了较大的轰动。1988年，甘肃省广告美术公司模特队受兰州24家企业委托，前往23个城市进行广告宣传。时装模特成为这一时期中国很多广告公司的营业项目，在世界范围内都不多见，背后的诸多原因值得更多探讨。

第五章　外商广告与跨国广告公司
在中国的早期活动

　　1978 年开始，中国对外开放，拥抱世界，对内改革。随着对外贸易规模的激增，我国开始在国际市场上开展借贷，并允许外国在中国的某些领域直接投资。为了偿付更大的商品进口额，中国开始大力发展出口和吸引旅游者，发起大规模的文化和学术交流。

　　跨国广告公司敏锐地洞察到了中国市场的变化，并快速响应这一变化，在各方沟通依然如履薄冰的情况下，1979 年 3 月 15 日，改革开放以来第一则外商广告——雷达表的广告出现在《文汇报》上。这是由雷达表的广告代理商奥美广告公司联合国内的上海广告公司共同发布的。广告中有三款产品：雷达女士自动日历首饰表、雷达男士永不磨损型石英表、雷达男士自动星期日历表。广告标题是"雷达表——现代化的手表"。广告投放后 3 天内，到上海黄浦区商场询问雷达品牌手表的消费者就超过了 700 人。但直到两年以后，雷达表才进入中国。①

　　跨国广告公司是随着跨国企业的进入而进驻中国市场的，这是由广告行业的特点所决定的。广告公司本质上从属于服务业，是一种服务企业的企业。广告公司对广告主有极强的依附性，广告主走到哪里，为其服务的广告公司就走到哪里，这种趋势在 20 世纪 80 年代跨国企业国际化浪潮兴起后变得尤为明显。以可口可乐（1979 年进入中国）为代表的美式生活消费品、以松下（1980 年进入中国）为代表的日本家电耐用品等成为第一批进入中国的公司。同时期，服务可口可乐的李奥贝纳广告公司中国部成立，来自日本的广告公司，如电通、博报堂、向阳社也在 1979 年和 1980年分别成立中国办事处。

---

　　① 《雷达表源自中国 80 年代永不磨灭的记忆》，http://www.xbiao.com/20120705/9071.html。

现代化的技术创新转化为日常生活中的一个个商品,而这种商品在性价比和使用体验上具有前所未有的征服力量。正如哈佛大学商学院营销教授莱维特所言,有一种强大的力量推动着世界趋同,那就是现代科技,它使偏僻的地方和穷困的人们渴望享受现代生活。在任何地方,几乎所有人都希望得到他们通过新技术听到、看到或体验到的所有东西,明白这个道理的企业将能够率先把自己的版图扩展到全世界。地球是圆的,但在处理大多数问题的时候,把它当成平的更加明智。莱维特用"市场全球化"来表达自己的乐观主义态度①。

莱维特教授的"市场无国界"的思想成为 20 世纪末期全球化的主流思潮,跨国公司和跨国广告公司在实现其自身利益最大化的同时,联袂建构了一个全球市场。跨国广告公司在跟随和服务于跨国公司的同时,也凭借其在营销传播层面的专业化视野在发挥着独特的能动作用。正如前面的雷达表广告一样,在跨国公司进入之前,作为雷达表的服务者,奥美广告公司已开始用广告中出现的"现代化"概念来培养中国消费者了。这也是跨国广告公司向发展中国家扩张渗透时最常用的方法,"现代化"成为诸多美好事物的集合体。从历史深处走来的传统中国,不断改造着自身的"中国情境",努力追求着"现代化"的目标。这一阶段的中国对跨国广告公司的态度可以概括为:人们既关注中国经济在满足长期受压抑的消费者需求的同时维持迅速发展的能力,又担忧"自由化"和"开放"在政治和文化上的后果。

一　被忽视的时代样本:韩庆愈与向阳社

在当代广告历史叙述中,一个独特的公司及背后的领导人成为中国广告业与世界广告业交流过程中被提及的对象,它们的历史意义被描述得非常重要,但所占笔墨很少。日本株式会社向阳社及其董事长韩庆愈成为中国与日本广告业交往的焦点。早在 1967 年韩庆愈就向中国介绍第一个日本广告。1979 年,向阳社与上海广告公司建立广告业务联系,日本企业广告首次刊载于中国报纸,1980 年,向阳社向中央电视台提供带广告的《铁臂阿童木》节目,随后,《人民日报》首次刊载向阳社代理

---

① 〔美〕西奥多·莱维特:《营销想象力》,机械工业出版社,2007,第 21 页。

的日本企业广告。在改革开放初期，向阳社几乎和每一个日本在华广告都有关系。

1. 作为华侨的韩庆愈的个人生命史

按照主流的观点，战后的中日关系大体上有一个转折点。在二战之后到朝鲜战争之间，在美国的军事占领与日美安保体制下，日本追随美国的同时敌视中国。在 1953 年之后，中日交往再次开始，毕竟两国之间悠久的交流历史建立在文化、经济、政治等基础之上。对于日本经济界而言，中国是日本企业重要的原料来源和产品销售市场，与中国恢复友好关系成为很多日本企业生存与发展的重要出路。1952 年 2 月，在临近莫斯科国际经济会议之前，中国代表南汉宸向日本经济界名流村田省藏等人发出邀请信："最近，各国的工商业家正在发起召开国际经济会议。这个会议将研究如何进一步发展国际贸易，以利于各国经济发展，同时提高人民的生活水平。我作为中国的发起人之一，希望就发展国际贸易及开好国际经济会议等问题，听取你们的意见，如蒙赐教，不胜荣幸。"[1] 5 月 15 日，日本三位代表在出席国际经济会议之后应邀来到北京，这是新中国成立以来第一批来华访问的日本政界人士。随后，第一次中日民间贸易会议举办。中日民间渔业协定等也纷纷签署，民间经济往来不断扩大。1954 年 10 月 30 日，以李德全为团长、廖承志为副团长的中国红十字会代表团一行 7 人，由香港乘机抵达东京羽田机场，这是新中国成立后的第一个访日代表团。随后，文艺界、学术界、医疗卫生、农业技术等领域"积累渐进"式的民间交往方式成为很长一段时间里中日交流的主要形态。"以民促官"的民间交流开始冲破封锁，打破坚冰。

旅日华侨成为战后中日交往中的重要群体。如历史学家孔飞力所言，"移民是中国近现代史不可分离的组成部分。推翻帝国的革命部分源于海外华侨的发动并且在关键时刻得到了他们的支持。自从 16 世纪以来，海外华侨的活动一直与中国的经济发展息息相关"[2]。在世界范围内，1990 年前后，共有约 3700 万人自称具有华裔血统或被归类为华人，他们居住在除中华人民共和国大陆地区和台湾地区以外的 136 个国家或地区。"在日本

---

[1] 田桓：《战后中日关系史（1945～1995）》，中国社会科学出版社，2002，第 120 页。

[2] 〔美〕孔飞力：《他者中的华人：中国近现代移民史》，李明欢译，黄鸣奋校，江苏人民出版社，2016，第 5 页。

的华侨约有 4 万多人，主要居住在京都、横滨、神户各地。"①

向阳社的创办人和董事长韩庆愈即是在这样的历史语境中将旅日华侨的角色与价值得以实现。韩庆愈 1943 年以伪满洲国公费留学生的身份东渡日本；二战后，就读于东京工业大学，积极参与组织与护送旅日侨胞回国的活动，1953 年根据廖承志同志的指示，放弃回国参加祖国社会主义建设的机会，继续留在日本做华侨工作。他有三重身份。其一，曾在《大地报》以新闻记者的身份向日本各界介绍与传播新中国的相关信息。其二，在 20 世纪 50 年代担任中国留日学生同学会主席，60 年代担任"旅日华侨青年联谊会"主席，并在 1966 年起担任中国语研究学校讲师，他也承担了这一时期中日交往中的"翻译"业务。前两种身份，即"新闻记者"与"专业翻译"使他参与了中国红十字代表团、中国京剧团、中国歌舞团、中国学术代表团、中国宗教代表团、中国贸易代表团、中国作家代表团等文化艺术、工业技术、经济贸易、体育、民间友好交流等访日团的接待工作，无形中积累了大量的中日双方的社会资源和广阔的人脉关系。第三种身份，他是株式会社向阳社的创始人与董事长，在 1978 年适时地参与成立了日中科学技术文化中心，以及日中录像株式会社，借助这几个机构，韩庆愈先生将前两种身份所积累的优势转化为中日经济交往中的重要资料，他也成为特殊背景下日本企业与日本广告业与中国建立联系的关键"桥梁"。

在日本出版的《中文导报》曾经刊发了对韩庆愈先生的长篇专访《为促进日中交流努力开拓》②。韩庆愈首先是一名有着极高政治觉悟和爱国情怀的华侨人士，从 20 世纪 40 年代开始，他的特殊身份和积极的社会活动成为尚不畅通的中日两国交流与合作的"一盏明灯"。在 1972 年中日邦交正常化以后，面对急切的信息沟通和合作交流需求，韩庆愈频繁地来往于中国与日本之间，参观、访谈、合作，领域相当广泛，从工艺美术生产，到大型的船舶机械设备的应用等，均有涉及。

2. 向阳社的成立与中日广告交往历史

广告领域的工作经历与韩庆愈长期在报社一线工作有关。对于现代媒

---

① 吴学文、王俊彦：《廖承志与日本》，中共党史出版社，2007。

② 参考杨文凯《为促进日中交流努力开拓》，日本《中文导报》2007 年 6 月版。

体而言，借助广告的"二次售卖"模式已经成为一种基本运作模式。1968年4月，韩庆愈与其所在的《大地报》的出版部为了配合1969年在中国举办的日本工业展览会，策划出版了介绍日本产品的《日本工业产品总览》，其中的广告业务由报社承担。这一时期，华侨自身的"祖国情怀"也成为工作创新的动力之一，1968年10月5日，《大地报》中将关于中国社会主义建设的消息翻译成日文，向日本产业界推广。

1970年，《大地报》被日本政府停刊之后，在原有的部分人员和资金基础上，"向阳社"成立，新公司的主要业务是继续编译发行《日本工业技术》，并在日本代销《大公报》《文汇报》《周末报》等报刊。同时承接中日英文技术资料翻译，编印书报，编印企业简介、技术说明书等业务，甚至承接《毛泽东思想研究》《新华字典》等的编印工作。

1978年是一个重要的转折点。在长期从事中日工业技术交流和国际贸易信息介绍工作的基础上，韩庆愈曾向日本通商产业省申请成立"日中工业技术文化中心"的"社团法人"，三年后的1978年，日本政府科技厅批准为"日中科技文化中心"。此前由向阳社进行的交流活动，由这样一"社团法人"进行。1979年上半年，向阳社和中国广告业开始了第一次密切交流。在考察完长春的展览地点后，1979年1月11日，中央电视台王枫台长以及邹友开、郭梅仙和陈汉元等会见了韩庆愈，洽谈具体的节目引进合作。这与韩庆愈之前在日接待中国交流团的经历有关。早在1963年，韩庆愈以旅日华侨青年联谊会会长身份在接待中国青年访日代表团时所结交的广东代表阮若琳，在改革开放之后担任中央电视台副台长，当时如何引进优质的日本动漫节目成为亟待解决的难题。韩庆愈与向阳社在其中牵线搭桥，根据当时的中央电视台的经费情况，以及日本动画公司进入中国的热情，免费提供"带广告的节目"成为一种可行之路。中国广告史中的划时代事件诞生了：向阳社与中央电视台合作引进日本动画片《铁臂阿童木》。

1979年2月12日，上海广告公司专门致信向阳社，表示愿意接受向阳社提供的日本企业广告。在第二天的《文汇报》上，上海广告公司刊发了广告，明确提出"为你的业务发展提供全面和有效的宣传：承办对国外的各项广告业务，承接外商来华各项广告业务"。上海广告公司也成为改革开放时期外商进入中国的重要阵地。1979年2月28日，向阳社派出了今野良藏副理事长等一行三人奔赴中国联系交流业务，其中一个主要工作是与上海广告公司联系，开展与上海广告公司的业务。随后，向阳社提供的日本企业广告在《工人日报》《光明日报》《解放日报》《文汇报》等刊出，在广告被认为是附带着意识形态的事物的时代，这一事件成为全球广告界的一个热议话题，其对政治等相关障碍的突破，足以显示向阳社的"桥梁价值"。在这一时期，为日本企业在华联系广告公司和广告媒体业务、向日本企业介绍中国广告业和经济发展情况等成为向阳社的主要业务之一。1979 年 3 月 29 日，向阳社与上海广告公司签署了广告业务会谈纪要。4 月 17 日，向阳社向日本广告界和有关公司介绍了中国广告情况。4 月 24 日，韩庆愈作为向阳社代表出席日本广告主协会并报告了中国开放广告的情况。6 月 3 日，由向阳社组织的日本广告交流团在上海广告公司的接待安排下开始访问中国。此后，向阳社还与北京外贸局商议筹办北京广告公司，向《天津日报》、天津电视台、美术设计公司、电影公司等代表介绍了报纸、广播、路牌、橱窗、霓虹灯等媒体的具体规定、位置、价格等事项。

3. 作为社会机构的向阳社的广告业务思考

从严格意义上说，向阳社并不是一家广告代理公司，它更像是一个信息服务部和资源对接的平台。中国和日本有很多层面可沟通的业务领域，包括现代科技、工业生产、国际贸易、工艺美术、中医中药、美术艺术品、图书出版等。这一时期的向阳社，其实有着多重身份，它更像是一个经济、社会、文化交流机构，又是图书、工业技术、教育的引介机构。

依靠韩庆愈等华侨的特殊身份和广阔资源，向阳社的使命是成为中国广告业与日本广告业、中国广告公司与日本广告公司的桥梁。与很多广告史中的叙述不一致的是，向阳社的广告业务与广告代理公司的业务并无太大交集，它并没有参与作品生产的创意，也没有与媒介洽谈，完成媒介代理业务。在1980 年的一个合作案例可以更直接地说明向阳社的角色与价值。向阳社在当年的 3 月 27 日与日本广告业第二大广告公司博报堂访问上海广告公司，并推动博报堂与上海广告公司建立合作关系，其结果是博报堂随即成立了"中国室"，积极发展中国业务。再比如，上海电视台的"卡西欧"卡拉 OK 大奖赛活动，将卡西欧公司与上海电视台建立了联系，其中一个重要原因即在于向阳社董事长韩庆愈与时任上海电视台台长的龚学平的联系，日本品牌赞助的电视节目成为中国电视史和广告史上的一个重要事件。再如1984年，中国第一次正式组团参加洛杉矶奥运会。作为中日交流领域的重要力量，向阳社与中央电视台签约成为央视转播奥运会的日本广告总代理。来自日本的企业和品牌共计19家，成为当时20家中央电视台转播奥运会赞助商的绝大多数。

向阳社还有一个重要的作用是为当时快速发展的中国广告业提供国外先进的广告制作设备。在广告活动的各个领域，先进制作设备是一切广告活动与受众建立关系的最重要平台，在现代广告业发展之初，创意与策划、调查与效果评估尚未开始之时，中国各个广告公司的主要努力方向是依靠先进的技术设备，做出视觉效果最佳、成本最优的广告作品。在改革开放初期，中国广告业对于国外先进的广告制作设备的需求是巨大的，这直接影响当时广告公司的竞争水平和业务类别。

除此之外，向阳社成为中央电视台、中国广告联合总公司、对外经济贸易广告协会等广告相关单位访问日本时的一个重要接待者和访问活动组织者。在中国广告业快速复兴的强大信息需求下，向阳社的合作交流经验成为中国广告业向日本学习的一个重要方面。除此之外，向阳社同我国新成立的广告公司也开展了交流与洽谈。根据现有文献，向阳社在20世纪80年代初期，与青岛广告公司、福建省广告公司、厦门广告公司、中国广告联合总公司、对外经济贸易广告协会、齐鲁广告公司、辽宁省广告公司、广西广告公司、四川省广告公司、黑龙江省广告公司、杭州广告公司、广州市广告公司等单位进行了交流与合作事宜的洽谈。

如果说，企业家的身份和性格决定了企业的战略和气质，那么，韩庆愈在特殊时代的身份与经历，则形成了向阳社独特的资源与价值观，"为国服务"的社会理想与个人奋斗的目标融合到了一起。向阳社更像是一个社会机构，在改革开放之初的中日交流中需要这样一个机构来打破政治限制和社会隔阂。向阳社在20世纪80年代初的诸多业务向"广告"领域聚焦，并且成就了时任负责人的韩庆愈的人生巅峰，也造就了向阳社的辉煌。这与"广告"的特殊性也有紧密关系。广告除了与消费、生产、企业以及媒体的经营有关系之外，还和社会政治、意识和文化紧密相连。日本学者山本武利将广告称为一个多元构造的产物。"文化大革命"使"广告"成为多余的东西，异化为资本主义的工具。相较很多其他事物，兼具精神、文化价值与商业、物质价值的广告遇到的政治、文化障碍更大。国内学者黄升民也谈道："1979 年，中国政局正处在一个十字路口中。在这个时候，是对以'文革'为代表的中国十数年国家政治进行'彻底'清算，还是立足于经济，进行'给人民更多的实惠'的改革……在变动的社会生活中，广告不知不觉成了一种时代的角色……"[①] 韩庆愈与其所创办的向阳社，成为帮助中国广告业冲破这种障碍，建立与日本广告业联系的最恰当力量。从中国广告业与世界广告业的互动来看，将广告嵌入时代之中，需要采用一种整体史观的视角来看待广告业的发展、日本跨国广告公司在中国的发展，以及日本企业与中国企业在各自市场的贸易往来与商业开拓。

二 日本跨国广告公司进入中国的活动解析

从 1868 年明治维新开始，日本进入了文明开化时期。资本主义制度在日本逐渐确立，商品生产日益活跃，广告商品空前丰富。广告活动的发展推动了广告代理业的快速兴起。根据 1904 年 1 月号的《广告总账》，仅在东京就有约 150 家广告代理公司。而几家至今依然有着重要影响的广告公司也在这一时期诞生，比如博报堂、万年社、电通、旭通等。高木贞卫于 1890 年在大阪创办万年社。濑木博尚于 1895 年 10 月在东京创办博报堂，以出版物广告为主，不断以新型广告代理商的模式进行业务拓展。1910 年，博报堂接管博文馆经营的国内外通讯业务，改名为"内外通讯社博报堂"。1901 年 7 月 1 日，电通的前身日本广告株式会社创立，这是日本广告代理行业中的第一家股份有限公司，同时附设经营通讯业务的电报通讯社。日本早期的广告代理公司通常采用通讯业为主，广告代理业为辅，二者有机结合，互为犄角的经营模式，这与日本广告业发展的时代环境密切相关。作为电通创始社长的永光星郎在公司创立宗旨中说："日本在日俄战争中取得了胜利，作为新兴国家和东洋盟主，必须与列国沟通日本国情，将国内的舆论传达到海外。"[②] 这种与通讯社等媒体紧密合作的关系，成为后来日本广告公司运作的一个重要特征。

---

① 黄升民：《中国广告活动实证分析》，转引自胡瑞宁《广告大战揭秘》，南海出版社，1994，第 243 页。
② 转引自山本武利《广告的社会史》，赵新利、陆丽君译，北京大学出版社，2013。

二战之后，日本经济通过资本重组、经济体制改革、反垄断、刺激民用工业复苏得以快速复苏。一大批来自汽车、机械、钢铁等领域的企业集团开始出现，这些企业集团设置了相应的市场研究和广告部门。到20世纪50年代，日本广告行业已具雏形，当欧美跨国广告公司的全球化进程在日本落地时，面临着诸多来自通讯社体系和大集团体系的日本广告公司的竞争。而后，日本广告业通过有条件地与跨国广告公司合资与合作，逐渐学习先进的市场研究和广告服务的经验，改进广告创意技术，强化市场研究和信息情报管理能力，广告公司逐渐完成了专业化和现代化的改造，并以独立的运作介入企业的营销传播活动。这些成长起来的广告公司，成为日本商品走向全球的有力助手。从周边亚太地区渗透扩张，再到全球化经营，在欧美跨国广告公司之外，走出了一条广告公司发展的"日本道路"，并先欧美广告公司一步，成为改革开放以来进入中国市场的第一批跨国广告公司。

1. 双向通道：未曾中断的中日联系

对外经济贸易是中国与世界联系的重要方面。从20世纪60年代开始，中国进入与资本主义世界经济合作的过渡时期。日本在1965年成为中国的头号贸易伙伴，此后便一直领先；1966年，中国的其他贸易伙伴按贸易额大小排在日本之后的依次是香港、苏联、联邦德国、加拿大、英国和法国。1970年，中日贸易额8.1亿美元，约占中国对外贸易总额的13.1%。

日本广告进入中国与中国广告业的恢复几乎同时。日本广告公司是进入中国最早、表现最活跃的。1979年3月，日本电通广告公司率先与上海广告公司开展业务合作。1980年1月，向阳社广告公司开设了北京事务部，而后，大广新设了中国部，博报堂也在国际部设立了中国室。

作为日本广告行业的执牛耳者，电通也是日本在华企业的主要代理公司。电通早在1966年即与上海广告公司有联系，但这种联系因为"文化大革命"中断了。1971年，电通公司在内部设立了中国研究会。1973年电通在第九联络局设立中国部，联络局的第一个活动就是接待廖承志率领的中日友好协会代表团。在1972年中日邦交正常化以前，中国研究会的工作内容是重点研究如何服务中国众多的对外贸易出口公司，思考中国商品如何在日本做宣传。中日邦交加速了中国研究会的发展，同时在营业部中也有专门团队研究怎样将中国商品在日本进行宣传。当时日本市场已经有上万种中国商品，但没有宣传费，直接把钱给了相关的商社。1975 年在北京召开日本工业技术展览会，电通设立了展台，十几家企业展出，电通也参与了布展。电通曾出资几百万在日本做消费者调查，在大阪和东京各取 500 个样本，调查内容是关于中国产品在日本的宣传情况。调查结果显示：中国产品在日本虽然很多，但非常散，每一种商品量相对少，都是商品通关之后让相关企业印制一些宣传单，做很简单的宣传。电通从营销的角度考虑，建议中国应该成立中国商品在日本的出口委员会，把宣传费统一起来，设立统一的宣传标记，让消费者识别这是中国的品牌。但因为各种原因，这一提议并未得以采纳和落实。[①]

1978 年年底，上海广告公司和中国轻工经贸部进出口总公司致信邀请电通人员来中国。当时日本电通公司驻中国代表八木信人在采访中谈道："我本人是 1973 年加入电通的。那时候，日本的广告业很发达，但中国却还没有太多商业广告。我当时进电通的目的就是要为中国商品在日本的宣传发挥应有的作用。我记得 1978 年的 11 月 12 日，我们收到上海广告公司的来电，希望和电通发展友好合作，由此，整个电通内部发生了翻天覆地的变化。"[②] 1978 年年底电通派人到中国考察，1979 年 2 月电通派出了正式代表团到上海洽谈成立上海事务所。

1980 年 1 月 14 日，在新年假期结束的第三天，八木信人奉命从东京到北京，开始筹备成立电通北京事务所。在时任北京广告公司负责人之一的程春的协助下，事务所设在北京饭店。在当时，北京饭店可不是一般的地方。2 月 1 日，电通总部任命八木信人为北京事务所所长并派来了助手。随后，电通于 4 月 1 日正式访问北京并举办了开业典礼。6 月，上海事务所也相继成立。发展至 20 世纪 80 年代中期，几个日本主要广告公司的在华事务所纷纷成立，并努力发展在华业务。日本广告公司与中国的联系，在这一时期可以归纳为双向通道。[③]

一方面，对外经济贸易系统下负责进出口广告的公司，如上海广告公司、北京广告公司等成为电通在中国的第一批合作伙伴，从日本市场的合

---

① 参见王菲、倪宁等《日本企业在华广告 20 年》，中国轻工业出版社，2004。
② 《中国广告 40 年纪念大会实录丨八木信人：致敬中国广告行业改革开放的先行者》，参见《现代广告》杂志网站。
③ 姜弘：《广告人生》，中信出版社，2012。

作到中国总部的洽谈，中国商品需要在日本宣传，以提高出口额度，换取在当时的国民经济和现代化工程中极为重要"外汇"。① 电通曾在"文革"时期就多次与中国采取信件等方式联系，以扩大商品广告投放。

另一方面，二战之后，日本的科学技术与民用商品制造腾飞，又需要将中国视为一个极为庞大的市场，日本广告公司需要为电视机、汽车、照相机和手表这些原装出口到中国的日本产品做广告。这一时期，日本企业广告是外商在华广告的核心力量。在整个20世纪80年代的中国市场上，日本企业的广告可谓风光尽显，是中国广告业最醒目的一股力量，日本连续十年均是在中国投放广告最多的国家。例如，中国广告市场每年统计20家外国最大的企业投放广告的金额，东芝、日立、松下、夏普、丰田名列前茅，这些厂家每年在中国的广告费用均超过1亿日元，尤其是1990年北京亚运会上，富士、柯尼卡赞助费用分别为350万美元和170万美元。

2. 承接与承办的特殊合作方式

1980年3月20日，《工人日报》刊登了由日本东京向阳社公司和上海广告公司代理日本东京芝浦电气株式会社的整版广告"东芝技术合作""创造未来技术的东芝"的文案和大量具有留白冲击的外商来华整版广告。这一时期的广告还处在一个临时且零碎的状态，1979年全年，上海《文汇报》刊登的日本广告总共17条，《人民日报》有5条②，大多以"承接与承办"的方式开展，广告版面上大多会出现"本版由日本××广告公司承接，上海广告公司承办"的字样。并且，鉴于当时中国与日本的特殊关系，以及中国政治、经济体制上的制约，广告的内容也较为特殊。推动中国发展或中日友好的"口号"式广告成为一个时代的缩写。1979年3月20日，《文汇报》第6页刊登了奥林巴斯的整版广告，其副标题是"庆祝日中广告交流进入新时代"；三天后，又刊登了SEIKO（精工）石英表的整版广告，副标题为"庆祝中国现代化飞跃发展"；而后，美能达的广告也直接写出了"向中国人民问候"的话语。

中国学者余虹在思考中国当代广告历史时说道："中国大陆'现代广

---

① 参见2013年中国广告买卖网对八木信人的专访《八木信人——为中日广告"建交"》。
② 参见王菲、倪宁等《日本企业在华广告20年》，中国轻工业出版社，2004，第48页。

告'的探索作为中国大陆广告的'现代化追求'是整个社会现代化追求的
组成部分，而全社会的现代化追求可以说是改革开放以来中国社会的核心
主体与价值取向。"① 日本广告公司在进入中国之初，也洞察到了中国现代
化转换的时代命题。中国经济的"现代化目标"成为改革开放初期社会发
展的目标。

3. 文化交流与广告沟通的双重使命

在诸多日本广告公司中，日本电通广告公司可谓一个代表。日本电通
广告公司在这一时期尚未成立分公司，主要依托北京事务所开展活动。归
纳起来，该事务所的业务大致包括三类：其一是日本企业和商品面对中国
市场的广告；其二是在日本为中国商品宣传的广告；其三是去经济利益和
去政治意识形态的体育文化等形式的交流。正如时任电通北京事务所所长
的八木信人所言，处理日本来华广告只占事务所日常工作的很小一部分，
而对中国市场的调研和建立与中国各有关部门的联系，推进日中经济文化
交流则是他们更主要的工作。

从改革开放之前与中国在对外贸易领域合作，到1979年在北京设立办
事处，再到1986年成立中国第一家合资广告公司——电通＆扬·罗比凯
广告公司，它和其他日本广告公司在这一时期清晰地认知了中国与日本之
间的关系，尤其是中国政府和民众的心理，适时性地推出了诸多合乎时代
的创造性的交流活动。用现在的眼光来看，这些交流活动更像是内容营销
或者公共关系，从某种程度上撇清了意识形态敏感时期与政治和经济关
系，是从边缘到中心的一个创举，广告的商业性色彩和日本的国家识别变
得模糊，而具有全球普世意义的"文化"与"体育"等内容成为交流的媒
介和载体。

表 5 - 1　电通在改革开放初期在中国参与的文体活动

文化体育活动名称	时间	地点
ALICE 北京演唱会	1981 年 8 月	北京工人体育馆
大相扑优胜者"中日友好景泰蓝杯"	1981 年	景泰蓝的对日公关
第一届 NEC 日中围棋大赛	1984 年 10 月	中国和日本每年交换举办
世界青年足球赛	1985 年 6 月	北京、天津、大连、上海

---

① 余虹、邓正强：《中国当代广告史》，湖南科学技术出版社，1999，第2页。

续表

文化体育活动名称	时间	地点
神户大学生运动会	1985 年 8 月	中央电视台播放
世界明星排球赛	1985 年 12 月	北京、上海
杉良太郎中国表演（NEC）	1986 年 4 月	北京
电影《敦煌》制作（松下赞助）	1987～1988 年	全国
玉置浩二演唱会（全日空）	1988 年 12 月	北京展览馆剧场
亚细亚大会（佳能）	1990 年 9 月	北京

　　除了电通，博报堂、旭通、向阳社、大广等日本主要广告公司也积极参与中日交往。以博报堂为例，博报堂很注重围绕中日文化经济交流开展一些活动：博报堂北京事务所不仅为日本企业服务，还协助中国外贸机构扩大向日本的出口；把中国的秦始皇兵马俑介绍到日本的四个城市；组织日籍华人歌星陈美龄返回内地演唱；协助召开"中日经济讨论会"，介入在日本举行的中国摄影艺术作品展。向阳社北京事务所则打算发展赞助中国文化体育活动的广告业务。而大广于 1984 年 5 月在北京成立事务所，从 1981 年开始连续七届将三得利作为北京国际马拉松比赛的赞助商。

4. 专业培训与知识崇拜

　　中国最初的现代广告探索表现为对西方的直接模仿。1983 年，《国际新闻界》刊发了《世界最大广告公司——"电通"的内幕》，对电通广告公司进行了全面梳理。此外，专业培训也是日本跨国广告公司进入中国的一种创新途径：与相关的部委和行业协会合作，是在中国积累社会资源、接触重要人物的一个捷径。

　　1980 年 11 月，日本电通接受了北京广告公司的邀请，委派了六位专家组成的现代广告讲师团来到中国。在北京虎坊桥劳动保护展览馆举办了为期五天的现代广告理论与实务的讲座。讲座分为早中晚三节，每一节由一位电通的工作人员主讲。日本电通为这次讲座做了精心的准备，六位专家系统介绍了日本市场和广告业的概况，详细讲述了客户服务、市场营销、创意制作、媒体策略、SP/PR 等现代广告与实践[①]。这次讲座是中国改革开放后最早举办的，也是最全面、最系统的一次现代广告基础理论与

---

　　① 姜弘：《广告人生》，中信出版社，2012，第 106 页。

实务的讲座。

在此之后，日本广告业，尤其是领头羊电通广告公司，更是在广告教育与两国广告业交流方面继续倾注了很多心血。1996年，电通广告公司董事长成田丰先生决定启动对中国广告教育和人才培养的支援项目，这一项目延续至今，对中国广告教育和广告业的发展发挥了巨大的作用。中国教育部分别于2006年和2015年授予电通公司"捐资助教特殊贡献奖""最佳合作伙伴奖"，并授予项目的"挖井人"成田丰先生"捐资助教纪念奖章"。2015年，已故的成田丰先生成为中国第一届广告名人堂的9位入选者之一。

作为"幕后英雄"的日本广告公司功不可没。身处中国与日本复杂关系的背景之中，它们一方面在陌生的市场与媒体环境下，着力去完成所服务客户的中国市场培育目标，同时，它们还要完成自身的落地与布局。韬光养晦、长期不懈的运营，带来了丰硕的成果。日本品牌与日本广告公司的持续性广告活动，所得到的回报是中国人对日本产品在技术、质量上的认可，日本产品成为20世纪80年代优质产品的代名词。这些广告在一定程度上创造了需求，同时也为日本企业在中国树立了良好的形象，为接下来日本广告公司在中国的全面布局奠定了坚实的基础。

三　作为跳板的香港：欧美广告公司在中国的早期运作

以欧洲国家和美国为母国的跨国广告公司，伴随着以西方为中心的经济扩张，从19世纪末开始，渐次扩展到南美洲、大洋洲、亚洲、非洲等地，以客户服务为中心，形成了寡头垄断的格局，各个大型的广告公司拥有在全球范围内服务客户的能力。在广告公司全球化布局上，智威汤逊、麦肯和精信广告公司走在前列。

欧美跨国广告公司在20世纪70年代到80年代在中国台湾和香港的布局，成为改革开放之后这些广告公司在中国大陆运作的重要支点。以奥美广告公司为例，奥美中国首个分公司于1972年在香港成立，第二个分公司则是1985年在台湾地区设立。1979年，奥美即在香港办公室设立了针对大陆市场的部门。之前，在1978年广交会上奥美香港公司应邀向众多中国广告公司发表了国际广告方面的演讲。在这次交易会上，奥美与中国土畜产品进出口总公司建立了长期合作关系，为相关特色商品向国际市场的出口进行了广告策划和实施。这一时期，奥美也借助与中国公司的合作，形成了对中国市场的基本认知，与广告行业的上下游主体，如媒体、调研公司、本土广告公司建立了实际的工作关系。这一时期，奥美香港公司的利宜德（Harry Reid）、马健伟（Wilfred Ma）、谢思明（Tony Tse）等分别成为大陆办事处的负责人。其中，英国人利宜德的中文名字是已故广告前辈黄霑先生于 1968 年在香港英美烟草公司与其一起共事时所起，当年 25 岁的利宜德只比黄霑小一岁。①

客户的市场开拓是跨国广告公司扩张的重要原因。联合利华在计划将亚洲总部搬到上海之后，奥美加快了在中国发展的节奏。1991 年奥美与上海广告公司合作，成立了中国大陆首个分公司，1992 年在北京开设了办事处，然后又在 1993 年成立了广州分公司。

但由于多种原因，成立分公司需要等待时机。在此之前，很多欧美跨国广告公司以办事处或者大陆代表处等临时机构的形式开展广告活动。李奥贝纳广告公司即是如此。作为全球知名品牌万宝路香烟的服务商，李奥贝纳在中国大陆并没有广告营业执照，在体育营销和广告策划时需要和上海广告公司、广东省广告公司和北京广告公司合作，以取得当地媒体等相关资源的支持，跨国广告公司拥有的外汇等资金优势和丰富的电视栏目资源成为其与中国广告公司合作的重要筹码。很多广告都是由香港或大陆以外的其他分公司提供创意和制作，大陆办事处只是寻找相应的合作伙伴，进而寻找媒体资源来完成广告的发布。所以，当跨国企业在中国进行市场开拓，跨国广告公司却没有在中国成立相应的分公司时，香港地区的分公司就成为大陆的办事处等机构的最重要支撑力量。香港、台湾等地的分公司全力支持大陆办事处的运作，他们中的很多人也在 20 世纪 90 年代陆续来到大陆工作，如上海奥美广告公司第一任总经理董洽、服务于智威汤逊的劳双恩、一手创办实力传播的李志恒、早在 1981 年就加入麦肯的莫康孙等人。

四　电扬的成立：美国模式、日本路径与中国情境的汇流

在不同时代、不同社会文化与经济背景下成长起来的日本广告公司与

---

① 邓广梼：《国际广告公司在中国的早期发展研究（1992～2001 年）》，博士学位论文，北京大学，2015。

美国广告公司有着不同的全球化路径。两种脉络的发展在 20 世纪 80 年代得以汇流。从某种程度上来说，电扬广告公司成为中国第一家跨国广告公司，是美国模式、日本路径与中国情境汇流的结果。

电扬广告公司的母公司电通 – 扬·罗比凯广告公司（Dentsu Young & Rubicam，缩写 DYR，中文译为"电扬"）诞生于 1981 年 11 月，是来自日本的电通广告公司与来自美国的扬·罗比凯广告公司深度合作的结果，致力于成为服务亚洲和太平洋地区的多文化跨国广告网络组织。两家规模如此之大的公司的深度融合与合作，也是世界广告史上的一个重要事件。作为世界上最大的单体广告公司，电通已经控制了日本 30% 的广告市场和 40% ~50% 的电视广告市场，但相比其他国际广告集团，其在国际市场的资本运作相对谨慎，并且收益甚微，集团 95% 的收入都来自日本本土。扬·罗比凯则在美国和欧洲有着较为完备的全球广告网络。在合作之后，扬·罗比凯将其日本分公司与广告客户，包括杜邦、宝洁、3M 等交予电通 – 扬·罗比凯这一协作机构去经营。电通也将其负责运作的通用食品等广告业务分剥出来。此外，一些日本、美国等跨国公司也将广告业务委托于这一协作体。东南亚成为电通 – 扬·罗比凯的首要拓展市场，吉隆坡分公司在随后也宣告成立。电扬公司成为两个大型广告集团联手开发海外市场的重要推手，成为美国企业进入日本和亚洲、日本企业进入美国市场的重要通道。

1986 年，国务院发布《关于鼓励外商投资的规定》，鼓励外国投资者在中国境内举办中外合资经营企业、中外合作经营企业和外资企业。政策的改革立刻得到了现实的反馈。1986 年 5 月 16 日，经对外经济贸易部批准，电扬广告公司在国家工商局拿到营业执照。电扬股东各方比例分别为：电通 – 扬罗比凯公司 70%、纽约中国贸易中心 20%、中国国际广告公司 10%。这是中国第一家中外合资的广告公司。

在电扬成立之前，1985 年 7 月 23 日，日本日商社在天津成立了天津第一家中外合资经营的广告装饰公司——天津联谊广告装饰有限公司。这个公司是由天津市美术广告公司、天津经济技术开发区公用实业公司、天津市青年联合实业公司和日本日商社合资经营的。这个合营公司的成立旨在加强中外经济合作和技术交流，采用先进技术和科学管理方法发展现代化广告宣传技术。但是，电扬的历史意义在于合资双方均是国内外实力比较强的广告公司。

电扬广告公司在中国率先成立，与其背后三家合作主体有着密切关系。中国国际广告公司作为对外经济贸易部35家直属公司中唯一的一家广告公司，成立于1984年，在20世纪80年代内贸、外贸双轨制的背景下有着非常大的影响力，中国国际广告公司成为对外经济贸易部下属的各个企业对外广告营销传播的首选单位。每年国家和各个省市划拨的共计8000万美元额度的广告宣传经费的分配工作由中国国际广告公司主导。越是经济发展迅速的城市，越重视配额分配管理工作。而纽约中国贸易中心也隶属于对外经济贸易部，是中国外贸系统产品出口到美国的重要机构。急于在全球服务网络上发力的电通－扬·罗比凯在时任对外经济贸易部副部长王品清访问日本后，与中国国际广告公司和纽约中国贸易中心合作，由此诞生了中国广告史上第一家跨国广告公司。

除了时代背景的成熟，电扬的成立与一个重要人物也有密切关系，他就是党的十一届三中全会后出任外贸部出口局局长、中国对外贸易广告协会第一任会长的邹斯颐先生。邹斯颐先生促成4A国际广告公司电通－扬罗必凯进入中国，筹建了中国第一家合资广告公司——电扬广告有限公司并担任合营公司首任董事长，是把4A国际广告公司引到中国市场的第一人。2015年，已故的邹斯颐先生入选第一届中国广告名人堂。

对于北京电扬广告公司成立的历史意义与价值，诸多的论述有关注，但是对于电扬后来的发展却较少涉及。由于诸多原因，电扬最初扮演的角色更多是外国商品广告进入中国的广告服务商，对于中国本土广告市场的开发较少，虽然成立之后发展速度很快，但直到多年之后才开始赢利，并在客户来源上逐渐多元化。

北京电扬能够成为第一家合资公司的深层原因是美国模式与日本路径的合流，是广告服务网络全球化的扩张。从企业的性质来看，北京电扬更像是一家"合营的合营"公司，这也为后来电扬的起伏不定埋下了伏笔。有着不同文化、不同发展目标、不同受重视程度的电通与扬罗必凯公司之间的矛盾，外方与中方之间的冲突，外方员工与中方员工之间的差异等，成为电扬在中国进一步发展的主要障碍。1996年前后，北京电扬发展达到巅峰。但随着电通在中国发展成熟，20世纪90年代末，电通逐渐撤出北京电扬公司，带走的不仅有人员，还有其负责的日本客户。2000年，全球广告巨头 WPP 以 47 亿美元收购扬罗必凯公司，扬罗必凯被纳入 WPP 的整合营销传播体系下。2005 年，电通与扬罗必凯双方友好分手，"电扬"名字被弃用，"扬罗必凯"的称谓回归。北京电扬的称谓也成为一个历史。

小结　时空交汇的跌宕与美好

十一届三中全会后，党和政府确立以经济建设为中心，拉开了改革开放的序幕。1979 年，中宣部部长胡耀邦就上海广告公司开展进出口广告业务做出批示；中宣部发出《关于报刊、广播、电视台刊播外国商业广告的通知》，要求各地要调动各方面的积极因素，开展广告业务，有力地推动了广告行业的迅速恢复和发展；随后，国务院在批转工商行政管理总局（以下简称国家工商总局）关于全国工商行政管理局长会议的报告中指示，要从速恢复商标统一注册制度。中国现代广告在短时间内走过了市场迅速恢复和基本形成阶段，以及第一个高速成长阶段。广告业作为服务性产业伴随着中国经济的成长和转型而不断发展壮大。

中国在"从零到一"之后，就开始了"从一到百"的快速发展。1978 年到 1982 年，中央针对我国国民经济存在诸如农业、轻工业、重工业比例严重失调，生产与消费严重失调等突出问题，在工业、农业、对外贸易以及商业等领域进行了一系列有效的政策调整。随着这些政策的贯彻与实施，国民经济得到快速发展，企业活力不断释放，商品市场得到恢复。数据显示，1981 年中国广告经营额增长率呈现井喷式的 686.67%，从 1980 年的 0.15 亿蹿升到 1.18 亿元。1979 年初，全国广告营业额 1000 万元（包括电视广告营业额 325 万元），占国内生产总值的 0.0025%，人均广告费 0.01 元。全国广告专业公司 10 家，从业人员约 4000 人，人均营业额 2500 元。到 1991 年，全国广告营业额达到 35.09 亿元，占国内生产总值的 0.162%，人均广告费 3.03 元。全国广告经营单位 11769 家，从业人员 134506 人，人均营业额 2.61 万元。

广告公司从外贸和内贸两大分割明显的条块，开始逐渐汇流。在历史与制度等诸多因素的影响下，20 世纪 80 年代的中国广告公司大致可以分为两类：一类是隶属各地外贸厅局系统的外贸广告公司，用单纯媒介代理的方式经营着属地的外商来华广告和当地外贸企业的出口商品广告；另一类是隶属各地文化、商业、城建等系统的内贸广告公司，它们从拥有路牌、霓虹灯资源的美术设计公司脱胎而来，始终没走出传统的户外媒介和广告设计制作的经营圈。在20世纪80年代末自上而下的政策与体制改革，以及自下而上的广告公司与市场力量的共同推动下，广告公司逐渐开始汇流。

这些内贸和外贸公司虽然分布在不同城市，但北京、上海、广州是当仁不让的中心。这也是从一开始存在的关于中国广告业和广告公司发展的问题：中国大陆的广告复苏极不平衡，从改革开放之初的中国广告业恢复，直到2018年，虽然说中国广告业的发展取得了举世瞩目的成就，但是从具体的区域发展来看，依然存在着巨大的地区不平衡性。在20世纪80年代到90年代，中国广告业是北京、上海、广州三足鼎立的格局，这三地之外的广告状态严重滞后。第一次广告工作会议在沪召开，13个大中城市的广告专业公司响应，起推动力量的依然是北上广三地的大型广告公司。

中国广告行业在改革开放之初，与已经走完专业化的国外广告行业有着较大的差距。中国广告行业在广告公司的结构与人员构成上也有自己的特色。中国的广告从业人员由两部分构成：一部分是"洋造"，一部分是"土造"。在早期的一些广告公司里，如北京广告公司、上海广告公司等，他们的很多员工在进出口贸易中都接触了国外先进的广告公司，并且其中一些员工还前往日本留学和接受培训，这部分人虽然少，但是他们成为国外先进的广告经验和知识在中国传播的先锋。更多的人员属于"土造"，他们在从业之初对较为成熟的广告理论可谓一窍不通，谁也没有学习过，只能凭借自己过去所学的设计知识或其他相关知识来重置整个行业，像信息要素和视觉要素之间该如何合理分配等专业知识都是通过后来的学习和实践才得以掌握，这一批广告人员的数量庞大，但整体基础素质起点比较低，他们适应了当时的市场发展需求，其中一部分人，在与"洋造"群体的交流和国外知识的洗礼下，开始走向更高水平的专业和职业道路。

在早期的广告公司工作的很多人，成为中国广告行业发展初期最主要的专业力量。他们中的很多人在工作调动中成为后来创立的广告公司的骨干。以北京市广告艺术公司为例，曾担任实用车间装潢组设计师的周建梅在工作了十几年之后，分别在霓虹灯厂设计室、中国广告协会广告公司委员会、北京邮电广告公司、中国长城广告展览公司等工作。其中在1988年，还成为中国广告协会学术委员会会员，参加了当年8月在兰州召开的学术委员会第二届学术讨论会，并在会上将自己的广告策划与设计经验总结提炼为《关于加强整体性广告理论研究》的发言报告，受到与会者的一致好评。从历史演进的脉络来看，改革开放初期创立的诸多广告公司，为中国广告行业培养了第一批专业人才，这些专业人才在日后的职业流动中成为新的传播节点，很多新的知识和专业思考开始被更多的后来从业者所学习接受，推动了中国广告公司的专业化进程。

值得一提的是，从早期史料来看，媒体在各城市广告公司成立之初，就卷入了广告公司的业务之中。以 1979 年我国的第一条电视广告"参桂养荣酒"为例，其广告代理商是上海市广告装潢公司，但该广告片的制作者则是播出方上海电视台新闻组的摄影记者吴国泰。从广告公司发展的角度来看，虽然广告公司的主体依然较为单一，在国家政策等因素的影响下，国有和集体所有制依然是绝对力量，各大部委、媒体和企业兼营的广告经营单位比专营的广告公司在营业额、利润和影响力上更胜一等，直到1992 年，随着国家对于广告公司利好政策的推出，民营资本和个人资本开始大量进入广告公司领域，广告公司的收入规模才第一次超过了媒体兼营广告单位。这一时期，广告公司和广告作品开始成为引领社会变革的先锋力量，诸多的广告公司开始尝试构建自己的方法论体系，在此基础上涌现了一大批优秀的广告作品，中国广告行业已经为即将全面到来的春天做好了准备。

这一时期，中国广告行业在一批先驱者的推动下，走过了它艰难的恢复期。国营和集体广告公司是当时的主要形态。它们的根本属性并不是我们现在所认知的市场属性，更多的则是具备相当事业属性的经营主体。这些广告公司成立时，正值"文化大革命"结束不久，人们的思想观念还没有完全开放，对广告这种新兴的事物接受度不高，还有不少人受到"文革"和苏联计划经济的影响，认为广告事业拥有资本主义色彩，广告行业的发展困难重重，克服这些困难需要极大的勇气和一批广告公司作为开拓者。当时的很多广告公司，虽然在市场意识和专业运作层面依然十分稚嫩，但依然扮演了不可或缺的时代角色。这一时期的广告公司并没有完全专注于物质利益，而是将视野置于更大的行业发展、地区发展和公益事业、慈善事业中，比如帮助救灾、帮助社会弱势群体等；广告经营的收入，更多的是取之于民，用之于民。当时的广告公司还对一些重大历史事件进行设计服务，包括第三世界广告大会、宋庆龄追悼会会场的设计，以及国庆阅兵彩车设计和世界乒乓球锦标赛场馆设计。广告公司在改革开放之后的很长一段时间里，承担了很多的社会公共事务，这时候的广告公司在社会角色和影响上，可以称得上是中国广告公司四十年发展历程中的一个黄金时代，广告公司与政府、民众、企业、媒体等主体的关系也处在一种相互依存、相互帮助的状态。

这一时期，新生活方式的普及和传播成为社会重要的议题。因为传统的电视、广播与报纸媒体具有公共传播属性，改革难度较大。市场的热情推动了这一时期户外广告媒体的快速开发，使得诸多依靠户外广告媒体的广告公司开始出现。北京市广告艺术公司在户外广告设置与设计上取得很大成绩，以往的立桩式广告牌制作被升级为有边框、底座、灯光的户外广告牌。尤为重要的是，户外广告牌在这一时期成为党和政府传播新知识、维护社会秩序的重要载体。公益性户外广告开始迅速发展，并扮演了重要的社会角色。以北京市广告艺术公司为例，在 20 世纪 80 年代初的几年时间里，它参与了北京市的交通路牌系统设计、交通安全宣传、计划生育宣传、戒烟公益宣传等重要的社会传播活动。

虽然说这一时期的广告公司受到时代和自身归属等因素的影响，但广告公司的社会公共属性在当时的广告行业中留下了宝贵的财富。在查看北京市广告艺术公司成立初期的负责人冯云详的口述史资料时，他的从业感悟与理念让我们颇为感慨，在冯云详先生看来，社会进入商品经济时代之后，大量产品的出现也带来了广告，消费者需要通过广告来了解商品和品牌。因此说，有了商品，广告也就应运而生，广告是社会发展的产物。具体到广告公司事务中，广告不是简单的业务，社会和历史是不断进步的，广告人需要有远见，绝不能有媚俗的态度。广告应该是一项高贵的事业，是一种艺术，最成功的广告应该能够进入艺术的殿堂，集最优秀的导演、绘画、摄影为一体，为大众带来艺术的享受。①

---

① 参考了中国传媒大学广告博物馆关于冯云详口述历史的记录资料。

第三部分

分化发展：市场、开放与广告公司 （1992～2001）

第六章　全民办广告的时代浪潮

一　自上而下的改革与政策松绑

1992 年元旦，时任广东省委副秘书长的陈开枝突然接到省委书记谢非打来的电话，"我们盼望已久的那位老人要来了"，[①] 1 月 17 日，一趟没有编排车次的专列载着已经没有任何职务的邓小平和他的家人从北京开出向南方驶去，从 1 月 18 日到 2 月 21 日，邓小平视察了武昌、深圳、珠海、上海等地，提出"计划经济不等于社会主义，资本主义也有计划；市场经济不等于资本主义，社会主义也有市场。计划和市场都是手段……要抓紧有利时机，加快改革开放步伐，力争国民经济更好地上一个新台阶"。[②] 邓小平"南方谈话"掀起了又一轮改革开放的热潮，20 世纪 80 年代末以来经济改革的沉闷与保守局面被打破。紧接着，在 1992 年底，中国共产党第十四次全国代表大会召开，报告明确指出："社会主义市场经济是和社会主义基本制度结合在一起的。在所有制结构上，以公有制包括全民所有制和集体所有制为主体，个体经济、私营经济、外贸经济为补充，多种经济成分长期共同发展，不同经济还可以自愿实行多种形式的联合经营。国有企业、集体企业和其他企业都进入市场，通过竞争发挥国有企业的主导作用。"[③]

这也成为广告业全面发展、摆脱政策限制的一个关键节点。广告行业不再是所谓"有关国家安全和关乎意识形态"的特种行业，包括个体、私

---

① 曹建民、林若川：《纪念邓小平：陈建华、陈开枝、陈锡添再忆南方谈话》，《南方》2017年 2 月。

② 这一科学论述出自邓小平的"南方谈话"。

③ 1992 年 10 月 12 日，中国共产党第十四次全国代表大会在北京举行。江泽民代表党的第十三届中央委员会向大会做题为《加快改革开放和现代化建设步伐，夺取有中国特色社会主义事业的更大胜利》的报告。

营等经营主体开始全面进入广告业。广告业真正作为市场经济发展的关键一环，成为工商管理系统的一部分。广告业开始突破以往的历史限制与计划经济思维，对于明确的商业传播目标有了更加坦然的接受。广告业的变革政策和当时国务院修改和废止了400多份约束经商的文件一起，促成了大批官员和知识分子投身私营工商界，尤其是广告行业，"下海"的呼声也席卷广告行业。① 中国广告业的发展进入了前所未有的"黄金期"，上一时期对广告的"偏见"所带来正名与风波，成为过去时。

自广告复兴以来，由于中国市场环境以及社会环境的特殊性，大多数广告经营单位的专业化程度较低，很多广告公司的经营方式被戏称为"一部电话一张嘴，一点关系两条腿"，还有的广告经营单位依托自己的资源优势和国家的硬性规定，以变卖行业垄断特权来获取利益。这一状况导致人们对广告经营产生了普遍误解，广告业和广告公司被蒙上了一层偏见的阴影，诸如"本小利大""投机取巧"等。

从国家统计局和国家工商行政管理总局发布的相关资料来看，经过1992年之前的平稳发展，从1993年开始，国内的广告经营单位以每年1万多户的高速增加，从业人员则每年净增10万多人。到1995年全国的广告经营单位达到48082户，广告从业人员达到477371人。这一规模的稳定增长成为中国广告业发展至今的一个基调。

除了政策上史无前例的"松绑"所带来的巨大利好，国家从战略层面上将广告列为经济社会发展的重要组成部分。1993年7月10日，国家计划委员会与国家工商局联合发布《关于加快广告业发展的规划纲要》，明确"广告业在我国是一门新兴产业，属于知识密集、技术密集、人才密集的高新技术产业，是第三产业的重要组成部分。加快发展广告业，对于拓宽国内、国际市场信息交换渠道，辅佐企业开拓市场和引导消费，促使我国商品在国际市场竞争中后来居上，具有重要的意义"②。广告人、广告职业第一次有了自己的身份，距离1979年丁允朋在《文汇报》上发表《为广告正名》一文，已过去了14年之久。但广告真正被全民所接受，进入到一种相对理想的全民"高广告素养"、社会"全面客观的广告认知"以

---

① 余虹、邓正强：《中国当代广告史》，湖南科学技术出版社，1999，第127～128页。

② 1993年7月10日，国家工商行政管理局、国家计划委员会联合发布《关于加快广告业发展的规划纲要》，明确了广告业的客观性质及在国民经济发展中的重要作用。

及广告从业者"良好的广告价值观"的境界，还有很长一段时间。

以北京地区的广告公司和广告经营单位为例。1987～1991年的五年间，北京市的广告经营额和广告经营单位的数量都在迅速增加，广告公司的数量变化却不大。但之后，广告公司的数量开始"狂飙突进"。1992年北京市广告公司80家，从业人员2016人；广告经营额7807.1万元，占全市广告经营额的7%。到1997年北京市广告公司增加到1844家，从业人员增加到18494人；广告经营额161802万元，五年增长了近20倍，占全市广告经营额的比重达到23%。这一年北京市注册的广告公司数量超过美国全国范围内广告公司的总数。①

在各种利好消息和政策的驱动下，中国广告行业得到彻底释放，中国本土的专业广告公司经过14年的"从零到一"的漫长发展，终于有了自己的话语权。1993年，中国专业广告公司发展到1.1万余家；从业人员14.3万人；营业额达46.1亿元，第一次既超过了电视广告营业额，也超过了报纸广告营业额；广告经营格局发生变化。同年，上海市一项广告调查表明，上海市民对广告的关心度和信任度都达80%以上。②但毫无疑问，1993年是中国广告行业复苏以来真正意义上的春天，民众喜欢广告，广告人摆脱政策束缚，国家开始从战略上思考广告，一切好像都在一个完全合适的轨道里快速前行。但春天并非只有温暖和欢乐，依然有春天的焦虑。正如当年的《关于加快广告业发展的规划纲要》中所言，"由于我国广告业起步晚，基础薄弱，虽然十余年内取得了长足发展，但也存在不少问题，主要是：缺乏宏观规划指导，发展中存在着一定盲目性；行业结构不合理，经营体制不顺；广告法制不健全，经营秩序比较混乱等等。我国的广告业从总体上看，特别是与经济发达的国家相比，仍处于比较落后的状态。"③

在一个特殊的时间，在一个特殊的国度，"春天的焦虑"伴随着地气升腾，万物复苏，新陈代谢加快。这种焦虑往往与一个美好的发展现状相

---

① 参考 IAI 国际广告研究所、国际广告杂志社、北京广播学院广告学院《中国广告猛进史（1979～2003）》，华夏出版社，2004。

② 参考 IAI 国际广告研究所、国际广告杂志社、北京广播学院广告学院《中国广告猛进史（1979～2003）》，华夏出版社，2004。

③ 1993 年 7 月 10 日，国家工商行政管理局、国家计划委员会联合发布《关于加快广告业发展的规划纲要》，明确了广告业的客观性质及在国民经济发展中的重要作用。

伴而生，共同组成了中国广告的图景，各种问题也在集中爆发，中外广告公司开始汇流，历史的中国与现代的中国开始碰撞，依然在摸索中前行的中国市场经济和商业大战气息渐浓的行业大战并行，快速变化发展的广告业与缺乏验证的广告人的方法论之间的巨大沟壑，这些对立的二元问题注定了"春天的焦虑"不可避免。不过换个角度来思考，哪个国家广告行业的发展没有经历焦虑和迷茫呢？"春天的焦虑"也构成了波澜壮阔的20世纪90年代中国广告行业的主旋律。

广州黑马广告公司总经理张小平描述："记得有次我到某商厦寻人，搭电梯上七楼，一开门就见到四五家广告公司、设计事务所的招牌，其名字好像见都没见过。设计蚂蚁的队伍日益壮大。唉，我都算背时了——设计界真大。"① "就金钱而言，设计算得上投资少（至少可以很少），而很快就有利润的行业。怪不得近期在政府大力推行第三产业的政策下，出现了一群群的'设计蚂蚁'，而且是冠以广告公司头衔。"② 张小平称这众多的广告公司叫"蚂蚁"，是因其又小又多之故。成千上万的"蚂蚁"给中国广告市场带来了什么呢？形形色色广告公司的涌现给广告市场增添了活力，也增添了混乱，活力与混乱都加剧了中国广告市场的动荡与不安。

国内学者余虹、邓正强在谈到这些蚂蚁公司时从两个面向全面讨论了其影响与意义。首先，众多蚂蚁公司的老板或主要成员大多来自原来的国营广告公司和企业媒介的广告部门。这些人充满野心与抱负，且有一定的广告经验，自由开放的政策使他们得以充分施展自己的拳脚，为广告界带来勃勃生机。不过，原有广告人员的大量流动与激烈的人才竞争导致广告公司分裂、重组、互挖墙脚，从根本上动摇了经过十多年努力而刚刚确立起来的、相对稳定的广告人才搭配格局。此外，大量"非广告专业人员"涌入广告界，浑水摸鱼，没有章法，八仙过海，各显神通，从而迅速打乱了本来就十分脆弱的广告秩序。③

其次，无数蚂蚁公司的骤然涌现不仅加剧了广告市场的竞争，更是搅乱了这种竞争。一方面，自由而激烈的竞争迫使一些广告公司与广告人迅

---

① 张小平：《设计界"闹鬼"》，见《广东设计年鉴》，岭南美术出版社，1993，第18页。
② 张小平：《设计界"闹鬼"》，见《广东设计年鉴》，岭南美术出版社，1993，第16页。
③ 余虹、邓正强：《中国当代广告史》，湖南科学技术出版社，1999，第127~128页。

128

速提高自己的广告策划与创意水平，所谓"急中生智"，以优取胜；另一方面，更多的广告公司与广告人则是唯利是图，投机取巧，以假蒙人。于是，一时间"内刊广告""新闻广告""人情广告""掮客广告""权力广告""回扣广告""虚假广告"充斥中国大陆。竞争的恶性发展，广告法规与管理机制的不健全，既为广告人留下了自由的空间，也留下了投机的空隙，因此，这一时期的广告界既充满了敢作敢为的冒险，又充满了胡作非为的盲动；既充满了创造的奇迹，又充满了伪造的奇幻。

广告与社会各个群体之间的关系也没有了之前的和谐。欲望、技巧、竞争等各个维度的力量最终作用到"初生"的广告身上。1993年，游人如织的杭州西子湖畔三潭印月风景区一夜之间突然竖起许多大型广告牌，引发了民众的激烈批评。从北宋时已成为湖上赏月佳处、被誉为"西湖第一胜境"的"三潭印月"，因为广告被推上了风口浪尖。"三潭印月"在全国人民心目中都有着相当的位置，它甚至出现在1999年第五版人民币一元纸币的背面。这一次各大媒体上的讨论，依稀让人想起14年前的"西单广告墙"风波。1979年春，北京市政府以商业和交通的考虑为由，决定将西单"民主墙"迁往月坛公园，原来的地方则变成了"广告墙"。在即将变成"广告墙"的墙壁上有一张大字报这样写道："为什么要将重要的民主之窗换成这么无聊的商业广告？广告，滚蛋！"① 上一次是因为现代广告的复兴要面临为广告"正名"的问题，对广告的意识形态批判，以及数十年沿袭苏联计划经济的现状，使人们对广告的误解太深。如果说上一次是因为保守，这一次则恰恰相反，是因为激进。

二　广告法、广告规划与广告公司的实力排序

"春天的焦虑"背后的动因是对广告的经济价值的过度追求，作为企业行为的广告，与公众利益、行业利益等产生了冲突。一些地区的广告滥用"省科技大会重大科学成果""誉满全球"等夸张词语，有些地区的路牌广告和电视广告出现失范的现象，还有些广告甚至用虚假的方式宣传，引起消费者和一些广告业内人士的不满，给恢复与复苏境况下中国广告发展带来了巨大的挑战。

---

① 鞠惠冰：《通过广告你可以发现一个国家的理想》，《粤海风》2002年第2期。

曾经在《文汇报》上撰写了《为广告正名》文章的丁允朋，再次出现在了中国广告业发展的重要时刻。由丁允朋为主所撰写的《应该有个广告法》于1979年9月4日在《文汇报》上发表。随后，1981年1月31日《人民日报》发表评论员文章《广告的生命在于真实》，文章称："工商行政管理部门对广告工作负有指导、监督的职责，应该抓紧制定切实可行的管理办法，协同有关部门做好广告工作的统一规划，加强行政管理，对利用广告欺骗群众的违法者，要严肃处理。"① 这些主流刊物上的有关广告管理法规的讨论，也引起了国家主管部门的注意，为1982年2月6日《广告管理暂行条例》的颁布做了良好的舆论铺垫。

《中华人民共和国广告法》的制定酝酿于1990年。从1992年开始，时任国家工商行政管理局副局长的杨培青女士组织全国广告监管部门开展调研，经过深入调查研究、广泛征求意见和反复修改，《广告法》于1994年10月27日在第八届全国人民代表大会常务委员会第十次会议上通过，自1995年2月1日开始施行。时任国家工商行政管理局广告司司长刘保孚曾从六个方面谈到《广告法》的特点。② 到1996年，中国有关广告监督管理的法律、行政法规已有十几种，行政规章有近百个。从整体上来看，一套以《广告法》为核心的比较系统完备的广告管理法规制度体系已基本形成。

除了在广告管理法规方面，广告规划和激励措施也在同步进行，广告公司作为一个重要主体开始被国家所考虑。在1994年出版的《首届（1992）中国广告公司实力排序》的序言中，国家工商行政管理局广告司司长刘保孚发表了《中国广告公司发展总论》，在一定程度上肯定了广告公司的角色与价值。文章将广告公司的发展历史做了梳理："我国专业公司的发展经历了一个由广告社、美术设计公司到专业广告公司的演变过程。大约在19世纪下半叶，我国以从事广告为主的广告商便产生了。在经济比较发达的上海、广州、重庆、天津等地出现了一批广告社、专业广告公司，主要从事报纸广告代理和路牌、橱窗、招贴、霓虹灯广告等业

---

① 吴琼、徐豪：《丁允朋广告思想及历史价值探微——以〈为广告正名〉与〈应该有个广告法〉为例》，《广告大观》（理论版）2011年第2期，第76页。
② 参见《中国广告年鉴》（1995年），新华出版社，1996，第144~145页。

务。"① 而后，又着重对改革开放之后的广告公司发展及其重要价值做了阐述。广告公司的职责被认为是"为广大工商客户和媒介单位提供广告服务的专业队伍"，经过 20 世纪 90 年代初的发展，在 1993 年底，全国广告公司的数量快速增加，规模快速扩张。全国广告公司达到 11044 家，从业人员 141855 人，营业额 461746 万元，首次突破媒介单位营业额排名首位的局面，广告公司被认为"初步显示出行业的主导作用"。

在 1992 年中共中央、国务院颁布的《关于加快发展第三产业的决定》基础上，1993 年 7 月，国家工商行政管理局、国家计划委员会联合发布《关于加快广告业发展的规划纲要》（简称《纲要》）。《纲要》不但明确规定了我国广告业今后发展的方针、目标、原则、任务和主要政策措施，而且对专业广告公司今后发展目标、任务及其主要政策措施提出了具体要求。值得一提的是《纲要》的开篇对广告和广告业的描述，"在市场经济运行中，广告作为沟通生产与消费的中介，具有辅佐企业开拓市场和引导消费的特殊功能，是国内国际市场信息交换的有效渠道，也是参与国际经济循环的重要条件。发达的广告业可以促进经济资源的合理配置，取得更加丰富的物质产品和精神产品。广告业属于知识密集、技术密集、人才密集的高新技术产业，其发展水平是一个国家或地区市场经济发育程度、科技进步水平、综合经济实力和社会文化质量的重要反映"②。《纲要》的颁布意味着中国广告业的发展第一次被纳入国家计划，开始摆脱盲目自发的阶段而开始进入自觉发展的时期。

在随后的日子里，当时的广告相关主管领导杨培青、刘保孚以及后来的接任者们对广告业的发展倾注了很多心血。刘保孚、杨培青也分别入选中国第一届、第二届广告名人堂。从改革开放以来，自上而下的政府力量在中国广告业的复苏与发展中扮演了重要的角色，而在不断变化成长的广告业中，政府应该扮演什么样的角色？如何扮演自己的角色以使得价值最优化？这是广告管理者需要持续思考的问题。

在 2019 年召开的中国广告 40 年纪念大会上，杨培青、刘保孚也成为规范广告市场、指导行业发展的服务者代表。参看对杨培青介绍的各个版

---

① 《首届（1992）中国广告公司实力排序》，经济管理出版社，1994，第 5 页。
② 《首届（1992）中国广告公司实力排序》，经济管理出版社，1994，第 13 页。

本，我们也可以看到广告管理者在中国广告业发展中的角色与价值。"杨培青从事广告工作16年，勤勤恳恳、兢兢业业，工作中追求完美，对广告业倾心贡献，让中国广告业走向世界。1992年至1996年4月在国家工商行政管理局分管广告工作时，按市场机制和资质标准放开广告经营单位的注册，让中国广告业连续3年出现90%以上的增长率；加快《广告法》的立法进度，积极推动《广告法》的出台，使中国广告行业迈入有法可依的时代；在国家发展第三产业的政策中，经过不懈努力，使广告业被列入十个被重点支持的行业之一；主持制定了《关于加快广告业发展的规划纲要》；力主广告业开放、'走出去'，提升中国广告业在国际业界内的影响和声誉。1996年5月至2008年1月担任中国广告协会会长期间，坚持为会员和行业服务，重视提高从业人员的社会地位；积极向有关主管部门反映广告业的情况，宣传广告业的性质和作用，使部分企业广告费税前扣除标准由2%调整至8%；促成建立广告专业技术人员职业水平评价制度；提出广告业是知识密集、技术密集、人才密集的特殊服务业；是唯一一直以'创意'为核心事业的创意型服务业；协助有关部门，制定促进广告业发展的相关政策；敦促艾菲奖的引入，极大促进中国广告水平的提高。"① 从管理法规，到规划激励，到广告业的国际化、专业化发展，再到广告艾菲奖的引入等各个层面，自上而下的国家力量都在施展其角色。这也是中国广告业和广告公司发展需要着重考虑的一个议题。

1994年6月8日，国家工商局与中国企业评价协会在北京召开"中国广告公司实力评价新闻发布会"暨"中国广告公司发展战略研讨会"。会上公布了两项评价结果。第一，1992年各个广告公司营业额，按1992年各个广告公司的广告营业额的大小进行排序。第二，1992年中国广告公司综合实力排序。排序采用国际上通行的模糊综合评价法，按照经济实力、技术实力、媒介购买力等六个维度的指标进行。从此以后，广告公司的实力评价和排序成为持续的年度行动，这也引发了后来广告公司代理资格名录的公布。② 上海广告公司在中国广告公司综合实力的排序中名列第一。广东省广告公司、珠海经济特区东方广告有限公司、长城国际影视广告有

---

① 中国广告40年——杨培青"立法利人"，摘自《现代广告》杂志2019年第3期"中国广告40年纪念大会"专题。
② 杨爱军：《中国广告公司排出座次》，《工商行政管理》1994年第13期。

限公司等位居其后。广告公司开始在国家工商行政管理局和中国广告市场上作为一种"主导"力量出现。1993年，珠海举办了国内首届广告人节，随后北京、湖北江门等地纷纷举办各种类型的"广告人节"，广告人开始成为一种专业化和职业化的力量进入社会公众的视野。从1993年开始，中国广告公司开始进入百花齐放的时期，迎来了属于中国广告公司的第一个黄金时代。

三　产权视角：市场与国际化的双重力量

1. 私营广告企业的崛起

虽然1987年国务院修订的《广告管理条例》将原暂行条例中的"私人不得经营广告业务"条款，修改为"具备经营广告业务能力的个体工商户，发给营业执照"，但只有到了这一时期，才有了真正具有代理资格的私营广告公司。据统计，1991年全国广告行业有个体和私营企业242户，从业人员1987人，广告营业额847.8万元，而这些企业大多从事广告制作业务。到1996年个体和私营企业达到5500户，从业人员53700人，广告营业额18.95亿元。五年间，营业规模增长了223倍。

1992年年底前，北京尚无一家正式批准的私营广告代理公司。市场上私营性质的广告企业，都是一些规模较小的广告设计制作公司，或名为"集体"实为私人经营的所谓集体所有制企业；甚至还有以"集"为名，再邀上"外商"取得"中外合资"待遇的广告代理公司。

时任中国对外经济贸易广告协会副会长兼秘书长的姜弘，即之前文中所提到的北京广告公司的原负责人，恰好从当年的3月2日开始，被派送到外经贸部的干部管理学院进行为期5个月的双培训，即取得"全国大中型企业领导干部岗位职务资格证书"和"中共中央党校毕业证书"的培训。良好的学习环境，让有着十数年广告从业经验的姜弘有充裕的时间静下心来，深入学习邓小平同志的南方谈话、以股份制为代表的现代企业制度的理论与实践，也有机会在党校老师的指导下，研读《资本论》的有关章节。中央党校教授们全面深入的辅导，也让他视野大开，对当时中央提出的改革的重点是转换企业经营机制，使企业成为自主经营、自负盈亏、面向市场的经济实体，以及邓小平同志提出的建设有中国特色的社会主义的理论，有了更加深刻的理解和认识。这为姜弘后来萌生创办私营广告公司的想法奠定了必要的思想理论基础。

当年 7 月底，在外经贸部干部管理学院的进修即将结束时，姜弘接到了时任国家工商管理局广告司司长刘保孚委托时任中国对外经济贸易广告协会副秘书长程春带话约谈的口信。7 月 28 日上午，刘保孚司长在自己的办公室对姜弘说："小平同志南方谈话以后，全国各行各业都动起来了。广告业经过了这十来年，国有广告公司的发展是大头儿，是主流。而这两年，外资的广告公司也陆续在进来，现在缺的就是私营经济成分的广告公司。如果这一块能上去，广告业的发展就算全面了。当然，私营的这一块也有风险，弄不好可能会出问题。你姜弘有没有勇气站出来，挑头儿搞一家私营的广告公司？你要搞，我们一是放心，一会支持你。"① 这一番话，对当时的姜弘来说显然有些突然；但对他创办北京的第一家私营广告代理公司，却起了至关重要的作用。那时，姜弘还兼任亚洲广告联盟中国国家委员会主席职务。进修结束后回到"外广协"，他在筹办完 10 月将在北京召开的亚广联第 13 届国际理事会之后，便开始了创办一家私营广告公司的思考与酝酿。也正在这年年底，党的十四大在北京召开。会议确定了我国经济体制改革的目标是建立社会主义市场经济体制。这在很大程度上坚定了姜弘创办私营广告公司的信心和勇气。

1993 年 1 月 12 日，《中国工商报》发表了国家工商局广告司负责人答记者问，第一次公开提出"私人可以办广告公司"，引起社会各方面的广泛关注。1993 年 1 月 27 日，经过再三掂量的姜弘，终于正式递交了自己的辞职申请书，并提出在 3 个月内将其组织、人事关系转出。2 月，外经贸部人教司干部处批准了姜弘提出的辞职申请。虽然那几年，广告界的人才流动已经蔚然成风，但一个身处高位的广告人"下海"，还是引起了不小的震动。各个行业、各种类型的广告公司纷纷成立。北京最早的两家国有广告企业，即北京广告公司和北京市广告艺术公司的不少业务骨干陆续离开公司，到外面寻求机制灵活的广告新天地。例如 1988 年秋天就离开北京广告公司到深圳闯荡的几个人，这时已经回到了北京，正在谋划新的开始；又如，长城国际广告有限公司就是一个进出自由、分散承包的广告

---

① 参见姜弘《广告人生》，中信出版社，2012 年 11 月，同时也参考了在改革开放 30 周年之际媒体对姜弘先生的诸多采访资料。

"大卖场"。在它的许多承包"部门"里，都不乏优秀的广告人才。这种广告人四处散落、频繁流动的局面，正好为创建一家私营广告企业集聚了中坚力量，铺垫了人才基础。于是，姜弘就与刚从北京广告公司辞职的任小青和从深圳回来的丁心一三人，以4∶3∶3的股比成为北京市大诚广告有限公司创办股东。

1993年2月18日。北京市工商局向北京市大诚广告有限公司正式颁发了标明"私营有限责任公司"的营业执照。这是北京市工商局向私营企业颁发标明"注册资金100万元人民币""经营范围：设计、制作、代理、发布国内和外商来华广告业务"的第一个企业法人营业执照；北京市第一家正式获准的"无上级主管"、完全由自然人组成的私营广告代理公司正式成立。①

千里之外的珠江三角洲，虽没有北京政治利好，但处在中国改革开放的最前沿，广告公司已经开始行动起来。广东地区从之前几十家几乎全是国营广告公司，快速切入另一个世界，各种主体的广告公司数量突破了1500家。被业界亲昵地称作"黑马大叔"的张小平将挂靠在国营公司下面八年之久的广州黑马设计事务所独立出来，迎来突破口。在后来接受采访时，"黑马大叔"张小平还不禁感慨道："听到国家允许私人经营广告公司的消息，我们广告人都感叹中国广告的春天终于来啦！"② 张小平生动地把中国广告业的发展比喻成一只小鸟的成长，20世纪80年代初是"孵化期"，20世纪90年代初是"长毛期"，2000年初是调整"试飞期"，或许到了2010年就是羽翼渐丰的"腾飞期"。③ 当年张小平的这一判断，也成为中国广告行业发展的一个现实脉络。

和张小平一样，成立于1989年的梅高设计事务所的"总舵主"高峻也在思考将公司从广西搬到上海，在酝酿三年之后，1992年，梅高创意咨询有限公司在上海正式成立，而高峻和他的梅高广告公司，成为20世纪90年代末以及21世纪初本土最具实力的广告公司之一。而此时的叶茂中，正在将他从业四年来的广告经验写成一本书，而这本书，就是后来颇有影响力的《广告人手记》，据说第一个月卖了一万多册，叶茂中也借助这本

---

① 参见现代广告杂志社编《影响中国广告30年杰出人物》，姜弘部分，第279~288页。
② 参见现代广告杂志社编《影响中国广告30年杰出人物》，张小平部分，第67~77页。
③ 参见现代广告杂志社编《影响中国广告30年杰出人物》，张小平部分，第67~77页。

书成为广告界小有名气的广告人，随后成立了个人色彩颇浓的叶茂中营销策划公司，并且将出版书籍作为了广告公司最好的宣传渠道。

2. 外资广告公司的快速进入

20 世纪的中国历史是在新旧之间的碰撞和互动中走过的。在新世界的眼中，中国是一个有待开发的巨大的市场。经过十多年的尝试与摸索，在 1992 年，中国终于重新明确了改革和开放的决心。1980 年，我国诞生第一家中外合资经营企业，到 1991 年末，外商在华直接投资项目累计已经达到 3.7 万个，在我国注册的三资企业净增 4.7 万个，超过前十年的总合。20 世纪 90 年代，中国和世界的发展共同构成了一个时代，一个为许多国际经济学家、管理学家感慨的合资经营时代。大众传播、市场经济以及政策与制度上的持续开放，成为这一时期跨国广告公司在中国得以发展的主要动因。市场经济的"正名"与确立，直接带来了商品流通的加快和市场竞争的加剧，商品需求量的增长成为衡量社会和经济发展的指标。

本着"客户在哪里，我们就在哪里"理念的跨国广告公司在市场经济大潮中开始全面在中国布局。从 1992 年至 1993 年，包括奥美、麦肯、BBDO、精信、盛世等在内的知名跨国广告公司一口气在北京、上海、广州三大经济重镇布下了"20 枚棋子"，1992 年上半年，跨国广告公司从之前的 28 家跃升到 55 家。从此以后，似乎再也没有什么能阻挡这些跨国广告公司前进的步伐了。①

作为在全球最成功的广告公司之一，奥美广告公司也在 1991 年圣诞节前后与上海广告成立合资公司，该合资公司最初只有 20 人。广告行业在当时还是一个处在新生期的行业，当时奥美广告公司在中国大陆的本土员工是一群几乎没有任何广告或者市场营销经验的人。同年年底，奥美广告公司在《新民晚报》上刊登了一则只有一行的公司招聘广告，把自己称为"快乐的工作地"。② 奥美广告公司在这则招聘广告之后收到了 1200 多份申请。因为有着广告和市场营销经验的人非常少，奥美广告公司在中国最早的员工包括艺术家、设计师和营销及文学专业的高校教师。当时，新人的薪水每月 200～300 元，远超当时社会的平均工资水平，很多应聘者面对的

---

① 卢泰宏、何佳讯：《蔚蓝智慧：读解十大跨国广告公司》，羊城晚报出版社，2000，第 140 页。
② 《奥美中国：宋秩铭、庄淑芬奋斗史》，http://www.digitaling.com/articles/12215.html，2014 年 9 月。

是一个闻所未闻的工作环境和类别，跨国广告公司和现代广告职业就这样开始在中国大地落地生根。

外资广告公司最初在中国的主要业务是做全球范围内原有的跨国公司的中国广告代理业务，还没有对中国本土广告市场形成冲击与威胁。到了20世纪90年代，不少合资公司逐渐熟悉了中国市场，完成了最初的基础工作，进而开始挤入中国本土广告市场，并获得了不少国内大客户的代理权。1993年初号称"中国广告第一号"的《文汇报》整版头条广告——"西泠"电器广告就是奥美广告公司为杭州西泠集团一手策划的。其后外资公司加大了与国内客户的接触，并凭其良好的声誉、雄厚的资金、丰富的经验以及先进的广告作业方式争得了不少国内的大客户。

跨国广告公司的大举进入给本土广告公司造成极大压力，在20世纪90年代初，就有人惊呼"狼来了"，并不断谈及本土广告公司的对策。然而，1992年以来，中国广告市场的恶性竞争从根本上肢解着刚刚成形的本土大公司并阻碍了这些公司对科学化作业的探索，从而使本土广告公司越来越难以在规范化和专业化方面与外资公司竞争。到20世纪90年代中期，中国广告市场的主角迅速转移，外资广告公司步步紧逼，已使本土广告公司感到喘不过气来。

四　区域视角："北上广"与地方样本

1. "北上广"的持续发展

1993年被称为"中国广告年"，不仅因为中国广告业高速发展，规模首次破百亿大关，而且因为专业广告公司开始成为广告行业最为重要的力量。专业广告公司的广告经营额，超过了其他各类媒体的广告经营额。1993年，从全国各地的情况看，除北上广领跑全国外，江苏、湖北、浙江广告业较发达地区的经营额比1992年增加一倍以上，原广告业基础较薄弱的西北、西南部地区（西藏、海南、云南、新疆等）增幅也较大。从1993年开始，中国广告公司开始进入一个百花齐放的全民热潮中，迎来了属于中国广告公司的第一个黄金时代。

以北京为代表的华北广告市场，因为地缘优势，对政治信号有着异常敏锐的感觉，加之拥有一批全国性广告公司和媒体，它们从改革开放以来开始快速成长，使北京凭借诸多优势开始成为中国最有影响力的广告重镇之一，中国广告联合总公司、北京市广告艺术公司、北京广告公司、邮电广告、国安广告等在业内享有盛誉。

以上海为代表的华东沿海一带广告市场，是我国广告萌芽最早的地方，广告技巧、技术屡创全国之先，伴随着市场经济的快速发展，上海成为改革开放的前沿阵地，成为中国经济最发达的地区，也成为中国与世界联通的窗口，上海广告公司等长盛不衰的广告公司和诸如梅高、叶茂中、九木传盛等一大批新生广告公司开始引领中国广告行业。

以广州为代表的珠三角地带，接近港澳，易于接收新鲜事物，在广告制作、创意和策划领域很早就形成了自己的优势，加之优秀的企业和品牌层出不穷，也为广州广告公司的成长提供了丰富的试验场。从 CI 系统到后来的影视制作，广州都对全国广告业产生了重要影响。

但是，从整体上来看，相较 20 世纪 80 年代的发展，国有广告公司的主体地位开始受到冲击，来自欧美、日本和港澳台地区的外来资本，以及自下而上不断萌发的民营资本，开始进入广告领域。民营公司与合资公司开始成为这一时期广告公司发展的最主要力量。海润国际广告公司也在这一时代背景下应运而生，是香港资本与民营资本合作的一个典型样本。

海润国际广告公司创立于 1989 年，创始人是原在北京电视台工作，后来辞职下海的刘燕铭。合资的动因之一是国家这一时期的政策利好，合资公司在利税、用地等多个方面有着较好的政策支持。海润国际广告成立后，面对新兴的广告市场，开始了全面的探索，各类业务也接踵而来：平面设计，拍摄广告片，召开新闻发布会，组织重大活动庆典、演出，等等。20 世纪 90 年代初期一批令人耳目一新、全国闻名的电视广告品牌，如燕舞牌录音机、山东拖拉机、长城电扇等，都是海润广告的客户。在当时，广告发布商品信息，连接供需双方，对促进经济发展起到显著的作用。

相较之于传媒、影视等领域的国家管控，广告公司在率先开放之后的浪潮中得到快速发展，也成为影响传媒产业变革和影视制作专业化提升的重要力量。1991 年 3 月 15 日，海润广告、中国消费者协会与中央电视台经济部共同推出现场直播的"3·15"晚会，当时被称为"国际消费者权益日消费者之友专题晚会"。晚会直播中，现场 10 部热线电话声此起彼伏，很多打不进电话的人，甚至把那些有质量问题的商品带到直播现场的门口请求曝光，从此，一个消费者高度关注的"3·15"品牌诞生。"3·15"晚会延续至今，唤醒了消费者的权益意识，成为规范市场秩序、传播国家法规政策的强大平台。

这一时期，专业人才的流动和全国广告网络建设的时代特征也集中反映在海润国际广告公司身上。海润广告在成立之初吸纳了各方投身广告事业的加盟者：国家机关干部张海波、从中科院下海创业的艾民、广告导演赵永祥，等等，海润还陆续在上海、广州、哈尔滨等地开设了分公司，很快赢得了众多国内外客户。一些分公司，如哈尔滨海润，逐渐独立并壮大为所在区域广告业的龙头企业。例如邀请刘德华代言"黑头发中国货"、周润发演绎"百年润发"而轰动一时的重庆奥妮，还有上海利华、熊猫电子、LG 电子、汾酒集团、康师傅、维维豆奶、格力空调等。海润广告也成为在 CCTV、BTV 及各大主流媒体广告投放额最大的公司之一。

对于当时的广告市场，尤其是媒介经营管理领域，电视台往往处在缺乏资金和节目内容的双重困境之中，海润国际的运作模式与这一行业问题密切相关。海润广告作为广告行业的先行者，一边在广告业迎接新挑战，一边积极探索传媒行业的大市场。围绕文化领域发展，海润广告成立了影视中心，参与电视剧的制作和发行，这有助于为客户争取到更好的广告时段和资源，而好的电视剧也提高了收视率和广告价值，广告与电视剧形成良性互动，互相促进。用优质的电视节目内容来换取电视台闲置的广告时间，进而再将广告时间售卖给广告客户，这种模式成为海润以及国内一批广告公司生存的主要商业模式，这也是海润有效应对当时合资广告公司和民营广告公司激烈竞争的上上之策。

3. 地方样本：各个区域的百花齐放

在北上广地区广告业发展影响下，各地方的广告意识迅速觉醒。包括成都大西南广告、昆明风驰广告、广西梅高广告、新疆普拉纳广告、南京大贺广告等一大批至今依然引领广告行业发展的民营广告公司开始登上历史舞台。

1992 年，年轻的何春在四川省成都市锦江区以 50 万元人民币注册资金成立了成都大西南广告公司，他肯定不知道将会把人生最辉煌的数十年全部献给广告行业。就在这时，离成都不远的同处大西南的云南昆明，也成立了一家广告公司——昆明风驰广告公司，这家公司会在几年之后与香港李嘉诚和记黄埔联营机构 TOM 集团合资，并且掀起中国广告行业第一波资本并购浪潮。而在风景秀丽的广西桂林，来自小城北海的高峻已经完全从心爱的艺术教育岗位辞职，因为他创立的梅高广告公司已经处于一个快速发展的轨道上了。①

不同区域、不同产权、不同类型广告公司的涌现，使中国广告公司开始快速丰富多元。黑马广告公司的创始人张小平在 1996 年关于成立"广州 4A 协会"的研讨会上提出了"车道论"的思想，将中国广告行业发展的生态环境比喻成一条公路，公路上有不同的车道，如高速道、慢速道、自行车道、人行道等，它们有不同的功能特性，各司其职。当时广州有 3000 多家广告公司，每家广告公司的功能、特长以及所服务的客户对象都是不同的，因而可以按特点来将它们进行分类，如分为户外类的广告公司、影视类的广告公司以及综合类的广告公司等，这一方面方便了客户找到适合自己需求的广告公司，另一方面也有利于广告公司根据自己的特长为客户提供更为专业化的服务。

限于篇幅，在地方样本中，我们重点来讨论线下梅高广告公司及其创始人高峻先生的一些活动历程。在笔者看来，梅高很大意义上是当时本土广告公司的典型代表，具体体现在对中国传统文化与智慧的自觉、个人色彩明显的公司运作、对西方广告专业知识的学习、深入本地企业的市场营销等方面。

1990 年底，在广西漓泉啤酒激烈的竞标中，梅高广告公司最终击败了 17 家公司夺标，而筹码就是他们用 5 天 5 夜的时间设计出的新 Logo、新的产品包装和手绘的三套不同风格的方案。酒厂全体员工投票，梅高一举获得一年 45 万的代理权。以前的大多数企业根本没有明确的销售理念，销路不好就采取降价求卖。而当时的广告公司也没有活动策划的概念，大部分靠写写画画来谋生。梅高选择了不走寻常路，借亚运会做了一个百万礼品大赠送活动。公司当时找了广西模特队的十几个模特做了近 1000 公里的旅行计划，目的是让每一个城市都知道这个产品，借亚运会的气势让人们产生过目难忘的记忆。与现在的活动策划相比，当时的手段在今天看来可能显得很落后，更像是一个普通的线下活动或者事件营销，模特们化着妆，

---

① 参见现代广告杂志社编《影响中国广告 30 年杰出人物》高峻部分。

唱着亚运会主题歌，打着印有亚运会 Logo 的伞，每天在街上游行 8 个小时，走走停停，在录音机播放的音乐伴奏下表演。但就是这样的方法，却产生了很大的轰动效应，他们所到之处不仅受群众欢迎，也吸引了媒体的广泛关注。在此基础上，再配合包装的改换，使消费者产生了全新的感觉与体会。就这样，漓泉啤酒的市场铺开了，第一年销售达到 2 万吨，增长了 300%。

"天和骨通"膏药的销量在 1993 年是 800 万贴，1996 年是 3 亿贴，2003 年是 7 亿贴，到目前已经成为"中国膏药大王"，远销世界各地。在十数年的发展中，作为"幕后军师"的梅高广告公司功不可没。它们最初的合作仅仅是从一份处方开始的。当时国内只有处方药，没有如今的 OTC 药（非处方药）与处方药之分，因此，要做市场肯定要让医院开这个药的处方。梅高广告公司经过调研发现，中国的成品膏药没有一个可以卖出一定的量级。对比之下，当时中国的医院超过 1.6 万家，医生 200 多万人，市场应该很大。中国的医生 90% 学的是西医，中国 90% 的医院也是西医。针对这一市场环境，梅高广告公司制定了一个创造性的解决方案：中药西卖。[①] 在整个广告传播策略中，传统膏药的价值被重新定义，为了消除国人的偏见，它把"伏波山"改为"天和牌"，同时把秘方转化为科技：专治骨刺。对"天和牌"的包装，对消费者的承诺，都使其与传统的膏药区分开来，"天和牌"有了更高的价格，更重要的是，无论中医西医，都可以开这个药。之后，梅高在 1997 年进入上海。在熬过了打基础和艰苦创业的两年后，有着明确价值观和高水准方法论的梅高广告公司，开始在上海快速发展起来。

---

① 《天和骨通：中药西卖》，来自高峻先生的演讲题目。

第七章 珠江奇迹：广东广告公司的发展历程

一 比肩京沪的广东广告业

从广告业的发展数据和广告公司的发展水平上来看，中国大陆当代广告的发展极不平衡，在 20 世纪 90 年代末之前，基本上是北京、上海、广州三足鼎立的格局。广东的广告业自 1979 年的发展历程，成为见证中国广告业发展壮大的一个典型样本。

1979 年以前，和全国其他地区一样，广东的广告业和广告公司几乎是一片空白。从 1980 年到 1999 年的 20 年间，广东省广告营业额从不足 1 亿元增加到近 65 亿元，平均每年递增 24.6％，广告从业人员从 458 人增加到 78669 人，平均每年递增 31.1％；广告经营单位从 3 家发展到现在 7070 家，平均每年递增 50.5％。到 1998 年底，广东省共有广告公司 3852 家，经营广告业务的报社 204 家、电台 91 家、电视台 136 家、杂志社 282 家，其他广告经营单位（包括民航、铁路、体育、文化等）3111 家。[①] 广东初步形成了具有相当数量规模、广告门类和媒介种类比较齐全、专门为社会提供广告服务的新兴高新技术产业和信息行业。

广告作品可能是广告业和广告公司发展的重要指标，透过广告作品，人们可以看到广告策划、创意、制作水平。从第一届广告装潢作品比赛开始到 1999 年的全国优秀广告作品评比，广东获得的奖项在全国均名列前茅。如在 1999 年第六届全国优秀广告评选中，广东获金奖 2 个、银奖 10 个、铜奖 23 个、入围 185 个。在 1999 首届全国广告摄影优秀作品评比中，广东获得全国 8 个金奖中的 6 个、银奖 8 个、铜奖 10 个，全国 10 佳广告

---

① 广东省广告协会编《纵横：广东广告二十年》，广州出版社，2000。

摄影师广东省就占了 4 个，唯一全场大奖由也由广东获得，首届中国广告协会学院奖三个金奖中广东省获得 2 个。① 这些作品的评奖从某种程度上充分显示了广东省广告创作队伍雄厚的实力。

缘何广东会在从 1979 年到 2000 年之间发展如此迅速？很多人都可能对北京和上海的先天优势有所了解。中国当代广告的复兴肇始于上海。上海是中国最大的商业都市，有深厚的广告传统。中华人民共和国成立后，在广告业被挤压削减的情形之下，上海仍保留了一定规模的广告业，全国最大的几家广告公司在上海。"文革"中，当广告业被摧残殆尽之时，上海仍以多种方式保留了一批广告人。因而，"文革"之后，是上海这批广告人最先闻风而动，为广告之复兴奔走呼号，并率先而为。北京是中国的首都，是国际信息交流中心，得地利之便的北京广告人最先领受西方现代广告理论与经验的启示，故而在现代广告的探索方面先行一步。

在广告复兴之初，广州的广告跟着上海走；在广告的现代转折之初，广州的广告跟着北京走。不过，由于广州及珠江三角洲地区毗邻港澳，直接受港澳广告的影响；又因为这一地区得国家特区政策和先行开发沿海地区的政策之利，飞速发展的经济和市场环境为现代广告的实践提供了坚实的现实基础，因此，这一地区的广告后来居上，成为中国广告市场中最有活力的区域。与北京和上海相比，广州的广告主要是对新兴经济情境的灵活而具有创造性的反应，没有什么本本主义的色彩，且有不少影响深远的大手笔。

有学者对这一时期全国各区域的广告发展进行了思考，认为"20 世纪80 年代中国大陆的现代广告探索与实践经北京而上海而广州，真正取得重大实绩并对全国产生重大影响的还是以广州为中心的珠江三角洲的广告。而到 80 年代末，以北京为中心的华北地区广告，以上海为中心的华东地区广告和以广州为中心的华南地区广告形成了鼎足而立的中国广告格局。局部突破，带动整体，是中国大陆现代广告发生、发展的基本样式"②。

广东省的广告业很早就开始参与中国广告业。在北京外贸系统成立三个月之后，广东外贸系统在 10 月 22 日成立了广东省广告公司，1979 年 8

---

① 广东省广告协会编《纵横：广东广告二十年》，广州出版社，2000。
② 参见余虹、邓正强《中国当代广告史》，湖南科学技术出版社，1999。

月 17 日，广州市广告公司成立。紧随着电视广告在上海的复苏，三个月之后的 1979 年盛夏，广东电视台开办广告。一年之后，广告才在中央电视台亮相。在广东广告公司等的响应下，1980 年 11 月 28 日在广州越秀宾馆召开了第二次广告工作会议。

之后的 20 年时间里，民营资本和人力广泛涉及广告行业，整体广告行业规模已经形成，广告服务质量与创意制作水平逐步提高，广告公司积极参与国际合作交流与国际竞争。从广告业的发展水平上，完善的艺术表现形式、国际化的先进技术设备、专业化的分工理念开始快速出现。

广东的广告设计已从简单化、公式化、雷同化的带有明显原始叫卖风格的阶段，步入力求以完善的艺术形式表现广告主题的阶段；广告制作与表现开始向采用国际先进的技术装备转移，运用现代化高新技术表现手段来制作广告已经成为不少广告公司的拿手好戏。广东的广告公司在全面代理、整体策划方面在我国走在前列。一批优秀的广告公司在人才、资金、机构、设备上具备了代理全国性大客户的能力；在市场调查、广告策划、广告设计制作、媒体发布、广告评估、产品促销及公共关系活动等方面积累了丰富的经验。广东省的广告市场日趋成熟，已经步入健康发展的轨道。

20 世纪 90 年代初，外国广告公司全面进入中国。国际知名的一些公司，如奥美、智威汤逊、李奥·贝纳、DDB 等都已不同程度地进入广东的广告市场。另有盛世长城、麦肯·光明、恒美、精信合资广告公司也在广东开展业务。截至 1999 年，在广东省内的中外合资、合作广告公司超过 150 家。这些广告公司在广东省的广告市场发挥着重要作用，为适应对外开放的需要，它们在积极拥抱开放带来的国外新动向时不甘示弱，并以积极进取的精神加入中国广告市场激烈的国际竞争。例如 1998 年 11 月广东省广告公司在"本田"汽车广告代理的竞标中一举获胜，在中国广告界制造了一个神话。

广东在 1996 年就成立了自己的 4A 组织。这一组织的大部分企业都是民营或个体广告公司。从数据上来看，民营广告公司和跨国广告公司在这一地区并驾齐驱。中国有着复杂的市场，不同体量的客户类别，多样的营销传播需求，这就决定了中国广告行业绝非跨国广告公司可以垄断的。从 1992 年开始，民营与个体的广告公司开始飞速发展，与发展缓慢甚至停滞的国有广告公司相比，以市场为推动力量的民营广告公司开始成为推动广告业的主要力量。

广东广告之所以能够在中国广告业复苏之初就走在全国前列，原因有以下三点。

其一，在20世纪80年代外贸体制内的广告公司成为中国广告业发展的主体时，广州是全国外贸中心之一，每年春、秋两季的广州交易博览会万商云集，广告宣传大有用武之地。在当时的一批外贸广告公司中，广东省广告公司得到了快速的发展，在规模上位于中国广告公司的前列。

其二，珠江三角洲毗邻港澳台，其现代广告操作可以第一时间借鉴和学习港澳台的经验。并且这种接触体现在整个社会和经济结构上，甚至落实在广东民众的消费习惯和文化上。上海日化对广东的调查指出，"（广东）当地接近港澳，开放较早，人们的消费习惯变化很大，需要有高级的特别是成套的美容化妆品。"①

其三，广东地区的市场经济高速发展，诞生了一大批从地区走向全国的企业与品牌，在走向全国的过程中，广告成为市场拓展的高效工具。这一时期，几乎所有著名的广告，如太阳神广告、健力宝广告、万家乐与神州热水器的广告等都出自这一地区。

二　国营时期广东广告业代表：省广与穗广

如上所言，1979至1992年，中国的广告体制基本是封闭性的，广州的广告市场基本上为广东省广告公司（又简称"省广"）和广州市广告公司（又简称"穗广"）所垄断。

省广和穗广是分别隶属广东省外贸局和广州市工商局的国营单位。一切来华和出口的广告业务按照当时的政策规定由省广全部接收，而广州市区的绝大多数户外广告资源经营和其他有关媒介资源代理又在内贸体制的安排下由穗广经营，这种近乎"垄断"的广告体制大约维持了十几年。到20世纪90年代初期，随着封闭的体制保护被打破，国家自上而下的改革逐渐唤醒被压抑许久的市场力量，省广和穗广为适应开放的广告市场进行了颇为艰难的转型。

---

① 《露美，80年代的美丽传说》，来自邵隆图博客，http://blog.sina.com.cn/longtushaw。

广东本土广告公司的繁荣人们有目共睹，被称为广告界的"广东现象"。在广州这个特殊的环境中，广东省广告公司又是其中代表性个案。据介绍，与广东省广告公司同时期成立的省级国营广告公司，全国共有18家。当时的这批省级广告公司，凭借国家政策赋予的特殊经营权，过着"传真机一响，黄金万两"的好日子，可以说"业务不用跑、客户不用愁"。走过40年的历程，前文所述与省广同时期成立的各省市国营广告公司，已所剩无几，唯一仍保持内资成分仅省广一家。这也就是省广被誉为中国广告业扛旗者的由来，"省广"也就成为广东省广告集团股份有限公司独有的简称。

省广身处改革前沿的广东，本身虽是国有体制，但相比内地许多其他省市的国企，机制仍然灵活许多，一直遵循"能者上庸者下"的原则。早在20世纪90年代初期，省广的体制改革更是一个不可忽视的因素。这次体制改革，把原来一个纯国有的广告公司改革为股份制公司，机制改革的成效直接体现在人才团队的建设上，这一时期，省广吸收了一大批能征善战的员工。

而当时的省广，是国内整个广告行业历史巨变的缩影。1992年以前的广告业在整体经营方式上几乎为垄断性质。每个省几乎都成立了国有性质的广告公司，主要业务分为两大块。一是国内的外贸企业的出口产品，千分之三的费用必须拿来做广告，而且必须由国有广告公司操作。在改革开放之后的很长一段时间，这一类广告业务成为包括省广在内的很多广告公司旱涝保收的"铁饭碗"。另外，像松下、东芝这些外资公司在国内播出的广告也必须由国有广告公司运作。比如省广为松下做广告，由松下自己设计好广告稿件再送给广东省广告公司发布，与其说是广告公司，不如说更像今天的媒体发布公司，整个广告运作过程中，省广所体现的专业性价值很低。但从1992年开始，随着改革的推进，垄断状态被打破，所有国有广告企业都不得不开始在市场中寻求商机。尚未成熟的诸多国内广告公司，尤其是外贸体制内的广告公司，面对的是众多历史悠久、根基稳固的老牌国际广告公司的挑战。此时的省广一样面临着巨大考验，进口、出口两大块业务大幅萎缩，如何在市场中生存？只能摸着石头过河。而当时很多无法适应这种变化的国营广告企业，早已消失得无影无踪。

省广对于品牌形象塑造和整合营销传播，形成了一整套完整的理论工具。回头看看当时的这些案例：海天酱油，"会跳高的黄豆"；"北回归线的阳光"；水井坊，"中国白酒第一坊"；星河湾，"一个心情盛开的地方"；广州本田，"起步，就与世界同步"；等等。这些绝妙的广告创意口号融合了广告创意人对品牌和消费者心理的解析与思考，也反映了省广体制上的成功与专业上的成熟。2002 年，省广又进行了一次彻底的体制改革，成为一家现代化的股份制广告公司；随后，又以中国本土广告业扛旗者的身份，于 2010 年在中国 A 股上市，成为中国本土广告公司"第一股"。

广州市广告公司的发展也经历了起起伏伏。广州市广告公司成立于中华人民共和国成立后的资本主义工商业改造中。1956 年，紧跟着北京、上海和天津的步伐，广州市也成立了美术广告公司。1979 年 8 月 17 日，广州市广告公司成立。因为该公司隶属广州市工商局的特殊身份，在广告刚刚复兴的年代，之前的很多政策红利都直接承接到了广州市广告公司身上。第一块路牌广告、第一个大型霓虹灯广告等由广州市广告公司主导产生，这些扩展和创新实现了广州市广告公司在户外广告经营方面的竞争优势。新的户外广告牌的不断扩展，以及户外广告单价的不断上涨，使广州市广告公司在成立之后的一段时间内得以稳步增长。

但是，这种优势在激烈的市场竞争中是不断变化的。和全国很多以城市命名的内贸广告公司一样，随着时代变化，政策红利逐渐消逝，户外广告经营的垄断方式被打破，广州市广告公司的经营陷入了困难。但特殊的国营身份，依然为广州市广告公司增加了一些独到的体制内的优势。20 世纪 90 年代末，广州市广告公司在广州市政府的支持下，与来自香港的企业合作，利用外资成功开发了市区珠江两岸的户外灯饰广告，"珠江彩虹"项目背后是资金、智慧的交流与合作。①

除了户外广告的媒体经营，广州市广告公司也是国内最早的一批广告策划代理公司。1985 年，广州市广告公司成立了策划广告部，1986 年进行"广州啤酒"的整体策划，从市场调查，到整体策划，再到广告作品的设计制作与投放，策划活动取得了良好的市场效果。为了提高综合代理能力，广州市广告公司在组织形式和运行机制上不断探索试验，受当时的承

---

① 广东省广告协会编《纵横：广东广告二十年》，广州出版社，2000。

包制的影响，广州市广告公司一度在机制上也参照承包经营，在机构上各立门户，设计部门、媒介部门、广告部门等都形成了各种各样的工作室和事务所，结果有个体，没整体，力量分散，很难适应企业的营销传播需求，也难以形成整体合力，"广州市广告公司"的品牌更是无从提起，综合代理能力下降。随后的几年时间里，广州市广告公司在经历了"不灵活的体制"和"承包放开的体制"探索之后，吸取教训，先后在经营体制、运作机制、人事制度、分配制度等方面进行了调整和改革，最终使职工的积极性和企业的综合代理能力得到提升。① 但是，在外来的跨国广告公司和蜂拥而出的民营广告公司的冲击下，广州市广告公司的未来发展任重道远。

三 市场化萌动后广东广告业代表：白马、黑马与新境界

虽然政策的全面改革开始于 1992 年，但在 20 世纪 80 年代中期，封闭的广告体制内部就出现了一股暗流。有着诸多人力、知识聚集的大学成为突破的领地。广州美术学院设计系以尹定邦为核心，集合了一群青年老师和学生，组成了当时广州广告界著名的白马工作室，策划并制作"黑妹牙膏"的电视广告，使白马工作室初尝广告的兴奋，并由此奠定了影视制作的合理标准。直至今天，白马工作室创作的太阳神、百年润发、健力宝广告依然被视为超前的广告创意实践，被记录在广告史中。而他们所处的那个创作激情的时代，客户对于广告公司创作作品的尊重，对先进广告知识的学习与自觉，也屡屡被很多后来的广告人作为"黄金时代"的特色怀念。

20 世纪 90 年代，广告观念刚刚被社会接受，在供需关系转型、从卖方市场到买方市场的过渡中，广东地区率先开始了这一转型。《羊城晚报》头版的一个案例和广告公司的报道，成为见证一个广告公司十年辉煌的开始。这就是新境界的奇迹。从当时著名的白云山制药厂跳槽出来的设计师——更准确地说是美术工人，凭借对 VI 的敏感，加入当时的广东东莞黄江保健品厂——就是后来大名鼎鼎的广东太阳神企业，而一炮走红，带起了影响中国 20 世纪 90 年代的 VI 事业。

---

① 广东省广告协会编《纵横：广东广告二十年》，广州出版社，2000。

　　艺术创作出身的张小平从中央工艺美术学院（现在清华大学美术学院）毕业后，开始在广州市广告公司开设设计师事务所。当时国营广告公司的业务还处在稳定期，而随着广东市场的崛起，诸多企业也急需市场营销服务，也由于当时的跨国公司不能在中国展开经营，这就使黑马广告公司能为万家乐、神州等国内知名企业和广州宝洁、亨氏等国际公司提供专业广告服务。

　　白马、新境界和黑马这三家广告公司，虽说发展的路向很不一样，但很大程度上代表了那个时候的广东广告业。

1. 作为"黑马"的黑马

　　历史的发展不会一帆风顺，这一点尤其适用于当代的中国广告业。"摸着石头过河"的时代正在向"国企效益滑坡"过渡。黑马广告公司的成立与发展，就是在这样一个时代大背景下进行的。黑马，源于著名广告人张小平的笔名，源于 1985 年 12 月 25 日在广州举办的个人绘画/设计展"黑马创作展"。黑马设计师事务所于 1988 年 2 月 11 日在广州成立，为广州市广告公司下属设计机构。1993 年 6 月 28 日，广东黑马广告有限公司正式成立。

　　越是创意独特的公司，越与公司的创始人与主创人员有紧密关联。1977 年，张小平从广东考区的三万多名考生中脱颖而出，考取了中央工艺美术学院（现在的清华大学美术学院）。在此之前，张小平已在广东省拖拉机制造厂当了五年的钳工。可以说，1977 年的那场考试，是他一生中重要的转折点，它完成了张小平从一个产业工人到商业创意人员的转变，开启了他迈向广告世界的大门。母校是张小平一生中至关重要的一站，用他自己的话来说，"母校带给他的是一种脱胎换骨"的影响，塑造了他独特的气质和个性，赋予了他鲜活敏锐的思维，这些都深深地影响了他以后的创作活动，以及他对中国文化、中国广告价值观的思考与传播。

　　1982 年从中央工艺美术学院毕业后，张小平"服从国家分配"，进入了广州市广告公司。提起这段经历张小平有颇多感慨。当初进入广告公司非他的本意，最初他想进高校任教，但由于他在母校的种种"传说"，地方学校领导怕无法驾控这匹"桀骜不驯"的"黑马"，便将他拒之门外。[1]

---

① 现代广告杂志社编《影响中国广告 30 年杰出人物》，第 67～77 页。

就这样，张小平无可奈何、无可选择地做起了广告。命运就是如此的奇妙，当年"无可奈何"地进了广告界，却成就了张小平近30年来对中国广告界所做的不可磨灭的贡献。诚如同处广东的中山大学营销学卢泰宏教授所言，张小平"本质上是个艺术家"。在他的身上，充分展现了艺术家的那种自由奔放的灵魂，放浪不羁的个性寄情广告，渗入骨髓，坚忍执着。从1990年，黑马广告公司开始进入不断升温的房地产领域，至今已经服务了近百个项目，成为华南区域著名的房地产推销商。除此之外，黑马也曾服务过中信君庭、锦绣香江、翡翠绿洲、名雅花园、南国花园等客户。

此外，包装设计类业务也是艺术个性十足的黑马广告公司的重要业务来源。黑马在设计方面的实力行业有目共睹，拥有中国最优秀的广告设计精英，几乎每一位前线工作者都获得过国家奖项，设计类的业务是黑马的重头业务之一，主要是包装设计，包括各类高竞争力的快速消费品的包装设计。黑马在设计方面服务的品牌主要有：光明乳品系列、达能酸牛奶系列、可采眼贴膜化妆品系列、美媛春保健品系列等。

在广告业运作专业化水平最高的品牌代理业务方面，黑马广告公司也建构了一整套以品牌代理为核心的全案广告服务。1990年2月，黑马广告公司成为了世界日化巨头宝洁公司的合作对象，服务海飞丝、飘柔等洗护品牌。黑马广告公司在大量的调查研究和市场分析的基础上，引爆了当年的春节广州市场，将传统习俗中的洗发换新装、发廊场景与宝洁产品的独特卖点结合，策划了美发亲善大行动。黑马广告公司所提出的这套创造性的营销传播，使海飞丝和飘柔在广州地区的年销售额比上年同期增加了3.5倍，并且将这种模式提炼之后，在杭州市场如法炮制投入仅5万元，结果销量比上年增长了10倍。[①] 发生在20世纪90年代初的这一活动，表明了黑马广告公司将国际规范作业与本土弹性操作相结合的完美执行力。

除此之外，黑马广告公司还创造了诸多的优秀广告活动，比如1993年黑马策划了太太口服液上市经典广告"三个太太"系列，1996年策划红桃K补血剂上市广告"补血特快"系列，2000年其《九华痔疮膏》影视代表中国大陆第一次进入世界最优秀视频广告杂志《Shot》，2001年策划可采贴

---

① 禺心：《黑马和他的"迷你公司"》，《高招》1993年第2期，第69页。

膜系列"养眼法"广告系列等，这些无一不被当时的广告界所津津乐道。

2. 新境界的 CI 浪潮

中国广告行业的发展总是和卓越人物的英雄事迹联系在一起。新境界设计作为广东省广告圈中的艺术设计领先者，领导人个人化的魅力更是明显。就在 1987 年北京第三世界广告大会筹备期间，远在千里之南的广州，一个小青年发起了中国广告行业的第一次理论浪潮——CI 设计与策划。

1962 年出生的潘殿伟 6 岁开始学习绘画，1982 年，20 岁的他是广州潘高寿药厂的一名美术宣传工人，1986 年，他开始就读于广州美术学院工业设计系。[①] 大学二年级，他和一位朋友设计了太阳神商标；大学三年级，在国外 CI 火热的实践促进下，他创立了新境界设计公司。当时年仅 26 岁的潘殿伟在和比他大 11 岁的太阳神的掌舵人怀汉新讨论后，合作推出的太阳神 CI 战略一炮打响。那句至今依然震聋发挥的广告语"太阳神，当太阳升起的时候，我们的爱天长地久"诞生在这次交流中。借助 CI 的"神话般"的效力，太阳神迅速在市场上成功地树立了一个健康和关怀大众的企业形象。[②]

而后，新境界又为李宁牌体育用品设计了 CI 战略。随着 1996 年建设银行 CI 设计的成功，新境界进入另一个新阶段，当时，建设银行全球招标，潘殿伟的公司以总分第一夺标，打败日本、美国等多家知名的国际广告公司。2000 年以后，广东的私营企业迅速发展，企业家们的品牌战略意识越来越强，潘殿伟又为长隆夜间动物世界、立白、中森名菜、侨美食家等策划了 CI 形象。这一阶段，潘殿伟更注重总商标下多品牌发展战略，他参与策划的中森集团 CI，就是由中森会、中森名菜、澳门街、鱼米之乡等多个子品牌组成。[③]

这一时期的诸多成功的 CI 战略，给企业带来巨大的经济效益，但也和曾经的广告一样，在"启蒙"之后，快速地陷入困境，诸多有着私心的广告从业人员和极其旺盛且躁动的市场对广告的狂热需求，加之起步较晚、广告基础知识尚不牢固的广告专业，使得在 20 世纪 90 年代的广告神话，远比任何国家、任何时期都要多。CI 就是其中的一个典型。曾几何时，有

---

① 《潘殿伟与"太阳神"CI 神话》，《羊城晚报》2006 年 10 月 14 日。

② 来自太阳神企业的官方网站，http：//www. apollo. com. cn/about/。

③ 《潘殿伟与"太阳神"CI 神话》，《羊城晚报》2006 年 10 月 14 日。

人甚至将其追捧为万能的神话、包治企业百病的药方。而新境界和潘殿伟，成为被神化的 CI 的代名词。但正如"神话"的中心人物潘殿伟所言，"CI 战略，不是包打天下的神仙，但它是企业发展战略中不可或缺的一环。首先要明确，任何企业、市场都需要 CI，只是不同的企业、市场在不同的发展阶段有所侧重而已。同时，CI 只是一种技术手段，企业发展不是单纯靠 CI，还有人才、资源、产品价格、质量、技术、金融操作等一系列的问题，这都不是靠 CI 可以解决的"①。

3. 白马广告的浪漫故事

1986 年，韩子定、余希洋等 6 个广州美术学院的学生，在系主任尹定邦的带领下在校内成立了白马广告工作室，当时他们可能也没有想到，白马广告工作室会成为 20 世纪 90 年代中国广告业的一座高峰。这群艺术家出身的广告人以自己出色的艺术才华和务实的市场智慧迅速出道，使"白马广告"在 20 世纪 80 年代末 90 年代初的中国大陆广告界名噪一时，他们的影响远远超出了广东的范围，拥有浪奇、浪潮电脑、太阳神、重庆奥妮、维维豆奶、深圳华侨城、中国联通、红塔集团等 300 多家企业的成功案例。甚至 1991 年白马为太阳神做的电视广告在播出之后，电视机前的观众和广告人都惊奇地想知道这样的广告片是谁做的。

有学者在谈到这一时期白马广告的创意风格时认为，白马广告的浪漫梦幻诉求代表了 20 世纪 80 年代末 90 年代初中国大陆广告创意的一种主导倾向。"文化大革命"之后，人们一方面转向极端务实的生活态度，另一方面则沉醉在更加隐秘的浪漫梦幻中。由于实际生活状况的改变明显滞后于人们因开放而生发的渴望，因此，这一渴望的满足只好借助于朦胧的浪漫梦幻。② 白马广告的成功主要得益于它与这种浪漫梦幻的特殊相关性。也许，白马人对这种浪漫梦幻并无明确的意识，只是在一些偶然因素的支配下将自己的广告创意立足于这一心境。1992 年，当时还是北京广播学院的一名青年教师的丁俊杰撰写了《拂去广告上的尘埃》一文，评述了白马广告的创意风格。白马人认为广告不能照抄生活形态，因为消费者很难脱离自己的生活空间……广告人应该营造出一个既现实又浪漫的 30 秒的生存状态或情节

---

① 《潘殿伟与"太阳神"CI 神话》，《羊城晚报》2006 年 10 月 14 日。
② 余虹、邓正强：《中国当代广告史》，湖南科学技术出版社，1999，第 97 页。

空间①。此外，白马人强调广告一定要"好看"。因为"电视广告，归根结底，是一种商业传播活动。而观众是没有义务看广告的。也就是说，创作人员在制作过程中，除了对具体的表现形式的思考，还应考虑到消费者在接受广告时的心态和情形。这就约束广告的创作人员，在输出商品信息、企业信息、诸种承诺的基础上，要给予观众相当的'看广告'的补偿，这种补偿，说白了，就是好看"②。主导并见证了白马广告创作历程的白马公司负责人韩子定在后来的访谈中说："其实广告界多年以来谈到的一个问题，就是有关白马制作的唯美问题。应该说在 20 世纪 80 年代中后期，中国的电视所输出来的素质，的确画面是枯燥的，画面的美学的程度是存在一定问题的。当时，我们的广告出来以后，的确在相当一段时间里头，这样的风格的广告是使人乐于看完它的。这个是跟当时电视环境输出的概念的设计定位有关系的。我觉得到今天为止，我们测算一个广告片能不能引起人们的注意，能不能传达产品或品牌的信息，还是在于收视率，还是在于有效收视率。那么我觉得在有效收视率这块，当时这种风格是非常起作用的。"

　　从影视广告发展历程来看，白马广告的影视创作风格在无形中让中国影视广告表现进入了另一重空间。改革开放之初的"瑞士雷达表""西铁城石英钟"等广告片让中国青年人处于"大资产阶级情调"的骚动中，上海广告公司等外贸背景的广告公司更多地参与了这些广告的制作。紧接着就是一批中国广告"艺术青年"给还在为温饱犯愁的百姓们绘制的一个个让他们目瞪口呆，但也不觉得跟他们没一点儿关系的"崇洋媚外"的"广告装饰画"。以北京为中心，涌现了第一代的中国广告影片导演：钟星座、李耕、李岩、韩浓浓、郭大公等。当时的代表作是《大宝》《长城风雨衣》《东方齐洛瓦》《奥琳饮料》等。这批人均来自电影界，而且影响到之后的广告影片制作，直到今天他们仍然是这个行业的主要力量。而白马广告公司及其所在的广东，得益于广东的开放速度和经济发展水平，在 20 世纪90 年代的市场开放大潮中，产出了一系列的优秀广告片，如"健力宝"系列、"太阳神"形象片，等等。广告制作人被商品经济社会推到了一个醒

---

① 老勾：《拂去广告上的尘埃》，见《高招》1992 年试刊号，第 26 页。

② 老勾：《拂去广告上的尘埃》，见《高招》1992 年试刊号，第 26 页。

目的位置，作品也随着白马的一大批精品的出世，形成了鲜明独特的风格。岭南文化和商业艺术的融合令白马早期的作品透着当时北方广告无法容纳的人文气质和造型美感。①

四 市场化浪潮后广东广告业代表：百花齐放，众星闪耀

从 1992 年开始，全国广告业开始迅猛崛起，被压制了许久的市场力量开始进入广告行业，而广东广告业更是其中的典型。从 1992 年到 1993 年，广东省的广告经营单位从 1835 家一下子跃升到 4246 家，增长率为 131.4%，广告从业人数也从 21747 跃升到 41351，增长率为 90.1%，广告营业额也从 10.6 亿增长到 21.5 亿，增长率为 102.8%。② 从 1992 年开始的三年，是广东省广告业发展最蓬勃的三年。中国开放了广告经营的体制，一夜之间，满街的广告公司开始涌现。广东省的广告业可以说是当时中国广告业的缩影。原有的国营广告公司在市场化的浪潮冲击下，一下子失去了政策保护的"温房"，加上大量的人员流失和客户流失，经营情势急转直下；一大批新生的广告公司，水平不一，无序竞争，生生死死之中，也沉淀了中国第一代真正的本土广告智慧。

最热闹的、最具故事性的，依然是那些广告公司、广告人以及他们的实践活动。这一时期，有过辉煌，有过落寞。有李奥贝纳服务"科龙电器"的无奈，也有奥美服务"丽江花园"的得意；有旭日的"华宝"与"科龙"辉煌，也有蓝色创意、黑马服务地产的安心；有广东省广告公司的重出江湖、PK 掉跨国广告公司、获得"本田"业务的自豪，还有盛世长城服务"美的"的运气、白马广告公司转型做户外广告"风神榜"的威风八面。中国广告业的专业化进程中，广东省广告业留下了诸多优秀的篇章：白马做的太阳神、泰奇八宝粥、科龙、容声电器；黑马做的太太、美媛春口服液、华宝；蓝色创意做的金福米；广旭做的丽珠得乐和格力。这一时期的户外广告是最辉煌的。从口服液、家电到越演越热的地产代表了客户的主流土洋厮杀。英扬传奇、广州广旭等广告公司也成为 20 世纪 90 年逐渐发展起来的广东地区广告公司的优秀代表。

---

① 《本土的，这群人的，20 年 30 秒》，《国际广告》2002 年第 5 期，第 69～70 页。
② 广东省广告协会编《纵横：广东广告 20 年》，广州出版社，2000。

英扬传奇是 20 世纪 90 年代在广州发展起来的一家优秀广告公司。1992 年，厦门大学新闻传播系广告专业毕业的吕曦①，来到珠江电影制片厂做广告影视导演和制片，一如那个时代所有的大学毕业生一样端上了铁饭碗。在珠江电影制片厂工作期间，吕曦的客户有纳爱斯。在后来英扬传奇广告公司成立之后，纳爱斯和英扬传奇合作至今，这是中国广告业企业与广告公司合作的不多的时间记录，也创造了诸如"妈妈我能帮你干活了""干净的盘子会唱歌""有情有家有雕牌""只为提升您的生活品质"等一句句深入人心的广告词。除了来自浙江丽水的纳爱斯，英扬传奇与利郎男装等闽派品牌的合作则是另一个传奇。利郎、九牧王、与狼共舞、七匹狼……这些如今家喻户晓的男装品牌，英扬传奇与之一起成长。

这一时期，广州的合资广告公司也有诸多合作成功的典范。诸如日本旭通讯社株式会社（ADK）与广东省广告公司合作组成的广东广旭广告有限公司，是当时中外合资广告公司浪潮中不多的几家以中方运行为主的合资广告公司之一。在经历 1994 年的"离职带走客户"风波与危机之后，广旭认识到在 AE（客户服务）为核心的现代广告业中，服务必须是以公司的一整套流程和人员分工为基础的，而不是单一的个人或几个人。在实力得到逐渐恢复之后，广旭在代理诸多日本品牌来华广告的同时，全面代理丽珠得乐、雅马哈摩托车、格力空调、金羚洗衣机、蓝带啤酒、东南汽车、日清食品、小糊涂仙酒、新飞冰箱、风神汽车、南山乳业、中国网通、清华源兴生物医药，等等。

五　广州 4A 成立与广州广告业的成熟

广东地区有着全国无与伦比的本土市场。珠江三角洲地区是改革开放之后最先崛起的经济区域，小到一个乡镇或者村落，都有着一个庞大的产业集群。如神州热水器和万家乐热水器之间曾发生"品牌大战"，但它们在地理位置上相聚也不过十几公里。从广告服务的选择上来看，带着崇拜和仰慕的目光，本土大客户一开始是单恋跨国广告公司的，这也与跨国广告公司的野心相一致，它们希望在服务跨国公司之余，建立更广泛的本土

---

① 参见吕曦近年来接受多次专访的资料，如《百变吕曦演绎营销传奇》（搜狐财经，2009）、《吕曦，相信传奇，相信奇迹》（中国广告买卖网，2014）、《广告或许消亡，营销智慧永存》（广告门，2016）等。

大客户的关系。与此同时，已经从改革阵痛中走出来的国营广告公司，以及一大批从市场底层拼杀出来的本土广告公司也在正面与跨国广告公司争夺地盘。在各种荒诞与奇迹中，广东广告业在曲折前行中逐渐走向成熟。

1996 年 11 月 1 日，广州率先成立 4A 协会，即广州市综合性广告代理公司委员会。首批成员中 18 家综合性广告公司的总经理参加了大会。这是中国大陆第一个由广告公司组建的行业协会，从某种程度上也说明了广东广告业的发展水平在 20 世纪 90 年代末处在较高的位置。会上，代表们一致通过了广州地区综合性广告代理公司委员会的标志，选举了第一届执行委员会，广州黑马广告公司总经理张小平被推选为执行委员会的召集人。地方性 4A 协会的出现，折射出的是发达地区广告公司从业人员自律意识的日益觉醒，也体现了广告公司对广告业发展的情怀。在此之前，类似的广告公司的行业性组织，在中国仅仅存在于与国际广告业联系紧密且广告业发达的香港与台湾。广州的这一举措远远领先北京和上海。

这一时期，广州 4A 的成立，可以说明广东广告业的发展水平和专业化成熟程度。在广告从业人员的认知中，4A 在某种程度上代表着高标准和高要求的广告专业能力。最初，4A 一词源于美国，是"美国广告代理公司协会"（The American Association of Advertising Agencies，简称 4A）的缩写。据资料介绍，19 世纪末，美国的广告界人士为了加强行业自律，整顿行业道德，在发达地区成立了一些广告业同人联谊会性质的组织——美国广告俱乐部。[①] 1914 年，广告主集体退出，成立了美国广告主联合会。1917 年，广告公司也整体脱离，成立了美国广告代理公司协会，简称 4A，这就是全世界最早的广告代理商协会。成立之初，美国 4A 共有成员 111家，总部设在纽约，在全美四个区域设置了 28 个分支委员会和 750 个不同层次的管理机构。2009 年的官方资料显示，全美共有 1100 余家广告公司，而美国 4A 成员囊括了包括奥美、智威汤逊、麦肯、李奥贝纳、天联等一流公司在内的 630 家广告公司。协会在美国设有 1200 多个办事处，全美80% 的广告由协会成员公司创作，成员公司的广告经营额占全美广告经营总额的 75%，从业人员占 52%。由于美国 4A 具有广泛的影响力，它的名称已经演变为全球范围内符合专业规范、具备专业水准的广告公司的代名

---

① 丁俊杰、陈刚：《4A 的超越：中国 4A 十年蓝皮书》，中信出版社，2016。

词，并有了国际通用的叫法"合格的广告代理商协会"。对于广告行业而言，美国4A最重要的贡献就是对成员公司收取客户媒体费用进行了明确约定，在美国市场上有效避免了恶意竞争，保证了广告公司服务的专业性。随着广告市场日益全球化，其他地区也纷纷效仿、借鉴美国4A的专业标准，并结合各地广告市场特点，在全球组织了多个本地化的4A组织，例如中国香港广告商会、中国台湾广告经营人协会、中国澳门广告商会等。

　　随后，1997年，《国际广告》杂志开始在北京举办"北京高级广告4A沙龙"，先后邀请国家相关主管部门和部分在京广告公司座谈，同时，国际4A广告公司也开始经常组织一些专业性聚会和活动，莫康孙、宋秩铭、苏雄、苏秋萍、刘胜义等著名广告人都曾参加过。但直到2005年12月，中国4A，即中国商务广告协会综合代理专业委员会才在北京正式成立。

　　作为中国广告业的一部分，虽然广东广告业曾一度以早熟的状态引领中国广告行业的发展，但是它也不可避免地在时代转换中随波起伏。随着中国即将放开对外资广告公司进入中国的限制，"生存难题"继续困扰本土广告公司。根据从广东省工商局发布的2004年数据，广东省广告经营单位仍然是以个体、私营为主，占总户数的八成以上；只占总户数一成多的国有和集体广告经营单位经营额却占总经营额的56%。这些数据表明广东的广告行业水平仍然停留在"小而散"的状态。广东地区的广告客户往往以来自本地市场的家电、房地产等行业为主，它们采用小富即安的工作方式，在某种程度上缺失更高维度的专业化思考，当这些行业的发展对营销传播需求并不那么强烈时，就会直接影响广告业的繁荣程度和诸多广告公司的生存。一些广告人也逐渐从广告业转移到其他领域，如房产经营、化妆品经营等利润更高的商业领域。同时，跨国广告公司媒介代理业务的发展与资本化、专业技术优势，又引起了几乎所有本土广告人的恐慌。广东广告业在"土洋厮杀""产业转型""资本诱惑"等情势下，艰难又勇敢地向着未来迈进。

第八章　百花齐放：北上广之外的区域枭雄

在之后一系列改革开放政策的推动下，1992 年成为改革开放以来中国经济发展的一个加速点。中国的国内生产总值从 1978 年上升到 1986 年的 1 万亿元人民币用了 8 年时间，再上升到 1991 年的 2 万亿元用了 5 年时间，此后 10 年平均每年上升近 1 万亿元，2001 年超过 10 万亿元大关，2002～2006 年平均每年上升 2 万亿元，2006 年超过 20 万亿元，之后每两年上升 10 万亿元。① 在 1992 年国民经济新一轮高涨中，地方、部门、企业表现了很高的积极性，各个地市开始出现了开发区热、房地产热、债券热、股票热、期货热等现象。骤然活跃起来的地方经济在宽松的政策和高昂的发展热情中开始出现一大批优秀的本土企业，一大批优秀的企业家带着他们的商业雄心开始了冒险，这也为区域市场的本土广告公司提供了施展拳脚的舞台，它们也成为区域市场的本土企业快速布局全国，提供品牌服务、广告服务、营销传播服务的幕后军师。相较之北京、上海、广州地区的广告公司，这些广告公司的创立过程，以及创始人的企业家故事，更显得跌宕磅礴。他们更像是一个个叱咤本土市场的"枭雄"。

一　杭州思美与浙江广告公司生态

2014 年 1 月 23 日，被称为"中国民营广告公司第一股"的思美传媒在深交所上市，一时风光无二。但思美的缘起也要回到 20 世纪 90 年代初的改革"春天"。1993 年，29 岁的杭州人朱明虬在杭州一家经营小百货批发的国有企业担任小职员，6 月一个阳光明媚下午，因为公司的一个子公司对广告有需求，公司领导和朱明虬谈话，要求他成立一家广告公司，担

---

① 参看国家统计局报告《改革开放铸辉煌　经济发展谱新篇——1978 年以来我国经济社会发展的巨大变化》，《人民日报》2013 年 11 月 6 日。

任副经理。如果做得好，就是经理；做得不好，就派个人当经理。① 7 月初，朱明虬和另外两个人的"三人作坊式"的广告公司正式成立。每个人都是"全能战士"。尤其是"大管家"朱明虬，从业务、市场到行政、财务等相关工作，都需要全面参与和负责，在这个过程中他边干边学，逐渐熟悉了广告运作的基本内容。

四年后，由于客户背景的原因，朱明虬失去了当时公司最大的客户，这意味着，公司的"半边江山"几乎垮了。② 但危机同时也是机遇，本土企业旺盛的营销需求成为广告公司发展的最重要机遇。在 20 世纪 90 年代的保健品、快速消费品营销浪潮中，朱明虬打破单一品类和依赖大客户的广告局限，开始提供更广阔的全面广告服务。2000 年，浙江思美传媒有限公司正式组建；2001 年，上海分公司成立；2008 年，思美传媒受邀加入中国 4A 协会；2011 年，广州分公司和北京分公司成立；2012 年，IPO 获证监会发审通过；2014 年 1 月 23 日，成功登深交所中小板（股票代码 002712），成为第一家在中国上市的民营广告公司；同年，荣获全国文化企业 30 强；2015 年，投资内容产业，从广告业开始外延扩张，娱乐整合营销服务商科翼传媒加盟思美传媒；2016 年，着力打造思美生态圈，数字营销公司爱德康赛、内容营销公司掌维科技和观达影视加盟思美传媒；2017 年，初探体育营销、内容衍生品，智海扬涛加盟思美传媒。③

这一时期，从 1979 年到 21 世纪初，浙江省的经济总量从全国的第 12 位提升到第 4 位，诸如娃哈哈、养生堂、绿城等本土企业以及其他一些服饰、日用产品等产业集群在国内崛起。浙江广告业在某种程度上匹配着活跃和速进的浙江本土经济，也出现了一大批优秀的广告公司。浙江大学以及中国美术学院等高等院校在广告教育方面所做出的杰出贡献，使杭州成为孕育广告专业人才的温床。西湖博览会展览、房地产展览等大型活动为杭州广告业的发展起到了推动作用。这一时期著名的广告公司包括项建中

---

① 《国企出来的"小职员"如何打造自己的传媒帝国》，和讯网，转自《每日商报》2013 年 1 月 27 日。

② 《国企出来的"小职员"如何打造自己的传媒帝国》，和讯网，转自《每日商报》2013 年 1 月 27 日。

③ 来自思美传媒官方网站 http://www.simei.cc/About。

创立的以影视广告为核心的浙江华林广告公司、以制版与印刷为主业的东联公司、学者气质出众的俞斌浩创立的太古广告公司、擅长影视策划的博采广告公司、专注房产策划的精锐和青鸟广告公司、创意策划后转向房产策划的捷群广告公司、以策划创意为主的动脑广告、以品牌策划和营销咨询闻名的奇正沐古营销策划机构、以全面服务和媒介经营为主的温州华亭文化产业有限公司，等等。

二 哈尔滨海润与"北药现象"

在知名音频分享平台喜马拉雅上，你可能会偶遇一个"为你读诗"的节目，里面有一期节目的朗读者是本节所要聊到的"枭雄"之一——哈尔滨海润国际文化传播有限公司董事长潘洋。1956年9月出生的潘洋，在19岁的时候就参加了工作，担任黑龙江省佳木斯市工程公司的宣传部干事，而后又担任佳木斯市建工学院团委书记，对播音和朗诵艺术情有独钟的他，在25岁那一年，依然决然地走向了向往已久的岗位，之后的10年，他分别担任佳木斯电台播音员，佳木斯电视台主持人、主任记者。1991年12月，年过而立之年的他担任海润国际广告有限公司黑龙江分公司总经理，成为一名广告人。在风起云涌的20世纪90年代的广告业，借助改革春风带来的黑龙江省企业的快速发展，海润成为这些企业走向全国最重要的外部智囊。这些企业我们也都很熟悉：哈药六厂、三精制药、葵花药业、黑龙江省移动、黑龙江省联通、青岛啤酒、海宁皮革城、哈尔滨银行、交通银行、光大银行、龙江银行、大学生冬季运动会、老鼎丰食品、太阳岛旅游风景区等。其中，使潘洋和海润广告公司闻名广告圈和传媒圈的是时至今日依然赫赫有名的"北药现象、哈药现象"。

"哈药现象"是20世纪90年代诸多广告奇观中的一个。追求瞬间奇迹是这个时代的特征。根据《中国经营报》2000年的调查性报道资料，哈尔滨医药集团股份有限公司成立于1989年，和很多医药行业上市公司一样，是在原哈尔滨市医药管理局所属的31个企业的基础上组建而成。1998年哈药集团提出将集团内企业注入上市公司，全面铺开以提高优势产品规模，1999年销售大幅增长。国内医药企业中单品销售过亿的并不多，当时哈药集团的严迪、盖中盖、葡萄糖酸钙口服液、双黄连粉针、益萨林等11

个产品的销售都超过亿元。① 以哈药集团下属的哈尔滨制药三厂为例，该
厂 1996 年没有广告投入，当年销售亏损；1997 年投放 1000 万元，销售额
达到 1 亿元；1998 年投放 2000 万广告，销售额达到 2.2 亿元，到了 1999
年广告投放到 2 亿元，销售额高达 8.6 亿元。② 2000 年，哈药集团的广告
攻势在全国范围内持续展开，广告投放达 12 亿元。③

　　在跌宕起伏的时代，海润完成了"五粮液"对黑龙江市场的拓展，也
帮助黑龙江的企业，诸如完达山、飞鹤、翠花酸菜等走向全国。2003 年 6
月，哈尔滨海润建立了以广告传播为主的集团公司，形成了以广告传播、
创意策划、影视制作、户外开发、活动执行、互联网传播等为一体的整合
型企业集团。户外媒体开拓布局、地方品牌全国化推广、大型国企和跨国
公司在黑龙江的布局、打造城市名片、服务"世界大学生冬季运动会"等
大型活动成为这一时期的亮点。2015 年，海润挂牌新三板进军资本市场，
成为黑龙江省第一个挂牌新三板的文化企业。借助国家对数字经济和文化创
意产业的政策利好，海润开始从营销传播公司向新媒体开发、文化创意产业
和互联网产业转型。包括推出海润方案，成立海润全媒网，启动"9+1"
模式，开展黑龙江国际优品榜活动，助力黑龙江的品牌和民族企业走向全
国，同时也将一些全国知名品牌引入黑龙江落地。广告业的兴衰跟国家政
策、经济环境的整体变化密切相关。诸多本土广告公司的生存、发展，其
背后的脉络都是基于此因素。

三　西南地区的广告公司生态

　　西部重镇成都、重庆、西安及昆明的广告业，得益于西部大开发的历
史机遇，既有富饶的缺失，又有贫困带来的动力。2001 年 10 月 22 日结束
的中国改革西部论坛被认为是新思维盛宴，轰轰烈烈的西部论坛产生的高
见，在整个中国造成了思想激荡，也深刻影响到广告业。20 多年的改革开
放道路，走的是发展中国家常采用的"非均衡发展"方向。简言之就是选
择有条件的地区或城市优先发展，形成增长极，带动周边。西部地区如西
安、重庆、成都、昆明等大型城市的广告人对身处的历史洪流和社会变革

① 《哈药现象，仿佛标王又来》，《中国经营报》2000 年 7 月 9 日。
② 《哈药现象，仿佛标王又来》，《中国经营报》2000 年 7 月 9 日。
③ 杨红梅：《哈药集团广告经济效果分析》，硕士学位论文，北京大学，2001，第 27 页。

具有特有的理解力和智慧力，对广告事业具有虔诚之心，对创新具有深切的渴望，不回避问题锋芒、痛陈自身缺点，务实、理性、专业精神构成它们集合的精神风貌。

无论是广告环境还是广告资源，成、渝两地都堪称优良。它们像双子座熠熠生辉：一个是省会城市，被喻为京、穗、沪之后的中国第四城；一个是名列第四的直辖市。成都称得上整个西部的枢纽，具有极强的辐射力。1996年前1000家国内外大品牌驻西南办事处基本设在成都，其广告投放量在成都占70%，市场综合素质发育得相当完美。像长虹、恩威、托普等企业源自本土，带动广告公司大品牌运作及实践。这些企业现在又纷纷进行战略规划，北到银川，东到武汉，南到昆明，西到乌鲁木齐。四川省巴蜀新形象广告传媒股份有限公司的前身为巴蜀新形象广告策划公司，成立于1993年，2001年经四川省人民政府批准发起设立股份制有限公司，是中国广告业界第一家严格按照《公司法》设立的拟上市公司。其服务的客户包括中国联通四川分公司、中国电信四川分公司、全兴集团、水井坊集团、茅台、剑南春、百联天府购物中心、APDF中国项目开发中心等大型企业。以户外广告媒体经营和代理为主业的大禹伟业广告公司也在国内积极开始布局，建构了"全国百家二级广告代理联盟"平台。四川大西南国际广告公司和成都阿佩克思整合营销传播事业机构以全案为主的营销传播服务获得了诸多客户的青睐。四川地区的这四家广告公司在多年时间内成为国内前100强本土广告公司的常客。而临近的重庆也诞生了诸多优秀的广告公司，包括成立于1993年的重庆正点广告公司、成立于1997年的重庆高戈广告公司和重庆金牛慧通广告公司等。

而更往西南的昆明，也有着中国广告业发展的普遍问题。1999年以前，全市有459家广告公司，规模过千万的只有2家。昆明50%户外媒体资源集中在一家公司手上。单列柱灯箱审批权控制在副市长手上，并没有市场化。另外本地客户资源短缺，人们广告意识淡漠，人情、关系占上风。云南烟草业是广告大户，由于诸多因素还未实行公开招标。而对于全国推广，本地广告公司的服务又跟不上。像盘龙云海、云南白药等大品牌都是跨国广告公司的囊中之物。从某种程度上来说，昆明浓缩了中国广大内陆商业非一线城市的广告业生态：一是本地广告资源未被利用与开发；二是广告公司多，冲淡了市场浓度；三是媒介低价低质竞争，损害了广告执行力。

1992 年，两家不起眼的广告公司创立，之后引领云南广告十数年。1992 年 11 月 28 日，热衷于励志演讲的李践辞去银行出纳员的工作，在昆明翠湖边陆军讲武堂旁的一个小屋里成立了仅有几名员工的风驰广告公司。同年，郭洪明在昆明创立云南恒通广告公司，后来发展成为云南本土最大的全程营销策划传播机构。两家公司虽然业务类别和运作风格存在较大差异，但是各自找到了成功的路径。昆明风驰广告公司在李践的带领下，从 1995 年开始连续 9 年进入中国广告业 50 强排行榜，成为云南广告业在全国的一张名片，"风驰现象"已经成为中国广告业界的优秀模式。风驰一度成为中国西部最大的户外媒体公司，云南户外媒体占有率 70%，广告媒介代理涉及 19 个省市。虽然广告业发展一般，但是昆明的户外广告业却在全国遥遥领先，走在昆明的大街上，琳琅满目、富有创意的户外广告非常抢眼，成为这个城市一道景观。2000 年，李嘉诚旗下的 TOM 户外传媒集团出资 2.7 亿元收购了风驰广告公司 49% 的股份，公司更名为唐码风驰。① 而恒通广告与风驰的户外媒体经营与代理的思路不同，它依托云南本土企业，尤其是快速发展的房地产企业，虽然在营业额上并不如云南风驰那么显眼，但围绕着客户的营销传播服务，建构了一整套相应的专业化运行机制，更接近国际上的 4A 广告企业，尤其在现代广告运作尚处在较低水平的云南广告业，就显得更加"出挑"。在其他方面，昆明广告业也不乏优秀的广告公司。在影视制作方面，昆明有张晓岚营销策划机构，诸如云南白药影视广告、中国移动云南篇等优秀影视广告大多出自张晓岚的手笔；在创意策略方面，彭志华领导的昆明优势时代广告公司也挑起主角的重担，是一家一直致力于服务中国本土品牌的专业广告公司；在营销策划方面，昆明熊大寻策划机构、云南震撼广告公司也都表现出不俗的成绩。②

四　其他地区的广告公司扫描

在 1992 年前后，各个省市的广告公司发展出现了一波高潮③。在安

---

① 《风驰没落恒通凋零，昔日云南两大广告豪门双双陨落》，云南房网，2016 年 5 月 26 日。
② 《昆明广告生态——广告公司篇》，《广告导报》2005 年第 6 期。
③ 这部分内容所讨论的广告公司，参考了《广告导报》杂志社在 2005 年 1 月出版的《最具影响力的本土广告公司 100 强》专题报道，由于各种原因，部分广告公司未能参与此次评选，故而未出现在榜单中。本书在查漏补缺的情况下，也难免出现遗漏，希望有机会再版时再一一修改。

徽，安徽金鹃国际广告公司创办于 1993 年，在综合代理与媒介代理两个方面都有着突出的优势，服务的客户包括德国菲林格尔、美菱、荣事达、澳柯玛、口子酒、宁夏红、新华投资集团、芜湖迎客松工贸集团等。成立于 1997 年的合肥嘉宝广告传播公司也一度成为中国本土广告公司 100 强之一。

在江苏，创立于 1993 年的南京卓越形象品牌传播事业机构专注于策划和创意服务。成立于 1999 年的江苏大唐灵狮广告公司曾一度排名江苏省综合性广告公司第一名，业务范围涵盖广告营销传播、户外媒体、地产传播等各个方面。江苏华实广告公司作为江苏第一家省级广告企业，也为波司登、雅鹿、雪中飞等企业成功进行了品牌策划服务。江苏大贺国际广告集团有限公司从户外媒体经营入手，在香港上市之后曾一度成为中国广告公司资本化与集团化的一个代表样本。

在福建，成立于 1995 年的福建奥华广告公司是福建省内最大的广告公司，其客户包括福建省内的诸多大型企业，诸如南孚、惠泉、银鹭食品、厦华电子、兴业银行、万利达集团、龙岩卷烟厂等，服务类别涵盖了营销传播的多个方面。福建新恒基广告有限公司、福建新思维广告公司也凭借着在媒体代理和品牌整合方面的能力，曾一度与福建奥华广告公司争上下。

在山东，成立于 1991 年的山东青岛五洲广告公司在媒介专业化营销方面有着诸多努力，2001 年与实力媒体结为山东省策略联盟，服务客户包括山东的诸多著名企业，如海尔集团、海信集团、澳柯玛集团、黄海制药、青岛海底世界等。同时期创立的山东北斗广告有限公司主营户外广告和媒介代理。

甚至在经济水平较为落后的西藏和新疆也出现了一批优秀的本土广告公司。1993 年 2 月 28 日，新疆普拉纳广告公司在乌鲁木齐成立，是新疆和西北地区最具规模和实力的综合性广告公司之一，拥有普拉纳广告、普拉纳营销、普拉纳媒体、普拉纳唱片和普拉纳影视等五个独立机构，涵盖了整合营销传播的各个方面，客户包括伊力特实业、天山毛纺织、新疆卷烟厂、新疆啤酒、新疆制药厂等当地的大企业。除此之外，还承接了包括联想集团、丝宝集团、壳牌石油、容大制药、好记星、完达山、敖东药业等国内大型企业在新疆的广告营销服务。同年，西藏国风广告公司成立，涵盖了从市场调研到创意设计到媒介发布等整合广告营销服务。其营业规模也曾长期处在国内本土广告公司的一线水平。

除此之外，其他省市地区还涌现了一批优秀的广告公司，湖南双赢通利传播产业机构成为湖南地区最具专业水平的广告传播机构，海南中视广告公司成为海南最优秀的本土广告公司，贵州天马广告公司、河北众美广告有限责任公司、深圳名派广告有限公司、沈阳龙邦国际广告有限公司等也成为各自地区广告业的名片。

五　关于发展特色的总结

综观这一时期北京、上海和广州地区的广告公司发展样态，不管从整体的数量、规模上，还是从单个优秀广告公司的服务水平上，都取得了迅猛的进步，一大批优秀的广告公司和卓越的广告人成为各个地区的弄潮儿，广告人的才智得以充分展示在一个又一个的经典广告作品中。虽然这一时期的躁动与刺激也催生了许多泡沫与荒诞之事，但这并不能否定现代广告理念在广阔的中国大地上落地、生根、开花与结果。这一时期，诸如福建奥华服务七匹狼的"与狼共舞"广告、杭州博采为农夫山泉所创作的"我们只是大自然的搬运工"、普拉纳为伊力特创作的"英雄本色"、海润主导的"哈药现象"、广西科嘉艺负责的"广西金嗓子"等案例开始成为"北上广"之外的中国广告旋律。

从整体上看，"北上广"之外各个区域的广告公司的发展有几个特点。其一，广告产业的规模呈现快速增长的态势，国有广告公司和集体所有制的广告公司在不断萎缩，且速度明显加快，民营资本和个体力量开始进一步发展，并占据绝对优势。广告人的智慧开始激发出优秀的广告作品。其二，户外媒体经营与代理类的广告公司成为一个主要的发力方向。这与各地的城市景观建设与城市化规模扩张有着密切的关系。同时，依托省内强势媒体，如报纸、电视等优势资源而开展的媒介代理类广告公司也较为突出。其三，广告公司所服务的客户主要分为两类：一类是本地的大型广告企业，它们在本土市场提供广告营销服务，包括策划创意服务和媒介代理服务，几乎每一个成功的本土广告公司背后都有若干大型的本土企业；另一类是为国内和国际大型企业提供在本地市场的营销传播服务。

相较之"北上广"较为科学规范的广告运作，在现代广告意识尚未完全普及的其他区域，存在着更多的不确定性因素。广告公司的发展不仅需要面对急剧动荡混乱又急功近利的广告市场，面对全民办广告的喧嚣，还需要思考并创造一整套服务于本地市场的特殊营销传播方法，既包括专业层面的努力，还有更多的人情与资源等专业之外的平衡。"这一时期的广告界充满了敢作敢为的冒险，又充满了胡作非为的盲动；既充满了创造的奇迹，又充满了伪造的奇幻。"① 而"北上广"之外的广告公司们以"枭雄"之姿，在中国大地上书写了"百花齐放"的壮丽图景。

---

① 余虹、邓正强：《中国当代广告史》，湖南科学技术出版社，1999，第128页。

第九章 大师神话：策划业的峰与谷

一 广告扫盲与广告效果的强化

由于历史原因，中国广告业从复苏开始就需要承受国人对广告的无知，以及关于广告的政治意识形态偏见。商人的广告行为被称为"王婆卖瓜，自卖自夸"。中国传统的自谦美德使商业层面的信息传播与道德上的"自我炫耀"画上了等号。"好花自来香，不用大风扬""好酒不怕巷子深""货好不用吹，自吹无好货"，诸如此类的俗语将广告置于一种道德的洼地。在改革开放的最初十年里，关于广告的价值与角色的讨论，是重要的时代课题。

广告起源最直接的动因即是人们在商品交易和其他商业活动中产生了将商品信息广而告之的需求。古代文明最为发达的地区，一定存在着某种类似广告的活动或者初始的广告行为，这一推测已经得到丰富的史料证实。从中国的《诗经》到古罗马的庞贝古城，再到古巴比伦和古代埃及的文字广告和店铺招牌，均是如此。尤其是近代以来，大规模的生产需要大规模的消费与之相匹配，而广告就是沟通生产与消费的重要信息桥梁。尤其是在现代商品及其背后的生活方式的传播中，广告的价值与意义显得更加重要。

中华人民共和国成立以来的计划经济体制，使得产、供、销被纳入国家统一的指令性计划，商品经济和市场经济被一种庞大的"国家安排"所替代。国内学者黄升民曾经在《中国广告的消失与复苏》一文中对中国广告的消失因素进行了认真的探寻，经济体制导致的商品萎缩，以及人们购买力下降是广告消失的最主要原因。计划经济下的各种因素导致不需要广告这一怪现象的出现。

这种对广告的纠正，或者说"扫盲"，成为中国广告业起步阶段必须面临的重要课题。在诸多的广告扫盲方式中，对广告的实用价值的强调，成为 20 世纪 80 年代书籍和杂志等媒体上广告报道的一个共性。其中有两个有趣的点值得挖掘。其一，实用。对于很多事物的创新的扩散而言，对其所蕴涵的功能性价值的说明和解释，以及对这种事物所能满足的需求的挖掘，成为重要的议题。这种思考方式已经成为营销传播中的基本原则。1981 年 6 月，中国大陆第一本广告学著作《广告知识与技巧》由潘大钧和张庶平合作完成，其特色即是简明实用。三个月之后，中国工商出版社出版了唐忠朴等人编著的著作，直接将"实用"一词放到了书名中——《实用广告学》，关于广告创作的设计技巧与媒介策划占用了较多的篇幅。其二，强调。为了达到更好的说服效果，对某些个案的强调、夸张成为一种主要的形式。对广告效果的过分强调和侧重，成为中国广告业复苏阶段的一个重要现象。在影响力和传播力更为广泛的广告专业杂志上，也出现了对广告效果的强调，以此来纠正人们对广告的漠视和无知。1982 年第一期的《中国广告》杂志上刊登了沈洪勋撰写的文章《疗效、广告、畅销》，广告被比喻成一种治疗企业顽疾的良药。"我厂（武汉制药厂）1977 年开始生产治疗白内障眼药新产品'白内停'。由于当时没有恢复广告业务，这项新产品并不被人们所了解，当年只生产了 15 万瓶，1978 年产量虽有增加，但销售并不理想，年底库存占全年产量的四分之一。1979 年全国广告业务开始恢复，为了打开'白内停'滴眼剂的销路，我厂与武汉市美术广告公司共同配合利用电台、电视、报纸、路牌、霓虹灯等多种广告手段，先后在武汉、西安、沈阳、广州、北京、重庆、南京、福州、杭州、上海等城市进行产品宣传，很快就收到了经济效果，不仅原来库存的'白内停'全部销售一空，而且产量比上年猛增 9.9 倍，利润比 1977 年增长 4.2 倍。"①

如此这般的"广告效果集锦"，自 1981 年《中国广告》创刊以来就不断作为广告重要性的见证而被刊载。关于广告的影响效果的路径和真正的价值，当时的中国广告业没有能力去完成这样的效果测量，但在刚刚兴起的商品经济中，企业的确非常需要广告。很多被报道的广告优秀效果的案例在企业之间又被再次传播和扩散。当市场上旺盛的广告需求和被故事化

---

① 参见沈洪勋《疗效、广告、畅销》，《中国广告》1982 年第 1 期。

了的广告效果置于一起，人们就很容易从"广告无用"的偏见倒向另一种"广告万能"的偏见。所谓"一则广告救活了一个工厂"，"广告一登，生产上升"，的确是一些事实，但这些事实只是特殊历史条件下的特殊现象，它们并不具有超历史的普遍有效性，在喧嚣的时代，人们也来不及考察广告成功的原因，对广告的狂热、迷信和神话，开始在市场上蔓延。

1992 年以后，政策的松绑、市场经济体制的确立使人们的欲望得以完全释放，中国经济再度发热。1992 年、1993 年、1994 年国民经济总产值的增长速度分别为 12.8%、13.4%、11.8%。中国历史第一次和市场经济的全面接触来得汹涌澎湃，国家、企业和民众都缺乏一个循序渐进的接受过程。市场环境陷入一种动荡混乱和急功近利的喧嚣之中。而这一时期，民众经过对广告十几年的接触，已经对广告形成了一定的免疫能力，和之前对广告的好奇、兴奋完全不同，广告的效力也在降低。这一时期，中国广告继续艰难的专业化和科学化努力，此外又出现了另外一个极端：追求短期轰动效应。

保健品行业成为广告神话的主要诞生领域之一。[①] 在"三株口服液，保胃护肠""冬（春夏秋）天喝三株，肠胃好舒服"的广告标语铺天盖地之时，三株集团从 1994 年创业时的 1.25 亿元的销售额到 1995 年的 23 亿元用了一年时间，从 23 亿元到 1996 年的 80 亿元同样只用了一年并且资金负债率为零，缔造了现代企业营销的奇迹。作为国内第一家全方位导入 CI 的企业，出众的包装和独一无二的知名度，加上广告推广的借力，太阳神 1995 年创造了 4 亿元的销售奇迹，太阳神也从以普通甘菊提取的成分为主、高考学生和职业人士必备的营养品，扩展到猴头菇口服液等系列产品。同时期的哈尔滨红太阳集团，以"红太阳""彼阳"为商标，推出"牦牛骨髓壮骨"的概念，在中央电视台和地方电视台进行地毯式广告轰炸，东北保健品集团军开始苏醒，出现了广告投入比"三株"和"脑白金"更密集的"哈药"现象。除此之外，巨人"脑黄金"、中华鳖精、505 神功元气袋、沈阳飞龙等品牌也加入当时铺天盖地的广告滔滔声浪中。直到当下，很多人依然会将保健品行业的发展动因归结为广告的力量。相关的技术不透明且又符合人的强烈需求的产品，如化妆品、酒类等，其企业

---

① 参考专题《你方唱罢我登场，各领风骚三五年：保健品营销发展简史》。

的发展兴旺历程与广告也紧密联系在一起。

这是一个充满野心与创造、交织着邪恶与德行的时代。当时的中国虽然对于来自国外的科学的广告理论和工具还不太了解，但是中国源远流长的历史却包含了诸多和广告相关的智慧，在大幅度的开放政策和高度发展的市场经济刺激下，一大批广告之外的从业人员群体，开始加入广告行业，和广告人一起探索中国广告业的未来之路。

二 策划的历史智慧与广告业的汇流

策划是什么？策划是一次革命，一种谋略，一种战术，一种技巧，一种手段。策划就是将知识重新进行排列组合，创造"智力成果"的一个脑力活动过程。[①] 中国悠久灿烂的历史文化留下了诸多"策划"的智慧。尤其是在政治策划领域。以战国四君子为例，楚国春申君、齐国孟尝君、赵国平原君、魏国信陵君，他们以"养士"闻名，都有食客三千的说法。这些"士"往往以谋略和胆识，帮助四君子完成了很多大事。平原君的毛遂迫使楚国与赵国修好；信陵君的侯嬴出谋救赵；孟尝君的冯谖为他营造"狡兔三窟"，又有"鸡鸣狗盗"之徒在关键时候救他出秦国；还有春申君精于算计，反而命丧他人之手。强秦不敢侵犯这些诸侯国，多是因为这些谋士的原因。此外，历史中还有汉高祖刘邦约法三章、明修栈道暗度陈仓、灭项羽；唐太宗李世民宣武门政变；宋高祖赵匡胤黄袍加身，杯酒释兵权；明太祖朱元璋"深挖洞、广积粮，缓称王"等；这些都成为策划的智慧源泉。

20世纪80年代的广告从总体上来看依然十分粗糙、原始，广告业的专业化水平相对来说还十分低。一方面，中国广告业缺乏足够的独立成长时间；另一方面，国外先进国家的现代广告思想还没有在国内被广泛学习和消化。与此同时，市场被唤醒的速度却远超广告业，在简单的广告信息告白难以奏效之时，广告业难以完整地匹配市场大潮的营销传播需求，出现了理论和智慧的空白期。随着市场竞争的激烈化程度加剧，各种成长经历和知识背景的"奇人""神人""大师"开始登上中国广告的历史舞台，广告竞争中奇招频出，广告中各种奇特的景观令人眼花缭乱。短短的几

---

① 周培玉：《商务策划原理》，中国经济出版社，2007，第3页。

年，中国大地上出现了一批以智谋为业的"策划人"。他们一会儿在这里讲课，一会儿到另一个企业出谋划策，这些人非常受企业尊重，他们从中也尝到了乐趣，这时一些媒体将这种人称为"策划人"。这一时期，随着电视连续剧《公关小姐》在全国引起轰动，加之国外公关理论开始被引介到中国，"公关"作为一个时髦的词语进入大众眼帘①，也促使中国广告行业的变化。以往借助常规媒体做单向告白式硬性广告投放的方式被置于一旁，广告公司开始寻求最大的灵活性，制造热点和舆论事件，借助"公关"的策划活动成为最热门的广告形式。

三　作为时代明星的"十大策划人"的跌宕起伏

经济因素是影响广告业发展最为关键的因素之一，也是思考广告公司发展的重要视角之一。1995年开始出现的市场供需关系的转化使很多只懂标准化产品生产的企业陷入了困境。与此同时，中国广告业出现了一个成为社会公众新闻事件的"十大策划人"的评选与讨论。

何阳是最具代表性的"策划人"之一。1988年，32岁的何阳辞去公职，开设"和洋民用品新技术研究所"，后又设立"北京和洋咨询公司"。② 当时，"下海"是个时髦的词，端着铁饭碗的人们对"下海"者一面艳羡一面不屑。何阳公司的核心业务其实就是以何阳为中心的咨询和策划工作，他为企业出主意，包装、推广那些积压产品，让它们变得畅销。这一时期，关于何阳和他的策划故事，成为街头巷尾，乃至新闻报道中谈论的话题。比如，他指点人们在滞销的杯子上印些京广铁路的线路图，再送往火车上销售，就救活了一个工厂；他将台灯设计为爱国者导弹的模样，放到香港推销，收到6万元酬金；浙江一家火腿厂半死不活，他建议将火腿开发成罐头，一句话又收到10万元酬金。在那个信息不通、思想闭塞的时代，彼时的中国，正在由计划经济向市场经济艰难转轨。这样的特殊时期存在着巨大的机会。不少企业的产品出现大量积压，生产与销售之间横亘的鸿沟，何阳用"点子"填满。"点子"成为一个事业和产业，但何阳和他的点子真正成为社会热点，还需要有强势媒体的参与。

① 参见居延安《公共关系学》，复旦大学出版社，2013。
② 孙敏：《从何阳被捕看中国策划业》，《北方经济》2000年第7期。

1992 年 9 月 1 日，《人民日报》头版刊发了《何阳卖点子，赚了 40 万，好点子也是紧俏商品》一文，媒体敏锐又大胆的报道在全国引起了轰动。当时正值邓小平南方谈话后不久，得到党报首肯的何阳，成为全国各地媒体的报道对象，何阳迅速成为家喻户晓的人物，"点子大王"的名号也不胫而走。① 以何阳为榜样的策划人群体开始登上历史舞台。媒体的造星威力不可小觑。各地媒体开始转载和二次报道的同时，何阳戴上了"点子大王"的王冠。

在这样的光环下，何阳开始受邀到各地考察企业，为企业主答疑释惑。有人抛出一个问题，何阳往往眨眼间就能说出一条"救活的点子"。他成为时代的宠儿，牛群、冯巩以他为蓝本，在春晚舞台上说"点子让生活更美好"。据说，何阳在国内的出场费要 2 万元往上，那时最火的明星刘晓庆的出场费也才 4 万元。企业主想请他吃饭，拿号排队再交 3 万元。他的门票价格都是几百元，比当时香港四大天王大陆演出票价还要高。② 他到达某地，当地领导会亲自接机，报纸会提前做预告，标题为"欢迎智多星何阳到我省讲课，为我省经济腾飞添砖加瓦"。③ 这也是改革开放之后，中国市场开始真正为"创意"支付报酬。知识开始成为一种重要的生产要素出现。1993 年 7 月，国家工商局和国家计委发布《关于加快广告业发展的规划纲要》，提出"广告业属于知识密集、技术密集、人才密集的高新技术产业"的理念，与之相比，策划业则率先实现了"点子"的商品化。

20 世纪 90 年代的中国市场可能是有史以来最为特殊的一个市场，快速增加的生产能力和勃兴的市场消费之间缺乏完整的营销产业链，更缺乏产品、价格、渠道和促销四个维度的专业营销服务公司，何阳的神话建立在中国经济在转型期的野蛮生长和落后的营销传播服务基础上。在当时的营销传播行业和广告业，类似于何阳的"聪明人"将西方现代广告理论的策划体系和上下游产业链，替换为个人智慧的中国式"谋略"与"招术"。

---

① 《"点子大王"的十年》，参考了《中国新闻周刊》的深度报道。2001 年 3 月 28 日，"点子大王"何阳因诈骗罪被判有期徒刑 12 年。当年 3 月 31 日，在宁夏银川看守所，《中国新闻周刊》独家专访了何阳。2011 年 9 月，《中国新闻周刊》重访了提前出狱的何阳。
② 《点子大王何阳，江湖已不属于他》，《宁波日报》2009 年 12 月 23 日。
③ 《点子大王的起与落》，参考网·世纪人物板块，2018 年第 9 期。

而在国外，"策划"是建立在以规范化的市场为基础的科学理性和细致分工合作基础上，产业上下游的诸多分工是上百年成长、总结、沉淀、验证的结果。这一时期的中国市场，在消费转型和媒介改革中，混乱与不规范频频出现，尤其是政治与经济的关系剪不断、理还乱，在这样一种"乱市"的恶劣大潮中冲浪，其危险性可想而知。何况，那块"冲浪板"的背后，更多的是个人的直觉感知和灵机一动的"点子"。①

　　在何阳频频在国内各个省市走秀演讲之时，极度渴望现代营销知识与技巧的企业，惊慌失措、混乱不堪的市场，想制造新闻、抢夺发言权的媒体一起合谋，将并不成熟甚至水平不一的"策划"智慧与"策划人"群体推到了聚光灯下。从某种程度上来说，这是时代在某些个人身上的缩影。1997 年，第一届中国十大策划人以制造明星的方式被制造出来，他们是王志纲、何阳、秦全跃、孔繁任、余明阳、崔秀芝、叶茂中、赵强、王力、李光斗十个人。② 这些策划人中，有的是无所不能，每个领域都有很多"点子"；更多的是将策划专注于某一垂直领域，例如孔繁任在营销领域，王志纲在地产领域，秦全跃在媒介策划领域，余明阳在品牌领域，崔秀芝在公关领域等。广告领域，是诸多策划人智慧应用的主要领域之一，甚至于叶茂中、李光斗等都会将自己视为一个"广告人"。广告成为达到策划目的最好用的工具之一。

　　1990 年，叶茂中所在的泰州电视台承担了"春兰空调"电影胶片广告的拍摄。虽然对此一窍不通，没有拍过广告的他还是接下了这一任务。这次经历成为他人生的一大转折点，也是他步入广告舞台的重要跳板。③ 在打台球、看录像成为重要休闲方式的时代，叶茂中设计的春兰空调"一杆六球"的创造性表达也让电视机前的观众为之惊叹。这则广告不只成就了"春兰"，更成就了叶茂中。1993 年，叶茂中加盟了上海一家广告公司。20世纪 90 年代初的广告公司，最常见的一类工作业务是满世界的"拉广告"。1996 年，叶茂中成立叶茂中营销策划公司，面对当时极为激烈的中

①　关于何阳的论述，参考阅读了《南都周刊》的《点子大王何阳：江湖已不属于他》，《武汉商报》的《何阳：我的点子永远不会落后于时代》，《中国新闻周刊》的《何阳因诈骗罪入狱刑 10 年 曾被称为点子大王》，《中国青年报》的《谁坏了何阳》等新闻报道。
②　《策划如何进行到底：十大策划人今昔》，《EXPRESSION》2002 年第 6 期。
③　MBA 百科资料，叶茂中，http://wiki.mbalib.com/wiki/。

国空调市场竞争，叶茂中为东宝空调设计的"小金刚"品牌形象从产品等多个维度进行差异化创新。叶茂中的成名之作则是服务"小雨点饮料"的策划。1996 年，小雨点饮料刚进军北京，急需打开市场，叶茂中为其策划了"寻找小雨点"的创意。他编了一个寻人启事，并在多家媒体刊登、播出：黑龙江有一对年轻父母，赶到北京来，紧急寻找一个身高 19 厘米、穿红色衣服、戴一顶小红帽的小雨点；提供线索者，他们将用东北人特有的方式感谢。寻人启事闹得满城风雨时，叶茂中揭开谜底："小雨点"是一款饮料，近期已经在北京上市，凡是打通电话询问详情的民众，公司将以赠饮的方式表示感谢。[①] 他只用了 42 万元就在 1500 万人口的北京打响了"小雨点"饮料的品牌，被《中国经营报》评为 1997 年度中国最佳推广策划案，引起了包括《人民日报》在内的各大媒体的关注和评论。这则广告成为叶茂中此后策划生涯的一个缩影。在缺乏营销和传播等商业理论的时代，面对摸索中成长的企业，叶茂中的非常规性创意表达和策划适时地匹配了企业的需求。

而当时最火爆的策划人，是将策划定义为"策划就是搞运动，就是发动群众"的李光斗。在李光斗的策划下，当时名不见经传的彩虹电视及策划方广东华视广告有限公司出资 600 万获得柯受良飞跃黄河的独家赞助权，且回报是：拥有在报纸、电视广告上对柯受良肖像一年零三个月的使用权，且凤凰卫视负责拍摄及宣传。合约签订之后，彩虹电视和李光斗所在的广告公司并没有全力出击，而是按兵不动。[②] 负责此次活动的凤凰卫视及国内各大媒体将"飞黄"炒得热气腾腾。至柯受良"飞黄"前的一个星期，柯受良的生平和英雄业绩已家喻户晓，新闻界"话题"已尽。1997 年 5 月 23 日至 28 日，彩虹电视迅速在总发行量超过 1300 万份的 9 家全国性大报上大篇幅推出《彩虹电视独家赞助柯受良飞跃黄河》，广告铺天盖地，"彩虹独家赞助"成为新一轮新闻热点。彩虹电视乘势塑造公益形象，与柯受良共同捐建希望小学。6 月 1 日"飞黄"大幕拉开，其收视率之高为央视此时段罕有，彩虹广告覆盖人数达 1 亿以上。随后，行业类刊物《中国经营报》以《彩虹的 600 万也飞过了黄河？》为题邀请各路"英雄"评

---

① 《叶茂中：广告运动策划业中的"鬼才"》，搜狐网，2003 年 6 月 30 日。

② 资料来自 1998 年 1 月《南风窗》杂志。

说赞助一事。各媒体顿时嗅到火药味，纷纷转载、报道，正反大辩论，唇枪舌剑，煞是好看。李光斗亦欣然轻装上阵，"火上浇油"。"彩虹飞黄"成了又一轮的新闻热点。同时，各路经销商纷纷来抢货，彩虹借势举行订货会。硝烟直到"飞黄"过后一个多月才慢慢淡去[①]。

十大策划人中，王志纲专注于地产领域，直到现在依然在地产营销策划领域奋斗。他走向事业巅峰的起点，是为碧桂园提供的起死回生的大策划。这个案例，也是后来王志纲出版的《"末日狂欢"——我看地产二十年》中反复讲述的案例。碧桂园，一个田园风光的别称，一个毫不起眼的地名，然而就是这个"碧桂园"，在1994年至1995年，却引发了一系列引人注目的新闻，成为人们争相议论的话题。碧桂园，这个占地1000多亩，投资上亿元的花园别墅楼盘，坐落在广东省顺德与番禺的交界地，1993年6月几乎处于烂尾的状态。为了"救命"，开发商曾多次邀请一些专家、学者实地考察，希望出奇制胜，但他们都没有什么高招。1993年10月，楼盘策划人王志纲在仔细考察之后，重新从房子产品的核心层面思考消费者的需求，将优秀的学校教育与单纯的房子买卖连接。对于当时经济发展水平较高的广东市场来说，这尤其有吸引力。碧桂园积压的房子开始快速畅销。直到现在，已经在全国乃至全球布局的碧桂园的品牌口号依然是当年确定的那个，"碧桂园，给您一个五星级的家"。这些营销成功在于王志纲的策划理念："（碧桂园）这个事业不是一篇文章就能做好的。办学，不是权宜之计，而是围棋上的'生死之劫'，要把它当作一个系统工程的部分，一种全新的生活方式，用全新的策划思路去做。孙子兵法，围魏救赵，也许反过来救了大市。如果仅仅把它当作一种住宅配套，那就注定要失败。"[②]

中国广告业其实早在1981年2月就开始了走向策划的专业化努力，当时外贸体系下的北京广告公司，在日本电通株式会社的广告讲座上系统地学习了从客户服务、市场营销、创意制作、媒体策略SP/PR等作业流程，尤其是学习了电通著名的市场调查专家玉木彻志先生的Marketing理念："Marketing是一种以销售为目的的、统一的、有计划的市场活动""广告

---

① 吴晓波：《大败局》，浙江人民出版社，2001。

② 参考了《谋事在人：王志纲策划实录》的第一章《碧桂园神话：一个轰动南国的案例》的资料。

也应是统一的、有计划的传播活动"。此后，北京广告公司开始导入市场营销的概念，从简单的媒介代理业务，逐步朝着客户提供市场调查、广告策划的方向发展。随后，北京广告公司在全国率先设立了市场调查室和广告策划部门。但由于各种原因，北京广告公司这种对策划的努力并没有在中国广告业中快速普及开来。

风云变化的时代浪潮，中国企业的迅猛发展，国内外营销传播力量的落地萌发，对策划业提出了更高的要求。《中国经营报》在2000年刊发了《策划界十大巨头今安在——彩虹飞黄三周年祭》的文章。从题目中就可以看出来，以"祭"为名，实则是对当年策划神话的批判。当年将"策划业"和"点子"捧上神坛的媒体，反过来成为推倒策划业的主要力量。[①]当年被称为十大策划人之一的赵强曾经感慨道："媒体对策划业不公平。""中国策划业这几年有进步，表现在从业人员的能力有提高，知识丰富了，也引起了社会的广泛关注。""中外咨询业各有所长……"。但策划大师们再也没有回到他们自豪的"黄金时代"。眼见他起高楼，眼见他宴宾客，眼见他楼塌了。余明阳先是去了深圳大学，而后又去了上海交通大学从教，李光斗和何阳曾入狱；叶茂中则是"不愿发表意见，自称不了解策划界和咨询业"。榜单上有的策划人，虽然依然奋斗在策划的第一线，但再也没有当年"明星"一般的众星捧月的待遇。当年的十大策划人，或隐退，或转行，或依然坚守，但盛况亦非当年，只留下了南极人保暖内衣广告、PDA商务通广告等广告策划案例和一系列有关"策划人"神话与泡沫的唏嘘往事。

20世纪90年代之所以诞生策划人的崇拜神话，是历史使然。中国的谋略智慧以一种"策划"的外衣出现，策划人成为很多从市场底层发展起来的企业的最重要外部智囊，他们是这些企业的营销导师，甚至决定企业的发展战略。一批追逐商业冒险和更高利润的企业家，一群与之共舞的策划人，以及一系列正在经历市场化转型的大众媒体，成为20世纪90年代广告业舞台上的主角，也折射了当时的时代特色：生机勃勃、热情似火、敢作敢为、充满奇幻。

今天，市场的躁动也推动着广告业的转型，广告从十几年前的资本主

---

① 参见《中国经营报》，《中国十大策划人今昔》相关新闻报道。

义意识形态工具发生了360度的大转弯，一下子成为可以制造商业奇迹的神话工具。经过这场轰轰烈烈的"策划大师"的潮起潮落，广告策划开始成为一种重要力量被社会所关注，广告研究开始往纵深发展，尤其是向品牌形象、CI策划、现代营销等领域发展，并且对这一时期的策划活动进行反思和总结。时至今日，当策划经过几代人的努力，不断与国际接轨，成为一门复杂科学体系的专业化领域时，依然有一些无所不能的策划大师游走在中国的广阔区域。他们依靠的所谓"谋略"，其实是一种机制灵活的应变之术和钻空子之术，他们借助资源与门路或者冒险与投机游走在法律与规则的边缘。

在国外则不然，策划业和咨询业的从业人员往往有着非常科学化的方法论系统和庞大的知识体系支撑。具体到广告策划领域，智威汤逊广告公司在詹姆斯·韦伯·扬的带领下，在20世纪20年代开始将策划逐渐作为广告公司的运作核心，从普通文案，一直做到智威汤逊广告公司的董事长和高级顾问，都以策划为核心。芝加哥大学商学院教授詹姆斯·韦伯·扬提出了广告业务所需的基本知识，正是这些知识形成了现今"广告策划"（即策略规划，strategic planing）的基本框架，也正是这些知识成为广告公司"企划部门"诞生的原动力。他的《怎样成为广告人》（1963年出版）集中阐述了广告知识的七个方面。在《一个广告人的日记》中，韦伯·扬也经常地记录他对广告知识的思考和灵感。智威汤逊公司虽然已有130多年的历史，但直到20世纪60年代，才因韦伯·扬著述的影响，由服务于智威汤逊伦敦分公司的史蒂芬·金开始组织"广告策划小组"，该小组成为今日独立的"策略规划"部门的雏形。在媒介、文案、美术设计、客户服务等相继成为广告业的分工岗位之后，策略规划成为指导广告创意和媒介投放的最底层思维。借助调查，形成洞察，继而创造性地提出解决方案，成为媒介代理和创意代理的基本运作思路。

第十章　国有广告公司的艰难改革

一　有关国有广告公司改革的讨论

我国的国有广告公司大多是在改革开放初恢复和成立起来的，曾为中国广告业的发展发挥过主力军的作用。国有广告公司承接了时代转换，很多广告专业人才力量在国有广告公司重新投入广告实践。依托体制和政策的保护，国有广告公司也成为当时尚不健全的市场经济体制与刚刚起步的广告业中的最重要力量。但是在很多广告发展史中，对于国有广告公司的描述，以及对国有广告公司的角色与价值的肯定声音并不够多。但是，这类主体，以及相应的广告人、广告方法、广告思想、一大批优秀的广告创作成果，绝对不应被忽视。

国有广告公司的衰落开始于 20 世纪 90 年代中期的巨大变革。对内的市场经济改革推动民营资本进入广告业，对外的广告业开放使跨国广告公司可以进入中国市场。数据统计显示，1993 年，中国广告业当时有 11044 家广告公司，其中，国有广告公司 5384 家，占广告公司总数的 48.8%；个体、私营、合资公司加起来 717 家，只占广告公司总数的 6.5%。而到十年后的 2003 年，国有广告公司的比重下降到 6.4%，营业额只有 18.8%，与此相对，个体和私营广告公司的单位比重和营业额比重分别上升到 68.55% 和 43.6%。这十年，国有广告公司的数量几乎缩减为原来的十分之一，这种断崖式的下滑也引发了诸多讨论的声音与改革的举措。①

从 20 世纪 90 年代中期开始，有关国有广告公司改革的讨论声音此起彼伏。1994 年 8 月 20 日，当时规模最大的中国广告联合总公司总经理仇学忠在 1994 年国际研讨会上做了《改革是国有广告公司生存和发展的必由之路》

---

① 范鲁彬编著《中国广告 30 年全数据》，中国市场出版社，2009，第 344 页。

的演讲。随后的几年时间里，姚杰、韩耀对江苏地区的国有广告公司，广州市广告公司总经理连达对广东地区国有广告公司，上海广告公司总经理熊景华以及王明科、阿愚等人也撰文对国有广告公司的必要性与可能路径进行了讨论。其中有些讨论背后的观点非常有价值。仇学忠提出了五点意见。第一，在领导体制上，要改变企业作为机关、事业单位附属物的地位，真正实行经理负责制。第二，在干部和用工制度上，要破除论资排的老观念，扭掉铁交椅，做到干部能上能下、职工能进能出。第三，在分配制度上，要打破干与不干、干好干坏一个样的平均主义大锅饭，按照'效率优先、兼顾公平'的原则，上不封顶、下不保底，合理拉开分配档次，并且努力搞好职工的集体福利，增强职工队伍的凝聚力。第四，在经营管理上，要反对大手大脚的败家子作风，建立一套行之有效的科学的管理制度。策五，在生产力分配上，要反对见物不见人和见人不见物的两种倾向，在增加物力投入的同时，努力增加智力投入，全面提高广告从业人员的整体素质。"[1]

在1998年第4期《现代广告》上，王明科提出投资主体多元化的改革路径。"对一般中小型国有广告公司实施股份合作制，对小型国有广告公司可实施合伙制，对那些资不抵债、扭亏无望的国有广告公司，可采取破产、兼并、租赁、承包经营、出售等方式，尽快盘活国有资产。对其有一定实力和影响力的较大型国有广告公司，应实施国有资本为主体的战略性重组。"[2] 在1999年江苏省广告业高层研讨会上，许多江苏本地的国有广告公司的负责人集中讨论了因为企业体制问题在公司管理上的困惑。由于国有广告公司在创建时大多派生于某个行业或系统，在行政上它们分属于这些行业、系统的上级主管部门管理。国有广告公司在经营上一方面要受到激烈且多变的市场环境的制约，另一方面在用人及工资、资金等关键问题上却服从于那些与广告行业关系不大甚至毫无关联的上级主管机关，人事分配上主动权得不到真正的体现。[3]

整体上来说，从体制中走出来的国有广告公司在市场转型的浪潮中，

---

[1]　仇学忠：《改革是国有广告公司生存和发展的必由之路》，《中国广告》1994年第11期，第3～5页。

[2]　王明科：《国有广告公司体制改革迫在眉睫》，《现代广告》1998年第4期，第21页。

[3]　姚杰、韩耀：《探求国有广告公司的发展与对策——有感于江苏国有广告公司的现状》，《广告大观》2001年第7期，第27～29页。

需要摆脱体制的束缚，曾经的优势一朝之间成为发展的瓶颈。"知易行难"，国有广告公司如何将改革进行到底，如何进行转型，如何将原有的优势在延伸的同时，重新生成新的竞争力，这是一个远比纸面上的讨论更加复杂艰难的命题。

二 文化转向：从北京市广告艺术公司到文化产业集团

作为改革开放之后成立的最早的广告公司之一，北京市广告艺术公司主营业务为经营、代理、发布国内和外商来华广告；霓虹灯、灯箱、路牌、标牌设计制作以及美术创作；文物复制等。北京市广告艺术公司早期快速发展很大程度上得益于广泛的社会关系和团队成员的智慧，北京市广告艺术公司的广告代理业务曾一度拓展到列车广播、火车车厢、北京牡丹电视、昆仑电视，甚至北京市各大医院的候诊大厅的电视和录像设施等媒体。然而，随着政策的变动和城市空间格局的变更，以及其他广告公司的快速崛起，户外广告资源的价值与角色也发生了一定的变化。户外广告牌被逐步拆毁，其他类别的广告资源被逐步开发。公司在发展过程中，也与国外公司进行积极合作，引进新模式，开发新资源，但是由于包括外部政策和内部人员结构的多种因素，国外公司并没有轻易完成合资工作。另一方面，公司内部也未充分认识到问题所在，并且受多元经营压力的影响，最终没有避免北京市广告艺术公司户外广告业务的萎缩。

进入20世纪90年代，北京市广告艺术公司对改革提出了很多设想。如有步骤地推行公司的承包制：内部划小核算单位，建立二级核算制度；理顺各部门之间的业务关系，以利经营；完善行政管理制度等。为贯彻"九五"计划和2010年远景目标，落实北京市文化局关于"调整结构，通过调整初步建立起有利于发挥文化企业特长，能够形成拳头产品的企业集团"的工作方针，公司根据自身的实际情况和条件，提出组建"北京广告艺术集团"的方案。1996年8月23日，这个方案得到了北京市文化局的正式批准。北京市广告艺术公司更名为北京广告艺术集团，同时将北京市美术公司、北京美广装饰工程公司、北京美广综合服务公司划归北京广告艺术集团，由此组建了北京首家大型文化企业集团。① 北京广告艺术集团

---

① 《歌华上市：于无声处听惊雷》，《财经》2001年第2期。

从企业历史形成的实际出发，根据市场发展的需要，以广告业为依托，以市场发展为导向，逐步形成以广告业的开发经营为主，以文化艺术业的开发经营为辅，努力拓展与主副业的发展相结合、相关联的多种经营，构成企业核心层、紧密层、半紧密层和松散层结构，形成集团公司的雏形。1997年12月，经北京市人民政府批准，北京有线广播电视网络中心的网络部分和网络广告制作经营部分的资产划转至北京广告艺术集团，同时将北京广告艺术集团更名为"北京歌华文化发展集团"，积极追求全方位、专业化的发展方向。

北京歌华文化发展集团的组建，是首都文化产业发展过程中积极改革探索的产物。它使北京广告艺术集团拥有的传统人才优势、专业优势，与新兴的现代科技文化企业——北京有线广播电视网络中心的科技优势、资源优势有机结合起来，实现了文化产业与信息产业的融合和最佳配置，从而创造出新经济运作机制，并产生了巨大的规模效应和市场效益。新时期，歌华集团抓住历史赋予的机遇，秉承"传承华夏文明、融汇东西文化、专长智业服务、拓展文化产业"的经营理念，在经营、策划、运作中坚持以市场为导向，以经济效益为中心，以改革为动力，积极转换经营机制和规模化、集约化、社会化大生产的方针，使企业实现了思想认识与观念的突破、经营规模和管理模式的突破。集团确定了以"大型文化设施的投资建设经营，大型文化项目、文化活动的策划运作，文化产品的开发经营及新媒体的开发经营"为主要内容的发展战略，逐步树立了建设现代化企业的目标。歌华集团的成立，是北京广告业向文化事业领域拓展的一个重要事件。

北京市广告艺术公司转型升级为北京广告艺术集团，以及歌华文化集团之后，重新将重心转移到社会活动和政府服务层面。歌华文化集团主持并完成了国内重大活动的设计筹备工作，其中包括中共十五大的会场布置，香港、澳门回归的庆典仪式等活动。以国庆50周年庆典的策划和执行为例，歌华文化集团成立之后，公司的发展聚焦文化方向。国庆50周年庆典设计以投标形式进行选拔，歌华文化集团从彩车细节设计到整体活动概念图制作以及流程组织工作都获得了圆满的成功。而后的1999年12月31日，为了纪念千禧年的到来，歌华文化集团参与筹建中华世纪坛工程，同时承办了"首都各界迎接新世纪和新千年庆祝活动"。①

---

① 参考了中国传媒大学广告博物馆"广告公司30年口述史"中关于北京市广告艺术公司部分。

此外，鉴于北京的首都角色，歌华文化集团还积极参与对外交流与宣传工作。20世纪90年代末，歌华积极参与筹备中外文化的交流，致力于中外文化的友好对话，将中华文化传向世界，分别承办了在法国、美国、德国、加拿大等国举行的文化周活动。歌华文化集团的相关团队还参与北京奥运会的申办工作，包括开幕式和闭幕式的音乐制作，以及奥运会期间的诸多相关事宜。

北京市广告艺术公司转型升级为北京广告艺术集团、歌华文化集团的历程是当时国有广告公司转型的一个缩影。面对全民办广告对内贸体系广告系统的颠覆以及跨国广告公司对原有外贸体系广告系统的侵蚀，国有广告公司需要重新回归自己的社会关系优势和政府服务优势，从广告业慢慢脱身，走上文化产业集团的道路也就在意料之中了。从北京市广告艺术公司的发展历程我们可以看到，国有广告公司其历史脉络注定了其企业基因，虽然有许多机会可以实现在广告业务上的转型，但是由于经营体制和理念问题，再加上公司组织机制的限制，最终错过了时机。但是，强大的业务能力和组织构建基础，以及全方位的发展方向，也在某种程度上使国有广告公司在社会文化领域划出了一块自己的领地，并逐步扎根并拓展开来。如今，歌华已经实现文化产业企业的转型之路，多元化的经营战略成为其发展理念。我们很难再用广告公司的身份去概括它，但是它的历史价值和轨迹不容磨灭。歌华对文化内容的追求不是停留在布置设计任务的层次，而是更加强调创新内容。广告绝非只是简单的作品和技巧，而是一种思维和智慧，从广告公司转型而来的歌华集团在未来的发展中如何与北京、整个京津冀地区，乃至与全国的文化产业链条共成长、共进步，为中国的文化创意产业发挥积极的作用，是一个值得期待的命题。

文化产业的转型并不是北京市广告艺术公司一家，有着特殊政府资源和产业关系网络的内贸广告公司随势而动，从广告产业扩展到更广阔的影视制作、经纪演出、展览会务等文化创意产业，是这一时期的一个重要转型去向。在20世纪80年代末，依靠《榜上有名》《名不虚传》等广告节目成名的北京国安广告公司，也开始了重大调整。2000年党的十五届五中全会将文化产业正式列为国民经济和社会发展战略的重要组成部分，顺应这种形势并依托自身的实力，国安广告正式进军文化产业。在此之前，国安广告也涉足过文化产业，已与国内外电视台合作拍摄了多部电视作品：

1992 年拍摄《迷途英雄》和协助拍摄大型电视连续剧《武则天》，1993 年与中国电视剧制作中心共同策划了电视连续剧《北京人在纽约》广告征集方案，1996 年与新加坡电影局、中国电影合作制片公司合作拍摄电视连续剧《一路风尘》，1996 年拍摄电视剧《女人在家》《楼转乾坤》《咱老百姓》等。在转型发展之后，国安广告公司连续拍了多部电视剧，其中《沧海百年》《大敦煌》《英雄无名》等都在中央一套播出。这些作品为弘扬中华民族文化起到了积极的作用，受到了群众的喜爱。除了电视剧和电视节目的联合生产，国安广告公司在文化产业领域投入巨大，一系列活动也受到了社会大众的广泛关注。2005 年，Kappa 在北京举办的"挑动性感之弦"晚会、2005 年 11 月的第 7 届中韩歌会、2006 年的第一届中韩日艺人慈善高尔夫大会、2006 年 11 月的第 8 届中韩歌会、2007 年 11 月的第 9 届中韩歌会等活动都是国安广告公司在文化产业领域的经典力作。①

三　全面改革：北京广告公司的决心

作为中华人民共和国成立以来北京地区的第一家广告公司，北京广告公司见证并参与了中国广告业的兴衰起伏，感受着中国市场经济的成长与变迁。从最初的广告业务部，到 20 世纪 90 年代建立设计制作、模特培训、公关、市场以及各地分支机构，再到现在的旗下多个领域、多家公司的综合服务，北京广告公司为中国广告行业涂抹上自己浓重的一笔。

但是，在 20 世纪 80 年代末 90 年代初，随着经济体制改革的不断深入，旧体制弊端的各种症状逐渐在北京广告公司显现出来：人才外流、人心浮动、经营滑坡。这些问题使北京广告公司元气大伤。这期间，跨国广告公司相继进入我国，非公经济成分的广告企业纷纷成立，造成了广告市场的竞争不断加剧。北京广告公司也处在生存与发展的危机之中。

第一，传统优势已经消失。过去的业务优势是"来华广告"。由于改革开放的不断深入，外资企业纷纷来华建厂，原来的"来华广告"不断转为国内广告；过去只有外贸广告公司才能经营外商广告业务的限制政策已经打破。为此，在经营上必须实施战略转移，将以外来广告为主转向以国内广告为主，实施多元化经营战略，这样才能在新形势下求得生存和

---

① 参考了中国传媒大学广告博物馆"广告公司 30 年口述史"中关于北京市广告艺术公司部分。

发展。

第二，体制不适应市场的变化。国有企业"吃大锅饭"的弊端，造成了人浮于事、人员老化、观念陈旧、反应迟钝等不适应广告市场发展的体制性制约。在广告市场竞争加剧的情况下，如不进行彻底改革，曾经辉煌一时的北京广告公司，也难免有被市场淘汰的潜在危险。北京广告公司的改革，是从劳动人事制度入手的。他们从1995年开始实行了全员劳动合同制，实施定岗定员、竞争择优上岗等措施，逐步将不适应公司发展的人员从岗位上撤下来，分流到公司下属的二级公司或离岗内退①。

从发展规模上看，北京广告公司从1979年创立初期的16.356万元的营业额，到1994年广告营业额首次突破1亿元，1997年突破2亿元，再到2011年广告营业额突破16亿元，从求生存到谋发展，北京广告公司一步一个脚印，一年一年做大，一点一点做强。

从体制改革上看，北京广告公司是本土广告公司的缩影，从艰难起步到高速发展，北京广告公司经历了1990年的承包责任经营制度的改革，艰难度过了1993年换届迁址的人心浮动和危机四伏，也经历了2006年6月开始的国有体制改革，由全民所有制过渡到完全市场化的"有限责任公司"，并顺利更名为"北京广告有限公司"，改制后的北京广告公司进入了一个崭新阶段，全面发展广告事业，向着国际化的有规模的本土广告公司发展，做强做大。

北京广告公司的再次辉煌需要建立在对自我优势的认知基础上。作为北京地区外贸广告公司的领头羊，北京广告公司从建立之初即与涉外业务有着紧密联系，从20世纪90年代开始北京广告公司开始聘用外国员工来加强公司的涉外服务能力，同时，将重要的客户服务团队集中起来，单独设立办公室，保证专业人员充分发挥才能。1993年，北京广告公司与香港灵智（EURO RSCG）签署合作协议，成为中外广告公司合作的典范之一；1995年，北京广告公司与韩国现代集团旗下的金刚企划签署合作协议，开创了中国和韩国两国广告业合作的先河；2002年，北京广告公司与北京现代签署广告代理协议，并与北汽合资成立了世纪北广广告有限公司，全案

---

① 参考了中国传媒大学广告博物馆"广告公司30年口述史"中关于北京广告公司部分，尤其对于胡纪平的相关口述史进行了梳理。1993年，胡纪平从北京华远公司调往北京广告公司，参与并主导了北京广告公司在20世纪90年代的转型。

服务北京现代汽车、北京奔驰汽车、北汽集团等汽车品牌；2006 年，北京广告公司旗下北京报联有限公司成立，与当年的国有企业整体改制同步进行；2008 年，北京涛澜北广互动广告有限公司成立，专门经营互动广告业务；2010 年，北京北广汇文化传媒有限公司成立，主要经营文化运营，以公益和结合企业品牌宣传为目标；同年，北京广告公司与韩国伊诺盛广告公司合资成立伊诺盛北广广告有限公司。[①] 这一系列的合纵连横，使得北京广告公司向快速发展的汽车等垂直领域，以及正在全面革命的互联网新媒体等，有了更多的延伸。

正如担任了北京广告公司负责人 20 余年的胡纪平所言，从宏观角度来看，改革开放促进了广告行业的发展，但广告行业的发展仍旧整体落后于改革开放的进程。在改革开放初期，广告行业的发展不是很充分，这也预示着在未来的发展道路上，由于计划经济的某些残留，广告行业的发展必将是一个漫长而崎岖的过程。此外，国有广告公司在发展中面临很多困难和挑战，身处外资企业和民营企业的夹缝中。此外，由于体制问题，在相当一段时间里国营广告公司受到的束缚比较大，在竞争中处于弱势，甚至被业界认为是保守僵化落后的代名词。

从微观上来看，北京广告公司目前面临的实际情况是综合原因导致的。在这样的困境中，北京广告公司仍旧保持了最高的广告专业水准，专业性是广告公司发展的核心价值与生存基础。在广告行业已经快速发展并且初具规模之际，在社会上仍然有许多人对广告行业存在误解，关于广告的负面声音仍然很大，社会各方面对广告行业的扶持力度仍然有所欠缺。广告行业与人们生活密切相关，作用巨大，广告公司和广告人的工作任重道远。

四　更进一步：上海广告公司的辉煌与决心

上海广告公司成立于 1962 年，曾受国家外贸部委托独家代理当时全国所有的进出口商品的广告业务。上海广告公司见证了中国几十年广告的发展，有着辉煌的历史。而这正是上海广告公司能打响品牌的资本，但是国企旧有体制束缚了企业的发展。只有改革，上海广告公司才有进一步发展

---

① 资料来自北京广告公司官方网站。

下去的希望。进入 20 世纪 90 年代，上海广告公司向专业化、集团化方向发展，拥有八家专业子公司和五家合资公司，主要代理、发布和制作国内外各类广告，承办境内外展览、市场调研和咨询，代办商标在国外的注册等。1997 年上海广告有限公司加入主营人力资源、会展服务等的上海东浩集团。上海广告有限公司曾经作为上海本土广告公司甚至全国国有广告公司的标志企业，引领着中国广告行业的发展。

上海广告公司在改革开放之后，也迎来了发展的契机。但是，20 世纪 90 年代开始，由于国内广告市场开放，很多国际广告公司已纷纷踏入中国市场。国际广告公司全面的专业代理能力以及它们在品牌运作方面积累的经验远远超过国内公司，这使得中国的整个广告行业面临着国际公司的冲击，很多本土广告公司都感到岌岌可危。当时的上海广告公司同样感受到了"山雨欲来风满楼"的紧张气氛。2001 年新春佳节刚过，中国历史悠久的国有广告公司就掀起了一场轰轰烈烈的改革风暴。恰逢中国广告行业全面开放外资广告公司之时，上海广告公司实行了"二次创业"的战略发展规划，针对广告市场的发展变化和需求趋势，加强上海广告公司在媒介计划和媒介经营方面的执行能力，并着手构建公关、网络互动、直效行销、活动推广等新的营销功能，致力于把上海广告公司建设成为中国最具影响力的营销传播公司，保持在中国广告行业前十强的领先地位。"上海广告公司不甘做一个只做设计服务的小公司，上海广告公司要做一个综合型的整合营销的全面代理服务公司，上海广告公司要做一个能和国际公司相抗衡的公司。"① 上海广告公司从 2000 年的收入 2.3 亿元而且大部分是来自贸易方面的收入，发展到 2002 年收入达到 3.2 亿元，而且全部来自广告。

2004 年 2 月 18 日，世博集团宣告成立，上海广告有限公司随东浩集团被整体划归到世博集团，成为世博集团直属公司。中国首次举办世界博览会，给上海广告公司带来了机遇与责任。上海广告公司与国际广告公司有着几十年的联系，其中有两个重要的合作伙伴：奥美广告和日本博报堂。奥美广告拥有全球网络资源，在品牌研究策划和公共关系沟通上具备强大的专业实力；日本博报堂则直接参与日本爱知世博会，策划设计并管

---

① 参见现代广告杂志社编《影响中国广告 30 年杰出人物》中对时任上海广告公司总经理郭丽娟的专题。

理日立馆。2004 年 6 月，由上海广告公司牵头，与奥美、博报堂三方共同组建的 EBMC（世博品牌管理中心）联合团队正式成立。① 而后，上海广告公司参与了多项世博会相关工作，其专业表现得到专家的高度评价和认可。上海广告公司参与的世博项目主要包括：世博品牌的咨询，培训和服务工作；2005 年世博品牌推广的筹备组织和管理工作；《"一切始于世博会"全国巡回展计划书》《2005 年世博界定媒体经营管理方案》《上海世博会 2005 年特许经营整体推广方案》《世博号设计方案》等筹划工作等。2005 年，上海广告公司还与众多国际国内公司公平竞争，共同参与"上海世博会文化娱乐活动策划方案""上海世博会沟通推介方案"的比稿，并分别取得综合评比第一名和第二名的好成绩。通过积极应征，上海广告公司分别于 2006 年 10 月和 2007 年 8 月正式成为 2010 年世博会第一批和第二批推介服务供应商。

---

① 上海广告公司官方网站，http://www.shanghai-adv.com/home.htm。

第十一章　各取所需——跨国广告公司的合资之路

跨国广告公司与中国企业成立合资公司是一个时代的选择。身处中国政策法规允许的范围内，国际广告公司和中国企业有着不同的动机和目标，改革开放以来，包括电通、奥美等跨国广告公司就有着强烈的合资欲望，并且在十数年的时间里，南下北上，与诸多广告公司洽谈商讨合作事宜。双方成立合资企业，是双方不断磨合博弈的结果，也是当时条件下，天时、地利与人和诸多因素综合作用的最终结果。

单以 1992 年上半年的变化，就可见一斑。

表 11－1　1992 年各类广告公司的发展数量

广告经营者类型	1992 年上半年	1991 年底	增长率（%）
全民	9431	9171	2.8
集体	2327	2126	9.5
个体	438	242	81
合资	55	28	96

一　合资的动因：各取所需的外方与中方

从中国方面考虑，选择境外先进国家和地区的跨国广告集团合作，目的是"以市场换技术"——希望获取国际广告行业的操作技术（know－how）、资金、人才以及国际网络的品牌客户等。从跨国广告公司的立场看，选择与某些国家部委或国营企业合资，目的就是突破中国法规的限制，取得市场准入资格，同时也希望中方可以在市场开发和政府公关方面有所贡献。

1. 外方：适应中国情境的主动需求

改革开放以来的中国广告行业变革，自上而下的政策调控是广告业发展过程中的重要力量。我国法律规定这一时期跨国广告公司在中国发展的基本形态是合资公司。《指导外商投资方向暂行规定》和《外商投资产业目录》明确规定：广告业属于限制外商（乙）类行业，外资可以进入但不得控股。为了换取市场准入，外资广告公司不得不与本土公司（不仅仅限于本土广告公司）合资合作，并迅速完成对我国广告市场的渗透。《关于执行〈关于设立外商投资广告企业的若干规定〉有关问题的通知》第三条明确指出："《关于设立外商投资广告企业的若干规定（1995）》中未对外商独资广告企业的审批程序做出规定，目前对外商广告企业不予批准立项。"第四条说明："广告业是投资小、效益高的高新技术产业。我国允许设立外商投资广告企业的目的，不是为了吸引外资，而是为了引进新近的技术和管理经验，促进我国广告业总体水平的提高。因此，对外方投资比例高于我方的立项申请，原则上不予批准。"因此，从制度上消除了独立外资广告公司的发展路径。

除了法律层面的规定，跨国广告公司选择合资的一个重要原因还在于中国复杂的媒体与市场状况。1996年出版的《哈佛商业评论》第六期探讨了中国企业的"全球化还是边缘化"议题。这一时期的广告业也存在着同样的问题。当外资广告在中国布局，力争品牌客户，甚至疯狂扩张并购的时候，本土广告公司的出路是否只有被收购或作为外资公司的一个部门存在？外资广告公司所拥有的优势是资金、网络和品牌，而本土广告公司拥有的优势是对本地资源的掌控。这些资源是国外企业拓展中国市场时的必备要素，但这些看似无形的资源却是无法用金钱和时间来衡量的。对本地市场的了解、对本地媒体资源的垄断以及对本地人脉关系的打通，这些是外资广告公司与本土公司合作的关键考量因素。

单以媒介资源为例。作为现代广告运作中的最后一环，广告媒介计划和购买往往涉及广告活动的最多预算。与西方的商业化和市场化媒介产业完全不同，中国的公开传播网络几乎都是官方的事业，其内容受中央政治权威的管理。中共中央宣传部通过它负责特定传播领域的下属部门和它对下级党的宣传部的权威，确保所有媒体在以书面和口头形式传播信息与观念的过程中遵循中央的政策。[1] 如果没有中方企业的深度合作，跨国广告公司在中国的实践会无比艰难。与媒体建立合作关系，也是当时跨国广告

---

① 詹姆斯·R. 汤森、布兰特利·沃马克：《中国政治》，江苏人民出版社，2003年第199页。

公司寻求合资对象的最重要的现实诉求，比如麦肯公司与光明日报社合资成立麦肯光明公司。北京集合了中国最多的中央级媒体，并且作为政治文化的中心，可以快速捕捉到政策的变化。所以，北京自然也就成为诸多跨国广告公司进入中国所考虑的目的地之一。

以日本电通广告公司为例，当时它在进入中国市场时，有着多重考虑。其一，在中国寻求的合作伙伴必须具有权威性，有健全的广告体制，在全国设有一定的网络，具备一定的资金来源。当时电通考察之后认为中国国际广告公司以及环球广告公司具备以上条件。其二，以日本客户在中国的广告业务为基础，积极开发合资公司的广告业务，同时开发中国的出口商品广告，做到资金上的平衡，即同时具有外汇收入和人民币收入，用于支付合资公司的各项开支。其三，利用中外合资公司三年免税以及免税引进广告设备的优惠政策，在中国建立技能较全面的公司，并把广告制作水平提高到一定水平，以适应国内外客户的需求。其四，不断加强中方工作人员的培训，以适应国内和国际客户的要求。其五，由于电通在中国设立合资公司，因此在中国合资的企业，如佳能、日立、三洋、松下、NEC、华姿、华歌尔等客户必然要求电通来代理业务。这必然使电通在同日本其他广告公司竞争时处于更加有利的地位。①

2. 中方：市场营收与技术学习的多重使命

对于合资一方的中国公司而言，有三个层面的动机与目标：其一，通过合资，完成自我营收的大幅增长；其二，通过合资，完成对国外技术和知识，以及人员管理和培训的快速学习，以最短的时间拉近中国与世界的距离；第三，作为服务企业的企业，本土广告企业可以借助跨国广告公司的既有网络资源，扩大中国对外贸易的规模，为社会主义现代化建设做出贡献。

国家政策层面的转变也给了中国本土企业合资的信心。邓小平在1992年的南方谈话中讲到"三资企业"时说道："多搞点'三资'企业，不要怕。只要我们头脑清醒，就不怕。我们有优势，有国营大中型企业，有乡镇企业，更重要的是政权在我们手里。有的人认为，多一分外资，就多一分资本主义，'三资'企业多了，就是资本主义的东西多了，就是发展了资本主

---

① 王菲、倪宁等：《日本企业在华广告20年》，中国轻工业出版社，2004，第71页。

义。这些人连基本常识都没有。我国现阶段的'三资'企业，按照现行的法规政策，外商总是要赚一些钱。但是，国家还要拿回税收，工人还要拿回工资，我们还可以学习技术和管理，还可以得到信息、打开市场。因此，'三资'企业受到我国整个政治、经济条件的制约，是社会主义经济的有益补充，归根到底是有利于社会主义的。"①

我们以 1984 年的《上海广告公司与奥美国际广告公司合资经营海美国际广告公司项目建议书》②和 1985 年《奥美广告与北京广告合资经营项目建议书》中的具体内容为例，分析合资双方的需求与意向。上海广告公司在建议书的开篇就写道："为加强对外地区性广告及重点商品广告工作，进一步沟通进出口广告渠道，拓展进出口广告业务，提高国际广告专业业务水平和技术水平……"而北京广告公司也基于来华广告和出口广告宣传谈到了广告效能和广告事业的落后现状。上海广告公司也直面自身的不足，认为自身在广告经营方式、广告形式、业务活动等各层面与现代国际信贷化广告差距悬殊。合资的目的在于改进经营方式、培养广告人才、开拓国际渠道，为实现广告现代化做出贡献。奥美广告公司提出的合作宗旨也正好满足了本土广告公司的内心期望："引进国外广告的专业知识和技术、新设备、先进的经营与管理，开拓广告业务的新渠道、新形式，将中国广告业务推向新领域，为繁荣中国内外市场，促进进出口贸易，实现商品生产及销售宣传的科学化和现代化提供良好的服务。"在当时的条件下，率先发展的是体制内的国有广告公司，它们拥有政策和资源的红利，但在身份上也并不完全独立，它们的首要使命是完成上级领导及所在系统的相应任务，而当时的大型广告公司大多居于外贸领域，如上海广告公司、北京广告公司和广东省广告公司等，它们的目的自然是促进进出口贸易广告规模的增加。对于一个企业来说，经营目标是重要的责任所在。"建议书"也谈到了对未来预估的经济效益：扣除开支之后净利润可达人民币 50 万元左右。

合作文件中提到了关于奥美国际公司的六个优势，这六个优势也是中方合资对象所理解的跨国广告公司的优势，也是彼此寻求合作的利益点。

---

① 《资料：1992 年邓小平南巡讲话（全文）》，中国经济网，2012 年 1 月。

② 引用自邓广涛 2015 年北京大学博士论文《国际广告公司的早期中国市场开拓研究（1992~2001）》中的附录 A 部分。

第一，具有国际水平的专业知识和技术以及经营和管理方法。第二，经营最具国际性的广告集团，拥有 220 多家分公司，业务遍布世界各地，熟悉和了解国内外市场，信息快。第三，能不假外求，为广告客户提供全球性的广告服务网、公共服务网及邮递广告服务网。第四，极度注重职员培训，奥美每年为不同地区、不同部门和不同程度的职员组织培训。以东南亚地区为例，在过去的 10 年，奥美用在培训工作上的费用，超过一些本土广告公司的收入。这对提高中国广告从业人员的水平必能产生很大的作用。第五，奥美在国际上的声誉能令奥美的 1800 多家客户对中国广告进行投资。第六，富有市场开拓经验，曾在多个国家和地区成功拓展广告事业。

虽然这两份文件因为种种原因最终都没有落地执行，但几年之后，奥美广告公司与上海广告公司合资的上海奥美广告公司在 1991 年 10 月 31 日注册登记，合资期限 15 年，股权比例为奥美广告公司 51%，上海广告公司 49%。

二 合资的历程：合资对象与落地区域

1. 合资的对象

这一时期是跨国广告公司进驻中国市场的高潮期。众多知名跨国广告公司凭借逐步放开的政策指引，在中国扎根发芽。由于市场准入制度的限制，这些跨国广告公司或选取本土广告公司，如奥美、智威汤逊，或选取当地媒体，如麦肯、灵狮，或选取有政府背景的机构，如李奥贝纳，开始了他们的中国之路。[1]

表 11-2 跨国广告公司进入中国初期的合资情况[2]

外资广告公司	中国合作对象	合资公司名称	成立时间（年）		
			北京	上海	广州
电扬	中国国际广告公司	电扬广告有限公司	1986	1989	1992
奥美	上海广告公司	上海奥美广告有限公司	1993	1992	1993
麦肯	光明日报社	麦肯·光明有限公司	1992	1992	1992
BBDO	中国广告联合总公司	天联广告有限公司	1991	1992	1993

---

① 参见杨雪、刘巍《对合资广告公司在华发展的思考》，《广告大观》2009 年第 7 期。

② 综合参考了卢泰宏、何佳讯《蔚蓝智慧：读解十大跨国广告公司》以及《中国广告年鉴》等数据整理而成。

续表

外资广告公司	中国合作对象	合资公司名称	成立时间（年）		
			北京	上海	广州
Grey	国安广告公司	精信广告有限公司	1992		1993
盛世	长城工业公司、天马旅游公司	盛世长城广告有限公司	1992	1994	1992
DDB	北京广告公司	恒美广告有限公司	1992	1993	1993
电通	大诚广告公司、中国国际广告公司	北京电通广告公司	1994	1995	
博报堂	上海广告公司	上海博报堂广告有限公司	1998	1996	
李奥贝纳	韬奋基金会	李奥贝纳广告有限公司	1995	1994	1992
智威汤逊		智威汤逊中乔广告有限公司	1990	1991	1992
达彼思		达彼思（达华）广告有限公司	1994	1994	1993
旭通	人民日报社	华闻旭通有限公司	1994		

如上文所言，跨国广告公司在中国选择合资对象的原因包括以下几方面：其一，需要在中国独特的市场与传播环境中找到有实力的合作伙伴；其二，需要稳固的广告产业链中的上下游资源的支撑与合作。具体来说，跨国广告公司在中国的实践运作，需要多种资源的支撑，包括新的客户资源、中央和地方政府资源、广告媒体资源、其他社会相关资源、人力资源，以及产业链中的上下游资源等。具体来看，这一时期，跨国广告集团选择的中方合资对象主要为三类。

第一类是国内比较有实力的广告公司。例如 WPP 的奥美广告选择的是当时中国最大的广告公司之一——上海广告公司。中国专业广告公司按所有制可分为国营、合资和民营三种类型。大型国营/集体广告公司（如新华社旗下的中国广告联合总公司、外经贸部投资的中国国际广告公司等）成立较早，在合资公司获准成立前，承揽了较多的跨国企业在华广告业务。有些合资公司是由第一类的国营广告公司与跨国公司合作成立的新公司。

第二类是国内的媒体。IPG 集团的麦肯广告与光明日报社合资成立了麦肯·光明，灵智与广州日报社合资，归属于人民日报社的中国华闻事业发展总公司与旭通合资。中国改革开放之后广告公司百花齐放的表象背后，是行政权下垄断经营的条块分割。几乎每个城市甚至地区都成立了自己的广告公司，几乎每个国家产业体系都成立了自己的广告公司。虽然数量很多，但几乎都在沿袭旧的体制。中国广告业运作的模式并非国外所通用的以广告公司为核心的广告代理制度。此外，媒体的广告部门也成为广告公司之外非常强势的力量，尤其在全国性的媒介资源布局以及优势媒介资源的掌握上。

第三类是非广告经营单位。境外国际广告公司进入中国一般也选择跟部级单位（一般包括传媒事业单位或外贸主管单位等）谈判广告企业的合资或合作项目，例如英国的盛世广告公司与长城工业总公司和天马国际展览公司合资成立盛世长城国际广告公司。

事实上，欧美跨国广告公司与中国的合资中，中方虽然控股，但往往不参与任何经营，外方虽然不控股但在整个合作中比较强势。公司成立后经营决策和日常管理基本上由外方控制，中方仅仅作为股东出席每年的股东大会，并不介入日常的经营管理。这种合作形式保证了合资广告公司决策的顺畅和先进作业理念、方法的贯彻。李奥贝纳与来自出版界的韬奋基金会下属的韬奋广告公司于1994年在上海成立分公司。合作方式是中方股东不参与任何日常经营。李奥贝纳得以全权负责万宝路品牌的中国市场拓展。在20世纪50年代末，李奥贝纳即与万宝路品牌的所有者菲利普·莫里斯公司开展了合作，帮助其成为全球市场规模最大的烟草企业。日本与中国的合资中，中方往往会派一些人员在合资公司担任一些角色，例如掌管人事行政、财务，但通常也不介入专业服务和经营决策。

从整体上来看，这一时期的跨国广告公司和合作对象在具体的合作上有诸多形式，但大致可以分为两种：一种着眼于当下为跨国公司服务，另一种着眼于未来为中国市场服务。跨国广告公司服务跨国企业，在进入中国市场的阶段，本土合作一方扮演的是文化的翻译者和本地的导航者角色，随着跨国广告公司的持续成长，它们不可避免地会与本土企业合作，为本土企业提供广告服务。如何建立与本土企业的关系，又是另一个挑战，而这个挑战，远比之前服务跨国企业更为严峻，而合资一方的价值也会再次得以体现。

2. 跨国广告公司区位选择的原因

跨国广告公司进入中国之后，为什么会选择北京、上海和广州？这种区位选择背后的因素是什么？这与跨国广告公司的双重身份分不开。一方面，它作为服务企业的企业，受到所服务企业（客户）的影响。另一方面，它自身就是一个企业，鉴于广告行业的特殊性，它又受到所在区位的上下游资源及竞争对手的影响。以 4A 广告公司为代表的跨国广告公司进入中国后主要集中在三个城市：北京、上海、广州。

一方面，源于北上广三地的原因。在跨国广告公司进入中国的 20 世纪 90 年代初期，中国的广告业集中在北京、上海、广州三大都市区，三地广告业经营额之和占全国广告业经营额的 50% 以上。三地都属于中国国内相对人才比较集中的地区，良好的人才素质是广告公司的核心，它直接影响着一个企业的发展。北京和上海的高校数量都比较多，所以先天条件比较好，而广州靠近香港，其民众比较早地接受了一些新事物，而现代意义上的广告对于当时的中国民众来说还比较新。

另一方面，跨国企业的发展过程使然。跨国广告公司要进入中国广告业，存在一定的前提条件，那就是跨国企业在中国的发展日益壮大，对广告的需求不断增加。这是由广告行业特性决定的，跨国广告公司大多是因跨国企业的进入才入驻中国市场的。客户与广告公司之间签订的全球合同意味着客户公司到哪里，广告公司就可以选择到哪里为客户提供服务。只要客户公司新的落脚点的广告市场还有潜力可挖，广告公司必然会紧跟其后，并力争依靠原有的客户在新的市场"生根发芽"。奥美伴随着联合利华来到上海，李奥贝纳则为万宝路拓展正在快速成长的中国市场。1979 年可口可乐公司进入中国，伴随的广告公司是李奥贝纳；1980 年松下电器进入中国，带来了博报堂广告公司。由于跨国广告公司与跨国企业有着长期合作的关系，跨国企业进入中国，相应的跨国广告公司也要提供全方位的服务，这是跨国广告公司进入中国的初衷。

除此之外，跨国广告公司在实际运作中，根据自身的特点，还有其他一些区位选择的特征。北京的金宝街，上海的南京西路、延安路和淮海路，以及广州的天河北路，这些具体的区域甚至成为广告人的代名词。金宝街的广告人与西二旗的程序员、国贸的金融从业者经常被提起。

有学者曾经对上海跨国广告公司的落地区位进行了分析，发现有很多特殊的要点。[①] 第一，广告公司呈现相对高度集聚的特征，体现在相关集

---

① 肖姣姣：《跨国广告公司投资区位分析》，《重庆工商大学学报》（西部论坛），第 16 卷增刊。

团下属的或者临近分工的 4A 广告公司会集聚在同一办公楼中。第二，历史传统。美国广告业发展的黄金时代，纽约的麦迪逊大街成为广告公司的代名词。相应的合作关系也成为跨国广告公司来到中国之后沿用的社会关系和客户资源服务网络。相比之下，缺乏这一历史传统的日资广告公司，如博报堂、电通都表现得不是非常明显。第三，媒介公司。现代广告业发展已经在创意代理和媒介代理两个方面形成了较为明确的广告业逻辑，二者又同处在服务客户的流程中，所以，广告公司与媒介公司资源代理的协同办公，既是为了自身的发展，也是为了提升服务客户的效率。第四，广告公司的最重要资源是人力，相互之间的人员流动频繁也是一个主要特色。选择靠近原有的跨国广告公司的区位，对于广告从业人员而言，也有诸多的工作和生活便利之处。总之，20 世纪 90 年代开始，广告业在北京、上海、广州等大城市的集聚，是广告业接近企业营销总部的结果；但集聚一段时间之后，下游厂商供应链的形成为后续的集聚提供了更进一步的诱因，使得越来越多的广告相关产业集聚。广告业的集聚使这些城市进一步成为可以购买广告服务的市场。例如，许多企业即使总部不在北京也会专程前来北京寻求广告服务。同时，20 世纪 90 年代末以来，上海的区域经济逐渐发展成熟，许多跨国公司总部迁往上海，也带动广告公司和广告业务在上海的快速发展。

三 合资的后果：广告市场的生态重构

理想与现实之间总是存在不小的差距。基于不同的利益出发点，跨国广告公司和本土企业在"市场换技术"的进程中并不如意。作为合资中强势话语的持有者，跨国广告公司也会借全球化体系规避中国政府的监管。刘国基曾指出跨国广告公司的五种黑箱作业模式，包括：（1）以香港为亚太总部，转移营业收入，业务费用由中国分公司负担；（2）香港公司吞掉全球客户提供的奖励；（3）在数据和软件采购等方面，加大中国公司成本；（4）在跨国传播集团网络内，中国分公司只能"高价买进、低价卖出"各种服务，把利润向国际总部移动；（5）限制中国人才进入管理高层。

用一种生态的视角去审视中国广告行业这一时期的发展，跨国广告公司在中国的全面布局，受到最大伤害的是在之前依靠资源垄断和体制优势的国有广告公司。它们或者居于外贸系统，或者居于内贸系统，但绝大多数都将自己的生存寄托在外部的体制保护中。跨国广告公司依托在中国的布局，也将客户资源拓展到了很多中国的大客户，它们的服务流程和专业体系将自身的优势聚焦在国际性和大型的广告客户上。北京电通 1994 年成立之后，北京广告公司基本上就接不到日企来华业务了。外贸体系下的很多广告公司需要重新审视中国市场。上海广告公司从 1992 年的第一名到2005 年已经掉到了十名之外，而唯一上榜的本土广告公司也是当初和上海广告公司与北京广告公司一样的专营进出口广告的广东省广告公司，它是因为 1990 年的业务转型升级，2002 年混合所有制改革，才最终完成了适应市场经济变化的现代化广告公司的改造。

在当时的一批外贸广告公司中，广东省广告公司之所以能够生存并发展，与珠江三角洲毗邻港澳台的地理优势有一定关系，其现代广告操作可以第一时间借鉴和学习港澳台的经验。另外，这一地区的市场经济高速发展，诞生了一大批从地区走向全国的企业与品牌，在走向全国的过程中，广告成为市场拓展的高效工具。这一时期，几乎所有著名的广告，诸如太阳神广告、健力宝广告、万家乐与神州热水器的广告等都出自这一地区。广州地区在 1996 年就成立了自己的 4A 组织。从数据上来看，民营广告公司和跨国广告公司的发展并驾齐驱。中国有着复杂的市场、不同体量的客户类别、多样的营销传播需求，这就决定了中国广告行业绝非简单的跨国广告公司就可以垄断。从 1992 年开始，民营与个体的广告公司开始飞速发展，相较之发展缓慢甚至停止的国有广告公司数量和营业额度，以市场为推动力量的民营广告公司开始成为跨国广告公司发展中的一个重要竞争对手。这一点，很难用台湾或者香港的广告发展历史来简单地比照中国的现实。

这一时期，跨国广告公司在北京、上海、广州之外较少布局，并不是没有尝试，而是并不顺利。以重庆为例，电通、奥美和麦肯曾考察并进入重庆广告市场。越是在内地市场，其遇到的障碍也就越多。这些障碍不仅仅是市场和文化的本土化，更多的是一些隐性障碍。当地政府与企业之间的协作关系可能与国际上通行的惯例并不相符，但在中国却是有代表性的且非常普遍的。这也成为跨国广告公司在中国市场成熟之后的发展瓶颈之一。内陆和二三线市场的这种特殊性，在某种程度上成为中国广告行业发展的一种保护膜，在不影响知识和人员流动的情况下，为本土广告企业的发展提供了重要的支持。

一大批下海的广告人中，有很大一部分是原来的高级知识分子，他们或者在大学里教书，或者在国有体制中承担重要职位。在"下海"的浪潮中，很多人都投向了作为市场改革的风向标的广告行业。尤其在当时那样一个广告屡屡创造奇迹的时代，这些优秀人才的加入，使本土广告公司的专业化成长之路加快，许多广告公司开始思考自身的价值与方法论体系。著名广告人邵隆图意识到中国企业不同于其他国际客户的核心需求，它们需要广告公司解决的不仅仅是广告投放的问题，实质上还有更多营销和战略、经营策略咨询的问题。中国的营销传播行业缺乏一个渐进的生态系统的建构过程。正如奥格威没有上过大学，大学却在学习奥格威一样，奥格威曾经的厨师、推销员、调查员等经历，成为他的广告智慧的基础，中国独特的土壤也造就了一代本土广告人和营销人，他们将自身的经历转化为一系列有效的观念、工具和作品，将企业需求与中国特殊的市场与传播情境相匹配，诸多"半路出家"来自其他领域的本土广告人，与在 4A 广告公司洗礼过、奋斗过的广告人汇流，就如同开放中国的中国广告行业一样，复苏的本土传统力量，与开放中以先进者姿态进入的外来力量也在不断汇流，他们共同铸就了中国广告行业的辉煌历史。与国外不同的是，大卫·奥格威将自己的个人体验升华为一整套形而上的论著，包含职业精神的组织文化，以及将企业目标和个人自由结合起来的制度与流程，最终打造了全球化的广告公司。中国广告公司的专业化，依然任重道远。

四 跨国广告公司众生相

在讨论跨国广告公司中国行动时，我们需要明白合资广告公司有两重不同意涵：其一，非广告业务的国外公司与中国本土企业成立的广告公司；其二，国外的广告公司与中国本土企业的合资。目前的广告历史书写大多将视角放在第二个层面。如我们在广告史的讨论中将第一家合资公司确定为北京电扬广告公司。其实在此之前，来自日本和美国的一些商社已在中国成立了一些从事广告业务的合资公司。

不管从哪个视角，在 20 世纪 90 年代初的几年时间里，跨国广告公司成群结队在中国市场发力，开设分公司和办事处。在这一主体的写作中，我们也难以穷尽所有的广告公司。我们只是从庞杂的历史资料中选择了几家有代表性的公司。奥美的早期行动和对中国市场的培养，使它成为最具光环的公司；盛世长城在20世纪90年代的大部分时间都占据着跨国广告公司中国市场份额第一名的位置；北京电通不仅在公司业务层面采取很多行动，也与各类利益相关者建立了联系；上海灵狮则是不多的几家拥有话语权且真正参与专业服务领域的公司之一；麦肯与光明日报社的合资，将香港地区的优势、本土媒体的力量汇流在一起。

1. 奥美中国的魅力光环

奥美，可谓全球广告行业中最有故事和魅力光环的广告公司之一，它的创始人大卫·奥格威，很多时候已经超越了广告行业，成为"创意"的代名词。在中国市场上，奥美更是如此，在广告业内被尊称为"黄埔军校"。奥美在中国的布局，从1972年成立香港办公室就开始了前期运筹。1985年，台湾国泰建业广告公司与奥美共同创立了台湾奥美广告公司，台湾奥美由此诞生，成为台湾地区的首家4A广告公司。1991年，上海奥美正式成立，虽然这只是一支当时仅有20人的团队。但其最初的客户名单中包括联合利华、大众等跨国公司。1992年，奥美北京办公室正式成立，1993年，奥美在华南地区的经济中心——广州开设了广州办公室。1995年，奥美将公关业务进入正处于起步阶段的中国市场。1999年，奥美互动在北京正式成立，2002年，发展成为如今的OgilvyOne。到20世纪90年代中期，随着整合营销传播（IMC）的风行，奥美国际提出了"品牌管家"（Brand Stewardship）的管理思想。[1]"品牌管家"实际上是一套完整的企业计划，用以确保所有与品牌相关的活动都反映品牌本身独有的核心价值和精神。简单地说，"品牌管家"意味着理解消费者对产品的感受，并将之转化为消费者与品牌之间的关系。围绕着奥美管家，奥美更是在中国大量并购广告公司，尽可能地实现"360度"的管家的作用。

20世纪90年代，新型商品不断涌现，消费市场日趋成长而丰满，包括电视走入千家万户，这些都使电视广告在中国大陆这片土壤上，拥有了撒枝开芽的良好条件。《柯达一刻》是当年上海奥美的代表作之一。广告片用了三个妙趣横生的故事，串起幸福生活的点滴。若干年后，当孩子成

---

① 奥美广告公司中国地区官方网站，http://www.ogilvy.com.cn/。

了父母，父母成了老人，再来一同打开相册，看看过往的欢乐时光，寻找一家人共同的回忆，这可能就是中国人的幸福观。《柯达一刻》广告成为经典。在胶片时代，柯达就意味着美好精彩的照片，而《柯达一刻》则是美好瞬间的代名词。

2. 盛世长城的狂飙突进

盛世长城国际广告公司隶属世界第四大传播集团阳狮集团。公司成立于1992年8月，是一家中英合资经营企业，英方为英国盛世广告有限公司，中方为中国长城工业总公司及中国天马图片公司。公司主要从事设计、制作国内外各类广告，并代理广告发布和各种媒介的广告业务。

盛世长城广告公司策划的乐百氏27层净化广告，直到现在依然值得品味。当时纯净水刚开始盛行，市场上存在着众多纯净水品牌，同质化现象严重。大多数纯净水厂商都希望能从中寻求差异，运用自身独特的优势来彰显不同，从而求得生存。娃哈哈一马当先，凭借广告偶像加音乐的情感诉求一跃成为行业领导者，面对这样的市场局面，乐百氏该走一条怎样的广告路线呢？乐百氏经过分析发现，当时市场上的所有纯净水品牌的广告都说自己的纯净水纯净，而消费者却不知道哪个品牌的水是真的纯净，或者更纯净，抓住这一点后，乐百氏在行业内率先推出了"27层净化"的概念。"27层净化"给消费者一种"很纯净，可以信赖"的印象。

3. 电通的中国之旅

跨国广告公司与中国广告行业的合作，不限于合资，跨国广告公司在很多方面，都在和中国广告行业交流。电通就是其中一个重要的案例。电通集团从1980年在北京设立事务所发展至今，已经形成了拥有广告代理、公关、促销及调研等业务的中国规模最大、最完整的整合服务体系。1994年，电通株式会社与中国国际广告公司、大诚广告公司在北京合资成立了电通中国集团。其中电通控股占51%的股权，中国国际广告公司占47%，大诚广告占2%。① 为避免同时管理竞争品牌，随后，电通在中国还组建了北京东方日海、上海东派广告两家合资企业，业务网点遍布北京、上海、广州、深圳、青岛、武汉、香港。2001年，电通株式会社为进一步有效利用集团内的各方面资源，成立了中国电通有限公司。

---

① 《日本电通的海外扩张策略分析》，人民网，2007年8月29日。

1996 年，作为电通创立 19 周年的纪念项目之一，电通与中国教育部联合北京大学、清华大学美术学院、中国人民大学、复旦大学、中国传媒大学等 6 所院校合作开展了中日广告教育交流项目。项目通过举办"电通广告讲座"、开展"电通留学研修"等，组织电通专业领域佼佼者与中国广告教育界人才共同交流广告行业的最新理念，沟通广告业的发展动向，并以此促进中日广告行业的文化互通。

4. 上海灵狮的本土力量

上海灵狮广告有限公司于 1996 年 8 月成立，经中方投资商光明日报社和外方美国公共集团（IPG）共同筹建，并由沈赞臣出任董事长一职。[①] 1987 年进入光明日报社、任深圳特区办主任兼《光明日报》广告部深圳分部主任的沈赞臣，接到任职董事长的任务。在特定的工作环境中，他克服了两种文化差异所带来的冲击，坚持国家利益，努力提高专业知识，积极协调中外双方关系，最终取得了合资公司的话语权。经过两年的适应与磨合，公司转亏为盈，业绩节节攀升，迅速进入中国十大广告公司的行列。至 2003 年，全国广告营业额成长最快的 10 家公司中灵狮排名第二。2006 年灵狮再次获得"中国一级广告企业"的资质证书。十年内灵狮为国家累计创造税收 1.8 亿元。

灵狮从一开始单纯依靠外资的客户资源和资本，慢慢探索并创造了一整套符合中国市场和中国国情的运作模式，为客户特别是为中国大型国有企业和民族品牌提供了更具实效的广告服务。中国加入世贸组织后，在外资广告公司大举兼并中国中小广告公司这样的大背景下，灵狮中方收购了灵狮外方的 30% 股权（原为中美双方各持 50% 股权），同时通过客户资源置换，又为中方取得了两亿元的资产，从而完成了既定的战略目标。灵狮变成既有专业性又有资本实力，同时又具有国际资源的由中方控股的合资广告公司。

5. 麦肯·光明的三方合作

麦肯·光明广告有限公司前身是 1989 年 3 月 29 日北京光明日报社与香港一家公司合资成立的北京光明广告设计制作有限公司，注册资本 100 万元港币。当时，中国政府对外商投资广告企业的资金比例，尚没有明确

---

① 参见现代广告杂志社编《影响中国广告 30 年杰出人物》中对沈赞臣的专题，第 77~85 页。

规定。为此光明日报投资 40%、港方投资 60% 成立了这家设计制作公司，主要经营广告影视片的拍摄制作与平面广告的设计、制作和印刷等业务。

1991 年，美国麦肯·艾里克森广告公司表示了收购该公司外方股权的意愿。外方代表牛爱国与中方代表陆瑞君先在北京饭店进行了会谈，后经饶恩赐先生与中方达成协议：将原港方所持有的公司 60% 的股权全部转让给麦肯·艾里克森广告公司，并于同年 11 月办理了营业执照的变更登记，将公司更名为麦肯·光明广告有限公司。

中共中央政治局常委李瑞环在人民大会堂接见了专程前来北京出席合资公司成立庆典的麦肯国际广告总裁罗伯特·詹姆斯（Robert James）等人，以及光明日报社总编辑张常海、副主编齐志文等人。翌年，麦肯·光明广告有限公司分别成立上海与广州分公司。

第十二章　媒介代理的独立：中外媒介代理公司的不同道路

一　媒介购买公司的发展简史

从历史演进角度来讨论广告公司的媒介代理功能会更加清晰。广告的历史可以追溯到商品交换的最初时代，但是现代广告却是近代以来商品经济发展的产物。交通、市场、传播等各种因素共同催化了广告产业各个主体的诞生。社会分工使广告的生产者逐渐从商品流通领域中分离出来，形成我们今天所说的广告经营者；之后，由于大众媒体的诞生，媒介与广告主开始分离，原来的企业营销借用的媒体大多是自理的，如叫卖、招牌、招贴等；大量诞生的媒体与各种需求的企业之间存在着信息不对称的情况，广告代理业营运而生。首先是版面推销人，他们承揽企业的广告，然后向报纸收取一定的佣金。之后是版面批发商，广告代理商用低价买进大量版面，然后再以零售价出售给企业，这是媒介套装购买的起源，广告代理商的价值开始逐渐得以体现，他们不是掮客，而是在独立创造价值。

各个报刊成立广告部，开始直接承揽广告。广告代理公司以媒介代理服务为生存逻辑的模式不断被改变，广告代理公司开始将服务重点转向企业，开始为广告主全面服务，文案撰写、美术设计、策划创意、市场调研等服务类别成为广告代理公司的重点服务项目。到 20 世纪初期，很多优秀的广告公司率先完成了为媒体服务的广告媒介代理业务，向为企业提供全面营销传播服务转变。1917 年美国广告代理公司协会（4A）成立，确定了 15% 的企业媒介预算作为标准的代理佣金，广告公司以此为广告主进行广告及其相关的服务。双重代理成为广告公司的基本运作模式：一方面，广告代理公司为媒介服务，为其售卖版面，收取媒介的佣金；另一方面，广告代理公司为客户服务，提供设计、创作和活动方案，收入创意的服务费用。

当媒体稀缺时，广告代理公司的价值在于满足广告主媒介需求，当媒介资源过剩时，广告代理公司又为媒介积极寻找相匹配的广告主，提供策划与创意、媒介计划与购买等一系列整合营销传播服务。从本质上来说，广告代理制并没有所谓的"先进"与"落后"一说。广告公司的价值在于保持广告产业的动态平衡，匹配广告主需求与媒介资源服务，在丰富的信息中找到合适的媒介资源组合，在变动的媒介生态中保持一种相对的稳定。

进入全球化以来，随着国际广告公司在二战之后的快速形成，广告业在组织结构和经营管理方面有一些新发展和新变化。集团化、跨国化的广告业需要广告代理公司提供全球化、多样化和专业化的服务。媒介的细分导致传统媒介的重要性降低，多样化的广告传播方式也形成各种各样的垂直类的广告服务机构。个人消费时代，市场不断细分，企业与相应市场之间的关系也更加复杂与多元，各类提供专门性广告服务的代理公司不断出现。比如创意热店，专注于作品的创意与表现；比如今天所要提到的独立的媒介代理业，它们专注于媒介计划和购买，不负责广告的设计制作。

聚焦到本节所讨论的媒介购买公司，起点要追溯到1966年法国凯洛国际媒体公司（Carat International）的成立，自此以后，媒介购买公司快速成为国际广告传播网络生态圈下的重要分工部分。媒介购买公司在最初的成立阶段往往独立于原有的大型广告公司，扮演一种辅助性的"利基"者的角色。15%的代理佣金制度依然是整个广告公司提供服务时的基本运营模式。

之后，随着广告公司资本化与集团化的快速推进，整合营销传播理念开始逐渐形成并落实到各个广告公司的实际运作中，专业性的媒介购买公司快速发展，这一节点可以归结到1986年，WPP、奥姆尼康等大的跨国广告传播（整合营销传播）集团开始形成，体现在业务运作层面，开始逐渐向精细的专业分工与协同服务发展。媒介购买公司成为大型广告集团的一个组成部分。台湾《广告杂志》的资料表明，1993年，欧洲媒介购买量的50%由媒介购买公司操作实施，而1996年这个数字已经达到70%。

进入20世纪90年代后期，随着行业的继续深化发展，媒介市场的多元化与碎片化使得信息的到达愈发重要，媒介购买公司在各个广告传播集团中的角色与价值也在不断显现，并成为各自集团公司的主要利润增长点。媒介购买集团开始将整个广告传播集团的广告媒介代理业务集中到自己旗下，以获得更大的谈判权和收益率，新的发展趋势还体现在媒介购买公司的相互独立与自主开发客户等方面。2005 年，奥姆尼康旗下的 OMD（浩腾媒体）成为全球最大的媒介购买公司，营业总额达到 216 亿美元，阳狮旗下的星传媒体（Starcom MediaVest Group）收入也一度超过 200 亿美元，WPP 集团在 2006 年新组建的群邑集团 GroupM 占据了全球约 30% 的媒介购买量。IPG 旗下的优势麦肯、极致媒体等公司也在快速膨胀中。有数据显示，在 2005 年左右，全球广告业 80% 以上的媒介购买量被 WPP、IPG、Publics、Omnicom 等四大欧美广告控股集团所垄断。加上日本电通株式会社在日本媒介代理市场近乎垄断的地位以及法国汉威士（Havas）集团的快速成长，这六大广告集团几乎建构了整个媒介购买的全球网络。

在信息革命以及广告专业化分工的推动下，广告业媒介业务地位日益凸显，欧美广告业也逐渐形成了"创意分散，购买集中""分工合作，整合资源"的发展趋势。以实力传媒为例，1987 年，实力媒体成立于英国，1995 年，美国分公司成立，1996 年底，中国分公司和香港分公司成立；截止到 1998 年底，已在全球 23 个国家和地区设立了 43 个分支机构，全球范围内的营业额在 1996 年达到 60 亿美元，中国地区的营业额在 1997 年达到 18 亿元。专业媒介购买公司的操作手法与业务特征大体有以下几个方面：其一，对媒介广告时间和版面大量或优先的集中性购买或规模性购买；其二，对媒介的广告实践和版面进行组合、包装和分销是其基本的做法；其三，在媒介付款方式上的优势，表现在专业媒介购买公司在对媒介广告时间和版面付款时可以以信誉等做抵押，变事前付款为事后付款，甚至延期或滞后付款；其四，专业媒介公司所收取的代理费比广告公司便宜，广告公司的代理费一般是媒介所报总价的 15%，或者净价的 17.65%，而专业媒介购买公司一般是净价的 3%～5%；其五，专业媒介购买公司一般不为客户提供整体广告策划服务，而只是提供与媒介相关的媒介服务，如媒介策划、媒体购买等。

二　中国的媒介购买公司的发展

20 世纪 90 年代中期的大陆市场，整个业界普遍关注广告信息本身，而忽视信息的合理性、说服力以及信息传送，也就是只热衷"说什么"，而对"在哪里说"及"何时说"等属于媒体策略领域的思考，则以简单的价格谈判的折扣作为媒介投播的依据。

在当时的情况下，媒介占据着中国广告业的主导地位，广告公司难以在媒介层面真正开展专业化的媒介策划工作。相关的媒介层面的运作缺乏一个产业发展的良好环境。比如，依照交易的惯例，媒体方在收取广告费用时，应该提供两样东西，一个是收视数据或阅读人口数据，用以支撑其媒体价格，另一个是播出证明或刊登样张，用以证明投播广告被执行无误，这两样数据应该由没有利害关系的第三方提供。而当时中国广告产业中这部分发展程度低，导致企业必须透过当地同事的人际关系，自行建立监播网络，用以确保投播广告被执行。1995年开始，由于市场发展快速，央视索福瑞及尼尔森都加强了对大陆市场的投资，至今已经分别形成覆盖158个城市的收视调查网，以及145个城市的广告监播系统，几乎覆盖所有经济发达地区，并随媒体发展而不断扩张。与此同时，新生代等媒体调查公司也纷纷推出与市场同步的媒体接触与生活形态调查，如此，广告是否被准确地播出等低层次问题成为历史，媒体作业的发展迈入可以讨论策略计划的阶段。

依靠与一些稀缺媒体的紧密关系，一些本土媒介购买公司也随之出现。比如北京未来广告公司、三人行、中视金桥、海润国际等，这些有着媒介背景关系的独家广告媒介代理公司或者是优先代理广告公司，在业务内容与经营手法上开始逐渐接近专业媒介购买公司。

几乎在同一时期，从1996年底开始，一些合资广告公司开始在中国大陆酝酿媒介购买公司。这些大型专业媒介购买公司开始积极开拓中国大陆的媒介市场。它们有完善成熟的业务操作系统、专业的操作水平、先进的经营管理理念，并且拥有国际性大客户带来的巨额业务量。来自国外的这种大资本、大投入以及追求规模效益的操作手法对中国广告业形成了强烈的冲击震荡。1996年10月，中国实力媒体在北京宣告成立，随后，传力媒体也在上海风风火火地开始了营业。虽然中国政府实施了相关准入与注册政策，来面对外来的媒体购买公司的潜在威胁，跨国的媒介购买公司又"曲线救国"，依附于原有的合资广告公司母体，继而在中国快速发展。

1. 合资专业媒介购买公司的格局

从合资的媒介购买公司状况来看，专业媒介购买公司包括实力媒体（Zenith Media China）、传立媒体（Mindshare）、通扬媒体（Total Media）

以及精信（Mediacom）等公司。

这些合资的媒介购买公司的特征有以下几点。其一，都是典型的非独立的专业媒介购买公司，依存于原有的广告公司的母体而存在，与原来的广告公司母体有直接的业务关系，就是说它们有充分的客户源保证。比如实力媒体的控股双方来自盛世和达彼思广告公司，在全球范围内本来就隶属于盛世广告集团总部，而传立媒体的控股双方奥美广告公司和智威汤逊广告公司，在全球范围内隶属于WPP集团。其二，目前处于有名无分的地位，有媒介购买公司的组织机构和运作流程，但是没有注册成为有法人资格的媒介购买公司。其三，现在处于强化媒介部职能的阶段，使其媒介部的功能更健全和系统化，受制于中国媒介环境现状和中国广告业环境现状，在运作上和国外的专业媒介购买公司仍然有一定的差距，远远未达到专业科学服务的水准。其四，在经营上能提供较高水平的专业媒介购买，集中客户资金，以量制价。同时，有原来广告公司母体的客户资源做保障，客户的规模和质量相对而言比较高，实力媒体的大客户宝洁公司每年的广告投放大约占了实力媒体全年营业额的一半。

2. 本土专业媒介购买公司的现状

本土专业媒介购买公司主要集中在媒介业务上，它们或者是关系型的媒介独家代理公司，或者是关系型的媒介优先代理公司。在经营特征上，它们往往具有以下特征：一般拥有区域性或全国性媒介关系独家代理或关系优先代理特权；能够获得媒介购买的较大优惠；对媒介广告时间批量购买或对媒介广告时间提前购买；对媒介广告时间进行分销和包装；服务主要面向广告公司的媒介部分，而广告公司通过媒介购买公司来购买自己不易购买的媒体。本土专业媒介购买公司的优势更多在于它们凭借良好的媒介关系，能够从媒介获得比别的公司低的折扣或者是紧俏的广告时段，在媒介策划和媒介广告效果监测服务的专业水准方面，与国外专业媒介购买公司相比有较大差距，亟待提升。

中视金桥是国内媒介代理公司的一个典型代表。中视金桥 CEO 刘矜兰在 2011 年接受采访时，谈到了公司发展的三个阶段。第一阶段，从创业初期的开创市场阶段到找到领先行业发展的优势时期。1999 年，中视金桥成立。凭借中央电视台中文国际频道的资源优势，提出"将中国的城市带入世界，让全球人关注中国城市，发现中国城市之美！"的思路，在国内迅速掀起了城市品牌文化传播的潮流。在充分挖掘各个城市之间差异的基础上，中视金桥制作的"义乌""武当山""九华山""好客山东""七彩云南""浪漫之都大连"等作品都广受好评。累计服务过的城市旅游客户高达500多个，并率先倡导和出版了《城市品牌传播研究报告》，为城市品牌传播树立了行业标准。第二阶段，从产业经营到有序化产业资本运作阶段。2006年11月，中视金桥首次进行海外融资，率先成功引入国际资本；2008年7月，中视金桥完成境外上市，打破了以媒体代理为主营业务没有上市公司的局面，成功践行了资本与传媒的对接，并不断优化整合，发展成为国内领先的主流媒体运营集团。第三阶段，多元布局、集团化运作发展阶段。伴随业务板块的不断扩容，自2011年3月开始，中视金桥开始集团化运作模式，介入多元化的传媒市场布局。① 中视金桥除了专业化、整合化和集团化等方面的优势，最大的核心竞争力是其拥有强大媒介代理资源。② 作为最大的央视广告代理公司之一，提供最全面的高端央视媒体传播资源，从CCTV1的新闻，到CCTV2的财经，再到体育、中文国际、农业、军事等栏目。

三 国外媒介购买公司在华发展的三个阶段

20世纪90年代末，随着世界范围内六大广告传播集团的形成，其拥有的强大资本能力成为中国广告市场开放中的一个重大命题。甚至进入21世纪初期，中国广告业整体营业额还不足以超过日本电通广告公司一家公司的营业额。媒介代理成为国家管控的服务领域。面对具有全球网络优势和强大资本实力的媒介购买集团，国家开始重视媒介的意识形态属性。1998年，国家工商管理局下发停止核准登记媒介购买企业的通知。通知指出，各地一律不得受理媒介购买企业设立登记申请；已经办理了核准登记手续的，应在进行本年度广告经营资格检查时，重新核定经营范围，将核准的媒介时间、版面批发和零售经营项目予以核销。成长速度惊人的外资媒介购买公司陷入一种身份不合法的状况。

借用和挂靠原有的牌照和资质成为这些外资媒介购买公司的一个主要

① 秋前：《整合传播：征战全媒体时代——专访中视金桥国际传媒集团CEO刘矜兰》，《中国广告》2011年第11期，第94页。
② 崔雯轩：《本土广告巨人中视金桥成长揭密》，《广告人》2007年第8期，第82～83页。

选择。实力媒体与盛世长城，星传媒体与李奥贝纳，传立与奥美、智威汤逊，OMD 浩腾媒体中国公司与天联、恒美和李岱艾，优势麦肯与麦肯集团等原有的国际广告集团旗下的各个子品牌之间的合作屡见不鲜。参照实力传播、群邑等公司的相关资料，我们尝试把这段活动实践过程大致分为三个阶段。①

第一阶段：谈判与购买主导（1996 年成立至 1998 年）。将不同的广告公司的媒介业务重组是很多媒介购买公司诞生的一个重要动因。实力媒体也是如此。它源自 1996 年 10 月对于盛世长城广告公司和达彼思广告公司相关媒介业务的合并。作为国内第一家正式的媒介购买公司，实力媒体的创始客户来源于这两家公司的原有客户，比如宝洁、西安杨森、上海强生制药等。鉴于这些客户的产品属性，电视媒体成为优先考虑的对象。时任实力媒体总经理的李志恒的主要工作之一即是不断拜访国内各大电视台，商榷价格和具体的播出服务事宜。面对广告媒介服务素养较低的国内电视台媒体，培训成了实力媒体的一个重要工作。实力媒体在 1997 年 11 月主办了"中国电视广告经营（美国）考察团"；1998 年 8 月，联合美国宝洁公司在北京举办了电视收视率会议。在短短的三年时间里，外资媒介购买集团掌控了中国 50% ~60% 的媒体市场。

第二阶段：媒体策划主导（1999 年至 2000 年）。在基本上确定了与媒体的关系之后，如何为企业客户提供更加高效的传播服务和媒介购买服务成了广告公司的重要议题。如何把媒体预算分配到不同的市场？除了电视以外，还有哪些媒体值得考虑？如何做不同媒体预算的分配？年度的投放应该如何策划？旺季集中投放的效果会不会更好？这些都是媒体策划的核心问题。媒体策划的专业知识体系和运作流程成为这一时期媒介购买公司重点发力的领域。

第三阶段：传播策划主导（2001 年至今）。从媒体策划转型到传播策划，是服务客户的更高表现。投资回报代理（ROI Agency）成为媒介购买公司的核心理念。如何从知识层面、意识层面以及公司的组织架构层面落实这一理念，成为这一时期媒介购买公司思考和实践的重点。包括媒介策

---

① 林升梁：《媒介购买公司在中国发展的第一个十年：1996 ~2006》，《现代广告》2008 年第 6 期。

划和购买在内的整合营销传播成为企业发展的另外一个目标。

在当时的中国广告媒介市场，外资媒介购买公司在专业能力、资本、客户服务水平，更重要的是其与跨国广告集团之间的紧密关系等方面，具有巨大优势。"除了 CCTV 以外所有的省、地、市、县级电视台全部笼罩在所谓跨国媒介购买集团的垄断式不公平竞争压力之下"。[①] 本土媒介公司则处在一种边缘化的角色。它们凭借与媒体千丝万缕的关系占据特殊的媒体资源，成为一家或几家媒体广告时段或版面代理的经营实体。如北京未来广告公司是中央电视台所属的唯一的全资广告公司，独家代理大量的央视频道和节目的广告发布，CCTV 的稀缺媒体资源是北京未来广告公司生存所依；媒体型广告公司自身就是媒体，如新近崛起的各类户外广告公司。这些媒体型广告公司拥有自己的媒体，凭借自身的媒体吸引客户资源，获得广告收入。有学者认为，本土广告媒体公司"在过度关注媒体资源本身的同时，很容易忽视专业服务能力的提高；另一方面也是因为中国媒体资源的条块分割，跨媒体、跨区域的媒体资源整合会受到地方行政或政策的阻挠，这也限制了本土媒体资源型广告公司的扩张"[②]。

四 基于中国广告媒介环境视角的思考

从起源来看，专业媒介购买公司大体可以分为两大类：客户指向类和媒介指向类。客户指向类的专业媒介购买公司出现往往有两种动因。其一，广告公司在帮助客户做媒介代理服务中，逐渐感到媒介集中购买的必要性与可能性，从而将其媒介部升级，或者与其他广告公司媒介部合并购买，逐渐演化为专业媒介公司；其二，客户在其广告活动中逐渐意识到"创意分散，媒介集中"的优越性，从而促使专业媒介购买公司的产生。而媒介指向包括集中购买型专业媒介购买公司以及网络代理型专业媒介购买公司。

中国媒介与广告市场环境为专业购买公司的发展提供了广阔空间。从媒介角度来看，中国媒介市场环境日趋复杂，竞争态势日趋激烈，媒介经营意识逐渐深化，媒介的广告经营部门已经意识到媒介广告时间有商品的

---

① 代婷婷：《中国本土媒体资源型广告公司发展的现状和路径》，《新闻界》2013 年第 11 期。
② 代婷婷：《中国本土媒体资源型广告公司发展的现状和路径》，《新闻界》2013 年第 11 期。

某种属性，需要用市场的规律来营销媒介的广告时间。媒介开始主动寻求各种形式的广告代理商来协助他们自己的广告时间销售，开始主动寻求强化与广告客户以及一些广告代理公司的联系与合作。

从广告市场角度来看，广告业媒介业务的工作难度愈发困难。与此同时，媒介受众市场已被各种因素分割得七零八落，广告客户的目标受众在复杂和激烈的媒介市场竞争环境中越来越难以确定。对广告公司而言，从节省资源、组合实力的角度，媒介业务联合发展不失为一条可行路径。对于广告的媒介业务而言，快速而廉价的占有媒介的广告资源成为掌握主动权的第一步，对于广告主而言，对媒介成本的预算与控制成为一个日益重要的工作。

从20世纪90年代中后期开始的中国媒介代理行业，处在一种时空交会之中。中国的媒介市场环境、携跨国广告集团之威而来的媒介购买公司、快速勃发的中国市场经济和企业等因素催生了几对重要的关系：第一，中国本土企业与本土媒介代理公司；第二，4A广告公司与中国媒体，尤其是作为稀缺资源的CCTV；第三，4A广告公司与在华跨国公司等。

随着时间的推移，4A公司及其所属的媒介购买公司在中国经过快速发展之后，并没有出现早期中国广告学者所担忧的"被殖民化"的结局。回顾历史我们可以发现，4A公司出现了两个主要的误判。第一，与中国本土媒体关系并不够妥善。以电视媒体市场为例，中国在特殊的媒介体制下采用四级办台模式，建构了中央电视台、省级卫视和区域城市电视台三个主要的媒介市场。而有着资本与经验优势的4A的"导师"角色并没有很好地与中国本土媒介的发展需求匹配。第二，与中国本土品牌的关系也并不如预期。在开放浪潮中涌现而来的先进技术在中国市场中的成本优势、市场规模等因素推动下，产生了近乎野蛮的生命力，中国企业在模仿中快速崛起。虽然说4A公司及其所属的媒介购买公司从进入中国市场开始，即在服务在华跨国公司的同时，积极拓展中国客户，但是，它们低估了以集群化方式兴起的中国本土企业的发展速度，以及对于复杂的中国市场情况和以"销售主义"为中心的营销传播需求的把握。在这样的情况下，20世纪90年代开始的中国媒介代理市场逐渐形成了两个相互独立且部分开放的体系：一个是由4A公司、媒介购买公司、部分省级与城市台媒介资源、跨国公司、一些中国本土优秀企业等组成的广告媒介运作体系；另一个是由本土代理公司、中国本土企业、CCTV 等优质媒体等所组成的体系。

小结　百舸争流的壮丽图景

这一阶段，中国广告行业的发展呈现一种百花齐放的状态。随着居民消费需求的日益多元，广告业进入了繁荣发展的阶段。广告成为居民生活知识的主要来源，广告是先进生活方式的"大课堂"。这期间诞生了无数被后来者津津乐道的经典的广告作品，以及更多的借由这些作品走向巅峰而后又快速跌下神坛的广告公司、广告人和企业。个体、民营、国营、外资（合资）等不同主体的广告公司开始在广告业的舞台上展现自我，中国广告业和广告公司出现了一幅"百舸争流"的壮丽图景。

经济改革的深化与市场经济体制基本确立的成效立刻显现。旺盛的市场需求带来了满足需求的媒体和广告的爆发式增长。以 1992 年为例，各类广告媒体的创新层出不穷，专题广告片《可口可乐时刻》同时在 18 家电视台新闻联播之后进行首播，全国评选"飘柔之星"活动，湖北电视塔上展现 1800 平方米"KENT"广告震惊全国，北京公交车身广告开始出现，国内首例冠名广告列车——琴岛海尔号（25/26 次特快）标志中国铁路向广告市场开放，澳星发射也开始招揽广告，五粮液、万家乐、海尔、小霸王等 14 家企业和广播电台参与发布广告。广告成为"奇淫巧技"和"惊天策划"的代名词，各类广告人和广告公司你方唱罢我登场，用一个个企业作为残酷竞争的试验品。这一时期的很多竞争，一方面是头脑发热，盲目自大，另一方面是特殊市场阶段的广告轰炸，使企业不得不连年投放大笔广告费用，神话爆款屡屡出现的同时，是一个个企业的昙花一现。从1994 年开始的央视标王更是见证了一夜成名的神话过程，并且这种标王的追逐成为一个时代的群体塑像，从白酒，到家电，再到手机、日化领域，一个个企业在追逐标王的路上前赴后继。

在这样的躁动与浮夸的时代，广告公司与企业在方法论上开始自觉，开始真正理解广告、营销传播与品牌之间的关系。从 20 世纪 90 年代初活力 28 的 USP 应用开始，娃哈哈儿童营养液的"喝了娃哈哈，吃饭就是香"的类似保健品的食品广告，南方黑芝麻糊"一股浓香，一缕温情"的温情诉求，潘虹、李默然、巩俐等名人代言，太阳神的 CI 策划，碧桂园的"给你一个五星级的家"的广告策划，等等。诸多不同的产品，在不同的时期，基于不同的目的，在各种因素的推动下，广告的营销传播活动取得了巨大的成功。中国广告公司从最初的中介化角色中走出来，开始从策划和创意等专业化服务层面去思考其自身的角色与价值。一波波创新思考的浪潮与一波波的企业广告实践一起同起伏同沉沦。至今来看，这一路充满了苦涩的教训与无尽的悔恨。当我们回顾 1994 年时，它往往被称为中国 CI 年，但除了太阳神，我们还知道哪些？在这样残酷的商业竞争中，一批批优秀广告公司在不断崛起，本土化的思考和创新也在酝酿中成型。

在这一时期，中国开始真正与国外广告业、广告公司进行全方位的接触。从历史深处走来的传统中国，不断改造着自身的"中国情境"，努力追求着"现代化"的目标。这一阶段的中国对跨国广告公司的态度可以概括为，人们既关注中国经济在满足长期受压抑的消费者需求的同时维持迅速发展的能力，又担忧"开放"在政治和文化上的后果。在 1993 年这样一个春天，中国政府依然将合资广告公司的法规紧紧攥在手中，从 1986 年首家合资公司电扬广告公司至今，已经有一大批合资广告公司以及广告人开始进入内地广告行业，高速发展的广告行业开始担心"狼来了"和"广告行业殖民化"。

但同时，中国广告业又不得不在碰壁之后思考开放与学习。1996 年，中国广告代表团首次参加戛纳国际广告节，并带去了 31 件影视广告作品和 38 件平面广告作品参赛，但这 69 件广告作品竟无一件获奖。"全军覆没在戛纳"，这对首次走出国门的中国广告界无疑是一次沉重的打击。在戛纳广告节的会场里，来自世界各地的广告人率直地表达他们的好恶。那些令人叫绝的好广告总是赢来阵阵由衷的掌声，而当放映中国的电视广告时，全场竟然平静得没有任何声音。这实在太令人难堪、太令人难过了，因为人家根本就没有看懂我们的广告。满腹委屈的中国广告人不断向戛纳广告节主席罗杰先生提问：不懂得我们的本土文化，评委如何评判我们广告的好坏？评委们读得懂中国唐诗吗？罗杰先生反问了一句："那些不是你们本土文化的好广告为什么你们都看懂了？"①

广告作为一种创意艺术，虽然从 1979 年开始，中国诸多的广告人已经开始探索实践，并且有了相当一批成功的经验，但是在中国第一次如此大

---

① 鞠惠冰：《通过广告你可以发现一个国家的理想》，《粤海风》2002 年第 2 期。

规模与世界广告行业正面交流沟通中，中国广告人遇到了足够大的冲击，而后，中国广告人开始思考，何谓优秀的创意？何谓广告行业的核心？如何在全球交流中体现本土特色的同时完成交流和沟通的广告目标？这种反思，在一定程度上让当时热闹纷繁的广告行业回归平静，思考广告的核心价值。这也是中国广告走向自立的一个必要过程。

第四部分

颠覆发展：资本、文化与广告公司
（2001～2010）

第十三章 土洋之争：广告业的国际化 与广告运作的本土化

一直以来，中国广告业有一个十分奇特的"本土"与"跨国"泾渭分明的现象。本土与跨国往往是一个二元对立的存在。借助跨国集团的商品与服务在中国市场的推广，跨国广告公司也完成了快速的中国市场布局。但是，随着时间的推移，完成了中国市场的布局之后，跨国广告公司与本土企业的竞争就不可避免。当中国大陆组团奔赴戛纳，屡遭重创之时，跨国的4A广告公司却已经悄悄地完成了中国的布局。

一 广告业的国际化

1. 跨国界的流动与广告公司的黄金时代

在广告的专业化与职业化追求的同时，早期广告公司开始了国际化的征程。跨地域与跨国界的扩张与流动越来越频繁。对于广告公司而言，客户在哪里，它们就在哪里。伴随着信息技术和交通运输的快速发展，广告公司的办事处和分公司越来越多。与一个国家内部的跨地域流动不同，跨越国界意味着更多维度的全新挑战。语言、文化、体制、资源等需要重新考量。广告公司网络的形成历史是与媒介现代性的出现混合在一起的。

1924年，美、英两国的广告管理机构通过世界广告联合俱乐部的创立建立了有机联系。英国和美国不但都受到公司国际化的推动，而且都依据自由经济思想与自我调节理念来组织这个行业。

1938年，国际广告协会（IAA）诞生。该协会担负起了保护广告载体、广告客户和广告公司利益的任务。1920年，关税及贸易总协定（GATT）前身国际商会成立，旨在调整第一次世界大战后的国际商业新秩序，并起草了广告活动的第一个职业道德规范。与自我调节原则相关联的"商业表达自由"迈出了跨越边界的第一步。

20 世纪初，在以美国为中心、遍布世界各地的工商企业的要求下，美国两个最早的广告公司网络开始从纽约把自己的子公司散布到国外。1929年至 1933 年的广告预算已经崩溃，大萧条逼迫它们走出美国本土。第二次世界大战促进了第一轮广告网络的发展，到了 20 世纪 50 年代，广告网络的扩张更加来势汹汹，不能适应美国网络新技术的民族国家的本土广告公司受到了严重的排挤。"大约是 1959 年，描绘美国广告公司海外发展的一条平缓曲线突然攀高，并且不曾拉平。"①

2. 资本化与集团化：跨国广告集团的出现

从一个简单的组织机构到规模化的资本聚集和集团公司，传统的规模经济和范围经济的定义很多，我们参考美国学者、企业史研究大家小阿尔弗雷德·钱德勒的定义，他在系统的讨论了产业规模经济和范围经济之后，对规模经济下了一个定义："规模经济是当生产或者经销单一产品的单一经营单位所增加的规模，减少了生产或者经销的单位成本时而导致的经济。范围经济是联合生产或联合经销的经济，指利用单一经营单位的生产或者销售过程来生产或者销售多余的一种产品而产生的经济。"② 规模经济和范围经济提出了产业规模化的两个方向：一个是增加单一产品的生产或者销售的数量，另外一个是多元化的生产或销售。③

社会的分化和媒体的碎片化等变化使得广告公司开始了又一次的调整。广告公司一方面开始接纳并采用"整合营销传播"的观念，这种观点强调营销运作应该摆脱粗放、单一的状态，走向高效、系统与整合，建构一种品牌与消费者的持久关系，诸多即时效益的形式，如折扣券、直邮和现场促销等开始和大众媒体上的广告一起出现，广告也开始逐渐承担社会文化责任。另外，广告国际化也是当今广告发展的必然趋势。跨国广告集团在组织上的发展引起广告行业的相应变化。最后，还有广告语言的全球化，广告组织的变革，对广告经营管理人才的需求变化，以及传统的"AE"制"一对一"的衰落。

---

① 〔美〕赫伯特·I. 希勒：《广播的国际商业化》，见《媒介研究的进路：经典文献读本》，汪凯、刘晓红译，新华出版社，2004，第 237 页。

② 〔美〕小阿尔弗雷德·D. 钱德勒：《企业规模经济与范围经济——工业资本主义的原动力》，张逸人等译，中国社会科学出版社，1999，第 19 页。

③ 赵子忠：《内容产业论》，中国传媒大学出版社，2005，第 42 页。

　　规模巨大的广告集团的出现匹配了经济全球化带来的跨国营销传播需求，这些广告集团不仅可以在 100 多个国家代理广告业务，而且能够充分组织内部资源，为他们提供媒体购买、公共关系、销售推广、品牌管理、信息搜集等相关服务，适应了顾客全球化经营和整合营销传播的需要。

　　所谓广告集团，是指一个除了广告之外还经营非媒体广告和其他咨询、公共关系和直销营销等的企业组织。广告集团通常是采用全球化经营类型以广告为核心，在广告业务日渐成熟之后延伸至其他服务领域，也可能是非经营广告业务的企业收购兼并广告公司而形成。在 20 世纪 80 年代全球的兼并风潮中所形成的世界性广告集团，有利于广告公司节省费用，也便于避免同行业客户业务冲突，争取更大的利润。大型的广告集团有条件进行媒体的集中购买，并具备提供各种整体营销传播服务的能力。

表 13 - 1　跨国广告集团的发展格局

全球广告传播集团	总部	形成历程
WPP 集团	伦敦	1985 年，马丁·索罗（Martin Sorrell）以 25 万英镑收购 WPP 公司，开始收购一些小型广告公司。1987 年，以贷款 5.66 亿美元收购智威汤逊（J. Walter Thompson）。1989 年，以 8.25 亿美元收购奥美广告（Ogilvy & Mather）。2000 年，以 47 亿美元收购扬雅广告（Young & Rubicam）。2003 年，以 4.43 亿英镑收购 Cordiant 集团（旗下拥有 Bates，达彼思广告），收购精信广告集团（Grey Global Group）。
Omnicom（宏盟集团）	纽约	1986 年，DDB Needham 与 BBDO 合并，Omnicom 集团成立，1993 年，收购 TBWA，1995 年，收购 Chiat/Day。
Interpublic	纽约	1902 年，埃里克森广告公司成立，1911 年，麦肯广告公司成立，1930 年，合并成为麦肯·埃里克森广告公司，1960 年，Interpublic 集团成立，1971 年，上市。1990 年，收购 LOWE 集团，1999 年，合并 lintas，2001 年，以 2.1 亿美元收购 True North 集团。
Publicis（阳狮集团）	巴黎	1926 年由 Marcel Bleustein 创建。1988 年，阳狮集团与 FCB 结成联盟关系；2001 年收购萨奇广告（Saatchi & Saatchi）；2002 年收购 BCOM3 集团（由李奥贝纳〈Leo Burnett〉、达美高〈D'Arcy〉和日本电通〈Dentsu〉成立的传播集团）；2003 年收购实力传播集团（Zenith Optimedia）；2014 年，以 37 亿美元收购美国数字广告公司 Sapient。

全球广告传播集团	总部	形成历程
Havas 集团	巴黎	1835 年，Charles Louis Havas 建立 Havas 新闻和广告代理公司，1940 年，Havas 拆分为法新社和 Havas 广告公司；1982 年，与 Goulet 集团合并；1991 年 10 月，Eurocom 收购了法国广告集团——RSCG，组建灵智全球；1996 年，灵智全球改名为哈瓦斯广告公司（Havas Advertising）。
电通集团	东京	前身为 1901 年创立的"日本广告"和 1907 年创立的"日本电报通讯社"，1936 年转让新闻通讯部门。

　　跨国广告集团的出现与其说是一种横空出世，更多的则是源自对时代的把握，作为"无形的手"的市场，将资本与广告行业进行联姻。其中最重要的背景当属全球化。虽然说小马里恩·库珀在 20 世纪 50 年代末即开始将麦肯·埃里克森广告公司打造成为世界上最为庞大、最为国际化的 Interpublic 集团，但集团要到 20 世纪 80 年代之后才开始爆发式增长。

二　跨国广告公司在中国的全面扩张

　　中国广告业与世界广告业交往的频次在不断增多，范围在不断加大。2004 年 9 月 7 日到 10 日，第 39 届世界广告大会在北京召开，国内与广告业相关的诸多重要部门的领导出席大会，WPP、Omnicom 等全球著名广告集团和新闻集团的相关负责人和团队也出席了大会。大会的主题与中国广告业的未来发展规划息息相关："突破—从现在到未来"。大会还"探讨广告的内容、形式，包括创意、技术、媒介的变革发展趋势，寻求广告业新的突破"，① 这也成为此次大会的三个主要研究主题，跨国广告公司作为重要的参与者得以参与深入研讨。

　　本土广告公司与跨国广告公司竞争的结果无外乎三种：合资、控股与兼并。2001 年中国加入世界贸易组织之后，各个行业按照入世承诺逐级逐步开放。广告行业自 2004 年 1 月 1 日起，允许香港服务提供者和澳门服务提供者在内地设立独资广告公司。2005 年《外商投资广告企业管理规定》出台，规定 2005 年 12 月 10 日之后允许建立独资的外企广告公司。至此，

---

①　参看《第三十九届世界广告大会专题》，CCTP 官网，2004 年 9 月 7 日。

2005年12月成为跨国广告集团在华活跃程度的分水岭。与此同时，21世纪初，由于全球宏观经济不景气，全球广告业发展受挫。在这一时期，资本实力雄厚的广告集团趁机收购受经济不景气影响较大的广告集团，以并购方式增强自身抵御经济不景气的能力，扩张全球服务网络。跨国广告集团的全球实力排名时有变动。全球五大跨国广告集团过去十年在中国市场迅猛发展，自身组织架构和业务架构都在积极调整。但由于资本实力和企业文化等因素的影响，五大跨国广告集团在中国市场的发展历程存在着差异。

　　资本雄厚的集团采取更为积极的发展方式，以并购进行扩张性资本运营，从而实现规模效益、发挥协同作用、降低集团内部交易成本等目标。资本规模相对较小的跨国集团，在并购本土广告企业的竞争力方面不敌资本实力雄厚的集团，因此并不热衷于在华并购。欧美系企业的文化崇尚进取和创新，强调竞争；而日系企业的文化崇尚细节和忠诚，强调稳健。由此导致了欧美系广告集团倾向于价值领域的规模并购；日系广告集团则倾向于通过业务领域的广泛合作来获得自身发展。

　　以WPP集团为例，在2001年至2010年十年之中，WPP集团在中国市场获得了长足的发展。截止到2011年3月，WPP集团在华子集团为11个，服务品牌为82家，主要集中分布在北京、上海、广州三个一线城市。WPP集团在中国市场拥有最为庞大的组织架构，所提供的服务也贯穿了广告产业链的上下游，提供传统广告代理（21家）、公关（6家）、媒体购买与支持（6家）、品牌服务（4家）、数据研究咨询（16家）、线上互动（5家）、线下营销（6家）、医药健康传播（4家）、整合营销（13家）等领域的服务支持。

　　这一时期，跨国广告公司在中国广告市场大肆收购与扩张，跨国广告公司与中国本土广告公司的合资势头迅猛。从1986年到1998年，中国广告行业的前十名当中，跨国广告公司的比重已过大半。曾一度领跑中国广告行业的上海广告公司在这一年只排名第十。诸多本土广告公司的从业者以及广告学人，不免担心中国广告行业被殖民的结果。关于国际化大潮中中国广告业的发展之路，以及关于广告公司经营主导权的争论，成为这一时期的话题，持续良久。国内学者潘向光的观点代表了一种学界与业界的普遍认知，"中国广告业的国际化，是广告业发展的必然趋势。历史和现实给我们提供了两种选择：要么以开放的姿态参与到国际化的竞争中去，要么继续闭关中国的广告市场，画地为牢。显然，后者是不能被接受的。"①

三 广告运作本土化的经验与教训

借助强有力的渠道建设和对本土市场环境的熟悉，中国本土企业在某些领域开始实现突破，如长虹、科龙等企业在家电领域快速成长，在对全国市场的布局以及与国外品牌的竞争中，本土企业的品牌意识也开始高涨。从1990年开始，本土企业不断学习国际先进经验，希望可以借助品牌的力量加快市场布局。② 这也成为跨国广告公司与本土企业合作的一个重要背景。跨国广告公司从整体战略上开始调整定位，从之前针对跨国企业在中国市场的布局，调整为如何与实力不断增强的中国本土企业建立联系。如何更懂中国本土企业，并且与它们建立长期关系，成为跨国广告公司在进入中国之后面对的一个关键问题。

奥美率先提出"提供国际水平服务的本土化广告公司"的理念，而后又将其凝练为"最本土化的国际企业，最国际化的本土公司"。奥美大中华区董事长宋秩铭曾在福州的一次演讲中建议创意人员去读一读毛泽东的三篇文章：《延安文艺座谈会上的讲话》《矛盾论》《实践论》。③ 这些文章强调文艺要为大众服务，这个道理同样也适合广告方面。智威汤逊－中乔广告公司提出"为本地客户及员工提供国内最好的发展机会"。电通的目标是"成为中国一流的广告公司"，并且在1999年提出了"三三原则"，即在未来的发展中，北京电通的客户组成中日本客户、本土客户以及欧美和其他地区的客户各占1/3。这一时期，联想和海尔等优秀的本土品牌成为北京电通广告公司的重要客户。④ 跨国广告公司在这一时期不仅强调前一阶段的"世界水准，国际规范"，同时在客户结构与人力资源等方面也开始快速本土化。

---

① 潘向光、王兴华：《广告业的国际化与广告运作的本土化——21世纪中国广告业前瞻》，《杭州大学学报》（哲学社会科学版），1997年第2期。
② 何佳讯、卢泰宏：《中国营销25年（1979～2003）》，华夏出版社，2004，第108～109页。
③ 《奥美大中华区董事长宋秩铭的自白》，《环球企业家》2010年第12期。
④ 刘星、李西沙：《全方位的服务客户》，《现代广告》2004年第12期，第88页。

在 2001 年年底，以北京电通为首的合资广告公司在中国加入 WTO 之际，在国内推行"零代理"制度。现代广告诞生以来，代理制一直是广告行业运作的核心机制，广告公司一方面为媒体代理时间和空间资源，另一方面为企业提供创意代理的营销传播服务。代理费恰恰是广告公司的核心收入来源，广告公司收取一定比例的代理佣金，作为其服务的费用。这只是中外广告公司在成熟之后碰撞与冲突的一个缩影。跨国广告公司极力在中国布局，本土广告公司也想借助市场的发展得以壮大，不同的公司有着不同的专业优势和资源积累，在市场的大潮中不断地扩张着自己的势力范围。为了生存，为了发展，很多时候，这是一条必由之路。

有世界先进的经营和管理经验的外资广告公司，在进入中国市场的前期，也曾遭遇到"水土不服"的尴尬。中外巨大的薪资差额、对于中国的国情缺乏理解、对本土企业的营销传播需求把握不够、中国广告产业链条的不够完善等，成为跨国广告公司在中国"折戟"的主要原因。尤其是跨国广告公司在基本完成国际客户在中国市场运作后，在与本土企业的合作中，就出现了很多的问题。跨国的 4A 广告公司很美，但只是很美，这句话成为很多本土企业苦涩话语的一个缩写。连在中国市场上本土化做得最好的奥美广告公司，也曾有过并不美好的回忆。对于中国企业而言，它们可能更希望"在企业资源有限的情况下，需要的是既对又好，短期就能见效的广告"。[①]

国内学者陈刚在谈到这一时期的中外广告公司竞争时，将"跨国"与"本土"广告公司的竞争视为一个"伪问题"，即跨国广告公司与本土广告公司界限的模糊已经成为中国广告业的一种新现象。"这种模糊，并不表明二者完全同化，恰恰相反，这种变化使得竞争的语境更加艰涩。"[②] 资本的混合、人员的流动、客户的复杂以及广告业协作等推动了边界的模糊。优秀本土广告人或创业或回流到本土广告公司也成为一个重要现象。

2005 年，陈一枬创立了威汉传播营销集团（WE Marketing Group），在此之前，她已在精信服务了 26 年，精信也发展为亚洲最大的一个区域。之所以命名为"WE"，意味着东西方智慧在这里融合（West and east meet at

---

① 李艳霞：《奥美失败案例调查》，《21 世纪经济报道》2001 年 12 月 28 日。

② 陈刚：《跨国与本土："伪问题"的现实意义》，《广告大观》（综合版）2007 年第 3 期，第 23 页。

WE）。此外，为了更好地走向国际市场，建立国际广告服务网络，威汉加入了全球最大的独立广告公司网络（Worldwide Partners Inc.）。"它在90多个国家都有分公司，有100多个成员组织。我们作为本地的广告公司可以利用这个网络的全球资源。"陈一枬说，"比如，我们要帮一个客户做调研，看世界各地的用户对这个品牌的看法，那我们就可以先发一个问卷给网络。然后它发给所有的成员组织，一天内就可以产生一个报告，包含30个国家的250个回馈等内容。""曾经有一本书叫'世界是平的'，我觉得广告公司的趋势不是集团收购，而是通过在全球化的平台上合作来实现资源共享，从而更专注于自己的核心业务。"这是陈一枬对"全球化"的理解，她自己称之为"Local is the new global"（本土才是新的全球化）。①

之前谈到的海润国际广告公司，在这一时期也经历了巨大的调整。2003年，海润国际广告公司合资到期，公司进行改制并更名为海润新时代广告公司。随着汽车、金融等行业逐渐兴起，无论是消费者研究、差异化定位，还是媒介策略、效果评估等，都对广告公司提出了更高的要求。如何结合本土化优势，进而完善全案服务能力，成为海润新时代突破自身瓶颈、匹配时代变化的关键命题。2003年，海润广告赢得北京现代汽车比稿。这一方案即是海润专业化能力的一个体现，也更加提升了海润的专业化能力。在海润广告的协助下，北京现代伊兰特轿车上市第二年就成为市场销量第一的车型。同一时期，海润广告还陆续通过比稿等方式赢得哈药六厂、交通银行、达利食品集团等全案服务客户。

在21世纪初，中国保健品市场掀起"补钙"热。海润广告通过专业的策划，使哈药六厂"新盖中盖"高钙片成为人人皆知的热销产品，创造了广告行业的"哈六现象"。2005年，抓住"补钙""补锌"市场逐渐成熟的机会，哈药六厂决定推出战略性的新产品"钙加锌口服液"，哈药六厂汪厂长亲到北京，与海润团队连续三天开会，围绕产品定位、卖点提炼、推广策略、包装设计、代言人等进行探讨，确定了"补两样，只花一样钱"的核心策略和广告语，广告创意也随之产生。2011年，海润广告开始与休闲食品巨头达利集团合作，从客户意图进入功能饮料市场的阶段开始，历时一年半，从品牌命名、定位到市场研究、传播策略提供全方位服

---

① 芮娜：《"斗士"陈一枬》，《世界经理人》2013年第2期。

务，成功推出功能饮料品牌"乐虎"，并迅速成为行业三甲。2017年，海润广告又协助客户，推出了豆奶品牌"豆本豆"，以"国民营养好豆奶"的精准定位，开创了全新的产业，2019年，海润又为豆本豆策划"科技造就好营养"的推广活动，进行品牌升级，巩固了市场第一的品牌地位。从1989年到2019年，海润广告在30年间，见证了诸多行业的崛起和兴衰，自身也经历了几个重要的发展阶段：从粗放式的媒介代理公司到为客户提供专业化市场营销服务的全案广告公司，再到为客户品牌提供优质内容创造收视的传播机构。我们从海润这一个案的发展上可以看到广告公司的灵魂在于不断变革，围绕着客户需求这一不变的基点，不断提升专业化服务水平，全面、系统、整体地去构建客户产品与目标消费者之间的关系。

四　中国4A的成立：一种专业的自觉

改革开放后，中国广告行业是最先感知并分享到社会意识开放带来的时代红利的行业之一。日益开放的市场环境和市场对广告专业化的强烈需求，一方面加速了国际4A公司进入中国的步伐，另一方面也催生了广告在这一历史时期的两个时代价值。

从国际4A公司在中国的发展路径来看，国际4A作为重要的产业力量，在20世纪八九十年代，推动了中国广告规模化和专业化的进程。除了国际4A公司自身具有的理论先进性和专业度恰好顺应了改革开放初期中国广告业的发展需求之外，由于中国市场的政策限制而导致的国际4A与本土公司的合资大潮，客观上也强化了本土公司和国际4A之间的连接纽带，在很大程度上也促进了初生的本土广告公司与国际4A进行深入接触和融合，加速了国际广告专业标准和营销理论观点的输入进程，这也是中国广告行业不同于世界其他国家的一个显著特点。从1979年至2005年前后，国际4A公司强势进入，为中国广告业树立了专业化标杆，发挥了理论普及和领航作用，带动了中国广告业的发展，为基础薄弱、理论缺失的中国广告行业提供了理论基础填充、实践经验借鉴和发展目标示范。一个行业，只有拥有了被社会广泛认可的理论高度、可复制使用的实践经验和统一坚持的行业理念，才能成为一个真正有价值、受尊敬的行业。

从中国广告行业发展历程来看，这种国际4A与本土公司互助"任务"起始于20世纪80年代。奥美集团大中华区董事长宋秩铭先生指出："改革开放初期，中国的广告理论是很欠缺的，当时国际4A公司进入中国之后，很多本土广告人进入4A工作，学习理论并实践，然后离开国际4A，进入本土公司或自己创办公司，这是一个学习的过程，也是广告行业发展的过程。到2005年前后，两者的差距已经缩小，可以说国际4A传递知识的时代任务已经完成了。"[1] 随着这一阶段的完结，中国广告业的发展进入了建立行业标准、完善自我管理的新阶段。行业的时代使命，从构建理论体系，升级为建立自律标准，进行自我规范。

2005年12月17日，在奥美广告公司的宋秩铭、庄淑芬，中视金桥的刘矜兰，原工商管理系统的刘保孚等人的筹备与推动下，中国商务广告协会综合代理专业委员会（The Association of Accredited Advertising Agencies of China）（简称"中国4A"）正式在北京成立。一群对中国广告业发展保有热忱之心的广告人和广告公司加入进来。可以说，中国4A成立的背后凝聚了广告管理人员、港台地区广告人、中国本土广告人等各类群体的心血。以宋秩铭为例，1985年，国泰和奥美共同创立了台湾奥美广告公司，这是台湾第一家中外合资的广告代理商。宋秩铭先生担任台湾奥美董事总经理。1991年，宋秩铭先生把奥美公司引入中国内地，成立中国奥美广告公司，任奥美中国区董事长。宋秩铭是台湾4A协会的创始人之一，并任第一任会长。庄淑芬则将中国台湾地区的4A标准与内涵介绍进来。

中国4A最初28家，包括国际广告公司奥美、智威汤逊、博达大桥、灵智精实、麦肯光明、阳狮、达彼思、北京电通、盛世长城、实力传播、传立媒体、竞立媒体、灵立媒体、尚杨媒体、扬罗必凯、李奥贝纳；本土广告公司中视金桥、省广、北京广告、黑马广告、海润新时代、北京士邦广告、北京视新天元、分众传媒、互通国际、北京青腾联广、上海观唐广告、上海同盟。协会对自我的定位是：由中国商务广告协会高端会员组成，是中国（含港、澳、台地区）综合性广告代理商（包括国有、民营、合资及外资等）以及相关研究机构组成的自律性、非营利性组织。可以看出，定位中"自律性""非营利性"是中国4A的主要特点。

从字面上看，中国4A的英文全称是"The Association of Accredited Advertising Agencies of China"，其中以"Accredited"替换了美国4A中的

---

① 资料来源：根据中国4A终身顾问/奥美集团大中华区董事长宋秩铭先生访谈录音整理。

"American"。Association 即 "协会"，美国的《经济学百科全书》中说，行业协会是 "一些为达到共同目标而自愿组织起来的同行或商人的团体"。由此可见，从协会的定位来看，中国 4A 的成立使命与美国 4A 一脉相承。二者的不同之处在于，Accredited 意为 "公认的" "可信任的"，中国 4A 以此命名，就是要求协会的成员在这个行业的运营行为是被认可、被信任的。

面对中国广告行业竞争环境的混乱状态，规范和秩序一直是行业发展的瓶颈和痛点。如果行业中始终充斥着大量规模小、专业差的广告公司，甚至将街头传单、促销活动等人员都归为广告行业的类别，那么真正的广告人和广告行业就必然会因此而受到社会曲解，甚至失去公众的尊重。因此，一个受到社会尊重的行业，首先应当是一个可信任的行业，中国广告行业迫切需要重塑这种信任感，其中，既包括社会对广告人的信任感，也包括广告从业人员的自信和荣誉。从这个角度而言，中国 4A 首倡的 Accredited，正是广告业最为缺乏的核心要素之一，即 "要被社会大众所信任，就要达到真正的专业水平，要有所为，有所不为"。[①] 关于中国 4A 的 4 个 "A"，还有另外一层意思，就是为中国广告行业服务能力树立的标准。中国 4A 协会的推动者之一刘保孚先生将 4A 的含义解读为：4 个 "A" 代表了 4 个 "一"：一流服务、一流创新、一流诚信、一流实力。四个 "一流" 既是中国 4A 协会的最高宗旨，也是对 4 个 A 的最好诠释。一方面，中国 4A 是中国广告代理商的高端组合，包括了所有在国内运作的大型国际广告公司，以及本土实力最强、规模最大的综合广告代理商，无论是从产出的作品，还是从行业影响力而言，中国 4A 都应当展现出行业的最高水平。另一方面，中国经济要发展，需要有新动力、新事物来推进。这也是由中国商务广告协会推动成立中国 4A 的基础优势与动因——符合中国改革开放提出的 "走出去、请进来" 的国策。

---

① 资料来源：摘自中国 4A 终身顾问/奥美集团大中华区董事长宋秩铭先生提供的文章：《到底 4A 是什么——中国 4A 存在的意义》。

第十四章　中国元素：中国广告
公司的文化自觉

一　广告：从政治意识形态到狭隘商业工具

改革开放之后，以发展经济、创造财富、摆脱贫穷为国家的大方向，同时也成为老百姓的生活目标。在这一时期，广告作为一种经济手段的性质得到强化。在当时的特殊条件下，对广告经济作用的强调是最好的一种选择。在改革开放之初，广告等同于资本主义，甚至被贴上了"四人帮"的标签。所以，这一时期的广告工作，将广告与国家经济体制的调整与现代化追求联系起来。将广告作为一种市场调节工具，其深层逻辑是，广告是商品经济的必然产物，商品经济在资本主义诞生之前就已经存在，资本主义经济并不等于商品经济，只是商品经济的一种方式。正如《当代广告学》一书的作者威廉·阿伦斯（Williams Arens）所说的那样，"广告对于经济的作用犹如台球的开杆，企业从开始做广告的时候起，经济上的连锁反应便开始发生。连锁反应的结果虽然难以预料，但是一定与'击球'的力量有关系"①。随着市场经济份额在国民经济体制中逐渐增大，计划经济体制外的企业日益增多，且某些产品类别的市场快速地从卖方市场转到买方市场，广告的经济作用就更加被广泛接受，并且落实到具体的广告实践之中。

在商业利益的驱动下，广告迅速走向了实用主义，以"利润"和"效果"作为唯一的评判指标。在自律和他律机制还不健全、广告专业主义还尚未确立的时期，以"私利"为导向的广告越来越不择手段。依然回到改

---

① 〔美〕威廉·阿伦斯：《当代广告学》，丁俊杰等译，人民邮电出版社，2005。

革开放之后的中国社会经济的现状中来，由于中国现实与西方的巨大落差，改革开放以来中国的发展导向受到"经济目标"或"经济中心论"的支配。吉尔伯特·罗兹曼在《中国的现代化》一书中，谈到了改革开放之前的中国社会的情况，"关于家庭收入与食品价格的零散报道显示出，中国仍然是一个'斯巴达式'的社会，人们习惯于匮乏、低劣商品和简陋的现代服务。当然这在中国或在世界上大部分地区，都不是什么新鲜事情。对1975年城市家庭人均收入、价格和食品消费的计算表明，五口之家仅仅食品支出就用去收入的66%。如果这在20世纪70年代算是典型的，那么就与民国时期的平均家庭食品支出比例大体差不多"①。当贫穷成为整个社会的唯一真实现实时，摆脱贫穷成为"现代化"概念最好的内容。余虹教授也在总结中国当代广告史时谈道："一旦人们从经济学角度将广告定义为一种促销手段，并事实上将之作为广告的唯一规定性时，被手段化的广告也就越来越不择手段。"广告的真实性问题，以及广告的文化水平与责任，开始被学界和广告业的有识之士探讨。这与广告在世界范围内的发展趋势也基本一致，人们承认并肯定广告，多半因为广告所具有的经济功能。而人们对广告的指责与否定，多源自广告对社会的影响。

二　中国元素的历史与跨国品牌的本土化

广告并非中国元素概念的原创者，中国元素其意义指向可以追溯到更早的时代，以"中国风""中国传统文化"等身份出现。"中国元素"强调"中国"，缘起于中外文化之间的交流。法国学者休·昂纳在《中国风：遗失在西方800年的中国元素》一书中梳理了中国元素在西方文化领域流变的漫长而复杂的历史过程。中国元素大致经历了三个时期：作为"想象"、作为"流行风格"以及作为"他者的景观"的异化。在漫长的古代时期，中国元素以一种"想象体"出现，诸如文明程度高、生活富裕、社会安宁等意象的背后是西方世界对中国的理想化认识和理解。公元11世纪之后，随着马可·波罗、圣鄂多立克等冒险家、传教士们的助推和东西方交往的日益频繁，经几个世纪的发展，中国元素从17世纪开始频繁出现在欧洲人生活的各个层面，如日用物品、家居装饰、园林建筑等，上至王公

---

① 〔美〕吉尔伯特·罗兹曼：《中国的现代化》，陶骅等译，上海人民出版社，1989。

贵胄，下至商贾乡绅，都对中国风尚趋之若鹜。丝绸、瓷器和各类艺术作品成为最具代表性的中国元素，持续至今。近代资本主义的兴起及随后的全球性扩张带来了西方中心主义的文化霸权，中国元素也从"异域"，即关注他者具有吸引力的一面，如旗袍、闺房、面纱等，走向了"敌视"，即专注于他者的威胁性和可憎性的一面，如暴君、宗教激进主义、恐怖主义等，中国元素以一种被妖魔化的对象出现，成为霸权视野下的"他者的景观"。①

不同语境下，不同的使用主体出于不同的目的，会带来不同的"中国元素"的意义。"中国元素"在全球品牌中国市场营销活动中得到了大量运用。追根溯源，中国元素在产业领域的应用，是跨国公司和跨国广告公司合作的结果。以"车到山前必有路，有路必有丰田车"的丰田品牌广告语为例，这一广告语创作于1982年。1980年，作为丰田汽车全球广告业务的代理商，日本电通广告公司在北京设立办事处。跨国4A广告公司成为跨国企业商品及生活方式在中国落地的一个重要"编码器"。作为"中国元素"的使用者，跨国公司的直接目的是将中国元素作为一种点缀，最终推动相对先进的工业产品占领中国市场。它们对中国元素使用的初衷决定了其缺乏对中国元素的真正理解，也缺乏对中国元素的神圣使命的理解。这也是后来其他国内外商业机构在应用中国元素时经常出现的问题。

如2003年的一则日本丰田公司的"霸道"汽车广告。背景是林立的高楼，一辆"霸道"轿车停在两只石狮面前，一只狮子抬起爪子向那款轿车敬礼，而另一只狮子则俯首称臣，打上一句广告语"霸道，你不得不尊敬"。广告本意是想表现该款轿车的王者风范、高贵的品质和夺人的气魄，不想却犯了中国人的大忌。广告一出来，舆论哗然，认为这是含沙射影，因为这狮子像极了卢沟桥的狮子，而1937年日本正是从这里向中国发动全面侵华战争的，这是中国人心中的一道伤疤。让代表中国的狮子向日本的汽车敬礼、俯首称臣，这严重伤害了中国人的民族尊严和自尊心，让该广告从而遭到了强烈的谴责。同样，立邦漆的龙篇也招来骂声一片。广告画面是一个中式的亭子，亭子的两根柱子上分别盘绕一条长龙。色彩暗淡

① 〔英〕休·昂纳：《中国风：遗失在西方800年的中国元素》，刘爱英、秦红译，北京大学出版社，2017，第45～50页。

的一根柱子上的龙紧紧攀附在上面，而右边色彩鲜艳的那条龙却很惨地跌落下来，滑落一地，形象甚是难看，一点中国龙的威严都没有。

　　笔者也曾对这一现象有过讨论。被跨国企业和跨国广告公司当成一种商业工具，来实现其身份的转化，这样的实践行为也带来对中国文化和中国元素的诸多误解。其一，滥用。滥，即是不加选择，没有节制。滥用，即是胡乱、过多地使用中国元素。中国元素被作为商业手段和品牌点缀而存在，研究者对中国元素的概念尤其是概念的内涵缺乏明确的认知。滥用中国元素的结果是误解、歪曲中国元素，导致中国元素沦落为一种"口号"、"工具"和"手段"，或者沦为狭隘的民族情感的挡箭牌，而忽视了中国元素应有的价值和功能。其二，泛化。对中国元素的概念的泛化是将中国的任何事物都作为中国元素，脱离对内涵的思考而去讨论外延。泛化的最终结果是，中国元素等同于"与中国有关的"所有要素，包括正面的、负面的，中国本土的、他国的，精华的、糟粕的。当对中国元素概念的内涵与外延缺乏明确的界定，盲目地从特殊扩大到一般，中国元素也就失去了其应有的价值。其三，窄化。窄化表现为往往将中国元素的概念局限在符号特征的范畴，简单地将中国元素归为若干个类别。对中国元素的窄化脱离了中国元素接收对象的多样性，脱离了中国元素的历史语境和制度、行为及思想观念层面的丰富含义，就元素来研究元素。例如，在设计领域，窄化的一个表现是将某些古代器物或文化当中的局部符号等同于中国元素的全部，并将之简单地应用在某种设计作品当中。我们从对这些误区的解释与纠正中，可以真正理解中国元素的价值所在。①

三　华文广告的率先觉醒

　　我国的港澳台同胞和海外华人，尤其是东南亚地区的海外华人群体，他们在这一时期处在一种"中间地带"。一方面，他们在语言和文化方面与中国大陆人民的"同宗同种"，甚至很多人离开大陆是在中华人民共和国成立之后，他们自己或者上一代与大陆保持着家庭和家族的联系；另一方面，他们所处的地区，在广告的发展和开放时间上较早，广告已经专业

---

　　① 刘佳佳、丁俊杰：《广告话语对中国元素的建构与反思：一种历史演进的视角》，《浙江传媒学院学报》2017年第6期，第99页。

化。受到跨国广告集团兼并和重组的洗礼，在广告职业化程度上，有着较为领先的能力。这种本土与跨国广告公司母体国家之外的第三种人的身份，使得他们往往在跨国广告公司中身居要职，发挥"桥梁"的作用。一方面，在大陆工作，与大陆本土广告人交流，另一方面，在语言和广告知识上又有国际人的身份，他们与跨国广告公司的母体国家的高层领导交流。最早一批来到大陆，且促成了精信（GREY）广告公司与北京DDB广告公司合资的香港广告人纪文凤曾在《一个港人的自白》中讲道："我是个典型的香港人，土生土长，接受家庭的传统中国文化和学校的西方殖民地式教育。我们学贯中西，荟萃华洋，自命社会精英，一个脑袋带着两种语言和两种文化，形成世界上独一无二的国际人。"① 兼具中西方优势的"华文广告人"开始将自身的特点视为作品创作和职业工作中的优势。之后，智威汤逊在中国的合资公司智威汤逊·中乔也成为最具创意性的广告公司之一，来自香港地区的广告人劳双恩于1996年加盟智威汤逊，助力智威汤逊斩获了各类全球/区域性广告奖项。他也刷新了中国广告业很多的第一次，比如携团队代表中国第一次获得戛纳创意节的全场大奖，是第一位担任戛纳评审主席的中国人。台湾广告人最喜欢的创意人之一孙大伟也在上海创办了伟太广告公司。除此之外我们还能数出很多人的名字：庄淑芬、梁伟丰、周佩莲、林友琴、邓广梼、叶桂枝、苏雄、李倩玲、黄田壹、王恺宜、庄健、陈民辕、陈国辉、龙杰琦、刘伟权、沈翔、陈仲翰、曾正洗等等。他们分布在广告运作的各个流程上，在管理、客户、文案、美术等岗位就职。这些来自汉语文化圈的中国香港地区、台湾地区以及新加坡等地的广告人，以各种缘由来到中国大陆之后，也形成了支持中国广告业发展的重要群体。

1993年，"时报世界华文广告奖"在中国台湾地区创立。这一时期是台湾广告业发展的巅峰。台湾《中国时报》在"时报广告金像奖"及"亚太广告奖"两个广告奖活动外又增设了"时报世界华文广告奖"，并喊出"旭日东升"的口号，以呼应21世纪是中国人的世纪，鼓励华文广告人用自己的语言、文字及文化，创作属于自己风格的华文广告。"时报世

① 纪文凤：《回归路：在中国创业的经验之谈及所思所想》，香港博益出版集团，1997，第1页。

界华文广告奖"的设立凝聚所有以华文文化为创作原点的广告创意，在国际广告舞台上形成了具有中国思想智慧与美学精髓的文化风格。[①]

1995年1月，《龙吟榜》杂志在香港创刊，由香港广告人林俊明与郑光伦、劳双恩等在工作之余组团完成。杂志取名"龙吟"，喻义为世界各地有着龙的血统的华文广告创意人，昂首阔步地把龙的创意呼啸到全球每个角落。杂志面向全球华文创意人群体，每季度出版一期。杂志的内容主要是从中国大陆、中国香港、中国台湾、马来西亚、新加坡，甚至加拿大和美国的华文电视、报刊和海报广告中，悉心挑选出的具有创意，或善于利用华文特征，或主题有浓厚华夏文化色彩的作品。[②]

1993年，新加坡广告人苏秋萍在荣获新加坡广告创意奖CCA所有的华文奖项之后，毅然决定辞去香港电通扬雅广告公司（DY&R）大中华区创意总监的职位，回归新加坡，与另外两位朋友创立"三人行"广告公司（Fong Haque & Soh），致力于华文广告创作，并且取得了优异的成绩，其对本土文化和语言的卓越驾驭能力，与20世纪80年代开始的新加坡"华文运动"遥相呼应。几年后，TBWA（腾迈）广告公司将其收购。

1997年，新加坡广告人苏秋萍、来自香港的林俊明、澳门出生的莫康孙连同来自中国台湾的孙大伟，联合发起龙玺环球华文广告大奖，在与众不同的"华文广告创意"的核心理念下，跨越了中国大陆、中国香港、中国台湾、新加坡、马来西亚和北美各地华文广告圈，成为唯一一个由华人主导的国际性广告奖项，多年来对华人广告界有很大影响，被誉为华文广告"奥斯卡"。难以考证龙玺广告奖的发起者与被业内人称为"华文广告四大教父"的先后顺序，但可以确定的是，个人的影响力与华文广告奖的影响力互为犄角，相互成就彼此。尤其值得一提的是，华文广告圈四大"教父"，其出身与成名均在跨国广告公司。孙大伟来自奥美（台湾）广告公司，莫康孙来自麦肯光明广告公司，林俊明经历了FCB、DDB、麦肯、灵狮、达美高与电通等跨国广告公司，苏秋萍也在电扬、盛世长城等跨国广告公司度过了大部分的职业生涯。他们在跨国广告公司获得了丰富的一线广告创意工作经验，肩负跨国企业本土化创意编码的使命，在这一过程

---

① 参考了时报世界华文广告奖的相关资料。

② 参考了《龙吟榜》的相关资料。

中思考与探索，率先在广告文化和广告创意层面开始自觉。

"华文广告"概念作为一个话语，它的背后是制造这一话语的主体对自身和时代的综合考量。不管是新加坡，还是中国的香港与台湾，狭小的市场在快速发展之后会面临难以突破的瓶颈，如何与更广阔的世界联通，成为当地的广告公司和广告人不得不考虑的问题。市场是华文广告人进入大陆的最重要因素。以中国台湾为例，20世纪90年代中后期，中国台湾广告曾经逼近韩国，这也是台湾广告发展历史的巅峰期。从2003年起中国台湾的广告量便开始出现长达七年的负增长，广告总额、广告公司数量和广告从业人数均出现明显的下滑。对于广告业而言，市场消费、媒体、企业品牌是必要的基础。创办于1986年的世界五大广告创意奖之一伦敦国际奖，每年在全球范围内嘉奖在广告、数字、设计、音乐等领域的传奇人物、先锋人士和杰出代表。2017年，伦敦国际奖为华文市场专门开辟了华文创意竞赛单元这一新奖项。在时任伦敦国际奖主席Barbara Levy看来，中国广告市场是一个潜在的巨大市场。"这个独立单元所涵盖的市场规模未来可能会比整个伦敦国际奖其他市场的总和来的更大。"[1] 东方文化与语言的独特性是一方面，但市场因素在很多时候是更直接的影响因子。

四 从新广告运动到"中国元素"

2000年，在第七届中国广告节上，有学者认为在经过20世纪90年代的理论酝酿和实践孕育之后，应面向网络时代和21世纪，开展一场新广告运动。"商业行为与人文精神的交汇，顾客满意与终极关怀的融合"是新广告运动的宗旨[2]。虽然这场由个别学者发起的新广告运动并没有转化为澎湃的学界实践，但从某种程度上说明，中国广告业开始意识到广告的"超经济手段"性质。广告不仅有经济商业层面的效用，更重要的是要承担社会文化责任。从牺牲文化价值和追求商业利益的中国广告业实践来看，这一运动的提出，具有历史觉醒的价值。

将"中国元素"的概念引入广告业，则是中国广告业文化自觉在业界实践的真正开始。2004年首次出现"中国元素"概念。2005年，在

---

① 《广告人的佳音：伦敦创意奖增加华文创意新奖项》，搜狐网，2017年4月。
② 上海工程技术大学艺术设计学院戴承良曾于2001年在《中国广告》杂志上发表了多篇文章，阐释"新广告运动"的核心内涵，并提出了21世纪广告再造的使命。

第 12 届中国广告节上，"中国元素"被确认为 2006 年第 13 届广告节的主题内容。2006 年 8 月，在成都举办中国元素国际创意大赛主题沙龙活动。10 月底，在第 13 届昆明广告节上，中国广告协会主办首届"中国元素国际创意大赛"，中国广告界将"中国元素"正式以国家层面的比赛和研讨形式推出，大赛鼓励广告界、设计界、创意界深度挖掘中国传统文化内涵，中西融合、古意新法地创新中国元素的运用，用中国元素打造高端形象，协助民族品牌走向世界，提升中国创意经济软实力。由九个广告公司的九位掌门人自筹资金，每人分别筹集 20 万元，给"中国元素国际创意大赛"的获奖者颁发奖金。这九个人分别是上海梅高创意咨询有限公司董事长高峻、上海灵狮广告有限公司董事长沈赞臣、新疆普拉纳广告有限公司董事长谷文通、广东黑马广告有限公司董事长张小平、上海观池广告有限公司董事长张斌、成都阿佩克斯广告有限公司董事长樊剑修、北京全景视觉网络科技有限公司董事长吕辰、上海沐古管理咨询有限公司董事长李克、哈尔滨海润国际广告传播集团董事长潘洋①。

　　之后，《广告人》杂志社从 2016 年 9 月开始，用连续四期 19 篇文章，刊发了对数十位著名广告从业者的专访，引发了广泛的社会讨论，中国元素的概念在媒体中被大量使用，中国元素从广告领域开始走向各个专业领域，中国元素成为各个领域交流中的一个热门词。"中国元素"一词最早可见于 1996 年的一篇文章。《未来与发展》杂志对歌手朱哲琴和创作者何训田的《阿姐鼓》在全球唱片市场上的成功进行了分析。"这是 world music 加上 new age 加上中国元素的音乐，如果你仍然不知道它是什么，那就把它想作西藏的恩雅，或者东方的 enigma 再加上些许的 sally oldsield 或齐豫，也许就是《阿姐鼓》了。"② 中国元素在此指代的是《阿姐鼓》音乐中所使用到的中国特有的文化要素。2000 年，《服务科技》杂志专访了香港服装设计师刘家强，以中国元素一词概括了设计师的创意源泉。随后，中国元素逐渐出现在平面设计、民俗文化、家装设计、汽车，乃至国际交往等各个领域。

　　广告之所以成为中国元素"创新的扩散"中的主导力量，这与广告本身的运作规则和社会位置有关。广告是对现实生活的艺术模仿。广告首先

---

① 《对话高峻：寻找失去的中国元素》，《成功营销》2007 年第 12 期。
② 文翟：《〈阿姐鼓〉唱片市场独领风骚》，《未来与发展》1996 年第 1 期。

要考虑的是哪些情感、态度及动机因素在驱动自己的目标受众，然后吸纳一切可利用的文化艺术形式，创作出相应的人物、讯息和形象并进行创意性的组合编排。广告与当代市场经济体制相伴而生，是最有影响力的社会化体制之一。从物质的、具体的历史层面上看，广告是一种关于客体且通过客体来表达的话语①。消费与生产、商业与文化、全球化与民族认同等多种力量在广告中汇流。与广告密切相关的市场领域，很早就提出"思考全球化，行动本土化"的主张。正如发起人之一高峻所言，"20年前我们学习西方是应该的，但是现在如果还是一味在学习别人则是值得反思的事情。……中国悠久的历史让那些老外震惊，中国深厚的文化底蕴，却在广告当中体现不出中国文化，也让老外震惊。……'中国元素'的发展方向是国际化，能影响并带动中国的品牌"②。

中国元素作为一个跨文化交流视阈中的概念，其关注度与近年来我国在国际交往中的话语地位上升直接相关。2008年北京奥运会是中华民族的百年梦想、千年盛事。2008年，以"奥运"和"中国元素"关系为研究对象的成果有68篇，涉及产品、营销、音乐、设计、服装等各个领域。而后，上海世博会、世界互联网大会、上合组织郑州峰会、G20杭州峰会等大型的国际活动以及"中国梦""一带一路""中华文化走出去"等国家战略层面的举措，使中国元素成为超越广告业的一个国家战略发展层面的聚集点。

五 中国文化的国际表达

文化作为一种软实力，已经成为一个国家和民族的最重要资产。文化资源和政治资源、金融资源、土地资源应该被视作同样重要的生产性因素。对中国元素的误用的一个主要表现是以偏概全，将中国元素简化为一种以猎奇为目的的符码。法国学者拉里齐在谈到法国人到巴黎的中国人聚集社区购买中国商品时认为，购物原因在于"寻找异国情调、买低价的商品、买特殊的烹饪材料甚至只是买一种氛围"。③但中国元素的价值远不止

---

① 〔美〕苏特·杰哈利：《广告符码——消费社会中的政治经济学和拜物现象》，中国人民大学出版社，2004，第2页。

② 《对话高峻：寻找失去的中国元素》，《成功营销》2007年第12期。

③ 参见《丁海森对话三国专家：中国品牌为什么走不出去?》，世界品牌实验室，2013年9月22日。

于此，中国元素不仅是一种信息的传播，更是一种文化的传递。中国元素本身即是文化意义与事物、符码的有机整体，不管在有形的功能体验层面，还是在无形的启发、引领与共鸣层面，中国元素都可以生产应有的价值，并体现在想法、创新和沟通等各个层面。作为一种信息传播的中国元素，它以符号的能指与所指，不断地建构人与人之间的传播关系；作为一种功能设计的中国元素，它以其丰富的历史资源为全球提供其应有的智慧和创意；作为一种情感共鸣的中国元素，它在回答永恒的人性困惑。国内学者丁俊杰在 2019 年首届中国（北方）品牌峰会上的话值得我们思考："中国元素是从生活存在感构建中生长出来的符号，是有生命力的品牌符号，中国人朴实、敦厚、良善的民族性格，以及和谐、隐忍的世界观与家国意识，都应该成为中国品牌设计的鲜活血脉。"①

法国学者雅克·阿塔利对品牌的解释从某种程度上可以说明中国元素的生产性价值："永恒的品牌是那些能够代表世界视野，使消费者能够从中永远找到自我的品牌，并在购买它们之后，有一种归属这个特殊群体的感觉。"② 作为生产性要素的中国元素，也在不断增加物品在感知层面的符号价值与文化价值，不断生产形象与消费形象。这不仅是历史人类学视角的人类的永恒需求，更是当代商品社会逻辑从使用价值转向交换价值的一种再现。中国元素的价值最终体现在其多大程度上扮演文化标识的角色，将全球化视野中的现代化文化与自身的历史文化传承有机统一，从而在不同历史和文化背景的消费者头脑中创造积极的情绪。

费孝通先生在《人文价值再思考》中谈道："文化自觉是一个艰巨的过程，首先要认识自己的文化，理解所接触到的多种文化，才有条件在这个已经在形成中的多元文化的世界里确立自己的位置，经过自主的适应，和其他文化一起，取长补短，共同建立一个有共同认可的基本秩序和一套各种文化能和平共处，各施所长，联手发展的共处守则。"③ 所以，不管是哪一种中国元素，在应用之前，都应该全面考虑其起源、演变的历程。在每一个确切的时间点，理解中国元素的前提是：哪些人，因为什么动机，

---

① 参见《以"设计力"服务"高质量发展"——2019 首届中国（北方）品牌峰会成功举办》，中国商务广告协会官方网站。

② 《丁海森对话三国专家：中国品牌为什么走不出去？》，世界品牌实验室，2013 年 9 月 22 日。

③ 费孝通：《论文化与文化自觉》，群言出版社，2007，第 123 页。

通过哪些元素的细节和行为，满足何种需求，体现什么样的时代精神。

　　视野关乎我们看问题的角度和立场。当下对中国元素概念的内涵的思考存在一定的狭隘性。世界文化本来就是一个有机体，尤其在15世纪地理大发现以来，各个区域之间的文化交流更加频繁。孤立、封闭和静止地思考，很难理解一个文化的真正面目。在经济和文化全球化的今天，地球如同麦克卢汉所说，成为一个"村落"。我们应该站在全球化浪潮之顶，用上帝视角俯瞰地球，通过总观效应，从一种全球化发展浪潮的视角来观察中国元素。甚至可以说，全球视角是一种去区域化的中国元素，中国元素的落脚点是全球范围内的流通，是一种"世界人民的共享"。从这个角度出发，中国元素的核心就是传受双方的意义的创造、交往、理解和解释。中国元素不是中国人独享的文化意涵，而是由全球民众共享。

第十五章　媒体的逻辑：中国广告业的
早期资本化进程

一直以来，以策划与创意为核心的广告业更多地依赖"人"和"团队"。"创意"往往被视为广告专业主义的核心所在。台湾广告人李欣频在为某大学广告系撰写的招生文案中，就有这样的话："我们培养的不只是会做广告的广告人，而是能够自得其乐的创意生活家。"在绝大多数人甚至很多从事一线实践的专业广告人的认知中，广告创作是广告行业最具梦幻和魅力色彩的工作内容。在前些年风靡的美剧《广告狂人》中，之所以将这一时期视为广告的黄金时代，也是因为优秀的广告作品层出不穷。近几年，诸如《爱情回来了》《无懈可击之高手如林》《无懈可击之美女如云》《新恋爱时代》等广告专业剧的聚焦点也是广告的专业创作。1993 年 7 月 10 日，国家工商行政管理局、国家计划委员会印发的《关于加快广告业发展的规划纲要》中即有明确的论述："广告业属于知识密集、技术密集、人才密集的高新技术产业"[1]，"支持有条件的广告经营企业通过发行债券、股票等各种途径、方式筹集资金；实力雄厚的可以组建跨国性、全国性、区域性广告企业联合体"[2]。2016 年 7 月 7 日工商总局关于印发《广告产业发展"十三五"规划》的通知中指出："广告业专业化发展进程加快，广告创意、设计、制作水平提高，服务领域扩大，服务质量和效率提升。"[3]

一个问题随之而来，作为服务业的广告业，在很长一段时间内将策划与创意作为专业核心，其资本化的联姻过程是怎么样的？在专业化尚未完成、广告职业本身还存在着焦虑和地位恐慌之时，新的资本化力量会对中

---

[1]　节选自政府报告文件《关于加快广告业发展的规划纲要》，工商广字〔1993〕第 208 号。

[2]　节选自政府报告文件《关于加快广告业发展的规划纲要》，工商广字〔1993〕第 208 号。

[3]　节选自政府报告文件《广告产业发展"十三五"规划》，工商广字〔2016〕第 132 号。

国广告业产生什么样的影响？对于一个公司而言，赢利是其追求的根本目标。但是当资本进入广告公司之后，如何赢利成为一个新的问题。广告公司是借助专业化的方法论，采用以智力为中心的商业模式，抑或更加迅速地采用其他新的赢利模式？广告的专业性会不会因此而弱化？在全球化与技术革命的双重力量下，资本对中国广告业的未来发展意味着什么？改革开放以来即扮演着重要角色的政府，如何通过"有形的手"来引导和推动广告业的发展？

一 全球视野下的广告专业化与资本化历程

1. 广告专业化进程

从全球范围来看，现代广告的概念起源于美国。美国广告的发展历程是世界广告发展历史中极其重要的一页。这期间，广告职业完成了从以报社等大众媒体为中心到以广告主为中心的转变，这实质上是从一种简单的信息沟通和版面销售，走向更复杂的"为改进广告力量和方式提出有价值的、切实可行的建议"。广告业从诞生开始就在寻找专业化的"金钥匙"，即某些广告活动成功的关键动因。缺少这些"金钥匙"很有可能会导致失败。广告公司需要摆脱传媒业和商业的控制，成为广告领域的专家。

早期的美国广告业借助心理学、社会学、统计学等领域的科学方法和手段来研究和控制消费。艾耶父子广告公司于1879年实施了广告调查项目，1888年，乔治·罗厄尔创办了美国第一家广告专业杂志《印刷者油墨》（Printer's Ink），1901年，美国西北大学教授瓦尔特·迪尔·斯科特发表演说《关于非自觉性注意力的心理学研究在广告行为上的应用》。而后在1903年出版《广告原理》，试图揭示广告的工作原理。在这本书中，他首先提出了科学广告所必须遵循的一般原则。1915年，智威汤逊广告公司设立了市场调查部门，媒介机构、社团、独立调查机构、市场调查公司、学术机构和广告代理公司一起，承担广告业的专业化发展。而后，乔治·盖洛普、A. C. 尼尔森、丹尼尔·斯塔奇等的研究，以及约翰·肯尼迪、克劳德·霍普金斯的文案写作专业化努力，使得广告的实践与结果反馈成为一个严格的体系。正如1923年霍普金斯在《科学的广告》一书中所宣称的那样，"广告已经达到了科学的高度，它以固定的法则为基础"。20世纪20年代发展起来的AIDA模型认为，一种有效的人员推销应当能够吸引注意（Attention），激发兴趣（Interest），创造欲望（Desire），导致行动（Action）。

在 20 世纪 50 年代之后，广告专业化与经济学、营销学等领域开始了对话。广告作为一种重要的营销工具，与企业的销售目标和传播目标挂钩。而广告在很长时间内也作为一种"黑箱"而存在，广告业并没有超越 20 世纪初美国百货公司业的企业家约翰·华纳梅克的观点，"我知道有一半广告费被浪费了，但是我却不知道是哪一半"。1961 年，美国学者鲁塞尔·科利（Russell Colley）在"国家广告人联合会"的资助下完成了一本《为衡量广告效果而确定广告目标》的著作，认为广告的成败与否，应视它是否能有效地把想要传达的信息与态度在正确的时候，花费正确的成本，传达给正确的人，这就是"为度量结果而确定广告目标"（Defining Advertising Goals for Measured Advertising Results，DAGMAR）的方法。这一创新成果回应了当时广告业的两大问题：第一，增加广告可控性上的挫折，第二，对广告的销售反应模型方法的厌烦。[①] DAGMAR 方法强调广告宣传任务而不是企业营销目标。简而言之，"明确一个广告的目的"。一个广告目的是指在一个给定时期内，针对特定观众所确定的特定宣传任务，包括明确的任务、确定的受众、确定的时间期限。之后，广告与数据库营销、综合效果评估、事前测试、事后测试等进一步结合，广告逐渐演化成一种可预测、可量化、可控的信息传播体系与反馈系统。

对美国广告业进行专业化回顾，我们可以看到在一个多世纪的漫长发展历程里，美国广告业借助心理学、营销学、统计学等学科理论智慧，建构了以"实效"为核心，包括创意、洞察、策划等理念在内的一整套知识体系，并落实在经营体制、教育体制、法律规制与行业组织架构等多个方面，使得自身可以成为独立于媒体与企业的一种专业化力量。广告公司成为广告业专业化过程中最重要的知识、理论与方法的生产者与传播者。以往对广告专业化"金钥匙"探索的经验，转化为广告职业当中的基本原则，这些原则对于广告策略起着关键作用。纵观世界各个著名广告公司，几乎都有着被广泛宣传认知的工具和方法论，比如奥美的"品牌形象理

---

① 〔美〕Rajeev Batra，John Myers，David Aaker 等：《广告管理》，赵平等译，清华大学出版社，1999 年 9 月，第 85 页。

论"和"360度品牌管家"工具、盛世的"挚爱品牌"理念、麦肯的"麦肯需求链"、智威汤逊的"TTB品牌策略"和"JWT创意产生法"、博达大桥的"FCB方格"等。对"金钥匙"的追求背后，是广告代理公司寻找一整套可复制的模型与技术，不断沉淀优化，不断产生效益的结果，他们想成为类似于福特流水线那样的"创意工厂"，甚至是"策略和智慧工厂"。广告公司一直在追求一种高效率、低成本的模式，从各个岗位的专业分工，到各个部门的流程化作业。而创意的努力，也是基于这一理念的深化和延续。

在广告专业化建构的历程中，有一段被制造出来的故事，即广告的科学派与艺术派之争，颇有些"广告江湖"的感觉。通过对教科书中的广告创意大师进行分析，我们发现，所谓的"艺术派"的广告创意大师，并没有否定科学性，换句话说，广告的科学与艺术性从来都不是对立的。广告行业中需要有一定的规则、信仰、方法和限制，这是基础。往往被认为是创意人的大卫·奥格威其实是广告科学派的旗手。他曾说："在广告中，最重要的必然是创意。""除非你的广告中有了不起的大创意，不然它就像黑夜中行驶的船只一样，无声无息，不留痕迹。"[①] 但奥格威的基本理论主张是，广告是科学而不是艺术。他主张广告必须是"了不起的大创意""上乘的创意"，而创意的核心便是选择正确而有效的科学方法和技巧，而不是"想当然"。奥格威所称的"创意"哲学最鲜明的特征，恰是他的广告创作几乎全部从调查研究得来而非个人的主观想法。调查、定位、承诺和大创意，共同成为支撑广告的唯一目的——销售的必要部分。[②] 而那些寻找"金钥匙"的广告人，也并没有完全否定创意的存在。在《实效的广告》一书中，里夫斯谈到原则与感觉是一枚硬币的两面："当你面临二者必居其一的时候，最好还是把感觉融入诉求中。""正像你将看到的，一旦遵从了或然性之规律，就很可能大大增加广告的回报率，然而这种做法并不排除天才，也不会不给天才留出施展其横溢才华的足够余地"。记者出身的马丁·迈耶在观察了很多行业之后，在《麦迪逊大道》一书中写道："大部分谈起广告便视它为游戏的人，认为这游戏像'转瓶子'那样简单。

---

① 〔美〕大卫·奥格威：《大卫·奥格威自传》，海南出版社，1998。
② 胡翼青、高小燕：《论广告创意的神话》，《新闻大学》2011年第2期，第74～79页。

事实上，广告游戏是一种惊喜的游戏，复杂有如棋艺。广告人在他的工作中最爱的就是测定——似乎在测定他成败的神秘变动数字。他们找出客户的营销问题并加以分析……在广告刊播的同时销售数字的动向、广告刊播的产品是否增加市场占有率、落后竞争者的程度。"①

2. 专业化与资本化的相遇

从时间脉络来看，资本扩张盛行于 20 世纪 70 年代，继互联网产业和文化创意产业逐渐成熟之后，资本开始向虚拟经济领域发展，广告公司资本化也成为重要的选择目标。资本于 80 年代开始渗透进入媒体和广告公司领域，各大广告传播集团随之出现。全球化的深化与全球化企业的日益增多，使得广告公司开始借助资本的力量来完成全球广告服务网络的建设，同时，传统广告向着全方位的整合营销传播服务的转向也需要资本来完成集团化的架构。除了广告公司的全球化与整合化对资本的急需，在进入 20 世纪后半期之后，全球出现了几个重要事件，这些事件在一定程度上成为资本进入广告业的外部动因。

其一，创意产业概念的兴起。早在 20 世纪初，熊彼特就曾在《经济发展理论》中将创新视为一种产业发展要素加以肯定。1986 年，著名的经济学家罗默提出新创意会衍生出无穷的新产品、新市场和创造财富的新机会，是推动一国经济成长的原动力。1997 年，布莱尔出任英国首相，他听从约翰·霍金斯等人提出由工业制造向"创意"产业转型的建议，开始扶植创意产业。1998 年，英国出台《英国创意产业路径文件》，成为最早动用政策推动创意产业发展的国家。此后，澳大利亚、新加坡、丹麦等国也陆续将文化创意产业作为重要产业主体加以激励。何谓"文化创意产业"？借用在世界范围内获得较为广泛认同的英国政府的定义：创意产业源起于个人的创造力、技能和才华，通过生产与开发为知识产权之后，具有开创出财富、就业的潜力。在英国和世界绝大多数国家，广告业和设计业、软件业等共同组成了文化创意产业的整体。

其二，知识经济、网络经济与资本的汇流。20 世纪末，上市公司开始介入到信息产业中。知识经济和网络经济因其成长性和投资价值成为资本

---

① 〔美〕马丁·迈耶：《麦迪逊大道：不可思议的美国广告业和广告人》，刘会梁译，海南出版社，1999 年 5 月。

市场的"翘楚"。这与20世纪70年代末美国经济学家波拉特的观点不谋而合。波拉持在1977年发表的《信息经济：定义和测量》中，第一次采用四分法把产业部门分为农业、工业、服务业、信息业，并把信息业按其产品或服务是否在市场上直接出售，划分为第一信息部门和第二信息部门。① 而广告业则作为市场中生产和销售信息机械或信息服务的主要产业之一而存在。而从1999年开始，中华网、新浪、网易、搜狐、盛大、腾讯、百度等一系列互联网公司开始上市，成为21世纪初资本市场的一个重要现象。

其三，美国与欧洲广告业与资本的联姻。单从美国来看，美国广告行业历史上曾有50多家广告公司上市，广告公司资本化历程可以上溯到20世纪60年代。1963年，由久负盛名的罗德暨托马斯广告公司（Lord & Thomas）更名而来的FCB（博达大桥）在纽约证券交易所上市，随后，奥美国际公司的公开发售在1966年开始了，其股票分别在伦敦交易所和纽约交易所上市。② 1969年，智威汤逊广告公司成为一家上市公司，1971年，由麦肯广告公司（McCann Erickson）更名而来的互众集团（Interpublic，IPG）上市。而后，资本化成为一种浪潮，广告公司在多种力量的裹挟下进入证券市场。1998年，向来以私人经营、独立创意和科学策划为核心的扬·罗比凯广告公司上市。欧洲也诞生了媒介购买领域如凯络集团，整合营销传播领域如WPP、阳狮、汉威士等一批全球性的跨国集团。

其中，资本化与专业化在交互影响中推动了广告公司与广告业的快速发展。典型的例子是奥美广告公司的发展历程。大卫·奥格威早年在盖洛普调查机构的工作经历使奥美成为美国广告业科学与艺术兼顾的典型代表。奥美国际广告公司在1966年的上市是为了配合其客户壳牌石油的全球拓展计划。借助资本的力量，奥美广告公司的企业文化、运作工具、组织架构、工作流程等智力产品可以完成规模化复制与全球化移植。奥美自身的市场研究和数据分析能力，以及创意的生成方法能力等"广告方面的专业知识和技巧"，再加上斯塔奇的印刷广告阅读率调查、尼尔森的收视率调查、盖洛普的消费者偏好调查等第三方公司的专业化工具，形成一整套

---

① 来自MBA百科词条：网络经济。
② 〔美〕肯尼斯·罗曼：《麦迪逊大道之王：大卫·奥格威传》，张小琴译，中信出版社，2010。

可以在全球不断扩张的网络体系。

在世界整体与中国市场的双重变革下，资本对中国广告产业的认知发生了突变。从时间脉络来看，中国广告业与资本的最早接触，是从发轫于20世纪90年代的媒体改革开始。有着政府"背书"和不错的市场业绩的传统媒体等经营性资产首先进入资本市场。中视传媒（1997）、电广传媒（1999）、博瑞传播（1999）、赛迪传媒（2000）等涉及广告业务的媒体公司陆续上市。2000年后，经营广告的互联网媒体公司也开始了上市之旅，如新浪（2000）、搜狐（2000）、网易（2000）等。

中国特殊的媒介经营体制使广告市场的供求关系失衡，20世纪90年代末中国广告业的一个重要现象——以"央视标王"为代表的媒介竞买——使中国广告业的专业化努力，让步于对稀缺媒体资源的控制与掌握。借助资本的力量来维护并强化自身的广告经营以及与政府、媒体单位的关系，同时将这种合作模式加以复制，形成亮眼的规模化数字，这种思路虽然有所削弱，但依然持续至今，成为中国广告业在资本化进程中的一个重要路径。媒介依托型的资本化模式包括网络媒体、户外媒体和优势资源买断型媒介代理公司。

随着数字时代的来临，人们的生活方式和媒介接触轨迹逐渐转移到线上空间。以往的媒体垄断或"圈地"的模式被打破，体现在广告业资本化过程中就是，基于数字技术和整合营销传播理念的广告公司开始进入我们的视野。借助国家对于文化产业、广播影视业和广告业的金融支持，在主板之外，中小板、创业板、新三板等成为不同广告公司上市的平台。传统广告代理公司的升级，原有的媒体依托型公司的转型，基于数字营销生态链条的新技术公司的涌现，来自制造业的跨界入侵者，在传播技术革命、营销范式变革、国际化与整合营销传播等理念下，资本市场开始出现一种繁荣局面，但其中又隐含着太多的躁动。

二　规模化：户外媒体逻辑的延续

2001年，白马户外在香港上市，成为中国第一家上市广告企业，也获得了布局国内户外广告网络的充足资金。随后，媒体世纪（2002）、媒体伯乐（2002）、南京大贺（2003）相继上市；2000年上市的TOM集团开始从原有的多媒体网络服务扩展到户外媒体市场。全球排名第二的国际性户外媒体公司德高集团，在 2005 年借收购本地强势户外媒体公司和取得新合约的契机进入中国市场，业务范围包括机场媒体、地铁媒体和巴士媒体等公共交通媒体以及校园媒体等。同年，同在上海的分众横空出世，与德高不同，分众以商业楼宇联播网（包括影院广告网络）、电梯海报框架网络与卖场终端联播网为核心业务。2007 年，主营机场及机载电视联播网的航美传媒和以数字移动媒体为核心业务的华视传媒在纳斯达克上市。

缘何户外广告公司成为上市最早、最为集中的地带？原因来自多个方面。历史最悠久的户外媒体本身即是人们日常生活的一部分，空间媒体的有限性与稀缺性等特点使户外广告始终稳定地产生广告效果，且容易规模化复制。同时，由于主要的新闻媒体大多是党和政府公共传播体系的一部分，户外媒体又成为改革开放初期最早的市场化媒介，户外媒体与意识形态没有直接关系，投资不受限制，国外资本可以自由进入，户外媒体成为当时想从中国媒体行业的巨大利润中分一杯羹的投资者的最优选择。香港TOM 集团、美国 Clear Channel、香港通城等相继进入。2005 年，媒体世纪和媒体伯乐被全球著名户外广告集团德高集团全资收购。

在互联网带来的传播升级中，户外广告又成为连接数字生活空间和现实生活空间的一种媒介。户外广告更多被作为线上线下融合的中介物，出现在很多资本化收购的案例中。2014 年，主营影视的新文化传媒耗资 15亿元收购户外 LED 大屏幕媒体网络郁金香和达可斯，将产业链延伸至户外媒体。2017 年 8 月登陆沪市主板的华扬联众也借助资本的力量来完成国内媒体网络建构和国际化服务网络建设，以及技术平台投资等关键的数字营销节点的投资。[①] 在这样的思路下，华扬联众资本运作的第一个动作即是以 18.9 亿元全资收购全国性街道网络媒体运营商龙帆广告。户外广告的线下流量资源与数字化对传统户外广告媒体的改造，成为数字时代户外广告的新价值。

值得一提的是白马广告公司从创意到生意的巨大转变。作为国内早期进入资本市场的广告公司代表，白马广告公司于 1986 年在广州美术学院由一群年轻的艺术家创立，而后，他们凭借出色的艺术才华和市场智慧创作了大量优秀的广告作品，诸如太阳神、健力宝、百年润发等，20 世纪 90

① 《华扬联众：数字营销界的"技术控"》，《上海证券报》，2017 年 12 月 13 日。

年代初曾是中国最大的民营广告公司，也是最具创意的广告公司之一。在其发展的巅峰，白马开始调整战略。1995年白马开始投资覆盖全国的候车亭网络；1998年与全球最大的户外广告公司美国Clear Channel传播集团合资。相较之其他媒体，户外媒体因其媒介资源独占性和规模性的经济特点更易获得资本的青睐。①

三 独占性：媒介稀缺时代的产物

广告的发展与媒介密切相关。改革开放以来，面对旺盛的市场传播需求，媒体始终处在一个稀缺的状态，优质媒体资源更是如此。20世纪90年代的"央视标王"等疯狂现象即是一个典型例证。媒介稀缺时代，对优质媒体资源的独占，既是广告公司的生存能力，也成为很多广告公司上市、寻求进一步发展和转型的基点。2008年全球金融危机前后，两家依托央视媒体资源进行代理服务的广告公司也在风险资本支持下分别在美国和香港上市：广而告之广告公司在纽交所上市，中视金桥广告公司在香港上市。2010年，曾10次获得CCTV十佳代理公司第一名的昌荣传播成功登陆纳斯达克。借助对优质稀缺资源的代理模式，以媒体广告经营为主要业务的引力传媒（2015）、以电视媒体广告经营为主要业务的龙韵传媒（2015）等公司也陆续上市。

专业化的媒介代理，相较之其他广告业务，如广告策划、创意与制作，在营收数额、商业规模、可复制性等方面有着明显的优势，也可以形成明确且稳定的赢利模式。从全球视野来看，世界广告业的发展经历了媒介代理、客户代理、全面代理和整合营销传播等阶段。作为广告公司的最初业务类型，媒介代理一直持续至今，依然是很多大型传播集团的主要经营业务之一。目前，跨国广告集团通过多元化的业务实现联动发展。WPP集团2009年的年报显示：2009年其传统广告和媒体投资管理的收入占集团总收入的38.7%；消费者调查的收入占集团总收入的28.5%；公共事务和公共关系管理的收入占总收入的9.2%；品牌识别、健康传播、促销关系营销、专家通信服务、数字化等营销服务的收入占总收入的25.7%。②

---

① 刘会慧：《中国上市广告公司研究》，《广告大观》2011年第6期，第96～110页。
② 刘会慧：《中国上市广告公司研究》，《广告大观》2011年第6期，第96～110页。

同时期的奥姆尼康只有 57.32 亿美元来自传统的广告代理业务，占其总营业额的比例为 42.9%，而其余 57.1% 的营业额则来自客户关系管理、公关及专业传播等业务。媒介策划所需的数据、调研、专业人才、工具与方法等要素，成为许多国内买断型媒介代理公司进一步专业化的障碍。而与之同时期分化出来的国外 4A 体系下的媒介代理公司，它们持续不断的投资和时间积累使媒介策划成为一门不断精进的科学。从盖洛普、尼尔森等市场调查统计公司，到艾尔父子、乔治·罗厄尔、智威汤逊等，它们都已经在媒介市场上进行了大量的投入。

但是，与专业化的媒介代理不同，这一时期上市的广告媒介代理公司的经营模式类似于一种"媒体承包经营"，这种赢利方式处在其对应的广告产业链的利润最高端，有着更高的利润率，相比之下，公司内部的全案服务难以形成。传统媒介代理的营收往往占据绝大部分份额。这种以中国式的"关系"为依托的资本运作方式，本身是很脆弱的。人员离职、高层变迁、人际关系冲突、外来更强大的关系等都有可能使优势瞬间化为乌有。从某种程度上来说，这种类型的资本化运作是一个时期的产物，也是中国社会特定时期的缩影。随着互联网的持续渗透，电视广告公司发展进入停滞期，普遍面临转型难题。站在 2018 年的时间点来看，对中央电视台依赖最为严重的广而告之广告公司从 2008 年 8 月 4 日在纽交所上市起，股价就一跌再跌。2011 年 11 月 28 日，广而告之宣布 ADS 的 10 合 1，合股后 1ADS=300 普通股。2012 年 3 月 19 日，广而告之退至粉单市场，股票代码更改为 CMMCY.PK，之后，黯然退市。因为在 2011 年 Q4 的 CCTV 2012 年度承包资源预售招标会上，未能续签代理多年的央视 1 套和 2 套优质频段资源，该公司的整体资源销售规模从 16 亿缩减至 8000 万，幅度惊人。2014 年于纳斯达克退市的昌荣传媒，很大程度上也是因为电视广告资源不稳定，转型互联网广告不力。翻看 2016 年年报，龙韵股份营收下滑 26.80%，扣非净利润下滑 44.7%；中视金桥营收增长 3%，净亏损 2706.6 万元。①

还有另外一种解释，起点低、起步晚的中国广告业从一开始就面临着国际广告公司的专业化优势的压迫，国际 4A 广告公司刚进入中国市场时，

① 以上资料与数据来自《上海证券报》。

曾与本土广告公司有过一段对抗和竞争，但如今已经基本上形成了国际4A广告公司负责综合服务、媒体整合，本土广告公司深耕大型卫视、地方电视媒体等区域媒体的局面。下游大型企业的压价，上游强势媒体平台明码标价，作为中间商的广告媒介代理公司需要负担极大的资金压力，然而利润空间十分有限。但由于大部分此类公司缺乏长时间积累的专业化优势，只能依赖于关系的维护与强化。

四　整合化：匹配变化的广告公司

随着媒介碎片化和社会分化的日益加深，曾经"心智上倾向于相互协作和团结一致"的社会开始逐渐解体，人们在价值观和生活方式上的差别也越来越明显。美国学者约瑟夫·塔洛在《分割美国：广告主与新媒介世界》中曾说，"美国社会比以往任何时候都更为支离破碎，广告主需要各种视听形态以吸引比以往更狭窄和更确定的受众"。传统的广告方式已难以利用有限的广告费来达到广告主的目标，诸如折扣券、直接邮寄和促销活动开始成为企业宣传的手段。"整合营销传播"的观念开始成为广告业的新理念，更加高效的系统和整合成为国际资本的主要目标。从20世纪80年代开始，一些国际资本通过收购和兼并独立广告公司形成了规模庞大的整合营销传播集团。从世界范围来看，六大集团公司已经形成了全球范围内的广告、营销传播、公共关系等系列服务能力，这六大集团分别是宏盟集团（Omnicom）、WPP集团、IPG集团、阳狮集团（Publicis）、电通集团（Dentsu）和汉威士集团（Havas）。

具体到中国广告业，广告资本市场的一个重要变化是传统媒体通过与数字媒体和移动广告技术公司的合作来完成转型与升级。百视通、上海文广、艾德思奇以及京广传媒之间的一段故事可以说明。2014年，百视通以9588万美元收购移动广告商艾德思奇51%的股权。本次股权收购完成后，公司将全面打通全媒体广告与数字营销战略的布局。而后，文广集团与百视通的股东吸收合并，百视通全部并入上海文广集团。2017年1月，为整合资源专注核心业务，东方明珠挂牌转让艾德思奇，公司数字营销与广告业务也从以线上第三方流量经营为核心转变为以自身全媒体流量深度经营为核心。艾德思奇是国内搜索关键词营销龙头企业、国内领先的数字营销公司和第三方精准营销平台。公司以技术、数据和计算能力建设为核心，完善"跨媒体、跨终端、跨国界"的战略布局，致力于打造中国最大的效果广告整合营销平台。目前的业务板块包括搜索引擎营销服务（SEM）、搜索引擎优化服务（SEO）、移动互联网广告服务、社交媒体营销服务、展示性广告服务、软件定制开发服务等，在北京、上海、无锡、深圳、西雅图均有分支机构。2016年营收约34亿元。2017年6月底本次收购完成后，京广传媒的广告业务实现了重大升级，真正形成了以大数据为核心的技术驱动型综合性大型广告传媒集团。①

另外一个典型的例子当属广东省广告公司。1990年，省广在广州举办的现代广告研讨会上首次提出"全面代理，总体策划"的广告理念。同时期，省广也在内部开展"三个怎么办？"的深入讨论，以求明确并寻找公司未来发展的方向。"没有来华广告怎么办？""没有出口广告怎么办？""业务全面滑坡怎么办？"这三个问句如警钟一般，拷问并警醒着每一个省广人。可以说，从那时起，在市场萌动与开放引介的双重动力下，国内广告公司开始向现代广告公司发展。相较之20世纪80年代北京广告公司的"北广模式"，这一时期的中国广告公司更加真切地理解并接受了现代广告运作的专业化理念，广告人必须懂市场、会创意、能策划，媒介也开始去做科学分析。这次专业化的转型，也使省广在业务布局上发生了巨大变化，自此，省广开始由进出口广告转向拓展国内企业和国内市场，由单项代理转向全面代理、总体策划，正式将现代广告策划引入中国的广告实践，开始全面进军国内广告业务，迅速渗透到中国正蓬勃发展起来的家电、汽车、房地产、通信等热门行业中。最终成功完成了第一次的"华丽转身"，实现了业务创新转型，确立了行业三甲地位，形成了广东省广告公司、北京广告公司、上海广告公司三足鼎立的市场格局。

处在改革开放潮头的广东，变化随时来袭。2001年中国加入WTO之后，大量的外资公司进入，很多国际4A公司相继在广州成立分公司，加之民营广告公司的快速发展，省广的体制弊病开始显现。对于人的能动性的充分挖掘是广告公司的关键命题。由于受到体制机制的束缚，公司行政色彩浓厚，任何决策都需要经过层层审批，决策严重滞后于市场反应，企业难有竞争力。更让大家感到扼腕痛惜的是，作为一家"轻资产、重人

---

① 以上资料与数据来自《上海证券报》。

才"的广告创意公司，人才对于公司的长远发展至关重要，但体制的弊端难以解决严重的人才流失问题。有人评价当时的省广是中国广告业的"黄埔军校"，因为大量员工的跳槽和自主创业，省广为行业贡献了大量的广告人才。董事长陈钿隆对此回忆道，当年公司想要提拔一个经理、科长很难，优秀人才大量流失。省广甚至一度成为广告业的"黄埔军校"，培养了大批竞争对手。如何在体制和思想上进一步匹配人才的需求与企业的发展，成为这一时期的关键命题。广告公司最重要的是人才，人才不在，什么都没有了。2002 年 10 月，在相关主管部门的支持下，"广东省广告公司"改制为"广东省广告有限公司"，这家原为 100% 国有控股的企业，转变成混合所有制的股权多元化公司。国有持股 30%，包括核心骨干员工全部以现金入股的方式持股 70%，设立股东大会、董事会、监事会，企业的氛围因此改变，"从员工变成股东，每个人买断工龄，大家都像打了鸡血一样，充满激情。办公楼经常很晚了还灯火通明，大家都很自觉地加班工作"①。省广的体制改革落实在经营层面，在汽车和通信等业务板块取得了诸多突破，其中不乏"广汽本田"竞标中与外资广告公司竞争并获胜的卓越案例。这一时期，对于机制和体制的改革成为发展亟待解决的问题。

从 2003 年开始，省广无论是规模还是创作实力都已经稳居本土公司榜首。省广自 2002 年完成混合所有制改革后至 2009 年，营业收入从 4.4 亿元增长到 20.5 亿元，净利润从 265 万元增长到 5330 万元。七年间净利润增长超过 19 倍，从原来的全国三甲成功越至行业第一。"面对跨国广告巨头的竞争怎么办？"这个问题犹如达摩克利斯之剑悬挂在省广人的头顶之上。2002 年的体制改革诚然为公司的发展创造了有利的条件，但是"混改"绝不可能就此止步。特别是此时的省广，已经成为文化创意产业的一面旗帜，这就要求省广要在市场发展的趋势下更进一步，要引入更多的创新力量，进一步促进生产力发展。"很多外资广告公司进入中国，都选择省广进行合作。他们都对省广抛出了橄榄枝，希望收购省广，并开出了非常诱惑的条件。坦白说，那时候我们也很心动。但是后来想到中国本土的广告公司仅省广一家硕果仅存。要是卖给外资公司，那就是把中国本土广

---

① 《陈钿隆：潜心省广 30 载，成就"航母级"广告营销集团》，《中国广告》2019 年第 1 期，第 36 ~ 40 页。

告业拱手相让，这并不是我们想要的结果。靠着民族气节与行业责任感，最终拒绝了这些外资巨头抛出的橄榄枝，毅然走上了自己 IPO 的道路。"① 2008 年，省广再次进行变革升级，进行股份制改造，变为"广东省广告股份有限公司"，相应制定了股东大会、董事会、监事会"三会"议事原则，实现三权分立、三权制衡的现代企业治理结构，为未来借助资本市场力量发展铺路。同年，也被文化部认定为"国家文化产业示范基地"，中国广告业首家"国家文化产业示范基地"。最终在 2010 年 5 月 6 日成功登陆深交所中小板，成为中国广告第一股。"对于中国广告业而言，上市是一个新鲜事物，既没有先例，也没有任何经验可循。甚至在省广递交 IPO 申请材料之时，证监会对广告公司申请 IPO 的审核标准都是空白。证监会的工作人员对广告公司上市感到很惊讶，没有标准，更没有先例。"②

进入资本市场，并且借助资本的力量，以及以往两次改革所形成的专业化工具与知识体系、良好的现代化企业管理与组织机制，省广得以快速发展。这从某种程度上也回应了本节的命题：广告专业化与资本化的关系。自 2010 年起，省广开始从品牌管理、媒介代理等传统业务跨入数字营销、精准营销、内容营销、大数据等新业务领域。业务版图更是从广东拓展至全国，形成了覆盖全国的服务网络。截止到 2018 年省广营业收入已超过 120 亿元，总资产也已突破百亿，是当前中国最具规模和实力的广告营销集团之一，拥有超过 100 家成员企业，服务网络覆盖中国各地。2016 年成为首家入选《财富》中国 500 强的营销集团。

---

① 《创新永不止步！陈钿隆致力于打造一个千亿新省广》，http://www.admaimai.com/Interview/Detail/983.html。

② 《陈钿隆：潜心省广 30 载，成就"航母级"广告营销集团》，《中国广告》2019 年第 1 期，第 36～40 页。

第十六章 燎原之火：互联网
广告公司的涌现

从历史的角度来看，经济、技术、生产、分销以及媒介的发展催生了现代广告代理制度。现代广告公司开始从媒介中分离出来，又与媒介保持着一种相互合作共赢的关系。现代广告公司是广告代理公司，其使命是站在广告主的角度上制定广告方案并根据这个方案购买媒介、实施广告活动。1920年。世界上第一座商业广播电台诞生，1941年，电视诞生，并在1960年，覆盖了90%以上的美国家庭。媒介作为一种技术界面，成为广告代理公司施展创意和才华的舞台。不同媒介也催生了不同形态的广告公司。从智威汤逊对杂志媒体的经营与开发，再到威廉·伯恩巴克与美术、文案的合作，广告公司在努力匹配读图时代的用户阅读习惯。携"革命"之势汹涌而来的互联网媒体，也成为当下广告业和广告公司变革的最重要力量。

和以往的媒体变革不同，互联网广告本身即处在不断自我演进中。从1994年全球第一则互联网广告诞生开始，1995年PC广告时代开启，2001年搜索广告时代开启，2006年程序化广告时代开启，2007年移动广告时代开启，2009年视频广告时代开启，2011年信息流广告时代开启，2014年基于地理定位系统的LBS广告时代开启。有观点认为，我们现在正处在LBS广告时代的早期、程序化广告的不确定期、视频和信息流广告的高速发展时期、搜索广告的鼎盛时期，整体还位于移动广告大周期。每一个互联网时代，都会有相应的一批互联网广告代理公司出现。

一 互联网广告的萌发

追本溯源，网络广告发轫于1994年的美国。当年10月14日，美国著名的 *Wired* 杂志推出了网络版 *Hotwired*，大胆地将网站主页上的一块区域进行广告出租，开始有 AT&T、IBM、沃尔沃等 14 个客户的广告 Banner。① 这是广告史上里程碑式的一个标志。广告按照传统杂志的思路和逻辑来进行采买，售卖模式为合约形式（Agreement based advertising），基本上沿用了报纸杂志广告的展示方式和运作模式。其中，创意总监乔·麦卡布利（Joe McCambley）为美国通信运营商 AT&T 所设计的横幅广告因其标志性的话术而被后人所熟知："你是否点击过此处？""你会的。"点击"YOU WILL"字样，就可以在网上参观 7 个世界上最伟大的博物馆。AT&T 希望借此向用户传递一个信息：AT&T 能够帮助用户通过互联网穿越时空。② 就在这一年，时任中科院副院长的胡启恒先生代表中国向 NSF（美国国家科学基金会）重申接入 Internet 的要求，得到认可。1994 年 4 月 20 日，NCFC 工程接入 Internet 国际专线。中国正式与互联网全面接触，中国网络的域名也在 5 月最终确定为 cn。从工业革命以来，在苦苦追赶的历程上，中国第一次与世界最前沿的媒介变革站在了同一时间线上。

随后的 1995 年被称为 PC 广告时代元年。这一年，第一个 Ad Serving System 诞生，第一个中央广告服务器（可跨域投放的）由 FocaLink Media Services 发布，第一个展示广告网络在美国出现。在 1995 年已有些寒意的中关村大街上一个硕大的广告牌，上面写着瀛海威公司当年霸气十足的广告语：中国人离信息高速公路还有多远？向北 1500 米。③ 1997 年 3 月中国第一个展示广告诞生。该广告由 Intel 和 IBM 在 Chinabyte 上投放，IBM 为 AS400 的宣传付了 3000 美元。广告表现形式为 468×60 像素的动画旗帜广告。这是中国第一个网络广告，开创了中国互联网广告业的历史，比全球第一个互联网广告晚了三年。1998 年前后中国门户网站和搜索引擎相继诞生；1997 年网易公司成立，正式推出全中文搜索引擎服务；1998 年 2 月爱特信推出搜狐；同年 11 月 30 日，新浪网公司推出同名中文网站；11 月，腾讯成立；2000 年 1 月 1 日，百度成立。

二 电众数码与传统广告公司的互联网延伸

在互联网勃兴时期，代理互联网广告的公司主要是一群来自传统广告

---

① 参考了百度百科互联网广告的相关内容。
② 利维坦：《令人嫌弃的互联网广告简史》，东方资讯网，2017 年 11 月 15 日。
③ 《瀛海威黯然谢幕》，《南方周末》2004 年 11 月 11 日。

代理领域的广告公司。它们有着客户服务的优势，对客户的互联网广告传播服务也成为其变革调整的一部分。传统广告公司在内部成立相应的"新媒介分部"来完成互联网广告代理服务。而这一时期跟随跨国公司开拓中国市场的跨国广告公司走在了前列。1999 年 1 月，英特尔的全球广告代理公司灵智大洋广州分公司在北京成立"互动传播部"。同年 3 月，恒美广告集团开始进入互联网广告领域。4 月 16 日，同属 WPP 集团的奥美广告公司与智威汤逊中乔公司合作成立互动媒体部门。10 月，北京电通广告公司成立了专门负责网络互动的机构，并打出口号，"为电通中国集团所服务之客户提供专业的数字媒体行销服务"。

跨国公司对于互联网广告传播服务的需求，成为在初期推动中国互联网广告发展和互联网广告代理公司产生的重要外部动力。比如电通网络互动中心，因为原有的传统广告主的互联网广告代理需求在 1999 年设立，包括联想等中国本土客户，佳能、丰田、西铁城等日本企业的互联网广告代理需求越来越大。到 2004 年整体的经营规模已经突破 1 亿。随着互联网从单一的展示到搜索、移动服务等更丰富的功能，依托电通这一全球最大的单体广告公司的理论工具，电通网络互动中心研发了社会化媒体时代消费者行为的新模式等方法论工具。[1]

2008 年，电通网络互动中心与分众传媒的全资子公司华光广告联合出资 900 万美元成立了电众数码，分别占比 67% 和 33%，致力于在数字营销领域为企业提供解决方案和专业服务。2010 年，电众数码由电通广告公司独资经营。[2]

三 好耶、互动通与 PC 广告

专业化互联网广告公司的出现是必然。国际专业网络广告代理公司进入中国市场，带动了本土专业网络广告代理公司的兴起。1998 年 11 月，当时最大的门户网站中华网与全球性专业网络广告代理公司 24/7 互动传媒公司合作成立全资子公司。1999 年 4 月，全球最大的网络广告代理公司 Doubleclick 来到中国与跨国广告公司传立，以及互联网公司新浪、搜狐等洽谈合作事宜。

---

[1] 黄河等：《中国网络广告十七年（1997~2014）》，中国传媒大学出版社，2015，第 210 页。
[2] 《号外：北京电通正式完成日方独资》，麦迪逊邦，2018 年 12 月 29 日。

1998 年 10 月，毕业于上海大学通信系的王建岗刚满 21 岁，基于对网络技术的狂热爱好，在复旦大学附近一栋大楼的一间 9 平方米的小屋子里，与三位好友创立了上海好耶计算机有限公司，这是中国第一个收费运营的网络广告联盟。其业务模式是好耶公司从广告主那里拿到网络广告合同，利用自己开发的网络广告管理系统，将广告转发到联盟成员的网站上；在广告主向好耶公司支付的广告费中，分出一部分支付给联盟成员网站，好耶公司则赚取其中的差价。①

在 IDG 资本合伙人章苏阳、作为职业经理人的戴尔公司华东区营销总经理王定标、毕业于复旦大学擅长技术的杨炯纬、跨国广告公司客户总监朱海龙等人陆续加盟之后，好耶走上了发展的快车道。在经历了互联网泡沫之后，好耶开始由单一的互联网技术服务公司向媒介代理和创意服务等广告业务领域拓展，并研发了 AdForward 核心工具，最终发展成为综合性的网络广告公司。时至今日，在《互联网周刊》的中国网络广告公司排行榜上，好耶一直位居前列。

以网络技术起家的互动通公司也在 2002 年依靠富媒体技术成功转型为网络广告代理公司。1999 年，复旦大学计算机专业毕业的郑斌在百度尚未诞生之前即开始了互联网创业之旅。2002 年，由互动通制作的中国第一个富媒体网络广告——摩托罗拉赞助的电影《英雄》的片花，借助 iCast 技术在新浪进行投放，并被更多的门户网站所认可。富媒体②开始成为行业的专业名词。随后，2007 年，iFocus 内容精准匹配广告；2008 年，iMocha 手机富媒体应用；2009 年，推出 hdtMEDIA，打造数字富媒体整合营销；2010 富媒体视频广告产品 MoCast 完成在 iPad 上完美流畅的播放；2011 年，推出 hdtMobile，打造中国领先的移动数字广告平台；2012 年，推出数字广告交易平台 hdtDXP，进一步实现广告投放的高回报、高效率和高透明度。2013 年，推出全新升级版富媒体广告投放平台 iCast＋；2015 年，推出 H2 网络广告交易平台；2016 年，主推 hdtOTV 程序化视频广告平台；

---

① 郭泽德：《中国网络广告发展历程研究》，硕士学位论文，兰州大学，2009，第 32 页。
② 富媒体是 Rich Media 的中文翻译，它并不是一种具体的互联网媒体形式，而是指具有动画、声音、视频和/或交互性的信息传播方法，包含下列常见的形式之一或者几种的组合：流媒体、声音、Flash，以及 Java、Javascript、DHTML 等程序设计语言。富媒体可应用于各种网络服务中，如网站设计、电子邮件、BANNER、BUTTON、弹出式广告、插播式广告等。

2017 年，推出智能电视广告平台 hdtOTT 和社交媒体管理平台 hdtKOL。①

四　华扬联众与互联网广告综合代理公司

以传统广告媒体代理向互联网广告代理转型，并取得巨大成功的，华扬联众可谓一个典型个案。成立于 1994 年的北京华扬联众在传统媒介代理业务竞争白热化时，大胆地决定转型为数字媒体营销解决方案提供商，为客户提供年度互联网营销策划、广告创意设计、媒体谈判和购买、广告效果监测、自主技术平台的应用、微博和网站的维护、App 开发等服务。相较之以技术起家的互联网技术公司，华扬联众的客户服务经验成为其整合资源的巨大优势。根据广告主的需求进行个性化的匹配，以客户为中心的组织架构，使得其快速成为国内诸多大型企业的广告代理服务商，② 并于 2017 年 8 月 2 日在上交所上市。在 2019 年 1 月的官方网站上，华扬联众的自我介绍如下："华扬联众是国内首家以驱动增长为核心、整合全渠道营销的信息技术服务公司，旗下整合了信息技术营销服务、媒体渠道数据平台、文化传媒 IP 内容三大优势业务板块，并形成了高效联动、以商业数据赋能全渠道营销的闭环，助力商业伙伴在快速变化的竞争环境中实现价值最大化，以商业力量创造美好生活。"③

在华扬联众转型之前的 2001 年，伴随着新浪、搜狐等门户的上市，以媒介采购业务为主业的腾信互动开始全面涉足互联网营销领域。在百度上市之后，腾信互动又开始涉足搜索类广告和金融类广告，从中国最大的游戏代理公司转型成为数字营销全领域全案代理公司。2014 年 9 月，正式登陆深圳创业板，成为国内第一家上市的互联网营销公司。

五　术业有专攻：专业网络广告代理公司

根据自身资源与能力的具体情况，瞄准快速变化的网络广告市场的细分领域，如网游广告、病毒广告、移动广告等，成为专业网络广告公司发展的一条阳关大道。而诸多专业网络广告公司扮演"补缺者"和"追随者"的角色，也成为网络广告业生态的必要组成部分。

---

① 参考了互动通官方网站，http://www.hdtmedia.com/archives/category/about/introduce。
② 参考了范晓东《苏同：华扬联众在转型》，《互联网周刊》2013 年第 1 期。
③ 参考了华扬联众官方网站，http://www.hylink.com/。

依托全国最大的汽车受众数据库，成立于 2002 年的新意互动将业务向整个汽车产业营销服务链条延伸，建立了基于汽车用户全生命周期的数字营销服务体系，提供更高的客户附加值，并通过行业延展、全球经营战略扩大业务范围，致力于成为大数据时代不可或缺的"智慧汽车营销价值伙伴"。①

成立于 2003 年 7 月的创世奇迹瞄准了网络游戏广告代理的市场空白，一年后成为网络游戏门户 17173 的广告代理商，从 2005 年开始，拥有了联众世界的独家代理权，随后，又成为新浪、搜狐、百度等的核心代理商，并推出了自己的游戏广告技术平台 Game Power 以及创世奇迹游戏引擎 Game Engine。②

成立于 2003 年 8 月的飞拓无限专注于无线营销的 SP（服务提供商），2006 年，飞拓无限成为中国移动指定的互动营销伙伴，同时成为中国最大的 WAP 门户移动梦网指定的无线营销伙伴，拥有移动梦网的独家广告代理权。2009 年，上海车展携手飞拓无限打造"掌上车展"。2010 年，飞拓无限联手中国移动移动梦网打造北京车展手机官方网站。2016 年，飞拓无限（证券代码：870104）在新三板挂牌上市。③

六　依托媒体抑或依托客户：网络广告公司的两条路径

依托媒体或者依托客户是互联网代理广告公司的两种发展路径。网络媒体自诞生以来在短短十数年时间内完成了以往媒介变迁需要的上百年的历史。2012 年，在中国市场上，网络广告经营额超过了之前雄霸市场二十年之久的电视广告。互联网行业的超高速发展以及迭代更新的浪潮，为网络广告公司提供了诸多市场机会。不同类别、差异化明显的网络广告公司开始涌现。比如随着移动 App 的爆发式发展，以多盟为代表的聚焦移动 App 广告的公司迅速建立了专业化优势。其同比增长速度动辄数倍之多。在实时竞价广告引入之后，品友互动、传漾科技、易传媒等通过技术创新成为这一细分市场的领头羊。在电子商务等平台崛起之后，淘宝联盟、亿

---

① 参考了新意互动官方网站，http：//www. cig. com. cn/about。

② 因为多种原因，创世奇迹的运营陷入了困难。这部分资料参考了网络和百度百科关于创世奇迹的介绍。

③ 参考飞拓无限官方网站，http：//www. fractalist. com. cn/cn/pc/？ v = 2。

玛、多麦等公司得到快速发展。广告主互联网广告投放经验的增多，也使网络广告公司必须在创意能力、调查能力、媒介计划和传播效果等多个方面提升其专业服务水平。

伴随着消费者的生活方式和媒介接触习惯的改变，传统媒体与网络媒体的位置与角色发生了互换，从 Web1.0 到 Web2.0 再到 3.0 时代，互联网变革促成了电子商务、移动网络、视频网站、SNS 等各类具有较高用户黏性的网络应用的快速发展，相较之以往的网络广告类型，大数据、云计算和人工智能等技术使网络广告市场的类别极大丰富，这需要专业的代理公司来帮助企业更好地认知网络媒介这一新的技术界面，从而完成与目标消费者的连接。

同时，与网络广告有着天然契合性的汽车、IT、通信、房地产等行业开始进入更大规模的发展阶段，在对网络广告的认知明确之后，互联网广告的"可计量性""精准性""所见即所得"等特性使它们将越来越多的投放需求转移到这个领域。在网络环境下如何与消费者更加深入地接触，也成为一个专业命题。诸多专业类的网络广告公司开始出现，以回应这一命题。为了将大品牌企业和海量的中小企业与网络广告市场建立连接，视频广告、整合营销、微信营销、微博营销、无线营销等方式应运而生。

国内权威杂志《互联网周刊》根据资源整合度、创新能力、广告技术、广告主口碑和团队能力等对中国网络广告公司和移动广告公司进行综合评估，并最终评选出整合发展能力前 50 名的广告公司。[①] 按顺序排列分别是华扬联众、新意互动、利欧、群邑互动、蓝色光标、电众数码、好耶、新合传播、Cheil 鹏泰、腾信创新、安索帕、广东省广告公司、网迈、DDB 中国、奥美世纪、实力传播、派择、品友互动、思美传媒、悠易互通、Adtime、昌荣传播、珍岛集团、李奥贝纳、麦达数字、紫博蓝、奥菲传媒、麦肯、英帕沃数字、映盛中国、IM2.0、Digitas（狄杰斯）、爱投数创、智威汤逊－中乔、星传媒体、派瑞威行、龙拓互动、亿玛、IMS、灵锐互动、爱德威、盛世长城、橙意数码、中海互动、灵思云途、灵智 4D、博睿传播、环时互动、智易传媒等。除此之外，还有脉动、索美广告、乐诚汇通、中国蓝色创意集团、Focus Communication、上海聚弘广告、亿动

---

① 《2016 年网络广告公司综合服务水平排行榜》，《互联网周刊》2017 年第 2 期。

广告传媒、腾龙网络策划、广东意博广告、北京无限讯奇、广东意博广告、北京奥伟美国际广告、广东广旭广告、上海聚弘广告、诺瑞（中国）广告、上海程迈、上海时至广告、上海真石信息技术、上海凌克翡广告。

搜索广告、移动广告、视频广告等时代叠加到一起，网络广告市场空间进一步扩张，互联网媒体快速发展带来了广告经营理念、业务、格局的颠覆与重构。从网络广告代理公司的发展格局来看，传统的广告代理公司，尤其是跨国广告公司不断谋求数字化时代的转型，依赖网络相关技术的新进入者则携带着诸多新概念和新工具开始布局市场。传统的广告公司（主要是4A广告公司）、本土综合网络广告公司、本土专业网络广告代理公司形成了"三足鼎立"的竞争态势。它们之间相互并购、合作、竞争，推动了网络广告市场的快速发展。而在资本化的推动下，诸如互联网媒体、电子商务平台，甚至是传统的工业企业以一种"跨界者"的身份，开始对网络广告生态重构，也开启了另外一种广告生态模式。

小结 三重世界：资本、文化与技术

20世纪初，随着社会科学的大综合和大分化，当广告作为一个学科诞生在美国时，它主要涉及心理学、新闻学和商学。[①] Charles H. Sandage 曾在他的著作《广告作为一种社会力量》中，对广告学发展的早期历史做过幽默的阐述："广告学小宝贝的爸爸是心理学，妈妈是新闻学。因此，可以说，广告教育是由心理学发端，而在新闻学中孕育的……广告学这个小家伙在很小的时候就被其生父遗弃了，但是，在他成长的岁月里，商业的市场营销学作为他的继父出现在了他的生活中，并和新闻学妈妈一起承担起养育广告学的重任。"[②] 借助这样的学科规训，我们也常常将广告业与广告公司置身在营销学与传播学的视野下加以思考，并建构了一整套的思考方式和知识体系。

这一时期的中国广告业的发展实践，为我们提供了一种思考广告的更高维度：文化、资本与技术。

关于文化，广告公司在运作中也常有涉及，但只有当广告公司将视角

---

① 唐乐：《广告学的核心研究问题和研究视角》，《新闻与传播研究》2009年第5期，第94页。

② Charles H. Sandage, *Advertising as Asocial Force: Selected speeches and essays*, Stipes Publication, 1998.

从营销学当中的消费者和经济人，转变为一个更加鲜活的"生活者"和"文化人"时，才有可能真正找到"洞察"，发现和呈现他们的"痛点"。在这一点上，社会学、文化学和人类学为广告业提供了太多的尚未发掘的智慧。正如人类学家格尔茨在《文化的解释》中所引用的德国社会学家、哲学家马克斯·韦伯那句名言，"人是悬挂在自己编织的意义之网上的动物"。诸多世界知名品牌的良好销售业绩，往往得益于其所属国通过影视、文学等大众文化的传播与流行而在目标市场和消费者中形成的文化吸引力与文化认同感。[①] 广告是直接连通消费者内心的重要窗口之一，而广告公司是企业最重要的营销传播的"幕后军师"。

　　关于资本，亚当·斯密，以及国人所熟悉的马克思都曾有过系统阐释。在广告业发展的很长时间里，对知识、技术等生产要素的讨论较多，对资本往往采用一种漠视的态度。但资本从来都没有远离广告行业，并且一直在幕后改造着广告业，使其成为一个不依赖个人英雄主义的高效产生创意的组织，它将分工协作、流水线生产、头脑风暴讨论等方法引入广告业。尤其是20世纪70年代以来，全球经济正经历深刻的"质变"和结构调整，资本在跨国层面的生产、阶级和国家三个维度快速释放着影响力，不断增强的经济一体化和自由化导致控制全球生产、市场和金融的跨国资本家阶级形成。[②] 资本成为全球广告服务网络建构的重要力量，并且逐渐影响到广告公司、媒介及更广阔的整合营销传播领域。

　　关于技术，当代技术哲学的代表性人物之一雅客·艾吕尔（Jacques Ellu）在《技术社会》（1954）一书中认为："技术已成为自主的；它已经塑造了一个无孔不入的世界，这个世界遵从技术自身的规律，并已抛弃了所有的传统。"[③] 技术是人类确认和强化自身的方式。具体到媒介上，媒介是延伸人体、强化和提升人体的一种方式。人类创造媒介技术的初衷是为了"我"和"我们"的自由与解放。在这一时期，以互联网媒体为核心的技术变革带来了广告业发展史上前所未有的深刻变化。大数据、云计算与

---

①　道格拉斯·霍尔特、道格拉斯·卡梅隆：《文化战略：以创新的意识形态构建独特的文化品牌》，汪凯译，商务印书馆，2013，第2页。

②　威廉·鲁滨逊：《全球资本主义论：跨国世界中的生产、阶级与国家》，高明秀译，社会科学文献出版社，2009，第7页。

③　〔美〕兰登·温纳：《自主性技术：作为政治思想主题的失控技术》，北京大学出版社，2014，第12页。

人工智能带来的广告精准化、个性化、人性化开始重构以往的广告知识范式。不断迭代创新的技术也带来了诸多的红利。依托这一红利也诞生了诸多快速增长的广告公司。对于广告业和广告公司而言，技术与自身的关系是一个永恒的命题。技术之外的人的价值是什么？广告的专业性在技术浪潮下是不是需要重新建构？这又成为即将到来的更为深刻的命题。

第五部分

价值重构：技术、生态与广告公司

（2010 ～   ）

第十七章 广告产业链的动荡：媒体、广告主与创意热店

从现实层面来看，作为广告行业最为珍贵的资产的广告人，其流动趋向也说明了广告业的巨大变革。相对于 2013 年广告从业人员 20.4% 的增长以及 2014 年中国广告经营单位数量 22.08% 的增长，2014 年 3.66% 的从业人员增长幅度显得相对低迷。从表面上看，仿佛进入广告行业的从业人员大大减少，但是综合考虑 2014 年的实际情况我们会发现，众多从业人员在 2014 年开始选择离开广告公司，转而进入品牌广告主、互联网公司，继续从事原有业务。

当下的广告产业链处在一种快速、复杂、巨大变革之中，深层原因体现在两个方面：广告主的需求以及受众的技术赋权。伴随着互联网带来的新技术界面，广告主具备了直达受众的能力，以往整合营销传播所倡导的"营销即传播，传播即营销"理念开始真正成为现实，广告主对于更高维度的品牌定位和系统战略的需求开始凸显。而受众的变化体现在传播权力的下沉中，技术的赋权使得他们可以更充分地生产内容、传播内容来表达自己，满足自己的各层次需求和欲望，此外，他们也在从理性的"经济人"成为"文化人"和"社会人"，从"消费者"成为"生活者"。

具体来看，传统广告产业链各个主体之间的边界，开始在互联网技术等多重因素的冲击下逐渐模糊。在广告主、广告媒介、广告公司的三者框架中，裂变出诸多新兴主体。万物皆媒的"泛媒体化"、不同媒体形态的融合、媒体与广告公司的跨界等现象屡见不鲜。以中国市场上的巨头公司腾讯为例，它究竟是一家媒体，还是一家广告公司，还是一个拥有亿万量级用户集合体的媒体平台？已很难界定。

一 媒体的"广告公司化"

1. 互联网媒体的广告化生存

广告市场份额一直被看作互联网竞争力的重要指标之一。国内学者黄升民直接用"互联网思维，广告化生存"来概括互联网媒体与广告的关系。① 甚至连阿里巴巴、百度、腾讯的营收支柱之一也是广告。纵观中国互联网发展至今的历史，电商、游戏、内容付费和广告是四大赢利渠道。2008 年中国网络广告市场规模为 118 亿元，到了 2016 年，互联网广告规模增长了约 21 倍，达到 2552 亿元。基于智慧技术和生态整合的全方位营销成为诸多互联网公司提供广告服务的基础。

从互联网媒体与广告公司的关系来看，早在 1998 年，中国网络广告公司的先行者好耶用自己开发的网络广告管理系统换回了大量的网站卖不出去的广告位。② 2003 年春突然来到的"非典"使现实空间充满了潜在危险，人们的注意力开始第一次转移到互联网上的数字空间。这一年，中国网络广告的市场规模从前一年的 4.9 亿人民币剧增至 10.3 亿人民币。同时。很多优秀的互联网广告公司开始出现，综合性广告公司也开始收购网络广告代理公司以实现对互联网媒体的布局。2006 年 5 月 18 日，WPP 旗下的群邑集团（GroupM）与华扬联众成立华扬群邑合资公司，旨在更好地整合互联网媒体资源。③ 2006 年年底，WPP 旗下的奥美集团收购了世纪华美。

2007 年是一个关键节点，全球网络广告市场刮起强大的并购风，世界级的互联网巨头纷纷抢先并购网络广告公司。2007 年 3 月 1 日，分众传媒以 2.25 亿美元收购好耶；2007 年 4 月 14 日，Google 以 31 亿美元现金收购 DoubleClick；2007 年 4 月 30 日，雅虎以 6.8 亿美元收购 Right Media；2007 年 5 月 17 日，WPP 以 6.49 亿美元并购 24/7 Real Media；2007 年 5 月 19 日，微软以 60 亿美元现金购 aQuantive，溢价率高达 85%；2007 年 8 月，百度战略投资随视传媒，联手在市场上推出百度 TV。④

① 黄升民：《互联网思维，广告化生存》，《声屏世界·广告人》2015 年第 12 期。
② 朱磊：《浮躁与沉思：中国网络广告代理公司十年记》，数英网，2010 年 2 月 20 日。
③ 朱磊：《浮躁与沉思：中国网络广告代理公司十年记》，数英网，2010 年 2 月 20 日。
④ 以上资料与数据来自《网络广告十年，夹缝中怎么突围》，艾瑞网，2010 年 2 月 23 日。

　　相较之以往的大众媒体，互联网媒体本身更高维的革命意义已超越了单纯的信息传播，在建构一个数字化的生活空间。基于大数据和云计算的精准、互动、实效的逻辑也带来了诸多广告营销层面的创新。互联网巨头收购广告公司的一个重要目的，在于将自身的技术优势与广告公司的创意优势打通，将自身与受众的信息流量和数据计算能力，转化为自身与广告主之间的商业营销效果的能力。互联网巨头打算通过对自己营销能力的聚合，来跳过广告公司，建立与企业的直接联系。从媒介代理方面来看已有了很大改变，互联网平台的智能化，其提供的各种数据和工具，使很多企业可以便利自主地完成投放。甚至在创意代理方面，互联网公司都在逐渐展示自身实力。从历史来看，在 2008 年第 15 届中国广告节上，腾讯囊括了 17 项大奖，在 2012 年第 19 届中国广告节上，已经跃升到 40 项。尤其是近几年来，互联网公司自制的爆款广告案例一直吸引着人们的眼球，互联网巨头成为戛纳广告节的获奖常客，它们与广告主的合作也成为一种常态。在营销服务层面，比起传统广告公司，互联网公司具有大数据、流量、电商渠道等更多优势，在经常谈到的"品效合一"概念下，传播效果与销售效果在互联网媒体上越发紧密地联系在一起。关于互联网公司直接服务广告主的案例已经屡见不鲜。2017 年底，Facebook 下属的创意工作室拥有 150 名创意战略家，在全球各地开了 40 个办事处，仅仅几个月的时间，办事处数量就增加到 250 个。这些工作室与品牌及营销公司合作，利用 Facebook、Instagram 的社交环境和 20 亿用户的综合信息，找出创意途径，进行品牌活动策划。过去的几年中，Facebook 创意工作室已经与福特、百威、丰田、雪碧等品牌有过合作。

　　从本质上看，互联网公司与广告公司之间的关系并非简单的"替代"与"被替代"的关系，毕竟二者是基于不同逻辑的两种企业类别。技术与数据、内容与创意有着太多的互补而不是替代，但在营销传播领域，互联网公司与广告公司又有着同一个目的，即如何高效地建立、维护和强化与消费者的关系。从过去几年的发展态势来看，互联网公司和广告公司之间正逐步走向合作。2017 年 6 月，阳狮集团与阿里巴巴宣布成为重要合作伙伴，同年，时任 WPP 全球 CEO 的苏铭天在 7 月曾率领 100 多位高层访问阿里巴巴总部。腾讯在 6 月与电通安吉斯达成全球战略合作，并且在 2017 年年中，联合广告业界发起了"IDEA + 实验室"探索创意与技术的结合。① 广告公司擅长内容、故事与创意的编码，在"怎么说"的层面上有着自己的优势，同时，作为营销传播行业的专业力量，它们有着成熟的关于品牌、营销与广告的理论与思想；而互联网公司在大数据、人工智能与云计算等方面有着优势，并且它们用平台化和生态化的方式，愈发深入地介入消费者的生活与工作世界，从这一点来看，两个不同行业在未来能够更深度地融合下去，各自分工，优势互补，更有效地满足企业的营销传播需求。

从 2008 年开始担任 TBWA 全球主席，也是颠覆广告的创始人 Jean - Marie Dru 在 2013 年接受《第一财经周刊》采访时，直言不讳地谈到了媒体与广告公司的关系："有两类公司深深影响了广告业，一类就是这些技术公司，还有一类就是我们的一些客户。Google、亚马逊、Facebook 这些互联网技术公司正在做我们做的一部分业务，我们的确需要在数字化方面颠覆我们自己。但我们并不把它们作为竞争对手，而是它们为我们提供了更多的可能性。"②

2. 互联网巨头们的广告产品

（1）腾讯智慧与 ONE TENCENT

回到 2006 年的中国广告业，当年的年度新闻盘点中肯定会有一条：刘胜义加盟腾讯。刘胜义之前曾担任阳狮（Publicis）中国的执行合伙人，天联（BBDO）中国的首席执行官等，优秀的广告人开始投身到勃兴的互联网领域。在广告人与互联网人组成的团队下，腾讯的广告服务理念定义为"腾讯智慧（Tencent MIND）"，这是一套可衡量的、互动式的、精准性和差异性并存的营销模式，从不同的层次可追踪式地满足客户需求③。以 QQ. com 新闻门户为代表的资讯、以 QQ 为代表的沟通、以 Qzone 为代表的展示和分享、以 QQGame 为代表的娱乐等产品建构了一个"在线生活平台"，"腾讯智慧"分别从在线营销、互动体验、精准体验和差异化定位四个方面提出了腾讯未来发展的目标，也使腾讯在单纯的媒体角色之外，有了广告公司的营销创新和媒体创新的属性。

而后，"腾讯智慧"成为一年一度的腾讯智慧峰会。2017 年，腾讯提

---

① 参见王雷柏《关于互联网公司和 agency 的关系，腾讯想到了赋能》，36 氪，2017 年 10 月。

② 李会娜：《新媒体颠覆广告业》，《第一财经周刊》，2013。

③ 明彦：《腾讯智慧，引领互动营销精准化》，《成功营销》，2007 年 1 月。

出了"ONE TENCENT"的概念，在腾讯的大体系下，游戏、影视、体育、音乐、资讯、文学、动漫七大板块中的技术、数据、产品、内容共享互通，通过这一整合更精准地实现客户用户画像，并为客户提供整合营销方案；同时，腾讯通过与京东合作，导入其缺失的电商环节购买数据，从而实现对消费者从认知、兴趣、购买到忠诚的行为监测，以便提供更精准的营销方案。[1]

（2）阿里巴巴与 Uni Marketing

2007 年 3 月，阿里巴巴在高薪聘请了网易等公司广告销售的核心人物之后，其 B2B 业务开始尝试进军品牌广告；同年 7 月，此前一直没有采取任何赚钱策略的淘宝网率先尝试网络营销，并推出广告业务；一个月之后的 8 月 12 日凌晨，阿里妈妈网络广告分销网站正式启动，首次引入"广告是商品"的概念，阿里巴巴集团开始全面进军网络广告领域。[2] 大约十年之后，从 2014 年开始，阿里集团开始在媒体领域强力布局，相继收购了 UC 浏览器、神马搜索、优酷、土豆等，2015 年 1 月 14 日，阿里巴巴集团正式战略投资并控股了易传媒（AdChina）。易传媒服务着 100 多家国际、本土广告代理商客户和 2000 多家品牌广告主客户。另一方面，通过 Trading – OS，易传媒已经拿下了中国 400～500 家媒体网站客户，以及六七万个 App。对易传媒这样的领先互联网广告公司的收购，可以与原有的优势互补，获得品牌服务、大客户、DSP 技术等。2018 年阿里巴巴的广告营收达到 1386 亿元，相比 2017 年的 1084 亿元增长了 27.9%，占中国整体网络广告的市场份额达到 36%。[3]

相比腾讯和百度，电商平台出身的阿里巴巴距品牌销售的需求更近一步。2016 年 11 月 29 日，在阿里妈妈全球广告主峰会上，阿里巴巴第一次对外正式提出"Uni Marketing 全域营销"这一方法论，"Uni Marketing"这个名词开始为外界所逐步认知，即以消费者为核心，以数据为能源，实现全链路、全媒体、全数据、全渠道的一种营销方式。[4] 随后，全域营销以产品化的形式逐渐落地到商业应用中。从 2017 年以来，阿里巴巴与阳狮集

---

① 《腾讯副总裁郑香霖：网络广告竞争"技数"》，融媒观察，2017 年 9 月。
② 《马云推出"阿里妈妈"网站，倾力打造网络广告分销平台》，梅花网，2008 年 11 月 10 日。
③ 根据美国知名数据公司 eMarketer 发布的预测数据显示。
④ 参见经济观察网《阿里巴巴 Uni Marketing 全域营销发布一周年》报道。

团、分众传媒、戛纳广告节等紧密合作成为中国广告业值得讨论的事件。在 2018 年 6 月 20 日的戛纳国际创意节上，阿里巴巴围绕着 Uni Marketing 全域营销举办了两场演讲，展现了阿里巴巴如何用数据改变传统的广告营销模式。阿里巴巴还以创新为主题申报了三个奖项，分别是以天猫"双 11"为核心的各类营销、淘宝二楼的第一档节目《一千零一夜》以及来自 B2B 的真人秀"Pop Up Start Up"。阿里妈妈发布了"AI 智能文案"产品，结合淘宝、天猫的海量优质内容与自然语言算法，可基于商品自动生成高品质文案，一秒钟可生成高达两万条。① 这一广告产品可实现三项核心能力——高度模拟人写文案、自由定义字数、实时在线样本学习。

（3）百度广告与 All in AI

2013 年，百度的在线营销（广告收入）首次超过了中央电视台的广告收入。② 回顾历史，诞生于 2000 年 1 月 1 日的百度，以搜索引擎技术开始了浏览器和门户之后的另一个互联网时代。从最初的搜索技术服务、中文网页信息检索服务再到后来的"竞价排名"模式，百度完成了从"面向企业"的技术服务转向"面向用户"的广告营收模式。时至今日，百度产品线主要包括搜索业务、交易业务和爱奇艺三大类。2013 年 8 月 22 日举办的百度世界大会上，百度正式推出流量交易服务（Baidu Exchange Service，简称 BES）。③ 继谷歌、阿里、腾讯后，百度终于加入广告交易平台竞争的行列。以 2016 年为例，百度全年营收 705 亿元，营销收入（互联网广告收入）高达 645 亿元，占比超过 91%。2015 年 6 月 8 日，百度在日本举行新闻发布会，正式宣布收购日本原生广告公司 popIn 的控股权。④ 2016 年 12 月，百度全资收购知名营销公众号"李叫兽"作者李靖所在的北京受教信息科技有限公司。

随后，在 2012 年即开始发力的"人工智能"技术，成为技术起家的百度的新焦点。从深度机器学习的研究进一步衍生了颇具野心的"百度大脑"，人工智能驱动下的百度"新搜索"也可能通过大数据技术描绘用户

---

① 参见《阿里妈妈在戛纳国际创意节上正式发布 AI 智能文案》，亿邦动力网，2018 年 6 月 21 日。

② 根据市场研究机构 IAB 的统计数据。

③ 参见 2013 年百度世界大会相关资料。

④ 数据来源于《百度京东争抢广告技术》，腾讯科技，2013 年 9 月 18 日。

个体特征，更准确地判断用户需求，以个性化推荐机制让用户得到真正个性化的信息服务。在 Moments 2017 百度营销盛典上，基于百度的用户识别力和个性化创意力，百度推出了"闪投"，即将广告主的结构化数据——可以是商品数据，也可以是服务数据，甚至是业务与用户相关的内容，与百度对接，百度通过内外部数据的智能整合，将广告主的商品或服务广告千人千面地呈现给不同目标消费者。

（4）京东等电商平台

电商升级，天猫、京东等电商平台都在输出其营销方法论，为品牌开放数据。过去仅作为末端投放渠道的媒介平台在数字营销中分量越来越大了，特别是这些互联网巨头。京东 2010 年广告收入 1000 万元，2011 年广告收入约为 4000 万 ~5000 万元，2012 年广告收入接近 2 亿元，此后虽然没有公开数据，但是广告收入的增长速度高于整体业务的增速。[①] 在 2017年合作伙伴营销峰会上，京东发布 JD IDEAL 电商营销方法论，标志着京东商城由互联网渠道商正在转型成为泛零售的服务提供商。[②] 京东希望自己成为品牌数字营销升级的主要阵地之一，品牌的选择也迫使媒介巨头不得不去拥抱这些平台。

与京东相比，淘宝天猫走得更靠前一些。2012 年淘宝联盟重启阿里妈妈域名，并确定了淘宝联盟、广告交易平台 Tanx、移动广告联盟三大方向。从 2016 年底至今，阿里巴巴在数据方面先后推出 Uni Marketing 全域营销方法论和品牌数据银行（Brand Databank），阳狮已经成为首家接入阿里巴巴全域广告投放平台（UniDesk）的代理商伙伴。营销的变革最直接的体现就是，今天当消费者接触到一个营销刺激，他可以立刻通过电商平台将刺激转化为购买的点击，或者快速地放弃，营销刺激和客户体验之间的距离不断坍塌，趋近于零。这也是电商平台的话语权为何如此之重的主要原因。

（5）媒体只是媒体

网易的"态度营销"、360 的"点睛营销"、今日头条的"智能分发"等广告交易和投放平台，也在快速地将自身的信息与用户优势，借

---

① 数据来源于《百度京东争抢广告技术》，腾讯科技，2013 年 9 月 18 日。
② 参见京东商城 2017 年合作伙伴营销峰会相关报道。

助数据与技术的力量，转化成更具性价比的广告平台。这些平台吸引了大量的数据挖掘和互联网技术人才，甚至并购了相当的互联网广告公司，以期实现客户、技术、营销与广告服务经验、创意制作等方面的优势互补。而这些广告平台在逐渐产品化的过程中，也在大力"品牌化"，每年在各种各样的企业自办的会议、活动以及第三方主办的行业活动上，各个互联网公司的相关负责人都要携带着他们的最新广告平台，以及最具煽动性的广告案例来推广自己，这在无形中也推动了营销革命的深入发展。

但是，这些话语更多的是互联网公司对自身广告业务的考量，它们集合的只是自身生态边界内的用户活动痕迹，从本质上来看，它们依然是媒体属性，对广告公司的收购只是为了补全自身的某些短板。而广告公司的本质是服务于客户，是客户在面对更加复杂的数字营销环境与线下传播世界时的"外部智囊"。随着时代的发展，有些广告公司走向综合化、全面化，服务于客户的营销战略；有些广告公司则聚焦效果监测与评估，以第三方的公正与客观获得生存空间；有些广告公司则专注于地产、汽车、金融等垂直领域，成为相关领域的营销传播专家；有些广告公司则更加传统，一切组织架构和运营方式都以"人"为中心，以最优的创意作品为安身立命之根本。在技术变革和价值重塑的当下，未来的营销传播世界延续了人类历史上持续演进的脉络。在基于不同社会分工和组织协作的丰富、多元、复杂的生态世界里，互联网媒体和广告公司不是简单的"替代"与"被替代"的关系，而是协同创新与共赢发展。

3. 传统媒体的广告价值创新

作为最古老的媒体，户外广告已经持续了几千年。这种古老的媒体在现代中国的土壤里焕发了新生，甚至成为世界广告发展历史中少见的创新浪潮。2005 年 7 月 13 日，成立仅 3 年的分众传媒登陆纳斯达克，融资1.72 亿美金。根据当时在分众的股份计算，30 岁出头的创始人江南春身价接近 3 亿美元。[①] 更神奇之处在于，分众开创了一种前所未见的新媒体形式——楼宇电视，并建构了独特的商业模式使其迅速规模化。

从创立到美股上市，分众花了两年零两个月，时间与 2004 年上市的空

---

① 参见陈明《分众传媒商业模式研究》，硕士学位论文，南开大学，2009。

中网一样快，这从侧面反映了分众的发展速度。果断上市后获得的是巨大的发展机会，凭借在国内多个收购项目的展开，分众传媒的股价不断上涨。上市三个月后，分众完成对框架媒介的收购，2005 年 1 月分众传媒又以 3.25 亿美元合并聚众传媒，业务跃居到国内楼宇视频传播媒体第一名。2006 年 8 月收购影院广告公司 ACL，后更名为分众传媒影院广告联播网，标志着分众传媒正式进军院线广告业务。2007 年 3 月，花费 2.99 亿美元收购好耶，此举被看作分众获得进军互联网的门票。

　　分众上市的示范效应引发了"小分众"雨后春笋般地诞生。在户外新媒体各细分领域，国内相继出现了一批创业公司，短短一年时间，从餐厅到医院、从健身房到高尔夫球场，"小分众"们迅速占据了各个地点，户外新媒体转眼间成为国内最热门的投资领域。①

　　2007 年 3 月，分众传媒市值已达 44 亿美元，成为纳斯达克中国概念股中市值最高的公司。2015 年 12 月，分众传媒完成借壳七喜控股成为第一只回归 A 股的中概股，同时也成为其他中概股回归 A 股的参照样本。此后，分众传媒受到市场热捧，市值一度飙升至 2164 亿元，成为中国文化传媒股中市值最高的公司。分众传媒凭借中国独创的楼宇媒体，包括楼宇视频媒体及框架媒体、影院媒体、卖场终端视频媒体，成为广告媒体巨头。

　　分众传媒在 2016 年重新调整了品牌战略，提出了"引爆主流，投分众"的全新口号，将产品定位为电梯媒体。在随后的品牌广告中，分众传媒用直白的方式阐述了自己的品牌价值："今天，中国 4 亿城市人口，2 亿看分众，阿里、腾讯、京东、滴滴等，5400 多个品牌广告投分众，分众电梯媒体，覆盖 120 个城市，110 万块电梯海报，18 万块电梯电视，日均触达，5 亿人次城市主流人群。"② 这是分众传媒成立 13 年来首次高调推出自己的"新定位"，这些优势、特性背后是一种价值的洞察与呈现。③ 分众将媒体层面的传播营销升华为企业需要的营销价值。在短时间内，用最有效率的方式帮助品牌构建清晰的认知，分众传媒形成自身的定位，并以此来

---

① 《城际生活圈或影响未来投资》，http://newls.dooland.com/。

② 参见分众传媒的自我形象广告文案。

③ 宇见：《从分众"引爆主流"新定位，谈 B2B 企业的定位问题》，http://www.adquan.com/post-2-34547.html，2016 年 8 月 17 日。

整合优化相应媒体资源。

除了分众传媒的户外广告价值创新，户外广告领域正在发生一个转向，户外媒体从以往的规模化的简单采购和对地段优势的占有，开始向着有更高附加价值的深层次挖掘与创意转变。分时传媒是一个典型的案例。它的创新意义在于以户外媒体超市的商业模式和分时发布模式，以平台化思维将户外广告媒体资源加以重新分发，用数据、时间、组合等各种路径来完成客户服务。2014年初，分时传媒与联建光电（股票代码300269）完成并购重组。几乎在同一时间，以铁路户外广告资源为中心的路铁传媒也在转型为大交通户外媒体平台品牌服务商。

传统的广播电视媒体也在朝着更具营销传播价值的目标转型。虽然在移动互联网的冲击下，传统广播电视的收视数据在下降，但是，它们依旧在公信力、节目制作能力、舆论影响力等方面有着较大的优势。2016年9月，中央电视台提出"国家品牌计划"；2017年6月，新华社旗下媒体启动"中国民族品牌传播工程"；2017年12月22日，《人民日报》打造首批"新时代品牌强国计划"。传统广电媒体开始思考自身在企业营销传播体系下的角色与地位，思考在众媒时代自身的独特价值。一些强势的地方卫视在这方面做得更早也更为成熟，如湖南卫视的"快乐中国"、浙江卫视的"中国蓝"、江苏卫视的"幸福中国"等，从媒介市场细分入手，用"定位"理论来界定自身的核心价值，进而通过优化、整合等方式来创新"节目产品"以及"广告产品"。

用一种更广阔的时间视野来看待传统媒体与广告产业的关系，在改革开放以来的很长一段时间里，媒体，尤其是稀缺媒体主导了广告产业格局，很多广告公司的使命即为广告主牵线搭桥，以获得一些媒体资源，或者与媒体合作，创造性地开发广告媒体资源。媒体下属的相关广告公司在20世纪90年代中期以前也比专业广告公司有着更大的规模与影响力。而在互联网媒体诞生以后，传统媒体所采取的广告价值创新的路径，与当年稀缺时代的媒体主导已经不可同日而语。面对媒体资源过剩的现状，如何提供更优化的广告价值成为当下媒体生存与发展的关键问题。传统媒体不甘于只在后台进行媒体的播出展示工作，而是跳过广告公司的营销概念包装与整合，尽可能地与广告主直接对接自身的营销服务优势。面对新的媒体环境，传统媒体如何提供全方位品牌传播服务，重塑主流媒体黄金价值，通过内生能力的提升，为品牌的品效合一提供实现路径，成为一项不得不面对的重要课题。

二 广告主与 In-house 广告公司

我们现在所称呼的 In-house 广告公司并没有一个准确的翻译和定义，一般来说，In-house 又称广告主自建广告公司或广告主衍生广告公司，专指由广告主出资组建，专门负责广告业务的广告代理公司。两种不同的称呼也代表了两种不同的公司类别。前者专门代理所从属广告主的广告业务，与该广告主是一种从属关系或寄生关系，它会随着该广告主的发展而发展，也会随着它的消亡而消亡；后者虽然也要代理所从属广告主的广告业务，但并非专门代理，除此而外还要代理其他广告主的广告业务，甚至有的广告主衍生广告公司由此发展、壮大，走上了独立发展的道路。此类广告公司尽管发展还要依托于所出资的广告主，还在名义上从属于该广告主，但此时已经难以用广告主衍生广告公司称呼它们了。这种类别的广告公司，在世界范围内最突出的是韩国的诸多广告公司，例如韩国的第一企划依托于三星集团，金刚企划依托于现代集团，大泓企划依托于 LOTTE 集团，[1]

1. 互联网时代的 In-house 浪潮

当业界和学界在讨论阿里巴巴、百度和腾讯谁是中国最大的广告公司时，广告主的 In-house 又悄悄地开始回潮。作为世界上最大的广告主之一，2016 年 9 月，联合利华开始减少与外部广告公司的合作，将供应商整体减半到 3000 家，并把部分数字营销和广告创意交给公司内部创意团队 U-Studio 完成，主要为品牌制作数字营销内容，包括为线上定制视频、图像、文章等内容。[2] 与之同时成立的还有同隶属于全球整合品牌部门的 U-Entertainment，同样以内容制作为主，为企业营销和品牌服务。成立一年之后，联合利华内部创意团队 U-Studio 已经在全球 20 多个国家开展了业务。这一举措预计将为联合利华节约不少营销预算，在这样的情况下，联

---

① 廖秉宜：《韩国企业集团广告公司的发展及其启示》，《广告大观·理论版》2006 年第 6 期，第 8~15 页。

② 《联合利华将加大内部创意部门 U-Studio 的投入》，《界面新闻》2017 年第 10 期。

合利华未来的营销开支将逐步缩水 30%①。联合利华正面临业绩不振、收购业务遇阻的困扰，营销开支精简也是公司节约成本、重振股价，向投资者交差的解决方案之一。②

联合利华最大的竞争对手宝洁成立广告公司的新闻也成为大家讨论的焦点。据《华尔街日报》报道，这家独立广告公司由宝洁的北美织物护理业务（P&G Fabric Care）（旗下拥有汰渍等主要品牌）成立，而且团队人员均是与宝洁有合作的广告公司人才。"由阳狮旗下的盛世长城纽约分公司 CEO 来进行统管；选择来自 WPP 旗下的葛瑞、宏盟旗下的 Hearts & Science、MMC、李奥贝纳、阳狮旗下的盛世长城五家营销代理公司的一些顶尖人员，归入这家新的暂时未命名的公司。"③ 全新广告代理模式有三大改变。其一，人才模式的改变。在宝洁新成立的广告公司里，作为创意代理的盛世长城、李奥贝纳、GREY 三家广告控股集团均存在竞争关系。将顶尖的竞争对手集结在一起服务一个客户，对于宝洁而言，大大提高了沟通效率和成本。其二，费用结算上，采用"Retainer + Project"（月费制 + 项目制）混合模式。对于数十年偏爱采用佣金模式的广告主来说，的确是一次巨大的改变。其三，媒介模式上，打算把更多的媒介策划工作转交内部团队来负责打理，特别是数字化媒体。同时，宝洁也会将油水最大的媒介购买事务（media buying）更多地转到内部团队来负责。④

越来越多的品牌成立 In – house 团队。旅游预订网站 Booking. com 从 2017 年开始招募消费者数据分析、媒介购买相关的人才，2017 年实现了所有广告投放和媒介购买都由公司内部团队负责。百事、Chobani 等公司也都开始尝试开放式广告承包的形式：公司内部创意部门主导全案，具体的单个广告则交由外部代理商制作。

这种广告代理模式已经很接近 In – house 模式了。近几年，In – house or outside 一直都是悬在广告代理公司头顶的"达摩克利斯之剑"。Adobe 在 2018 年初的调研显示，广告主们已经越来越倾向将广告程序化购买交由内部团队完成。数据显示，2018 年 86% 的品牌与 89% 代理方都计划增加

---

① 根据 CampaignLive 报道整理。
② 《联合利华将加大内部创意部门 U – Studio 的投入》，《界面新闻》2017 年第 10 期。
③ 蓝鲸财经：《削减广告开支纾困，全球最大广告主宝洁成立广告公司》，2018 年 4 月 16 日。
④ 蓝鲸财经：《削减广告开支纾困，全球最大广告主宝洁成立广告公司》，2018 年 4 月 16 日。

程序化购买投入。到 2022 年，全球预计 62% 的品牌将由内部团队负责程序化媒介购买，剩下的 38% 也表示将自己操作部分内容。[①] 根据美国国家广告协会（ANA）统计，2018 年超过 35% 的公司称，他们开始完善并扩张内部的程序化购买团队，并逐渐减少外部代理商合作——2016 年这个比例仅有 14%。无独有偶，世界广告联盟（WFA）2018 年夏天的调查也印证了相似趋势：全球 45% 的受访广告主开始在内部广告团队组建上，特别是负责数字媒介广告团队的组建上，投入更多成本。

2017 年以来的新闻显示，全球最大广告主之一可口可乐公司成立了一支 55 人团队的新闻编辑室，来负责公司旗下多个子品牌的社交媒体营销事务。一直活跃在新媒体领域的红牛、耐克甚至包括万豪在内，也已经成立了内部的创意 In–house 团队，不断寻找各种方式建构消费者和品牌之间的情感联系。[②] 品牌安全和广告透明度是 In–house 模式回潮的主要动因。调研机构 WFA 的数据显示，78% 的受访者都担忧媒介购买中出现的品牌形象安全问题。另外则是媒介购买透明度面临的挑战，这也是广告行业长期的问题：广告平台数据造假，广告主无法真正了解广告投放的成绩和市场反馈。

2. 中国的 In–house 广告公司演进

1990 年第二期的《中国广告》杂志发表了上海市城市社会经济调查队的"上海市广告主行为调查"课题的报告。课题对上海 200 家企业进行了调查，对于企业广告由专业广告公司全权代理的问题，赞同的企业比例仅仅有 31%，而 68.5% 的企业表示不赞同。文章写道："赞成广告代理制的企业认为专业广告公司有较丰富的经验，又熟悉不同的媒介及其作用特点，能合理地为企业制定广告案，进行媒介选择，特别感到委托专业广告公司代理可以避免来自各方面的干扰，有利于提高广告效益，使企业能集中时间和精力进行生产经营。不赞成的企业认为企业完全有能力办好广告，且所办广告不需要经过中间层次，灵活方便，能直接寻找媒介，在广告费偏紧的情况下能为企业节省费用，所办广告还有利于摆平各方面的关

---

① 参照了《宝洁成立广告公司背后：全球 45% 广告主加大投入内部广告团队》等新闻，2018 年 4 月。

② 参考了《短视频"泡沫之下"，数字营销又该如何步步为营？》等来源中国广告买卖网的新闻资料。

系，企业感到目前专业广告公司缺乏为企业整体策划的能力，不了解企业及产品的情况，不能较好地体现企业的意图和要求，因此将企业有限的广告费交给不能提供良好的广告创意和优秀广告作品的广告公司代理，就是广告费的一种浪费。①"

在中国广告业复苏之后的很长一段时间，企业自办广告是一种普遍行为。虽然在不同阶段和不同的企业内部，广告的组织形态与行为方式并不一样。在20世纪80年代初期和中期，广告部门通常叫"宣传科"，而后广告逐渐从政治意识形态意味颇浓的"宣传"中剥离开来，广告不再隶属于宣传部门而归属于销售部门，且往往以企业销售公司广告科的形式出现。但随着市场环境的快速复杂化，竞争日益激烈，单纯的销售导向难以产生以往的效果；同时，外部广告代理公司的专业化水平又落后于企业的营销传播实践，一些企业开始自办广告公司。所以，我国最早的In－house广告公司可以追溯到20世纪80年代后期。与此同时，企业对广告的认识也摆脱了意识形态的桎梏，逐渐超越了"广告等同于销售""广告只是用来解决产品积压和滞销的工具"等狭隘的观念。一言以蔽之，我国长期存在的"强媒体、弱公司"现状，致使广告代理制在试点过程中遭遇种种尴尬，不仅它们之间的平衡关系被打破，而且还滋生出种种市场乱象。现代广告代理制未能真正建立起来，广告主、广告经营者和广告发布者分工不明确，职责不清晰，是促使当时我国In－house广告公司发展的主要动因。

这一时期出现了几家典型的In－house广告公司。广东三九广告传播公司于1989年由三九集团投资建立，在服务999为代表的一系列品牌之余，逐渐承接了好德便利店等外部业务，成为一家集策划、创意、代理发布为一体的独立经营的专业广告公司。在20世纪末的广告公司排行榜中，它的名字经常出现在中国前30大广告公司之列。差不多同时期，1988年的北京国安广告总公司成立，隶属中信国安集团，曾一度创新性地与电视台合作开创了《榜上有名》《名不虚传》等栏目。1994年以来，其历年营业额稳居全国本土广告企业前列。中国的很多实力雄厚的本土企业，也拥有内部广告公司，如娃哈哈、海尔等，它们往往拥有丰富的媒介、客户资

---

① 赵公霖：《媒体办广告公司与广告代理制》，《中国广告》1995年第10期，第19～21页。

源和资金，通过组建 In – house 公司，能够有效整合内部资源，实现集团利益最大化。除此之外，国内的哈药六厂、太太口服液、葵花药业等企业也设置了业务齐全的自建营销传播部门。烟草公司因为广告传播限制也只能选择自建文化传播公司传播品牌形象。

3. 市场外包与组织内部：In – house 的价值与角色

（1）大企业与特殊企业：催生 In – house 的两种动力

在新一波的浪潮中成立 U – Studio 广告公司的联合利华，早在一百多年前，它内部的广告公司 Lintas 应该是广告历史上最为出名的 In – house 广告公司了。[①] 1899 年，Lintas 成立之时的身份是英国利华兄弟（Lever Brothers），它的名称是 Lever International Advertising Service 的首字母的缩写。利华兄弟（Lever Brothers）在 1929 年由荷兰 Margarine Unie 人造奶油公司合并，诞生了我们今天所熟悉的日化与消费品公司联合利华（Unilever），之后，Lintas 成为一家完全独立的广告公司。为了维持自身生存和更好的发展，Lintas 从原有的自建广告公司，开始向衍生广告公司、独立的广告代理公司转型。除了联合利华诸多子品牌的广告预算，Lintas 还赢得了许多大品牌的广告业务，如可口可乐、万事达信用卡、IBM 等。20 世纪 60 年代中期，Lintas 已经发展成为欧洲最大的广告代理公司。

除了联合利华这样的巨型企业，一些对广告要求比较高的特殊领域的企业也选择自己成立内部广告公司。意大利时尚品牌贝纳通（Benetton）主席 Luciano Benetton 曾表示：“品牌的传播活动不应当委任给外部的广告公司，而应该由公司内部做全盘规划。”[②] 1982 年，贝纳通开始同意大利摄影师 Oliviero Toscani 长期合作，由其领衔该品牌 In – house 广告部门，创作出了 20 世纪 80 和 90 年代贝纳通令人震惊的“联合色彩”系列广告。[③] 那个时期，贝纳通的广告均与敏感的政治事件相关，广告作品几乎没有任何品牌信息，更像是时事记者的图片报道，似乎也不需要付钱请专业广告公司创意。直到 2005 年 9 月，贝纳通邀请 TBWA 伦敦公司和 Drugtore 参加创意业务比稿，意味着其完全依赖内部广告公司的日子的结束。此外，贝纳通还拥有自己的市场调研公司 Fabricca。

---

① 参见 MBA 智库百科 In – house 广告公司的介绍。
② 于娜：《In – house 的前世今生》，《市场观察》2010 年第 5 期。
③ 《时装也政治，贝纳通广告创意继续引发争议》，PCLADY 网站。

（2）"有所为，有所不为"的 In - house

In - house 不仅存在于广告行业，还存在于法律、营销等其他服务领域当中。从组织社会学角度来看，甲方单独完成广告，和借助广告公司来完成广告活动，从本质上来说是组织间市场关系和组织内部科层制关系的区别。In - house 广告公司之所以存在，主要有以下三个方面的原因。

其一，拥有繁多品牌和产品线的大型广告主无法组建一个市场营销部门来负责所有的产品或品牌的营销传播工作，他们会想到通过成立 In - house 广告公司来更好地掌控内部和推广计划，并有效地与外部营销传播代理公司协调和沟通。诸如联合利华、宝洁、三星等企业，它们每年的广告费用动辄上百亿美元，虽然广告费在 2016 年有所下滑，但宝洁公司在广告和非广告营销方面的投入仍然高达 137 亿美元。

其二，伴随着社会碎片化和媒介多样化，以往大众媒介一统天下的格局一去不复返，而以整合营销传播理论统合的营销理念成为催生广告主建立 In - house 广告公司的另一动力来源。In - house 广告公司不仅能为客户节省第三方广告公司的媒介代理和创意代理费用，还可以从内部协调，"用一个声音说话"（Speak with one voice），符合整合营销传播所倡导的"一站式"服务。

其三，最重要的一个原因，移动互联网浪潮带来了广告范式的革命，也直接导致了原有的广告运作模式发生改变。广告公司提供的专业化服务不再专业或专业化程度不够。从广告代理制建立的历程来看，广告公司之所以能够在广告市场上脱颖而出，被广告主和广告发布者接受，关键在于它比企业更懂媒体和消费者，但这种唯一性和排他性在今天发生了动摇。

但 In - house 广告公司也有诸多劣势。身处媒体和企业之间，广告公司往往会被指责为"应声虫"。作为代理方的广告公司，在选择方案的过程中，它知道的信息要多于作为委托方的企业，因为它是专门在这个领域中做研究工作的。如果广告公司选择的方案与企业偏爱的方案不一致，广告公司坚持自己所认定的最佳方案，又不能证明这个方案更好，就面临着被企业误认为没有能力或者动机不良的风险。在这个时候，广告公司考虑到自身利益，就会按照企业的意图和偏好来做出选择。这就会产生广告公司的隐蔽行为。"应声虫"现象由此而生，即企业需要什么，我就提供什么；企业怎么说，我就怎么做。对于 In – house 而言，更是如此。视野局限和思路限制使 In – house 广告公司难以做出大创意与大制作。In – house 广告公司每天面对的是所属企业的广告业务，由于对本企业了解得太深入、知道得太具体，因而往往觉得问题多多，却不知从何处下手，陷入一种当局者的迷惘，而缺乏一个旁观者应有的清醒与理性。同时，身处大企业层级和复杂关系中的 In – house 广告公司，也会出现很多广告业务之外的问题。宝洁在 20 世纪 80 年代进入中国，即是由 In – house 购买公司负责所有的媒介购买，但是其员工在操作环节中暴露出严重的操守问题，迫使宝洁最终放弃自行谈判，转而由媒介广告代理公司来负责。

在讨论"宝洁模式"或者"联合利华模式"所引发的 In – house 浪潮时，其实更应该清晰地认识到上述大公司模式的不可复制性或难以复制性。在世界各国，具有宝洁这样规模、实力和品牌优势的广告主绝无仅有；也不是每个企业都像贝纳通（Benetton）一样有着特殊的品牌图腾和传播目标，或者像烟草、医药等行业那样面对着政府、协会与消费者组织设置的诸多限制条件。在广告范式转型和知识体系变更的今天，原有的专业化的广告公司也面临着太多挑战。这只是一个需要时间来完成的过程，广告业的发展历史已经表明广告是一种专业力量。当下涌现出的诸多 In – house 广告公司，是对独立广告公司专业化力量削弱的一种补偿，在深度介入企业传播的同时，也在面对着数字营销的诸多新命题，贡献着自己的智慧与思考。但专业化的第三方公司，是社会分工与细致作业的必然趋势，它集合了这个社会上最优秀的广告人才，它不是服务于某个公司，而是探寻一整套广告专业的智慧与知识体系。历史上的知名广告公司，也经历了诸多的摸索，才形成了一整套支撑公司发展的核心竞争力。如奥美的 360 度品牌管家工具、达彼思的 USP、扬罗比凯的品牌资产评估器——BAV，而这些沉淀，则是在对不同行业客户营销传播服务和广告服务的基础上，在长期的巨额投资基础上形成并发展的。正如半个多世纪之前达彼思广告公司的罗瑟·里夫斯在他的代表作《实效的广告》的前言中所说的那样，"这本书价值 10 亿美元，因为书中的观点和原则是建立在无数品牌的成功经验与失败教训的基础上的"。[①]

---

① 〔美〕罗瑟·里夫斯、刘立宾编《实效的广告》，内蒙古人民出版社，2002，第 3 页。

三　独立创意热店的浪潮

就在整合成为广告公司适应外部环境变化的趋势时，另外一个主要的变革也开始出现。2017年5月7日，微信朋友圈开始疯传百雀羚化妆品的一则广告，广告充满了民国风、谍战情节、性感女特工。广告除了创意，电影剧情般的代入感、散落其中的关于老上海的知识点和一些细节都让人拍案叫绝。创作这则长图广告作品的广告公司名叫"局部气候"，从名字上看，这家公司就和传统的广告公司有非常大的差异。局部气候是近年来涌现的众多独立创意机构中的一个。这种类型的广告公司被戴上一个新的标签——"创意热店"。一般来说，创意热店是一种独立的创意机构，在品牌策划、品牌传播、视觉设计、互动营销、广告创意与策划等基础之上，更加注重创意的发挥，以创意为核心帮助客户解决具体问题，"独立""创意""热店"是它的三个关键标签。

互联网的媒介革命和智能手机的硬件革命，使得创意需要面对的要素超乎以往任何时代，跨媒体的线上线下、互联网技术、产品硬件、环境要素等都成为创意的元素之一。而互联网带来的诸多革命，也使得以往广告生产中的很多障碍开始逐渐消失。客户不断升级的个性化传播需求，与更加适合的创意生产土壤，催化出一大批以"创意"为中心的小而美的广告作品生产机构。

1. 站在4A对立面的革命者

近年来，很多传统广告公司的一线实践者们在感慨变革的同时，也在思考着如何去适应这种变化。其实，变化即是一种危机，也是一个机遇。杨烨炘就是其中之一。在工作了十几年之后，杨烨炘离开了征战多年的4A，创立天与空广告公司，用一句有些夸张且挑战意味十足的"4A升级版"口号开始了新的职业生涯，这句口号虽然有些公关意味，但也从某一个方面说明了传播革命带来的广告业的内部变革。正如杨烨炘在他的那篇《中国为什么需要4A的升级版》中所说的那样，"随着新媒体的风生水起、营销媒体的混合、商业模式的转变、消费免疫能力的增强、创意纬度的扩大，4A在这种激变中反应迟缓，竞争优势逐渐丧失，长期积累的矛盾和风险令4A到了不得不升级换代的时候"。[①] 在原有的传播体系下，依靠制度、

---

① 杨烨炘：《中国广告为什么需要4A升级版》，《中国广告》2014年第6期。

流程、规范和科学化的品牌工具与理念，以及整合化、规模化与资本化，以 4A 为代表的综合性广告公司建构了一整套以客户为中心的服务体系，但在互联网变革中，更独立、更灵活、更有张力的创意热店，应时而变地快速生长。

综观国内外广告行业，创意热店已成为一个庞大的集群，并且在广告产业链中扮演着愈发重要的角色。国外的创意热店们在 20 世纪 50 年代就陆续出现，但存活到今天的仍然是那些规模庞大的热店们，比如 W + K、FRED & FARID、Leagas Delaney、Droga5 等。国内的独立创意热店大致始于 2009 年的移动互联网浪潮。杭州有氧成立于 2010 年、Karma 成立于 2012 年、有门和天与空成立于 2013 年、W 成立于 2014 年。

相较于特劳特的咨询公司的"定位"理论、奥美的 360 度品牌管理理论、DDB 的 ROI 创意投资汇报理论以及 TBWA 的 Disruption 理念等，创意热店的理念更聚焦创意以及创意背后的人的主体性。F5 "胶水"思维认为"胶水，独具神力，擅长建立关联，粘接不相关甚至不相容的两个或多个事物，实现 1 + 1 大于 2"；Carnivo 的"约创"思维认为"约创，顾名思义就是发出邀约，一起创造内容。服务团队根据品牌主的需求及产品特性，完成内容营销的整体策划工作，并邀请受众及调性相符的内容创作者创造内容"；奥美 Social 的"对话思维"认为品牌像人一样对话，双向沟通是基本法则；帖易、时趣的"Social CRM"理念是根据行为判断用户属性和分层，给每个群组做独立的内容定制推送。另外还有以负责杜蕾斯微博运营而闻名的环时互动的"网感"理念，服务冈本、支付宝、必胜客的 Karma 的"奇趣"理念等。很多创意热店进入广告业的视野，往往在于它们服务于某个客户的某个"爆款作品"。杭州有氧 YOYA Digital 就处在阿里经济辐射圈内，它们的客户包括从淘宝、天猫、聚划算到阿里旅行等阿里巴巴集团的一系列产品，在理性的技术和数据、繁复的规模与层级以及冗长的沟通与低效充斥的广告业中，创意热店的确是一缕清风，它们更像是大的媒体集团和广告客户们需要那部分。它们在知道"对谁说""说什么"之后，还需要"怎么说"的创意。

著名广告公司 BBH 创意总监西蒙·舍伍德的观点有一定的代表性："广告公司的责任是超越客户的视野，客户可以购买媒体，提供创作源泉，进行分析和策划，但是它们不能进行创造。如果广告公司不能进行创造性的飞跃，它们就没有发挥自己的特长。"[1] 冒险就是要冲破陈规旧俗的约束，广告不应该有规则的约束。和最早的"广告是一种新闻"不同，广告人认为自己的价值不仅在于向观众提供能真实反映它们生活的作品，而且需要对一系列熟悉的要素以不熟悉的方式进行重组，以一种令观众吃惊的方式表现出来，或者人们从中可以得到额外的见识。广告不仅是一面镜子，而且是一面高明的镜子。创意是广告行业最为耀眼的一个光环，也成为广告主、广告公司、广告人、媒体和公众共同追捧的对象。对于广告主而言，广告可能是企业营销要素当中最不确定的一种，有着冒险野心的企业家希望借助广告创意来制造市场"神话"；对于广告人而言，通过创意可以获得广告职业的荣耀，积累个人"资本"，以更好地升迁和加薪；对于新闻媒体而言，广告创意人远比媒介代理的枯燥程序化更具故事性；对于普通民众而言，创意更像是一种想象中的最为理想的工作：喝着加冰的威士忌，在漆黑的房间里"枯坐"几小时，直到灵感出现，于是兴奋地宣告，"我想到了"；对于创意热店的创始人，创意热店更像是一个广告人的理想世界，"三五知己好友"在一个世外桃源般的世界，从事着理想又没有羁绊的工作，没有"客户爸爸"，没有复杂流程，可以重新找回入行时的初心与抱负，像教科书中的广告大师那样"诗意地工作"。

2. 热店模式的专业化与规范化

2017年11月，中国独立创意联盟正式成立，联盟由 W 创始人李三水、天与空总经理兼执行创意总监杨烨炘、F5 创始人范耀威、One Show 大中华区首席代表与 Innokids 创始人马超四位发起。[2] 希望以此促进独立创意公司间的交流协作与资源共享，设立成员共同遵守的行业规则，共同教育市场与客户更加重视创意的力量。传统 4A 广告，特别是其中以创意为核心卖点的广告公司，都强调"洞察—策略—创意"的作用，并有一套原则、法则和规则框架的原理、技巧和手法，通过这些来完成各种各样被广告人或广告大赛所赞赏或炫耀的"作品"。品牌开始希望挑战传统的思维，突破以"有创意的活动"为主导的内容营销模式，通过"有价值的服务"来推动更多的内容转化。

---

[1] 〔美〕吉姆·艾奇逊：《卓越广告》，臧恒佳等译，云南大学出版社，2001年9月，第120页。

[2] 《中国独立创意联盟正式成立》，数英网，2017年10月28日。

同时期，在 2017 年 10 月开幕的"中国创意视野"中国 4A 国际论坛上，中国商务广告协会会长李西沙宣布中国商务广告协会将成立"中国 4A 创意热店联盟"。2005 年，中国商务广告协会成立了中国 4A，顶尖的综合代理公司走到一起，共同参与制定行业游戏规则，通过更高的专业标准和作业方式逐步影响行业发展。中国 4A 创意热店联盟也是如此，联盟成立后，不仅可以大大增强创意热店的集体归属感，还能树立标杆，以更优质、更科学、更健康的方式推动行业发展。

广告代理公司在位置逐渐独立和明晰之后，它的角色也具体为媒介代理和创意代理两个方面，即如何购买广告发布时所需的时间和空间，以及如何围绕广告目标策划并制作完成一系列的广告作品。而独立创意热店的目标，就是从已经集团化和整合营销传播化了的广告公司手中，抢夺到"创意"这一细分市场，成为媒体、广告主、广告公司等商业传播产业链条中的一个重要棋子。而在 20 世纪 90 年代末期，广告主对广告营销传播需求的"创意分散，媒介集中"的变化，也推动了一批"小而美"的个性鲜明、创意犀利的创意热店涌现。尤其在进入互联网时代之后，传播权力的下沉使个人越来越成为创意的主体，人人都拥有麦克风，企业可借助互联网平台化思维，激发个体的创意能力。体现在广告产业层面，就是越来越多的"小而美"的企业在打破原有的行业限制，它们可以凭借在某种广告形态或者某种广告风格上独到的创意获得客户的青睐。客户付费购买的是创意热店对创意内容的"张力"，以期引发社会化媒体的链式传播。

但是，从创意热店并不太长的发展历史来看，创意热店存在诸多困境。著名的创意大师詹姆斯·韦伯·扬谈道："在创意尚未出现之前，创意人永远都像在布满迷雾的大海上航行，如果你掌握了方法并拥有航海图和指南针等工具，你将会第一个发现童话般的岛屿。"[1] 创意往往同神秘、天赋、灵感、直觉等联系在一起，创意本身是一个容易被耗尽的消费品，就如同作家的创作与他的生活经验一样，几乎没有作家可以永远保持着旺盛的高质量的创作。创意热店用创意起家，而创意的本质决定了它们很难持续产出好创意，创意热店的英雄创业家们早年积累的"家底"就会被慢慢消耗。随着数字营销的深入，依赖创意来达到刷屏的可能性也越来

---

① 魏炬：《世界广告巨擘》，中国人民大学出版社，2006。

越低。

从广告公司诞生的那一天起，广告公司就一直在追求高效率、低成本的模式，从各个岗位的专业分工，到各个部门的流程化作业，再到规模化、资本化的追求，广告公司始终都在摆脱类似于手工作坊的低效率生产，以及个人创意凌驾于公司之上的脆弱组织结构。从这一点上来看，创意热店的"基因"，决定了这个细分的领地很有可能出现"长江后浪推前浪，前浪死在沙滩上"的情景。慢慢积累了名气和作品的老牌热店们，往往会在新的时代里与更有个性、更年轻、更热血的新的创意热店展开殊死搏斗。毕竟，代表创意质量的唯一标准就是作品。

一些创意热店在获得一定的名气和客户之后，开始走向资本的怀抱。2017年2月20日，天与空在北京金融街举行了新三板挂牌敲钟仪式，号称"中国创意热店第一股"。值得一提的是，早在2014年"中国公关第一股"蓝色光标就通过入资，持有天与空20%的股份，天与空也把办公室从上海开到了广州，有门从上海开到广州和杭州。标榜个性的热店希望追求更大的成功，也希望延伸到利润更多的产业链条，这无可厚非，但是创意热店与资本的逻辑如何融合？如何确保自身的核心竞争力的持续？这成为值得讨论的问题。

第十八章 技术与跨界：中国广告业资本化的新特点

以互联网为代表的技术无疑是当下诸多的变革因素中最为重要的一种。作为一种高维媒介，互联网正在构造社会传播的全新范式：一方面，互联网激活了以个人为基本单位的社会传播构造；另一方面，互联网构造了一个全新的社会场域。数字传播正在向数字生活，数字营销正在向数字商业全面转型。从历史视野来看，互联网带来的改变远超以往媒介对广告业的影响，互联网的最大冲击绝非只是视听层面的"富媒体"变革，而是重构了人们的生活空间和企业所处的商业空间，互联网广告生态圈的价值开始突显。原有的广告世界开始崩塌，以广告主—广告公司—广告媒介为主体，面向受众客体的单向传播模式和结构开始被更加多元的产业链和价值链所取代。

从作品层面来看，广告形态发生了巨大变化，越来越不像广告，广告与很多内容之间的边界开始消失。广告业的边界在不断拓宽。广告的定义已经超越了以往的付费的大众传播内容，成为能让客户的产品和服务达到家喻户晓目的的所有东西。广告公司本身对自己的理解也逐渐超越了作为"乙方"的服务者角色。如 W 广告公司打出了全新的公司理念"不做创意人，只做创造者"。一家广告公司的产品可以不只是为乙方提供的创意服务，更多体验维度的音乐产品、技术产品也可以承载广告公司的独特精神与主张，并具有高度的可识别性与认同度。

从广告产业内部来看，广告公司在充满可能性的时代背景下，开始尝试以创造性的思维方式与甲方平等沟通，甚至以"甲方思维"来完成身份的跨界。同时，广告公司也凭借第三方的数据资源，在完成从传统的广告公司到媒体平台和数据计算平台的跨界。国内最大的综合性广告公司之一省广集团即希望通过 GIMC 云这一大数据产品与服务平台，来布局大数据营销业务，积累纯私有化服务和数据安全方面的核心优势。除此之外，更多的广告人携带着多年来的专业优势和职业情怀，或合伙创业，或以自由之身，投身到原本与广告毫不相关的领域，如文创产品、家具用品、餐饮服务等。

与此同时，随着数字营销大潮的开始，越来越多的跨界者进入广告界，广告公司被收购的案例也越来越多。广告公司因本身的高额业务流水、与快速发展的互联网媒体之间的紧密联系、高效率生产创意等各类资源，成为制造业转型、文化企业拓展、媒体公司扩张的重要对象，广告公司逐渐嵌入越来越多的行业领域。对于原本处于产业结构弱势地位且一直发育不良的广告公司而言，经过资本、技术、媒体、产业之间的跨界与融合，未来的发展路径更加多元。尤其在中国这片土地上，身处互联网发展前沿，中国广告公司的发展有了更多的可能。

一　技术化：技术范式和价值重塑

当下是一个数字空间快速丰富与扩张的时代，相应的广告市场也在快速发展中。2016 年，中国网络广告市场规模达到 2902.7 亿元，同比增长32.9%。2018 年互联网广告总体规模达 3694 亿，持续较快增长。[①] 相关的互联网广告公司开始出现，移动互联网和数字营销创业公司兴起，甚至于传统行业的上市公司借并购重组转战数字营销领域。据中信证券统计，2014 年到 2015 年期间，A 股公司参与投资或并购数字营销企业的案例多达 50 多起，总计金额超 200 亿元。目前挂牌新三板的数字营销企业已达40 余家，数量已远超主板与创业板，而且这些创业型公司所钻研的领域更加精细。[②]

全新的数字空间中，依靠对数据的处理和挖掘，我们真正实现了"世界是平的"的理想，地球开始成为一个"村落"，距离的地理空间因素逐渐失去原来的影响力。传播权力的下沉，使人的价值开始空前得到肯定。一个又一个的社群按照兴趣、爱好和价值观等开始重聚，同时，网红、明星、粉丝等概念也开始出现，某些网络上的意见领袖和关键传播人物的影

---

① 《2018 年中国网络广告市场年度监测报告》，艾瑞咨询，2019 年 1 月。
② 聂品、盛波：《纯正数字营销公司，赛马"新三板"》，《上海证券报》，2016 年 5 月 20 日。

响力甚至可以和现实空间中的明星大咖媲美。从某种意义上来说，互联网的数字变革已经超越了以往认知的传播层面，它重构了人们的生活空间和企业所处的商业空间。精准移动营销、移动社交营销等全新的广告运作模式开始出现。哇棒传媒、银橙传媒、巨网科技、易简集团、道有道、新数网络等营收均突破亿元大关。除此之外，有米科技、灵狐科技、随视传媒等也深耕移动社交营销领域。

各类公司在资本和技术的推动下，成为庞大且复杂的互联网广告生态圈的一个组成部分。A 股互联网营销企业、新三板的明星企业等凭借着资源整合能力、技术创新能力等开始重新塑造广告市场。相较之以往的运作逻辑，与广告有关的技术开始成为一个新的关键影响因素。曾在易传媒工作多年的知情人士透露，公司对于程序化购买平台的建设和完善极度重视，近三分之二的员工都是技术人员[①]。

值得讨论是，前文多次提到的广东省广告公司，在经历了三次转型之后，毅然决然开始了第四次变革，即适应新的技术范式，围绕新的革命性的生产要素，以大数据、云计算、人工智能为中心，把自身打造成以大数据为驱动力的全营销集团。这对于一家第三方的专业服务公司而言有着相当的难度，因为相较之企业和媒体，广告公司对于数据的掌控处在一个弱势的地位。2016 年，省广开始进行大数据、全营销业务转型升级，投入 6 亿元进行大数据技术的研发。2016 年，省广全球招标，最终确定和微软建立战略合作，由其帮省广做大数据的顶层设计。2018 年 8 月，GIMC 云上线，数据总量超过 17 亿条，覆盖人群超过 3 亿，由此可见省广所推动的新一轮转型已初见成效，且具有很大的发展空间。省广在帮助客户营销传播时，会充分融合自主开发的大数据营销产品，进一步实现营销效果的最大化和传播效果的精准化，这已不是传统的广告代理服务的思维模式，而是互联网时代的典型的"产品思维"模式。

与战略和思维变化相匹配的是制度、人才培养等层面的深化改革。2015 年，省广实施平台战略，形成了"合伙人制度、股权众筹制度、股权激励计划"完整的价值分配体系，让员工与企业的发展形成强关联，员工既是工作者，又是投资人、合伙人。在技术范式变革和服务价值重塑的当

---

① 聂品：《数字营销行规落地能带来什么？》，《上海证券报》，2015 年 3 月 17 日。

下，对于广告公司变革的思考，不仅应该看到它在战略层面的目标调整和组织架构上的变化，更要关注其在体制、文化、人才激励等更深层面的变革与调整，这关乎企业的基因，也关乎终端的落实与执行。

二 跨界者：广告公司作为被收购的一部分①

企业跨界到广告公司，不是一个新鲜事。而大规模的跨界者进入广告领域，广告公司作为被收购的一部分，则要从2014年的数字营销大潮开始。2014年，以利欧股份、天龙集团等传统行业跨界并购数字营销公司和户外媒体公司为代表，从传统制造业向服务业转型的一批公司在复牌后股价增长多达几倍。2015年1月初，阿里巴巴以"现金＋数据"的创新模式控股易传媒，打响了当年数字营销并购第一枪。2015年A股市场掀起了新一轮数字营销领域的并购狂潮。②

利欧股份原来主业为微型小型水泵的研发、生产和销售，2014年并购Media V开始跨界进入数字营销领域，同年，完成收购广告创意策划公司上海氩氪和琥珀传播。2015年5月～12月，相继入股碧橙网络、益家互动、异乡好久、热源网络、万盛伟业和微创股份。2016年入股盛夏星空和世纪鲲鹏，成立利欧影业和心动映画，并且收购智趣广告。③

2004年上市的科达股份原来主业是基建地产，从2015年9月开始其快速并购整合，已拥有百孚思、同立传播、华邑、雨林木风、派瑞威行、爱创、汽车头条、数字一百、链动汽车等九大数字营销子品牌。④

2010年登陆创业板、主营特高压输变电绝缘器材的金利华电自2015年下半年开始由特高压输变电绝缘器材向文化领域转型。先在2015年10月公告拟以6.75亿元收购信立传媒，后以失败告终。2016年后，金利华电收购北京央华时代文化发展有限公司、北京央华古宅戏文化管理有限公司、西藏央华时代文化发展有限公司等，并成立北京金利华文化公司等全资子公司。2018年7月16日，金利华电拟以支付现金方式收购霍尔果斯万嘉创业投资有限公司、珠海横琴众嘉文化咨询合伙企业（有限合伙）、

---

① 本节中出现的数据资料，综合了《上海证券报》《中国证券报》等相关的公开披露数据。
② 《广告业迎来史上最大规模资本化浪潮》，虎嗅网，2015年12月。
③ 参看贾明乐《全球广告营销产业演进史（广告公司篇）》，新时代证券官网，2016年。
④ 参考百度百科科达股份相关信息。

北京中和德娱文化传媒有限公司 100% 股权。

　　传统旅游企业西安旅游在"酒店＋旅行社"模式衰落之后，决定向互联网和广告领域转型。2016 年 4 月 11 日西安旅游宣布停牌筹划重大资产重组，7 月 8 日即通过重组议案，拟以 11 亿元收购在新三板上市的校园广告公司三人行 100% 股权。虽然最后因为多种原因收购并未完成，但西安旅游并未放下脚步，根据西安旅游 2018 年 8 月 3 日下午公告，公司拟收购主要从事高铁平面媒体运营的北京畅达天下广告有限公司（以下简称"畅达天下"）的控股权。

　　2014 年 7 月，国内油墨化工生产的领先企业天龙集团发布收购公告，宣称为积极介入互联网新兴产业，拟以 6000 万元收购广州橙果 60% 股权。确立了向互联网营销业务转型的战略方向后，2015 年，天龙集团公司先后以 13 亿元收购煜唐联创，以 2 亿元收购北京智创，参股北京优力，后又于 2016 年全资收购北京优力。

　　金刚玻璃以 5.06 亿元收购南京汉恩数字互联文化有限公司 100% 股权，汉恩互联的主业为通过"多媒体互动数字展示＋移动运营"在线下线上为客户提供立体的广告宣传。汉恩互联早期为迪士尼、美国哥伦比亚影业、法国第 13 电视台、美国暴雪公司等全球娱乐传媒巨头进行后期动画制作和加工，以及为全国 9 大职业技术高校提供 3D 动画的专业指导。

　　全国最大的影视传媒公司之一长城影视传媒集团在 2014 年通过全资子公司东阳长城影视传媒有限公司（下称"东阳长城"）累计斥资 3.24 亿元，收购上海胜盟广告有限公司和浙江光线影视策划有限公司股权，以切入院线广告及电视广告代理业务。

　　以文具生产为主业的广博股份 2014 年以 8 亿元收购西藏山南灵云传媒有限公司（灵云传媒）100% 股权。2018 年 4 月 12 日，以 12 亿元收购主要从事移动互联网广告推广服务的杭州掌优科技有限公司 100% 股权。

　　国内生产液压机的三大龙头企业之一、国内锻压设备行业首家上市公司南通锻压业绩一直在微利状态徘徊，继前次收购恒润重工失败后快速调整思路，将并购目标锁定在近年来热度颇高的广告营销行业。这也反映了目前传统装备制造业在经济新常态下面临寻求转型升级突破口的新课题。更重要的是，南通锻压形成"轻重资产"双主业互相支撑的发展模式。南通锻压原有的金属成形机床行业属于劳动、资金密集型行业，表现出传统制造业典型的重资产特征，其主要产品金属成形机床属于价格较高的固定资产投资装备，对资金占用较多，同时由于该类产品以定制生产为主，生产周期相对较长，资金周转率较低；与之相对应的是，橄榄叶科技所处的移动广告行业，属于技术、人才密集型企业，表现出互联网行业典型的轻资产特征，广告业务利润率高，资金周转快，拥有良好的现金流，能够与传统制造业形成互补，为制造业提供发展所需的现金流。①

类似的收购活动还有 2017 年 9 月 7 日，主营地产业务的佳兆业集团以 17.58 亿元入主明家联合。作为一家从事电涌保护产品的研发、生产和销售的公司，2016 年初，明家联合开始将主营业务转变为互联网行销。佳兆业实施多元化转型、迈出进入"互联网＋"科技领域的重要一步。佳兆业内部制定的计划是，支持明家联合在移动数字营销业务领域继续做大做强，通过佳兆业内部优质资源，以市场化机制引入更多优秀管理人员、技术人员和销售人员，将其打造成集移动营销领域、互联网 IT 支持、大数据等于一体的综合性互联网企业。

值得一提的是 LED 行业。根据阿拉丁照明网文章分析，从 2015 年开始，LED 行业产业集中度加深，价格竞争白热化，很多公司走上了适合自身发展的转型谋变之路，其中，进入广告传媒领域是一个主要的选择。联建光电的 LED 业务占比目前仅为 1/5，"数字传播集团"雏形已形成。与联建光电类似，利亚德通过对金达照明、互联亿达、励丰文化、金立翔和品能光电的收购，将传统的视听科技产品的生产与研发，与文化创意融合，这使利亚德成为 2008 北京奥运会开闭幕式的主要科技承包商。自 2012 年 3 月上市以来，利亚德在并购上投入的金额超过 40 亿，上市公司规模不断扩大，成员企业由上市之初的 2 个扩大到了 2017 年的 40 个。随后收购了美国虚拟动点公司 100% 股权，拓展光学跟踪和运动捕捉解决方案能力，此外，在 2018 年 5 月 17 日，又收购了数虎图像。②

同样涉足广告和文化传媒的还有万润科技。作为生产中高端 LED 光源器件和 LED 照明产品的提供商，万润科技在 2012 年上市之后即开始战略扩张，最终决定跨界互联网广告传媒行业，并于 2014 年 8 月启动对国内

---

① 《南通锻压以资产并购打造双轮驱动模式》，中国证券网，2017 年 8 月，http：//www.cs.com.cn/ssgs/gsxw/201708/t20170808_5414508.html。
② 《利亚德全资子公司增持新三板公司数虎图像》，《上海证券报》，2018 年 5 月 8 日。

LED 广告标识照明领域的领军企业日上光电的收购，而后 2016 年，谋求向与 LED 照明产品相关的广告传媒领域延伸发展，以 7.39 亿元完成对鼎盛意轩和亿万无线两家互联网传媒公司的收购。2017 年 1 月完成对万象新动的收购，进一步巩固了公司在移动互联网广告传媒领域的战略布局。2017 年 9 月，以 7.65 亿元的价格收购杭州信立传媒 100% 股权。杭州信立传媒作为一家广告传媒公司，专注于为客户提供全方位、多媒介的整合营销服务，其核心业务是提供电视媒介代理与内容营销相结合的电视媒体广告服务。同时，也提供包括公关活动、数字营销等其他媒体广告服务。截至 2018 年，在广告传媒业务上，万润科技旗下的四家广告传媒子公司已形成集上游创意策划、中游数据挖掘及技术平台、下游媒体资源为一体的广告传媒全产业链，未来将进一步对汽车、家居、家用电器、互联网、游戏等行业大客户广告主整合，促进各广告传媒子公司之间资源、业务、管理等方面优势互补，从而产生协同效应，形成"小而美"的广告生态圈闭环，并全面提升公司在广告传媒行业的综合竞争力。[①]

2015 年 11 月 3 日，LED 领域知名企业实益达以 6.35 亿元收购奇思广告。20 天之后，同属 LED 领域的联建光电 11 月 23 日晚发布公告，斥资 7.999 亿元收购深圳市力玛网络科技有限公司 88.88% 股份、4.96 亿元收购上海励唐营销管理有限公司 100% 股份、3.64 亿元收购山西华瀚文化传播有限公司 100% 股份、3 亿元收购北京远洋林格文化传媒有限公司 100% 股份。

三 资本化反思与专业化回归

如果我们把目光放得更远一些，中国广告业的资本化浪潮正处在起始阶段。一切都正在开始，一切都尚未定型。所以，以不结之语作为一个对过往历史进程的初步反省。在中国广告业资本化进程的讨论中，我们不仅从不断发生的事件和现象入手去思考诸如"我国广告公司上市的发展历程是怎样的？我国上市广告公司有什么特征？我国上市广告公司存在哪些问题？上市之后应该如何更好地利用资本？"[②] 等问题，更是将这段历史进程

---

① 《万润科技 2017 年年度报告》，新浪财经，2018 年 4 月 28 日。
② 刘会慧：《中国上市广告公司研究》，《广告大观》2011 年第 6 期，第 96~110 页。

置于广告专业化的更宏大命题中来讨论。在资本化如火如荼之际，广告业的核心意识形态是什么？从职业到专业，广告业专业化与资本化之间的关系到底如何？

如上所述，中国广告业的资本化路径主要包括以下几种：户外媒体和创新媒体的规模化布局、有着"经营承包"性质的广告媒介代理公司的关系维护、传统综合性服务广告公司的跨区域与跨产业发展、数字营销生态链条中的广告技术公司以及来自制造业等领域的跨界运作与整合等。

从中国广告业与资本的接触来看，其在发展脉络上有两个关键特征。其一，整体演进。从最初的户外媒介开发与整合，到依托央视等优势媒体的媒介代理公司，再到后来全面服务的综合性广告公司，再到数字技术公司与跨界进入者的深度整合，短短十几年的中国广告业的资本化进程，就是一部现代广告行业的演进历史。现代广告公司的发展即是从最初的版面销售时期开始，广告公司业务上并不独立，从属于媒介，很多广告公司本身就有着媒介属性。而后，进入代理时代，科学化的广告评估体制和规范化的行业运作使得媒介代理开始成为一门科学，广告公司从以媒介为服务对象，开始转向广告主，拥有媒体知识和策划与创意知识的广告公司进入技术服务时期。技术服务公司和全面服务的广告代理公司出现。

其二，叠加发展。中国广告行业从1979年开始复苏时，即处于一个以"低起点、高速度"为特点的补偿性发展状态，与国外发展落差上百年。中国特殊的媒介与市场环境，使中国的发展出现一个明显的"共时性"特点，百多年的历史落差与国外依然在狂飙突进的广告变革，使得时间被"浓缩"。中国有着最前沿的数字营销技术和整合营销传播集团架构，也存在数以万计的大量中小广告公司，它们可能还处在现代广告萌发之前的传统广告阶段，户外广告、广电媒体广告、综合性广告、数字广告、整合营销传播、广告的跨界与变革等相互交叉，叠加发展，当数字广告公司在新三板上市时，依然有一些广告公司在用资本整合最传统的户外广告资源。从某种程度上来说，这种叠加式的发展是中国广告公司和广告业在用资本来完成跳跃式发展背后的短板。

企业借助资本的作用，以一种前所未有的速度得到发展。可以说，资本的出现，使得广告业在战略思考和战术行动中多了一种全新的解决方案。资本可以快速建立全国性的网络，如蓝色光标、华谊嘉信、省广股份已经开始全国分支机构和服务网络的建设。资本可以稳固自己的优势，如中视金桥、蓝色光标、省广股份也开始结合自己的优势进行稳健的并购。资本可以突破原有的自身优势，实现互补式的整合发展，如省广股份并购买断型代理公司重庆年度广告公司；蓝色光标结合自己的客户需求并购互联网新兴领域的公司；中视金桥扩大客户资源的广告投放渠道，并购旅游垂直门户网站乐途网，成为北京搜狐媒体的唯一及独立代理商。资本还可以帮助中国广告业快速接轨国际，尤其在当下这样一个互联网浪潮所带来的更加扁平的世界，如蓝色光标在 2016 年定位为"营销智能化和业务全球化"，通过并购投资形成以 Vision 7 International、WE ARE VERY SO-CIAL、Fuse 等为代表的国际业务板块，在北美、西欧、东南亚等市场的业务网络初具格局，并已与国内业务形成协同效应。根据蓝色光标 2016 年年报数据，当年公司境外业务收入占主营业务收入的 37.71%。甚至资本还可以为中国广告业提供一种数字化时代的新的发展可能，中国广告业在数字时代可以与世界上任何一个国家竞争，毕竟，数字化时代，大家都处在同一起跑线上，中国的数字化已经领跑全世界。毕竟，以数字为核心的智能营销，可能是未来营销行业唯一的出路。

中国广告业在资本化的催化下，显得风光一时无二。但并购和投资并不能够解决中国广告业发展中的一切问题。户外广告发展的背后是媒体规模化逻辑，数字营销背后是纯粹的技术逻辑，全球化和全域整合的背后是叠加效应，对于有着诸多特性的广告业，对于后发展国家的中国广告业，对于职业迷惑与地位焦虑的广告人而言，在资本化浪潮之下，我们更应该反思更多的问题。

问题一：资本为中心？抑或资本为辅助？

以世界广告最为发达的美国为例，在经历过几次金融危机和广告业并购浪潮后，现在的广告上市公司剩下广告集团 WPP、宏盟、Interpublic 和技术型网络广告公司 Mediamind、Valueclick、Reachlocal。还有一些广告公司，如 W＋K，其已经是一家全球闻名的以创意为核心的传播公司，规模很大，在全球很多国家开设分公司，但它坚持创意主导和独立运营，声称"坚决不上市"。美国广告行业百多年的渐进式发展，使得资本的出现以及对广告业的影响，并没有完全否认广告业的自身特性。广告行业从诞生以来，一直以"人"为中心，强调对"人性"的洞察与把握，由此旧元素新组合完成策划和创意编码。广告学本质上就是一门"人学"。如大卫·奥格威在《一个广告人的自白》中所言，"创作成功的广告是一门手艺，一部分靠灵感，但是基本上是靠知识和勤奋"。广告业可能是所有行业中最敏感的进化者，随机应变是广告人生存的本能，广告业也是一个多变的行业。立足于潮头，保持更新自己。但问题往往在于不断更新之后，在变化无常中自己的基点在哪里？广告行业曾经经历了媒介技术的迭代，也经历了消费文化的变迁，我国广告公司的类型多样，不是每一个广告公司都适合上市发展，上市也有不同的方式。在当下的资本浪潮中，依然要问问自己，"什么是广告？""广告的价值在哪里？""资本可以为广告业和广告公司做什么？"

从白马广告上市，到分众传媒的千亿市值，再到现在依然红火的地铁广告概念、城市大屏概念等，持续十几年的资本运作背后其实讲的是一个媒体的逻辑。同样，很多跨界进入者，如联建光电、梅泰诺等，更多体现的是产业转型的逻辑。除此之外，还有一大批在新三板上市的数字营销公司，它们通过开发 DSP 和 SSP 系统，在快速变化的互联网营销生态中占据一个位置，其实本质上是一个技术的逻辑。

问题二：资本的价值？抑或人的智慧价值？

重新回顾的户外广告上市浪潮，分众、白马与大贺、TOM 有着明显的区别。通过早期的并购，TOM 户外拥有多元化的户外媒体资源，包括大型广告牌、单立柱、候车亭灯箱、公交车身、机场媒体、街道灯箱等。大贺传媒通过并购和自建户外媒体构建户外媒体网络，获得的媒体资源以高架桥和户外大牌为主。TOM 户外和大贺传媒的户外媒体网络以覆盖率取胜，但覆盖率不等于到达，更不意味着有效到达。

传统户外媒体公司白马户外媒体通过公交站台广告、候车厅广告、车身广告围绕着"坐公交车"这一共同的消费者行为实现了市场细分。白马户外媒体上市后主营业务一直是候车厅媒体的兴建和销售，其户外广告网络的传播优势明显，提高了白马在这一领域的议价能力，在"公交车媒体"和"广泛的媒体网络"的双重优势下，白马户外媒体一直享受着传统户外广告行业内相对较高的市盈率水平。分众传媒通过调查总结不同电视联播网的目标受众的特征，一方面针对目标受众播放合适的内容，另一方面确定目标广告主客户。从最初的"分众"，到后来的"生活圈媒体"，再到当下的"电梯媒体"，营收突破百亿，市值在高位时接近两千亿。

对于广告媒介者而言，广告专业的价值在于不断开发新的媒体，并且去洞察和细分媒介市场，从而增加价值，正如一百多年前，智威汤逊将针对女性的杂志背后的广告价值开发出来一样，如果一味依赖资本带来的粗放型增长来获取利润，跑马圈地、抢占资源，迷失自我，那终究会被更加专业化的上市广告公司所淘汰。

问题三：资本的原罪与广告的命门

在传统广告公司转型升级和整合营销传播体系的建构中，资本在更大范围内更有效率地进行重组，这是资本的无与伦比的强大优势。但是我们也应该看到，"资本的流动就像巴斯德实验里切除了胃的那只狗，将永远在饥饿的世界里逡巡，失败了再马不停蹄地寻找新的热点，哪里有余暇讨论泡沫与啤酒孰多孰少"①。投资与投机本来就是密不可分的。以近年来闻名广告圈的跨界者科达集团为例，它从房地产转型到数字营销领域，是资本和投资使然，在快速并购和重组之后，它完全变卖了原有的房地产业务，成为一家纯粹的数字营销公司，在它的官方网站和很多新闻中，已经难以看到之前的痕迹，但依然不变的是它的资本者的本性。在区块链的资本热潮中，科达集团成为 A 股区块链概念公司中首家通过"媒体入口＋研究院＋产业基金"三路并进的模式投身区块链产业的上市公司。

从本质上来说，广告业有着特殊的价值，它作为信息服务业的同时，也是文化创意产业，也是商业传播行业。如杰特·苏哈利在《广告符码》中所言，"在现代社会中，广告是最有影响力的一种社会化体制，它构筑了大众媒介的内容，它似乎在性别认同的建构上起着关键作用，从需要的创造和调解这一角度来看，广告影响着孩子与父母的关系，在政治运动中，广告指导着策略的实施……广告控制着一些很重要的文化体制，例如体育活动和流行音乐"。国家对广告的政策也在调整。2007 年 3 月 19 日，国务院颁布了《国务院关于加快发展服务业的若干意见》；2008 年 4 月 23

---

① 田茂永：《资本的原罪》，《IT 经理世界》2000 年第 16 期。

日，国家工商行政管理总局、国家发展和改革委员会发布《关于促进广告业发展的指导意见》，提出了"把促进广告业又好又快发展，作为一项紧迫而长期的战略任务"的重要指导思想；2009 年 7 月 22 日，国务院常务会议原则通过了《文化产业振兴规划》，该《规划》以文化创意、影视制作、出版发行、印刷复制、广告业发展等为重点，旨在加大文化产业政策扶持力度，完善产业政策体系，推动中国文化产业实现跨越式发展。《产业结构调整指导目录（2011 年本）》和国家"十二五"时期文化发展规划纲要均明确提出相关支持。

在资本化的今天与未来，我们不妨提出一个新的概念，将中国广告业的专业化努力概括为中国广告业的软实力。软实力是指一切非物质要素所构成的发展能力。① 资本规模与科技水平、人文积淀与道德意识等多个维度，相辅相成，互相融合，共同作用于中国广告业和广告公司的成长。

---

① 骆郁廷：《文化软实力：战略、结构与路径》，中国社会科学出版社，2012。

第十九章　范式转换：全球视野下的广告业生态再造

广告产业与广告公司正在经历一场前所未有的大变革。咨询公司"挟战略规划以令市场营销"，IT 云计算公司与广告业内部的 DSP 的"小打小闹"和"修修补补"完全不同，它们超越单纯的程序化购买，正在建构一整套"营销云"系统。在 2016 年的全球十大广告代理商中，埃森哲、德勤和 IBM 已经冲进前十。Adobe 和 Salesforce 虽然未入榜单，但在资本市场的估值却很高。虽然说，这些变化还没有完全蔓延到中国，中国广告市场相对来说比较平静，但在全球化和数字化瞬息万变的今天，从外部的扩展与内部的萌发来看也在孕育着更重大的变革。

从全球范围来看，广告业已经形成一个相对清晰的竞争图谱：其一，以宏盟（Omnicom）、WPP、埃培智（Interpublic，IPG）、阳狮（Publicis）、电通（Dentsu）、哈瓦斯（Havas）、杰尔（Cheil）、博报堂（HAKUHODO）等为代表的广告集团和整合营销传播领域的巨头；其二，以埃森哲（Accenture）、普华永道（PwC）、德勤（Deloitte）、贝恩资本（Bain Capital）等为代表的咨询公司；其三，以 IBM 互动部门、Adobe 营销云、Salesforce 营销云、甲骨文营销云、天睿软件（TERADATA）等为代表的 IT 云计算公司。

一　广告集团的求变

1. 六大广告集团的现状

全球广告市场经过几十年的竞争整合，已经形成"六大 4A 广告集团"垄断市场格局：宏盟、WPP、IPG、阳狮、电通、哈瓦斯。六大公司均具备全案服务能力。2016 年，全球六大广告公司的收入排名分别为 WPP 集团194亿美元、宏盟集团154亿美元、阳狮108亿美元、IPG 78亿美元、电通72亿美元、哈瓦斯25亿美元。从整体上来看，这些广告集团或者说整合营销传播集团，在收入结构和业务类型上有一定的相似性。在同一划分口径下，六大广告公司均可分为营销相关服务（Marketing Services）、广告（Advertising）和媒介服务（Media）三大类业务。除此之外，WPP有客户数据管理业务。按照地区来看，WPP、宏盟、阳狮和IPG均以北美市场为主，哈瓦斯在欧洲占比更大，电通主要集中在日本市场。

（1）WPP集团

WPP集团的名字来源于"电线与塑料产品"（Wire & Plastic Products），其前身为生产购物车的公司，1985年，Martin Sorrell以25万英镑收购WPP公司，并开始收购一些小型广告公司。1987年，WPP以大部分贷款得来的5亿6600万美元现金强制收购智威汤逊，震惊业界。1989年，WPP以8亿2500万美元收购奥美广告，成为全球最大的广告集团。2000年，WPP以47亿美元收购全球第七大广告公司扬雅广告。2003年，WPP以4.43亿英镑收购Cordiant集团（旗下拥有达彼思广告）。2004年，WPP再次购买美国的精信广告集团，获得了精信环球广告和Mediacom。①

从2016年WPP的营业收入结构来看，媒介代理占据了46%，品牌管理占据了28%，数据管理占据了18%，公共关系占据了8%。从现在的业务分布来看，WPP集团包含六类主要业务：其一，广告业务，由智威汤逊、奥美、扬罗比凯、精信广告、联合、ASATS、Chime、电扬（亚太）等品牌组成；其二，媒介业务，由群邑广告、传立、迈势、竞立、尚扬等品牌组成；其三，消费者洞察，由Kantar、Wordpanel、TNS等组成；其四，公共关系，由伟达公关、奥美公关、博雅公关、H&K、Cohn&Wolfe等品牌组成；其五，品牌识别业务，由Btod、朗涛、惠誉、奥美广告、精信医疗、Sudler & Henn等品牌组成；其六，数字业务，由伟门、G2、VML、OgilvyOne、Neo @ Ogilvy、24/7 Real等品牌组成。

---

① 参考WPP官网、MBA百科等相关资料整理而成。

表 19 –1　WPP 集团中国大陆市场并购情况（2002 ~ 2008 年）

并购方	被并购方	被并购方简介	并购目的	时间	股份
奥美	西岸咨询	1994 年成立，本土大型公关公司	公关服务本土化	2002 年	60%
奥美	Brandone	营销服务公司	强化终端营销	2002 年	60%
WPP	上广	1962 年成立，最具实力的本土广告公司之一	战略结盟，吸收本土资源	2003 年	25%
奥美	福建奥华	1995 年成立，福建省最大的民营传媒企业	省级服务网络的第一次试水	2004 年	51%
智威汤逊	旭日因赛	2002 年由旭日广告公司与因赛品牌顾问公司合并成立，较有实力的本土广告公司	填补华南市场的空白	2004 年	30%
群邑媒体	华扬联众	1996 年成立，中国最大网络媒体资源购买商	进军数字营销市场	2006 年	49%
奥美	黑弧广告	1996 年成立，房地产广告专业代理商	抢占房地产广告市场	2006 年	60%
明略行	华通现代	1992 年成立，信息咨询服务公司	提高对本土客户服务水平	2006 年	95%
奥美	世纪华美	2001 年成立，网络市场营销策略服务提供商	增强在线品牌及电子商务策略管理能力	2006 年	控股
智威汤逊	奥维斯	1999 年成立，专注于促销网络建设的营销公司	整合线上、线下营销服务能力	2006 年	65%
达彼思	阿佩克思	1993 年成立，专业的整合营销传播公司	开拓西部市场	2007 年	51%
奥美	达生	1997 年成立，营销服务提供商	吸收营销终端网络	2007 年	51%
WPP	My Space	社交网络服务提供商	发掘网络利基市场	2007 年	未控股
精信	星际回声	1997 年成立，营销服务提供商	加强互动营销能力	2007 年	51%
奥美	阳光加信	1992 年成立，基于全方位品牌策略的综合性广告代理商	巩固北方市场	2007 年	49%
RI China	广州智道	2004 年成立，专注于研究购物者的公司	完善营销服务网络	2008 年	控股
Digital	互动通	2000 年成立，富媒体网络广告公司	在数字营销领域扩张	2008 年	未控股
伟门	安捷达	中国在线数字广告公司	在数字营销领域扩张	2008 年	控股

（2）宏盟集团

宏盟拥有三个全球运作的广告公司——BBDO、DDB、TBWA 以及由代理商组成的多元代理服务系统 DAS（Diversified Agencies Services）。宏盟的并购历程如下。1891 年，George Batten 在纽约成立 Batten 传播公司。1919年，Bruce Barton 与 Roy Durstine 在纽约成立 Barton & Durstine。1928 年，两者合并成为 BBDO。1949 年，DDB 成立；1986 年，DDB 与 BBDO 合并，建立了 Omnicom 集团。1993 年，Interbrand 加入宏盟集团的事业部。1995年，Chiat/Day 被宏盟收购，并与宏盟在 1993 年收购的 TBWA 合并，形成现在的 TBWA/Chiat/Day（李岱艾）。1991 年，BBDO 来到中国，与中国广告联合总公司合作。2002 年，Interbrand 在上海设立办事处，与各大全新品牌和著名公司密切合作。2008 年，BBDO 宣布收购中国宣亚国际传播集团的部分股份，同时，BBDO 改名 BBDO China。BBDO 中国拥有包括百事、GE、吉列、迪士尼、雪花啤酒、克莱斯勒、箭牌口香糖以及 FENDI、CK 等品牌客户。

从现在的业务分布来看，宏盟集团包含三类主要业务：其一，广告创意，由 DDB 恒美广告、TBWA 李岱艾、BBDO 天联广告等品牌组成；其二，媒介服务，由 OMD 浩腾媒体和 PHD 媒体等品牌组成；其三，公关业务，由宣亚公关、福莱公关、凯旋公关等品牌组成。

表 19－2　宏盟集团中国大陆市场并购情况（2002～2008 年）

并购方	被并购方	被并购方简介	并购目的	并购时间	股份
宏盟	尤尼森	1985 年成立，终端营销的领军企业	获得终端营销网络	2006 年	控股
DDB	国安广告	1988 年成立，最具实力的本土广告企业之一	战略结盟，强强联合	2006 年	52%
DAS	康斯泰克	1995 年成立，专注于医药领域的咨询和营销传播	占领"利基"市场	2007 年	控股
BBDO	宣亚集团	1999 年成立，公关业务为主业	营销环节优势互补	2008 年	40%

（3）IPG 集团

IPG 旗下拥有三个全球运作的广告公司，麦肯环球广告、睿狮广告、博达大桥广告和优势麦肯、极致（Initiative）媒介以及公关公司万博宣伟等。IPG 的并购历程如下。IPG 集团的历史可以追溯到 1902 年 Alfred W. Erickson 公司的创办。哈里森·麦肯于 1911 年创办了麦肯公司，1930 年，两家公司合并成 McCann-Erickson 公司。1928 年，联合利华下属的广告公司灵狮成立。1990 年，IPG 收购 Lowe 集团。1999 年，Lowe & Partners 与灵狮合并。

1991 年，麦肯与光明报业集团在北京合资成立麦肯光明广告有限公司，次年在上海、广州成立分公司，构成了其在 131 个国家 191 家广告代理网络中的一个重要结点。1993 年，灵狮设立上海办事处，1996 年 8 月，与光明日报社在上海合资组建上海灵狮广告有限公司。2001 年 3 月，IPG 以 21 亿美元收购 TrueNorth 传播集团，世界广告史上的元老之一的 FCB 正式被纳入 IPG 的帐下。

从现在的业务分布来看，IPG 集团包含三类主要业务：其一，广告创意，由麦肯光明、灵狮广告等品牌组成；其二，媒介服务，由优势麦肯、极致媒体等品牌组成；其三，公关业务，由万博宣伟、高诚公关、杰克·莫顿公关等品牌组成。

（4）阳狮集团

阳狮初期是巴黎一家专做平面的广告公司，于 1926 年由 Marcel Bleus-tein 创建，后来随着业务的扩展成为全面的广告代理公司，并在 1946 年后进入英国、德国、美国等市场。2000 年 2 月收购了美国的 I Fallot 和 Saatchi & Saatchi，2002 年 3 月 7 日又收购了拥有包括李奥贝纳、达美高等著名广告公司的 BCom3 广告集团，2003 年收购实力传播，2006 年在中国整合实力传播（Zenith Optimedia）、星传媒体（Starcom MediaVest）的媒介业务成立博睿传播，成为中国第一大广告媒介采购集团。2009 年，阳狮整合中国的资源成立了阳狮锐奇集团。2014 年 11 月，阳狮集团以 37 亿美元收购美国专精于数字广告的咨询和技术服务公司 Sapient，以拓展美国市场。

从现在的业务分布来看，阳狮集团包含四类主要业务：其一，广告创意，由盛世长城、阳狮广告、李奥贝纳、ARC、百比赫、达美高等品牌组成；其二，媒介服务，由实力媒体、实力传播、星传媒体、博睿传播等品牌组成；其三，公关业务，由 MS&L 集团、明思力中国、际恒公关、麦田公关、帝麦创意等品牌组成；其四，客户关系营销，由 Publicis Dialog 等组成。

表 19 – 3　阳狮集团中国大陆市场并购情况（2002～2008 年）

并购方	被并购方	被并购方简介	并购目的	并购时间	股份
阳狮	实力传播	1996 年进入中国，最早的媒介代理公司	获得终端营销网络	2003 年	控股
阳狮	百达辉琪	1998 年成立，营销服务提供商	终端营销网络建构	2006 年	控股
李奥贝纳	永阳	1998 年成立，广告公司	开拓西部市场	2007 年	80%
DINITAS	CCG	1995 年，互动营销公司	提升数字服务能力	2007 年	控股
李奥贝纳	Emporio Asia	1999 年成立，数字营销公司	提升数字服务能力	2008 年	控股

（5）电通

和欧美的控股集团不同，全球最大的单体广告公司电通专注于日本市场，其海外业务在集团总营收中所占的比例仅为 6%，但对阳狮集团的战略性投资（持股 15%）折射了电通试图布局全球市场的企图心。继 20 世纪 80 年代电通与扬罗必凯广告公司的深度战略合作之后，2013 年，电通集团花费约 32 亿英镑完成了对英国营销集团安吉斯全部股权的收购。2014年 1 月份，电通集团将除日本以外的海外业务电通网络与安吉斯正式合并为电通安吉斯集团。

（6）哈瓦斯

哈瓦斯（Havas，后改称为：汉威士）的前身是 1958 年从 Havas 新闻和广告代理公司中独立出来的 Havas Conseil。1982 年，哈瓦斯并购 Goulet。1991 年，哈瓦斯又并购了灵智（RSCG），这两次大的并购使哈瓦斯迈入国际一线广告集团之列。自 2012 年 9 月 24 日起，灵智（RSCG）公司英文名称正式变更为 Havas Worldwide。根据哈瓦斯集团新的架构策略，Euro RSCG、Arnold Worldwide 以及旗下其他传播业务代理商将归入 Havas Creative；旗下所有媒介代理商则归入 Havas Media，同时 Havas Digital 将统辖集团下所有数字创意以及媒介业务。哈瓦斯在全球 75 个国家设立超过 223 个办事处，拥有 1 万多名员工。1994 年灵智集团与《广州日报》合资成立灵智大洋广告有限公司，进入中国。在 2006 年，哈瓦斯被《广告时代》杂志社评为全球广告业务最多的广告公司。

（7）六大广告集团在中国市场的布局

表 19-4　六大广告集团在中国大陆的业务构成（不完全统计）

集团名称	下属公司	业务构成
宏盟	国安 DDB、腾迈、天联、天博广告、浩腾媒体、福莱、凯旋先驱、尤尼森等	广告代理、媒体计划与购买、公关与公共事务、专业传播、营销咨询等
WPP	奥美、智威汤逊、精信、电扬、达彼思、传立媒体、尚扬媒体、灵立媒、迈势媒体、博雅公关、凯维营销、朗涛、万事国贸、奥维斯、百帝广告、华扬群邑、伟门公关等	广告代理、媒介计划与购买、公关与公共事务、专业传播、营销咨询、互动直销等
IPG	麦肯·光明、灵狮、万博宣伟、博达大桥、盟诺、睿狮、高诚公关等	广告代理、媒介计划与购买、公关与公共事务等
阳狮	阳狮、盛世长城、李奥贝纳、实力传播、博睿传播、星传媒体、明思力公关、CCG、永阳、百达辉琪等	广告代理、媒介计划与购买、公关与公共事务、专业传播、互动直销等
电通	北京电通、东方日海、东派广告等	广告代理、营销咨询等
哈瓦斯	灵智精实等	广告代理等

2. 全球广告集团的数字转型之路

"如今摆在所有广告商面前的只有两条路：digital or dead。"全球第二大广告巨头宏盟集团 CEO John Wren 的这句话指明了传统广告营销公司的选择。作为百多年来广告行业的最重要参与者，广告公司开始以"内生＋外延"的方式向数字化转型，发展数字营销业务。从过往历史来看，它们也在积极完成数字化的转型。作为全球最大的营销传播集团，WPP 从 1995 年就开始在数字媒体领域进行投资，并在 2007 年成立 WPP Digital。WPP Digital 通过收购和投资使集团在数字领域的实力不断提升，WPP Digital 着重于三个领域：数字代理商、数据公司、技术公司，收购和投资的企业涉及视频搜索、在线游戏、移动搜索等多个领域。除了收购，2011 年 6 月，WPP 设立了一个新的数字媒体广告部门 Xaxis，该部门主要销售精准广告、移动广告和 SNS 广告，与谷歌和微软的同类产品直接竞争。同年，Possible Worldwide 将 WPP Digital 旗下的几家企业整合成一个新的数字营销集团，其使命是为全球最大的品牌提供定制化并且可衡量的互动营销服务。此外，WPP 也通过 Omniture 为其 500 名员工提供在线媒体优化培训，并招聘了一大批数字化专业的年轻人。2012 年，WPP 宣布收购 AKQA，后者是最大的独立数字营销机构之一。在完成对 AKQA 的收购之后，WPP 拥有了 Forrester 公司评出的全球七大数字营销公司中的四家，在数字领域拥有了更大的话语权。

2017 年，全球最大广告集团 WPP 对旗下数字、媒介和创意代理商的架构也进行了大刀阔斧的改革：2017 年初，奥美全球宣布旗下子品牌将逐渐合并成一个统一的、单一的集团品牌；群邑旗下的代理商尚扬和迈势重组为一家兼具媒介、内容、技术能力的新公司；Neo@ Ogilvy 在 10 年之后被重新归入传立；数字代理商 Possible 最近被并入了伟门。

2014 年 10 月，全球第三大广告巨头阳狮集团宣布收购数字营销机构 Sapient，收购完成后，阳狮将基于 Sapient 成立一家名为 Publicis Sapient 的新的控股子集团，旗下将会包含多个数字营销机构。据阳狮集团官方估计，收购 Sapient 将帮助其在 2015 年内实现数字广告业务收入占比提高到 50% 的目标，按原先计划这一目标将在 2018 年实现。这一收购被认为是传统广告巨头对数字化的又一次主动拥抱。

面对数字化的变革，日本最大的广告传播集团日本电通也早有准备。2013 年，电通完成对数字营销集团安吉斯的收购；在中国，电众数码是日本电通旗下的中国区互联网广告战略核心公司，此外，电通也是中国很多广告技术公司 3%～5% 股份的天使投资商。

全球第 6 大广告集团汉威士也于 2017 年 3 月初宣布在全球范围内重新整合创意及媒介业务，统一原汉威士创意集团（Havas Creative Group）和汉威士媒体集团（Havas Media Group）的业务及财务损益；打造更统一、简化，以客户为核心的组织架构。这些举措背后，广告巨头无一不希望让媒介、数据、创意和 CRM 等业务单元更好地协作，以满足客户的数字化转型需求。

从 2016 年的财务数据来看，全球六大广告集团的数字收入如下：WPP 集团为 75 亿美元，占比 39%；宏盟为 47 亿美元，占比 30%；阳狮为 58 亿美元，占比 54%；IPG 集团为 27 亿美元，占比 34%；电通为 27 亿美元，占比 38%；哈瓦斯为 7 亿美元，占比 28%；六大广告集团的数字广告收入合计为 241 亿美元，占了六大广告公司的总收入的 38%。

　　虽然各大广告集团积极调整，主动寻求改革，但依然难以达到之前的良好发展态势。2017年，电通毛利几乎0增长，WPP全年流水暴跌5.4%。电通集团发布的2017财年综合财务报告显示，电通安吉斯在2017财年新业务承揽额达到了52亿美元，创下了纪录。集团整体营业收入达9288.41亿日元，按固定汇率计算与去年持平，毛利润增长0.1%。2017财年，电通安吉斯签订了31宗收购和投资，过去五年收购和投资总数达到150宗。根据胜三的报告，电通是2017年最大收购买家，金额达到6.92亿美元，领先WPP的6.52亿美元的并购额。

　　2018年3月1日，WPP披露了2017年全年财报，全年流水555.63亿英镑，同比下跌5.4%。营收152亿英镑，同比下跌0.9%，刷新2009年金融危机以来公司增长最慢的数字。中国与北美市场则表现平平，整体营收分别下跌4.4%和2.5%。当天WPP股价暴跌近15%，市值蒸发26亿美元，是1999年以来最严重的一次股价下跌。在WPP前30个大客户中，14家公司在2017上半年的净销售额下降了约2.5%。其中全球第一和第二大广告主宝洁和联合利华正在大刀阔斧地削减营销预算。广告代理公司的压力将会持续很长一段时间，因为广告主多年来一直在压低费用，而且广告行业内"不够透明""吃回扣"等老问题，已经招致美国广告主协会（ANA）用调查报告来高调抗议。

　　当WPP集团总裁马丁·索瑞尔（Martin Sorrell，中文名苏铭天）在20世纪末经过一番全球化的并购之后，正意气风发之时，他在1996年的世界广告会议上对西方广告代理商提出了尖锐的批评，他说："以西方社会文化为主流的广告代理商极端保守，管理结构老旧不堪，缺乏弹性，而且对客户的需求反应迟钝。"他认为，"若代理商希望能在未来的营销中继续保有自己的客户的话，他们必须进行策略性的思考，而不是只会在创意上玩花样。"如今，WPP在全球拥有超过400个广告公司，分布在112个国家的3000多个办公室，职员超过20万人。WPP目前市值150亿英镑。但是，作为WPP的创始人和"坚定守护者"，2018年4月，苏铭天宣布辞职，突如其来的消息震惊了业界。而在这之前，WPP在内部发起一项针对苏铭天个人行为不当以及滥用公司资产的调查，这也直接导致了苏铭天职业生涯的提前终结。从广告业的发展角度来看，苏铭天的谢幕，一方面，代表WPP这艘巨轮一个黄金时代的结束，另一方面，也意味着一个新时代的开始，这个新的时代，创意、技术、媒介、商业创新等元素将需要新的重组，广告业及广告公司的服务模式也需要新的定义。

3. 中国本土广告公司规模化与集团化

在中国的广告资本市场上，2010年，诸多服务类广告企业在国内外各类板块上市。广告服务类企业发展到一定阶段，要迈上更高的台阶，必须利用社会资本。广东省广告公司和昌荣传播作为综合性服务的广告公司上市；终端营销服务商华谊嘉信和公关公司蓝色光标的上市，顺应了我国广告业里营销服务业迅速发展的趋势；作为区域性的广告公司，思美传媒从深耕浙江开始布局全国，并在娱乐营销领域逐步发力；作为中国起步最早的互联网广告代理公司，腾信股份、华扬联众上市之后的资本主要用于国内媒体网络建构、国际化服务网络和技术平台投资。而印记传媒与宣亚国际也借助资本开始深耕与扩张。这些上市的广告公司着力打破原有的业务领域和区域优势边界，建构本土的巨型营销传播集团。

蓝色光标自2010年2月26日在深圳创业板挂牌上市以来，截至2015年4月30日，共披露涉及资产重组事件52起，其中涉及投资并购事件共49起，并购对象涉及媒介代理、户外媒体、活动管理、公共关系等领域，在资本并购中实现业务结构的重新调整、企业规模的快速扩张、服务链条的完善，以及资源更优化的整合。

省广在充足资金的支持下，从平台化和数字化两个方向着手进行公司规划和建设。2010年上市之后，利用资本的力量，快速开展收购兼并，进一步延伸全国各地的服务网络，完善在营销产业链上下游的布局。2015年1月22日，正式对外发布"平台战略"，宣布由"GDAD"升级为"GIMC"，并于2017年正式更名为"广东省广告集团股份有限公司"，简称省广集团。

昌荣传播则更加侧重单一品牌的内部孵化和衍生，从当初的央视媒介代理公司，逐步转型为综合服务性广告公司，这是为数不多的转型成功案例之一。之后借助资本的力量，业务范围扩展到整合传播、电视传播、内容营销、品牌全案、数据营销、程序化营销、视频营销、品牌电商、搜索营销、体育营销、娱乐营销、CMC资源等领域。而在2010年上市之初，昌荣的目标是成为"中国的 WPP"。[①]

华谊嘉信在收购波释汽车后成立汽车事业部，收购东汐广告后，实现 TTL 布局，在收购迪思传媒和好耶广告后，着力全媒体覆盖，合资永乐成立上海演娱，战略投资新 7 天和快有股份，通过并购基金海外投资全球最大的独立第三方实时竞价广告交易平台 Smaato，定位为"全球化＋数字化＋全域化的营销传播集团"。[②]

以代理央视媒介为主营业务的三人行广告公司几经转型。2019 年 4 月众成就集团再次调整为三人行数字传播股份有限公司，在原有的媒介代理与专业策略服务的基础上，在数字化时代，开始将视野拓展到内容层面，专门设置了品牌研究院，力图在美食、汽车、运动、时尚、旅游、居家等生活领域深入布局。比如，2019 年制作并在北京卫视播出除夕特别节目《中国团年饭》，尝试打造碎片化时代下的团年饭陪伴式品牌 IP。此外，基于"电视＋网络"的互动模式、电商"所见即所买"模式，创造性地打造数字化跨屏互动传播。还组建了"5＋1"事业部，尝试将媒介代理与策划之外的更多整合营销服务与既有的优势客户资源打通，转型成为全域整合营销传播和品牌建构的服务方。[③]

从上述公司的发展轨迹来看，广告有着多元身份，它是文化产业的一部分，是信息服务业的一部分，还是商业价值传播与交付的一部分。而这种对广告的理解体现在它们对资本的应用上，在完成全国网络建设、整合营销传播布局和数字化转型的同时，对体育、娱乐等内容的投资，对电子商务的线上渠道的投资，对全球化范围内相关公司的收购，成为广告公司资本运作的几条清晰路径。凭借全案服务的优势、客户优势以及并购带来的整合化布局和全国性网络，传统的综合服务广告公司重新站在历史的起点。

二　咨询公司

尽管广告代理商很少在大客户比稿中直面咨询公司，但来自埃森哲互动、德勤数字、普华永道数字和 IBM iX 部门的威胁是真实存在的。这些公

① 杨永民：《昌荣传播的"中国式 WPP"之路》，《21 世纪经济报道》2010 年 6 月 11 日。

② 参见华谊嘉信官方网站，http：//www.spearhead.com.cn/。

③ 参见三人行数字传播股份有限公司官方网站，http：//www.3r.com/。

司通过一系列战略和数据分析解决方案，帮助 CMO 攻克无法用传统广告解决的商业难题。根据 2017 年《广告时代》（*Ad Age*）杂志的榜单显示，埃森哲互动、IBM 互动体验部、德勤数字和普华永道数字已经跻身全球十大数字营销集团之列，仅位居 WPP、宏盟、阳狮、埃培智和电通之下，而在 2016 年，仅有埃森哲和 IBM 两家公司入选前 10。根据 Econsultancy 发布的百达数字营销代理商报告，来自传统咨询公司的数字营销分支机构——IBMiX、埃森哲互动及德勤数字已经占据了前五大顶尖数字营销代理商当中的三个席位。埃森哲互动的收入体量已经超过六大广告集团中的第六名哈瓦斯。全球知名的并购顾问 Clarity 公司合伙人 Ben Tolley 甚至大胆预测，未来 5 年之内，咨询业或者 IT 巨头将至少买下 6 大广告集团的其中一家。[1]

表 19－5　《广告时代》2017 年全球 Top 10 代理商集团排名

排名	公司	2016 年营收（亿美元）
1	WPP（伦敦）	194
2	宏盟（纽约）	154
3	阳狮（巴黎）	108
4	埃培智（纽约）	78
5	电通（东京）	72
6	埃森哲（纽约）	44
7	普华永道（纽约）	33
8	IBM 互动（纽约）	30
9	德勤数字（纽约）	26
10	哈瓦斯（法国皮托）	25

1. 埃森哲等咨询公司对数字营销的扩张

自 1945 年以来，《广告时代》已连续 74 年发布营销服务市场报告，基于大型营销服务提供商前一年度的营收情况对其进行排名。在美国《广告时代》杂志最新发布的《2018 年营销服务提供商报告》中，埃森哲互动数字营销被评为全球规模最大的数字营销服务提供商，这是埃森哲连续

---

① 参看贾明乐《全球广告营销产业演进史（广告公司篇）》研究报告，新时代证券，2016 年。

第三年获此殊荣。

埃森哲是全球最大的管理咨询和业务流程外包公司，前身是著名会计师事务所安达信。从股价来看，从 2011 年到 2018 年，埃森哲的股票增长了 356%，仅 2017 年，埃森哲的股票增长了 35%，截至 2018 年 9 月 1 日，市值高达 1084 亿美元，是同一时期 WPP 集团 208 亿市值的五倍有余。埃森哲互动为埃森哲旗下的数字营销业务的子公司，2016 年获得 44 亿美元的营收，约占埃森哲总收入的 13%。2017 财年，埃森哲互动数字营销的营收达 65 亿美元，同比增长 35%。

埃森哲互动数字营销服务仅仅在 2017 年一年中获得多项突破，例如，基于人工智能技术的程序化视频格式以及新一代个性化技术 Accenture Genome；创建扩展现实团队，提升埃森哲互动数字营销旗下设计与创新服务部门 Fjord 的工业设计能力；进军新市场，包括布宜诺斯艾利斯和哥伦比亚等新兴市场，在新加坡打造数字枢纽，打造协作型工作环境，促进与客户共创；赢得众多新客户，包括玛莎拉蒂、梵蒂冈和瓦锡兰；收购几大屡获殊荣的服务提供商，包括 Sinner Schrader（德国）、Kunstmaan（比利时）、The Monkeys（澳大利亚）、MATTER 和 Wire Stone（美国）。通过紧密融合创意营销、战略咨询和技术应用，埃森哲为客户打造差异化的消费者体验，市场需求显著增长。

以与丽笙酒店集团的合作为例，全球最大的酒店集团之一——丽笙酒店集团指定埃森哲互动数字营销为其全球体验服务提供商，埃森哲互动数字营销为丽笙酒店集团遍布 80 个国家的 1100 多家酒店，提供数字化营销服务。[①] 埃森哲互动数字营销不仅为丽笙酒店集团的会议和活动营销部门设计并打造了专属的客户聊天机器人，还协同埃森哲旅游行业专家，将技术和数据应用于全数字渠道的各种定制化及针对性的推广活动中，打造独一无二的客户专属体验，从而为集团带来新的业务流量，进一步增加集团对客户的吸引力。

从业务报表上来看，埃森哲互动快速发展的原因在于背靠埃森哲的客户资源与在数字营销市场的不断并购。其一，背靠埃森哲，“大树底下好乘凉”。埃森哲互动一半以上的客户都来自咨询公司。埃森哲集团的客户优势包括：为 120 个国家的客户提供服务，业务范围覆盖 40 多个行业，业

---

① 《赋予更多职能，宝马加强同埃森哲关系》，搜狐财经，2018 年 5 月 9 日。

务量最大的 100 家客户中有 98 家与埃森哲保持了 10 年以上的合作关系，连续 14 年荣登《财富》杂志 "全球最受尊敬公司" 称号，在全球 44 个国家拥有超过 5000 个已经注册或正在注册的专利。

其二，借助资本的力量不断并购与整合。从 2013 年到 2017 年的五年时间，埃森哲互动在全球范围内已经收购了 15 个数字代理机构和设计咨询公司，包括创意科技工作室 Chaotic Moon，数字营销公司 IMJ、AD. Dialeto、数字化策略代理公司 Pacific Link、The Monkeys、avVenta、Acquity Groop、Fjord 以及 Reactive，英国市场营销咨询公司 Brand Learning，加利福尼亚设计及市场营销代理商 Wire Stone，英国第三大独立代理商 Karmarama，德国数字营销公司 SinnerSchrader，以及设计公司 Maud 等。截至 2018 年初，埃森哲互动拥有超过 30 家设计、研发工作室以及卓越中心，埃森哲互动在全球的设计和创意人才超过 36000 人。[①]

目前埃森哲互动的服务范围大致包括四个方面：其一，体验（experience），包括设计与策略服务、体验设计等；其二，营销（marketing），包括促销、个性化营销、社会化营销、数字技术与策略服务等；其三，内容（content），包括内容策划、全渠道营销、内容平台、内容生产等；其四，商业（commerce），包括全渠道零售、数字销售、数字客户服务等。

除了埃森哲，四大会计师事务所目前均跨界进入了数字营销领域，如德勤数字成立于 2012 年，经过对十多家数字营销公司的并购，德勤数字已经能为客户提供从战略、策略、创意到用户体验、移动营销、电子商务和数据分析的一站式服务。目前，德勤数字在全球 16 个国家和地区设立了工作室，拥有超过 7000 名员工，2016 年收入达到 26 亿美元。

2. 六大广告集团对咨询公司的反向收购

在咨询公司纷纷将战略层面的优势向着营销传播延伸的同时，整合营销传播集团和广告集团也在反向对咨询公司展开收购。以 WPP 集团为例，2017 年 5 月，WPP 旗下的数字广告代理机构 Possible 收购了咨询公司 Marketplace Ignition，这是一家专注于帮助品牌商在 Amazon 平台开发市场营销策略及电子商务活动的公司。Marketplace Ignition 将会为 Possible 的客户在 Amazon 日益增长的广告业务中导航。Marketplace Ignition 总部位于亚特兰

---

① 参见麦迪逊邦网站麦迪逊邦每周全球广告咨询。

大，是一家拥有 6 年历史的咨询公司。2017 年 1 月，WPP 将奥美中国重新收为独资，作为其"一个奥美"全球战略的一部分。改革之后，奥美将只有一个强大的整体品牌，与广告主的合作更加贴近无缝。阳狮集团也不甘落后。2016 年底，作为阳狮集团"The Power of One"战略的一部分，Sapient 平台旗下的数字代理商 Sapient Nitro 与 Razorfish 宣布合并，组成新的代理商网络 Sapient Razorfish。Sapient Razorfish 发布涵盖以下几个方面的企业级数字化转型服务：数字商业策略和创新；消费者体验；数据和人工智能；营销现代化；等等。Sapient Razorfish 的优势在于，使广告公司的业务范围不局限于周期短、利润率较低的营销活动，而且能够承接类似咨询业务的大型项目，比如，为快消品牌提供新产品开发的咨询服务、为银行贷款业务打造新的数字化客户体验流程，甚至帮助旅游品牌改造商业模式。

但从整体上来看，广告集团的优势在逐渐减少。2016 年，独立咨询公司胜三咨询（R3）在全球范围内追踪了 398 宗交易，总交易价值约为 140 亿美元，全年同比增长 50%，但作为市场上的传统买家，六大广告集团仅仅参与了 22% 的收购交易。咨询公司却在崛起，IBM 斥资超过 2.4 亿美元一举收购 Ammirati、Aperto 以及 ecx.io，埃森哲也出资 1.75 亿美元收购了英国第三大独立代理商 Karmarama 以及另外一家独立代理商。而德勤在 2016 年也对旧金山一家独立数字广告代理商 Heat 进行了投资，以补足德勤数字的创意能力。

在 2018 年初的新报告里，这种形式继续分化。虽然线下市场营销服务业的并购交易额总体与去年持平，但 2017 年代理商集团并购交易额发生重大变化。根据该报告，埃森哲、德勤、IBM、毕马威和麦肯锡等咨询公司在 2017 年为代理商收购投资了 12 亿美元，比 2016 年上升 134%。相比之下，包括 WPP 集团、电通集团、宏盟集团、埃培智集团和阳狮集团在内的代理商控股集团并购交易额下降 46%，跌至 18 亿美元。

3. 咨询业与广告业相互渗透的逻辑

对于广告公司来说，涉足咨询业务、将业务延伸到数字商业的前端，不仅能够防御咨询公司的跨界竞争，避免沦为纯粹的媒体渠道管理和创意服务商，也能改变以往传统的创意和传播服务，努力成为品牌的数字商业合作伙伴，从而增厚公司利润。

咨询公司的优势在于制定战略、市场分析和消费者调查，为企业管理层服务。咨询公司涉足营销的深层次原因是市场的需求发生了变化，企业内部对于数字化的重视程度已经从工具层面上的"数字营销"上升到了"数字商业"的战略高度。CMO 们已经意识到营销不再仅仅是促销、媒介购买和广告投放，更重要的是在企业内部构建数字化能力、打造以消费者为中心的客户体验。

自上而下的咨询公司与自下而上的广告公司是一种相互渗透的逻辑。正如胜三咨询公司的 2018 年发布的报告所言，咨询机构所创立的广告公司拥有无与伦比的聪明才智和跨界资源整合的能力，它们会打破这几个世纪以来广告行业的游戏规则吗？美国互动广告局 IAB 移动副总裁 Susan Borst 说："毫无疑问，现在的传统广告代理机构可能像热锅上的蚂蚁了，不过这也许是广告行业有史以来最丰富多彩的时代了吧！"[①]

无论广告巨头的内部整合，还是咨询公司的外部挑战，其背后深层次的原因都是市场的需求发生了变化，企业内部对于数字化的重视度也已经从工具层面上的"数字营销"上升到了"数字商业"的战略高度。毕竟，比起沦为单一环节的供应商或者"制作公司"，努力成为品牌的数字商业合作伙伴显然是一个能够突出重围的明智之举。对于咨询公司来说，提供营销服务，同样是增加客户体验的一种途径。虽然这种大规模收购可能仍然停留在分析层面，但一旦实现，这将宣告广告行业新时代的全面开启。

三 IT 云计算公司

时代的巨变为 IT 云计算公司提供了一个前所未有的进入广告行业的机会。更准确地说，携大数据和云计算之威，IT 公司正在重新塑造一个广告业和营销传播行业。广告行业在过去的一百多年时间里的广告运作并没有发生根本的改变，企业会请广告公司花费数月时间构思创意，拍摄 TVC，然后期待通过几轮大规模的投放，将创意的力量、优势媒体的力量协同起来，从而提升品牌认知度，带动销量。而在数字时代，对于营销人来说，管理跨屏营销活动，根据实时数据分析快速做出反应，甚至针对不同人群投放定制化广告，逐渐成为工作的常态。简而言之，"广告"的核心是创

---

① 综合参考了独立咨询公司胜三 2018 年 3 月的研究报告，并参阅了《咨询公司正以惊人速度吞食广告业，2017 年并购额暴增 134%！》等行业评论文章。

意，"营销"的核心是精准。

1. 营销云与 MarTech、AdTech 的逻辑

营销云（Marketing Cloud）最早来源于英文"Enterprise Marketing Software Suite"，即企业网络管理软件套件，包含两个特点：其一是广义的营销，包括运营、会员在内；其二是采用云服务的形式。营销云通过大数据，整合企业资源，实现站内、站外一体化全营销的模式，最终提升企业管理、营销、生成、设计、研发等各方面的运作效率。营销云的服务具体包括客户分析、活动与互动管理、在线广告、营销资源管理、内容与资产管理、客户体验能力、测量与优化、用户体验、整合、客户资料管理等内容[①]。

在线推广营销时，可以在以下方面施展：其一，推广渠道，包括DSP、展示类广告、门户、视频、SEM、网盟、移动 APP 等；其二，推广任务，包括市场研究、用户画像、广告创意、媒介分析、预算管理、对手分析、决策报告、媒介策略、投放管理效果评估、过程分析、需求分析、A/B 测试等；其三，自有平台内容营销，如包括电商网站、官网、APP、手机站等，以及推广任务，如商品组合、促销分析、体验优化、推荐商品、转化率分析、页面分析、移动端分析、内部广告监测、销售分析、A/B 测试等；其四，客户关系营销，包括微信、EDM、短信、推荐商品、会员终身价值、活动管理、会员分级、数据清洗、营销管理等。除了在线推广营销，诸如通过电视、报纸、杂志等的推广营销也可以应用营销云。

对于高度复杂和分工专业化的数字营销业来说，AdTech 和 MarTech 长期以来都被看作两个泾渭分明的领域。不过近两年，随着广告主对于透明度、数字广告投放 ROI 以及跨渠道客户体验的重视程度不断上升，情况似乎发生了一些变化，二者开始趋于融合。

一方面是基于供应方视角的 AdTech。AdTech 属于供应方视角的技术，它指的是用于广告销售、采买、投放的系统，是为满足各类网站流量变现以及广告主触达更多受众的需求而生的。AdTech 的起源甚至可以追溯互联网本身的历史。1993 年，首个互联网 Banner 广告问世。随着各类数字媒

---

① 参看贾明乐《全球广告营销产业演进史（广告公司篇）》，新时代证券官网，2016 年。

体的蓬勃兴起，AdTech 也在不断发展，并且朝着更加精细化的受众定向方向演化。

相比 MarTech，AdTech 更易被大规模采用。但是，AdTech 的效果难以衡量，只能依赖于最终转化的归因分析。除此之外，AdTech 提供给营销人的度量指标（例如点击数、展示次数等）也无法与企业的业务目标直接挂钩。

另一方面是基于广告主视角的 MarTech。MarTech 是广告主视角的技术，它的出现源于企业内部对于销售和营销的自动化需求。其能够提供给企业营销和销售团队的工具包括潜在客户培育、客户关系管理、营销漏斗分析和归因分析等。比如，类似 Salesforce 这样的公司提供的 CRM 系统，能够帮助品牌简化销售和营销流程，提高销售漏斗的转化效率。Marketo、Hubspot 等营销自动化工具的出现可以帮助品牌将培育潜在客户的能力规模化。

使用这些平台或工具，营销人员可以管理好客户旅程的每个阶段，促进与消费者跨屏、跨触点的互动。同时，通过整合不同渠道和数据来源的客户数据，MarTech 还可以将企业积累的数据资产转化为可执行的营销洞察，为品牌与消费者之间更具相关性和个性化的沟通奠定基础。例如，营销人员可以通过定制化信息、邮件等促进交叉销售的机会，以增加营收和顾客终身价值。

数字营销的未来是 AdTech、MarTech 和传统 CRM 的最终融合。营销的本质在于找到最精准的客户，达到商品销量的提升，同时提升企业运营效率。一个显著的标志是，知名 IT 咨询公司 Gartner 在去年发布的技术成熟度曲线中，首次将数字营销和广告技术放到了一起讨论。根据 Gartner 的说法："营销人对于数据驱动战略的重视，推动了 MarTech 与 AdTech 的融合。从战略层面上看，无论一个企业提供何种产品和服务，这种融合都是企业将重心放在向消费者提供有价值的客户体验上。"

AdTech 和 MarTech 的融合会给整个行业带来什么影响呢？市场研究公司 Forrester 副总裁兼首席分析师 Joe Stanhope 指出，两者的融合并非是零和游戏。广告和营销技术最终能够共荣共生，营销人、广告代理商、技术供应商都能从融合的大趋势中获益：营销人充分掌控客户旅程，两者的融合为打造一致的消费者体验提供了技术基础。MarTech 供应商保持增长势头：MarTech 供应商可以获得 AdTech 供应商的技术专长、基础设施和媒体生态网络，将现有解决方案扩展到数字媒体、移动端等媒体触点。AdTech 供应商从寡头垄断的"围墙花园"生态中突围：与 MarTech 的融合可以让 AdTech 供应商减少商业模式中对媒体的依赖，通过加强对于隐私、流量欺诈的监管，增强与直客之间的关系。广告代理商得以进入新兴市场：广告代理商有机会抓住数据和技术驱动客户旅程优化所带来的红利，获得更多的预算。

在讨论未来之前，我们先从产业和行业角度来审视过去几年的变化。在数字化时代，AdTech、MarTech 和传统 CRM 的融合已经发生，从 2012 年开始，主要 MarTech 厂商的收购已经开始变得活跃起来。IT 巨头 Adobe、Salesforce、Oracle 和 IBM 从营销软件逐步渗透到广告投放领域，将目光对准了客户体验，纷纷重金收购广告和营销技术公司，希望能从 CMO 手中争取到更多数字化转型的预算。

2. 中国与国外的"营销云"市场对比

相较之欧美市场，中国对第一方渠道的重视程度不够，目前国内的精准营销多是指依托 DMP 的广告投放，数据来自网络媒体、DSP 或者第三方 DMP 数据，但对于第一方渠道（如官网、自有电商、App、官微、邮件、短信）的利用还不充分。公司官网、App 多为摆设，官微、短信营销基本上也是全员转发。而在欧美市场这些已经发展到一个更高成熟度的水平，如在欧美广泛应用的 Adobe Audience Manager（DMP）既可以与 Media Optimizer（DSP & Search）对接做个性化广告投放，也可以与 Adobe Campaign 对接做第一方渠道上的客户一对一互动。未来随着品牌观念在市场营销中的重要性提高，中国广告主也会更加重视第一方渠道（如官网、自有电商、App）的建设，并与第三方广告渠道融合，最终达到全渠道整合营销。国内营销 API（有关注意力、品牌联系、说服力的广告评估指数）缺位阻碍了营销数据的流通，也阻碍着智能营销的全面落地。目前国内市场的现状是广告主对营销云的接受程度尚不高，反而是广告代理商很欢迎营销云，已经跟多家企业的多个渠道合作。营销云是一个提升效率和效果的工具。

除此之外，国内数字广告平台的发展也存在诸多问题。2012 年被称为中国程序化元年，RTB 开始爆发，新型 DSP 公司纷纷创业。但是，经过六年的发展，典型的中国 DSP 公司如汇量科技、易点天下、有米科技、品友互动、哇棒传媒、亿玛在线、银橙传媒、易简广告、璧合科技、木瓜移动、道有道、迪派无线、新数网络、旺翔传媒、光音网络、拓美传媒、盘石股份、奥菲传媒等并不如意，要么被收购，独立挂牌新三板的 DSP 公司发展均与之前的目标和规划相距甚远，对传统 4A 公司基本没有造成影响。

3. IT 巨头们的行动：未来的趋势？

营销云在国外市场已经初具群雄割据局面，除了 Adobe、Oracle、IBM、SAP 等传统企业应用巨头，Salesforce、Marketo、Hubspot 等专业营销技术公司也纷纷推出了自己的营销云。Adobe 营销云在创意、内容管理、用户体验优化和人群分析上具备优势；Salesforce 得益于在 CRM SaaS 的领先地位，将产品线拓展到营销领域；Oracle 营销云强调数据为核心，最大化第一方数据的应用，在数据精细化应用方面实现深耕；IBM 营销云可以实现与外部营销渠道、内部营销渠道等之间的一键连接，实现跨渠道的统一用户体验管理。专业营销技术公司 Marketo 和 Hubspot 的营销云则更专注于中型和中小企业市场，这两家的营销自动化产品体系直接回应中小企业对于营销 ROI 衡量的要求，在市场中形成了自己的差异化优势。

（1）Adobe 的创新

Adobe 是世界领先的数字媒体和在线营销方案供应商。作为世界第二大桌面软件公司，Adobe 创建于 1983 年，原以 Photoshop 和 Adobe PDF Reader 闻名于世，2009 年后逐步进入数字营销软件领域，2012 年开始将旗下软件产品 SaaS 化。目前，Adobe 已成为一家领先的数字媒体和在线营销方案供应商，主要业务分为数字媒体、数字营销和印刷出版三块。Adobe 旗下产品目前以收取订阅费为主。

在营销软件领域，Adobe 的市场份额为 15%，其次是 IBM、Salesforce 和 SAP。截至 2018 年 9 月 1 日，Adobe 的市值为 1290 亿美元。

从 2008 年开始，Adobe 靠并购从营销软件打通数字营销全流程服务。2008 年，Adobe 开始挖掘自己使用自家软件制作营销广告的可能性，逐步布局新业务蓝图。开展营销业务后，Adobe 充分利用软件业务的企业市场和 CMO 等大客户资源，这些"企业级"的用户则成为公司"真正有价值的用户"，节省了公司开拓初始客户资源的时间。2009 年 9 月，Adobe 以 18 亿美元收购全球最大的网站在线分析供应商 Omniture，其新产品是 Site-

Catalyst，主要对庞大的用访问做出精确的分析。2010 年 7 月，Adobe 斥资 2.4 亿美元收购瑞士软件公司 Day Software，其运营的业务为网络内容管理系统。进行营销的公司可以使用 Day Software 的产品来管理在线广告、创建营销博客和其他社会媒体类的营销活动。2011 年 1 月，Adobe 收购行为数据管理平台 DemDex，其主要为各网站和广告抓取行为数据，并将这些数据存储至 "行为数据银行"，然后根据 40 多个行为和统计变量为用户打分，得出 "特征指标"，以此帮助各网站对其用户进行分类，帮助广告商更准确地定位信息。2011 年 11 月，Adobe 收购视频广告公司 Auditude，加强视频商业化。Auditude 是一家视频广告管理公司和分析平台，成为 Adobe 的一部分有助于其进入日趋增长的视频和移动设备市场。2011 年 12 月，Adobe 以 4 亿美元收购搜索营销公司 Efficient Frontier，增加公司跨渠道活动的预测能力、执行能力及优化能力。2013 年 6 月，Adobe 以 6 亿美元收购 Neolane。

Adobe Experience Cloud 包括三部分内容的架构。其一，广告云（Advertising Cloud）。包括 Media Optimizer 的搜索功能可让企业在搜索营销战略之下进行模拟，并快速采用最佳且最有利的选项。Media Optimizer DSP，可规划、执行、优化和衡量从电视和移动设备到展示和社交媒体的广告营销活动。Media Optimizer DCO 让企业可以将个性化广告实时投放给观众。其二，分析云（Analytics Cloud）。Adobe Analytics 将实时数据洞察与预测分析结合于一体，使企业能够全面地了解每一位客户。Audience Manager 帮助企业建立客户档案并确定最有价值的受众。其三，营销云（Marketing Cloud）。Experience Manager 管理所有资产、创建网站和移动 App 并整合在线社区中的内容。Campaign 帮助企业在所有渠道内（从 Web 和移动设备到电子邮件和展示设备）提供个性化的营销活动。Target 通过测试等将数据转化为结果，使企业能够为目标受众提供最合适的内容。Primetime 可以帮助企业创建和提供个性化视频体验。Social 可以帮助企业创建相关的社交内容并量化企业的社交营销成果。

Adobe 的广告云、分析云和营销云三者是相互沟通的关系。广告主的唯一诉求就是产品销量的提升，因此需要投放广告。广告云（Advertising Cloud）帮助企业广告云主管理和优化广告投放。但如何帮助企业主找到目标用户？广告云需要链接到分析云。接下来企业同消费者互动，需要再链接到营销云。

Adobe 在 Gartner 2017 年的《魔力象限数字营销中心报告》中，已经连续第三年被评比为领导者，位于第一象限的还包括 Salesforce、Oracle。Gartner 表示，尽管领导者仍主要依赖收购的和合作伙伴的整合解决方案，但它们已经完全接受 Martech、广告技术和分析的整合，并部署了大量的中心解决方案（Hub Solutions）。[①] Adobe 在所有客户接触点之间提供适当的工具来实现数据驱动的定制化体验，帮助公司成为经验型企业。Adobe Marketing Cloud 与 Adobe Creative Cloud 的结合，使用户可以轻松地在所有营销渠道和客户接触点上快速激活创意资源。目前，Adobe 的营销客户中包括三分之二财富 50 强的公司、全球十大媒体、金融服务、汽车、财富管理和电信公司。Adobe Marketing Cloud 每年支持 91 万亿客户交易、4.1 万亿个多元媒体请求和超过 1000 亿个电子邮件，超过该领域的任何其他公司。Adobe 与 4A 公司之间是亦敌亦友的关系，10 家最大广告公司中有 8 家经由 Adobe 开展数字营销活动。

（2）Salesforce 的创新

作为全球最大的 CRM 软件服务提供商 Salesforce，也在积极进军 Marketing Cloud 领域，提供的 SaaS 服务涉及客户关系管理的各个方面。Salesforce 于 1999 年成立核心云产品 Sales Cloud，凭借庞大的用户优势，2012 年后通过并购逐步进入 Marketing Cloud 领域。Salesforce 的主要收入一直来源于订阅费，2016 年，Salesforce 的营业收入达到 83.9 亿美元，其中营销云为 9.3 亿美元，净利润为 1.8 亿美元。

Salesforce 在 2004 年成功上市后，在近几年进行了很多次收购及战略投资，其收购及投资主要针对拥有技术优势的小规模企业和团队。通过收购和投资，Salesforce 不断增强其 CRM 软件应用功能，同时向 HR 软件服务市场进军，并拓展了针对开发者的开放平台和企业交流平台 Chatter。近年来，Salesforce 为符合市场变化，相继布局了多家在社会化媒体方面拥有技术优势的企业，从而帮助客户升级成 Social Enterprise。

Salesforce 自 1999 年成立之后，即提供 Sales Cloud 服务。2006 年 8 月

---

① 参考《Adobe 被评为 2017 年 Gartner 数字营销中心魔力象限领导者》，搜狐网，2017 年 3 月 18 日。

并购 Google 搜索引擎竞价广告服务商 Kieden。2007 年 1 月并购应用创意平台 Kenlet，产品原型是 Crispy News，用于 Salesforce 的 Idea Exchange 和戴尔的 Idea Storm，现在以 Salesforce Ideas 之名重新发布。2008 年，Salesforce 搭建起 PaaS 平台 Force. com，使用户可以搭建自己的应用。2009 年，Salesforce 的 Service Cloud 上线，2012 年 5 月以 6.89 亿美元收购一家专注 Facebook 上广告业务的公司 Buddy Media，主要管理品牌广告主在社会化媒体上的主页。与同年收购的 Radian 6 和 ExactTargrt 融合后，上线 Marketing Cloud。2014 年 10 月，Community Cloud、Analytics Cloud 上线，提供 BI 服务。2015 年 9 月，IoT Cloud 上线，将物联网纳入未来发展方向；同年，App Cloud 上线，帮助用户快速搭建 App 应用。2016 年 6 月，Salesforce 以 28 亿美元收购 Demandware 补全 Digital Commerce 板块，10 月发布 Salesforce AI（Einstein），开始向 AI 领域进军[1]。Salesforce 凭借 CRM 系统掌握了用户资料和数据，从营销的角度来看，有了客户的标签，与社交媒体合作投放广告的时候，根据这些标签做定向投放的效果自然更好。投放广告之后，直接将销售线索引入 CRM 系统，再由销售人员实现转化，完成营销闭环。

---

[1] 参考《Salesforce 的服务云简介》，博客园，https：//www.cnblogs.com/chengcheng0148/p/salesforce.html。

第二十章　"4A 之死"的危机与广告公司的转向①

每个生态环境激变的时代，广告都显得格外热闹。这种热闹，有时候意味着机遇和希望，有时候则被解读为焦灼和末路。在人类从农耕文明迈向工业文明的历史阶段，商品流通激发的信息传递需求，同质化竞争格局下强调的品牌独特价值，都曾经赋予这一行业发展的动力和创新的思维，也造就了广告作为社会消费文化镜像和经济传感器的重要功能。而在人类社会从工业文明向信息文明逐步过渡的今天，百多年来一直代表着广告专业化最高水平的广告代理公司，尤其是其中的佼佼者——4A 广告公司却似乎正在走下昔日的神坛，这一过程，集中体现在舆论场中对于广告"专业化"外衣的层层解构之中。

一　"不谈广告的广告公司"：广告公司的出路

2018 年，持续了数年的"广告公司危机论"呈现愈演愈烈之势。从上半年的变化来看，广告业主要具有以下三个方面的动态特征。

其一，数字化基因再造渐成行业标配，老牌 4A 公司致力于打造综合一体化的服务体系。2018 年，以数字和传统为标准划分广告业务的惯性思维被彻底打破，与之相应的是，传统广告业秉持的经典思维也在一定程度上经历着颠覆和质疑。例如，2018 年 6 月，奥美公司在 2017 年宣布推行"一个奥美"战略之后，又宣布更换 Logo，用印刷体替换了沿用多年的奥格威的手写体。此举一出，旋即引发了诸多关于奥美的广告精神是否能够存续的推测和思考。

---

① 本部分内容是要对近年来 4A 广告公司的生存与发展现象进行讨论，具体内容陆续发表于微信公众号"首都传媒经济研究基地"，由首都传媒经济研究基地秘书长王昕博士主笔。

其二，来自咨询公司的异业竞争进一步加剧，逐渐呈现替代广告公司核心业务的态势。例如，来自美国的数据显示，埃森哲互动、高知特互动、德勤数字和普华永道数字等美国主要的咨询公司 2017 年的收入上涨达 32.3%。同期 WPP 集团的业务增长则下降了 2.3%。广告行业不景气的整体环境，加剧了人才资源从广告公司向咨询公司的不断分流。数据显示，去年同期主流咨询公司在美国和世界范围内的雇用率大幅增长了 33.9%。日本学者植田正也于 2007 年在《面向 2015 年广告业的 45 个新潮流》一文中关于"咨询公司将分流广告公司业务"的前瞻性判断正在变成现实。

其三，广告公司的自我认知发生动摇，行业归属感摇摇欲坠。例如，阳狮集团 2018 年发布的一篇长达 9 页的新闻稿之中，21 次提及"转型"、13 次提及"数字化"、9 次提及"营销"、2 次提及"传媒"，但竟然一次也没有提及"广告"。虽然对于互联网公司而言，"广告"或许早已不是一个能够彰显身份的褒义词（BAT 往往愿意将其具有广告属性的业务冠以"品牌""营销""推广"之称谓）。然而，如果连广告公司都开始不谈广告了，无疑从某种程度上又为这一行业的发展前景蒙上了一层扑朔迷离的色彩。

那么，如何解读广告在今天市场和行业中的定位呢？我们认为，有一个基础问题需要首先明确：当前广告业务的热度降低有两种可能。一种可能是广告业务已成明日黄花，自然逐渐无人问津；另一种则是随着广告活动的赋权从专业公司转向广告主，广告公司的专业垄断被打破，广告业务作为商业基础工程渗透在市场的各个环节，呈现泛在化特征，客观上促使对此项业务的专门讨论减少。

就目前广告行业发展的阶段性特征而言，我们更加倾向于后一种判断。换言之，虽然今天对于广告业务的关注热度表面上有所降低，但我们不应忽视的是，广告活动在今天的社会空间中已经无处不在，随着信息传播门槛的消失，广告传播能力正在内化为企业的基础能力，借助不同的媒体和信息平台，品牌可以进行形式多样的目标消费者沟通和定制化的商业信息传播，而这一过程中，传统广告在其中的作用和价值也势必经历颠覆性调整。

明确了这一背景，我们再回头思考"广告公司不谈广告"的现象，就不难发现，虽然当前对于广告作为商业传播活动的具象化讨论逐渐减少，但广告作为商业信息传播所具备的基本功能、核心目标和操作流程却始终贯彻于商业活动的全过程并呈现不同的特征。例如，企业与外界信息沟通渠道的多元化，客观上需要不同的消费者沟通方式，因此，除内容营销、植入广告等方式之外，还出现了借助社交媒体进行的人格化传播，这些信息渠道的话语结构和内容生产机制与传统广告相比虽然具有很大差异，但其最终追求的传播效果和品牌塑造功能，依然沿袭着与传统广告理念一脉相承的目标和要求。

由此可见，"广告公司不谈广告"的现象，更多是从广告显性业务层面的变化而言的，因为原本整体性的广告业务体系，在互联网的作用下逐渐呈现高度碎片化分割，在这种情况下，如果依然以传统的业务结构为核心去设置广告公司的业务板块，必然难以适应快速的媒体环境变迁。而从广告公司发展历程来看，传统广告公司通过捆绑媒体，以代理费的方式进行曲折变现的路径建立在媒体资源稀缺化和媒体与企业之间存在认知鸿沟的基础之上，面对今天数字媒体的扁平化环境必然会表现明显的不适应，因此，现阶段广告公司的种种焦虑和迷茫，大多源自传统变现逻辑被打破之后产生的不适应，而当前广告公司面临的替代性竞争压力，很大程度上则源自核心资源系统重构过程中必然经历的转型阵痛。由此可见，面对这一形势，广告公司未来急需重新塑造自身的核心资源体系，寻找商业模式的新支点。

那么，广告公司的核心资源体系包括哪些要素？从传统公司职能和结构来看，广告公司的核心资源体系主要包括知识体系中用于研究和把握消费需求的科学方法论和工具；媒体资源体系中用于提升商业信息传播效率的时段和版面；管理体系中用于提升客户沟通效率和内部协作效率的现代广告公司体制和流程。而广告公司转型发展的关键，则是要重新梳理形成数字媒体环境下具有持久价值的核心资源系统，并尝试建立这一资源系统与变现渠道之间的直接关联。例如，传统的广告公司倾向于依附强势媒体，追求与媒体资源之间的紧密绑定，导致代理费成为其最主要的变现方式，而广告活动中的消费需求研究、广告策划、创意呈现等工作环境在很多时候显得较为感性，随意性较高，缺乏统一的衡量标准，从而难以量化。一旦媒体资源系统发生变化，广告公司的价值和定位也很容易随之进行应变性调整。长此以往，广告公司感知环境压力而进行被动性调整就会成为此类市场主体探索生存之道的常态，而其行业自主性和对核心业务的掌控能力则极易弱化。最终可能导致疲于应对环境变化，而丧失自身主导能力。而广告公司在资本与技术等因素的共同推动下，也很容易走入业务多元化的误区，如从事媒介内容生产、区域性的文化创意甚至电子商务等业务。这一现象，最早在 20 世纪 20 年代的美国广告业就发生过。当时美国的广告业受到日趋激烈的竞争的刺激，广告公司提供的额外服务越来越多。有人这样描述广告业务的扩大："广告公司设立了调查部门……他们培养艺术家，使广告公司可以为装潢设计、商品风格和广告表现服务。广告公司研究推销术，组织交易会，巧妙进行推销谈判，培训推销员，制定销售战略。他们策划、设计、装饰、美化商店、工厂、办公室和交易所，重新设计产品，创造新形象。他们打扮橱窗，制定宣传技巧，组织会议。"[1] 然而，当时并非所有的人都对广告公司业务的扩大持肯定态度。有人认为，在不增加服务费用的情况下提供额外的服务会削弱广告公司有效地提供基本服务的力量，从而会使广告公司与企业之间的关系更加脆弱。[2]

　　总之，目前广告公司最需要的，不是去追随数字化转型中此起彼伏的爆款产品，而是要重新梳理自身真正具有主导力的核心资源体系。面对传媒环境的激烈变化，建议广告公司聚焦媒体环境变迁中受影响较小的业务单元，例如从广告主的需求出发，重新构建自己与市场进行价值交换的变现方式。因为咨询公司的成功经验向我们表明，营销市场中战术层面的工具越多，企业对于战略清晰度和指导能力的要求也就越高，因此，广告公司与咨询公司的竞争，孰优孰劣，其实完全在于战略层面彼此价值的比拼。广告公司应当努力提升自身方法论和工具在企业品牌战略层面不可替代的群体性价值。毕竟，在媒体环境激变的背景下，越接近顶层设计层面的市场单元和环节，往往其自身安全感和发展前景也相对较为乐观。

二　在危机中寻找自我

　　日本广告专家植田正也在《面向 2015 年广告业界的 45 个新潮流》中

---

①　Lee H. Bristol，"Management Take A Square Look at Agency Practice"，*Advertising and Selling*，November 24，1932，p. 13.

②　丁俊杰、康瑾：《现代广告通论（第 2 版）》，中国传媒大学出版社，2007 年 1 月第 2 版，第 37 页。

认为，"广告业的发展将面临咨询业的挑战……咨询公司的新形态应该是这样的：为广告主的新项目寻找最适合的广告公司，代替广告主对广告公司进行判定并给予意见……咨询业务越加受到重视，这可能导致广告公司最终将沦为处理具体流程的公司。"①

现在看来，这一 2007 年即被引入中国的观点，正在逐渐从潮流演变为现实。有数据显示，全球范围内，咨询公司正在鲸吞成名的广告和公关公司以及数字营销和创意领域的创业公司，企图借助资本之力量，将自己变成"既懂创意又懂业务的多面手"。有观点将广告公司面临的挑战归纳为"当咨询师开始懂创意，全世界都怕"。上述两点质疑，实质上体现出当前广告公司发展前景的两大忧虑："单纯执行流程"和"过度依靠创意"。其中，造成前者的根源是广告公司"专业空心化观念"，而后者的成因是广告公司"专业艺术化观念"。事物的生命力取决于周边环境对其价值的普遍认知。因此理性分析这一问题的首要前提，就是应当从定位、功能和价值三个层面明确咨询公司和广告公司的共通性和差异点。从普遍意义上来看，咨询公司的价值在于提供策略支撑，注重帮助企业出谋划策，其中既包括探讨企业的发展路径和管理架构的战略层面，也包括思考企业日常运作和用户管理的战术层面。

与此不同的是，广告公司的价值则更为聚焦，更为重视企业整体形象的正面塑造和长期维护，其中包括以下四个重要环节：首先，深入学习并帮助企业梳理在技术、产品、文化和理念等方面的基础优势；其次，科学界定企业面对的目标消费群体、潜在用户市场和主要竞争格局；再次，将枯燥的商业信息转化为生动的媒体语言；最后，选择合适的媒体组合进行有效沟通。可以看出，咨询公司擅长的是解决企业发展过程中遇到的"点状问题"。其中既包括宏观层面的路径选择，也包括具体层面的管理难点，无论目标如何，咨询公司的核心价值都应该是提出解决具体问题的针对性策略方案。

由于存在这一特点，咨询公司的商业模式必然去寻找具有复制价值、可重复使用的理论模型和研究方法，实现一次研发、多次销售的效果，才

① 〔日〕植田正也：《面向 2015 年广告业的 45 个新潮流》，赵敬译，《国际广告》2007 年第10 期。

能有效保证商业效益最大化。因此，咨询公司往往将业务锁定在解决特定行业、特定企业发展过程中容易出现的共性问题，例如，聚焦于战略定位、企业架构、用户管理等领域，便于经验积累，提高项目的执行效率。

这一特点决定了咨询公司与企业的绑定关系多为委托具体项目的短期合作关系，鲜有相互扶持、共同成长的长期亲密情感。一旦解决了具体问题，彼此合作关系也就相应结束，直到双方明确下一个咨询课题。

然而，真正意义上的广告公司则需要深耕企业品牌传播的整体流程，解决的是企业信息传播中的"带状问题"。与咨询公司注重共性问题的理论模型研发不同，一方面，品牌个性的塑造则强调寻找差异化，因此，在广告专业技能中，从来没有可以直接挪用和复制的品牌构建模型，只有有助于进行深度市场观察和消费者分析的理论工具。另一方面，由于广告活动与周围环境的强关联性特征，广告公司的方法论更加强调对于环境要素的分析。这就决定了广告公司的目标需要在市场变化中不断做出动态的适应和调整，而不能依靠静态僵化的经验和模板。广告公司的这一特点，意味着其自身必须进行沉浸式研究，与企业建立长期合作的亲密关系，才能在深入理解企业特质和市场状况的前提下成功帮助企业部署品牌战略，才能将品牌战略拆解到传播流程的各个环节，并根据市场反馈来不断进行调试。

因此，我们可以用以下语言来回答本章开篇时在创意价值和流程执行层面提出的质疑：广告公司确实是执行流程的公司，但绝不是执行简单流程的公司；广告公司要做的是比其他公司更加科学、专业地执行流程。广告公司也可以是生产创意的公司，但其价值绝不应该局限于"创意"。广告不是艺术，虽然其呈现方式可以诉诸感性，但广告的传播过程必须依托科学和理性；广告不是艺术，因为艺术的价值源于稀缺，而广告需要实现科学理论指引下的产业规模增长。

总之，恐龙之死不是因为老虎或狮子的出现，而是因为自身的能力和价值不能适应突变的环境，同理，在激变的传媒生态和市场时势之中，未来真正能够杀死广告公司的，既不是互联网企业，也不是咨询公司，而只可能是广告人在专业科学和职业价值等层面的自我迷失。

小结　三千年未有之大变局

同治十一年（1872年）五月，李鸿章在《复议制造轮船未裁撤折》

中写道："臣窃惟欧洲诸国，百十年来，由印度而南洋，由南洋而中国，闯入边界腹地，凡前史所未载，亘古所未通，无不款关而求互市。我皇上如天之度，概与立约通商，以牢笼之，合地球东西南朔九万里之遥，胥聚于中国，此三千余年一大变局也。"① 晚清重臣李鸿章对世界的认识提出了一个主张，"中国遇到了数千年未有之强敌，中国处在'三千年未有之大变局'"。这一看法被后来的中国近代史研究大家蒋廷黻给予极高的评价，认为这是 19 世纪中国人看世界眼界最高、看得最远的一句话。那句"三千余年一大变局"也成为概括时代发展的一句名言。

李鸿章所概括的大变局，即是 19 世纪以来的近代化带来的世界变革。蕴含着资本主义精神与工业革命现实的近代化的浪潮席卷而来，对中国这个古老社会产生了巨大的冲击。1840 年英国完成工业革命；1856 年克里米亚战争之后，俄国开始实行农奴制改革；1868 年日本开始明治维新；美国南北战争结束，统一局面形成；德国普鲁士 1866 年打败了奥地利、1871 年打败了法国；整个世界都是在这一时期向着近代化快速发展。古老的中国，在不情愿中，不得不面对迎面而来的资本主义生产方式的挑战，不得不经历从传统社会向现代社会转型的大变局。

对于这一时期的中国广告业而言，"大变局"的表述并不过分。1979 年中国广告从复苏中走来，快速发展的数据背后其实是近乎空白的广告产业基础和理论知识。一路追赶，不断拥抱全球的开放政策，历经风雨，迅速成长。但绝大多数时候，都是以一种边缘者、学习者、后来者的身份去仰视和羡慕世界广告舞台中央的那些"明星"。中国的很多实践往往需要参考和借鉴欧美和日本等广告发达国家的已有经验和智慧，中国广告公司的发展总是需要面对更加成熟和更高水平的国外广告公司的竞争。

但是，互联网革命浪潮在全球范围内开始重塑整个广告产业。In - house 广告公司、咨询公司、互联网媒介、IT 公司等引发的广告业的同业与异业竞争，是现代广告自其诞生以来所没有的大变局，这一次，中国和世界在同一起跑线上，一切都是全新的变局，都是正在快速流变的现象。

过去的 40 年时间，中国广告走过了模仿和学习阶段，中国的广告公司不仅面临着全球化的浪潮，也在经历着中国走向世界中央的过程。根据知

---

① 参见梁启超《李鸿章传》第六章相关论述。

名营销咨询公司胜三发布的《2018中国广告代理商》报告，目前中国拥有43642家本土广告代理商和304家跨国广告代理商，总收入分别为843.83亿元人民币和251.08亿元人民币。在本土广告公司中也逐渐形成了一些规模化、集团化的大型广告公司。2017年蓝色光标实现营业总收入152.31亿元，同比增长23.64%；分众传媒实现营业总收入120.14亿元，同比增长17.70%；省广集团实现营业总收入112.95亿元，同比增长3.48%；华媒控股2017年实现营业总收入18.32亿元，同比增长0.01%。诸多广告业的新动向，如广告市场服务类型的多元化、媒介形式的碎片化、大众需求的个性化、广告主体的微型化等在中国产生的影响，并不亚于欧美等广告发达国家。众多创意热店、新兴互联网公司和服务型企业借助自身的网络平台开展的广告活动异军突起，技术类的营销公司、自媒体广告运营公司也是遍地开花。

有太多问题值得我们去思考。如何更好地帮助国际化步伐加快的中国企业？广告公司如何从中国本土走向更广阔的国际舞台？广告如何表达与承载更多的中国元素、形成更多中国风格、展现更多中国话语？在新的技术范式和价值重塑的时代，如何重构广告的知识体系和广告公司的组织体系？如何分析思考并积极应对产业动荡、技术颠覆、跨界竞争、范式转换？借用国内学者丁俊杰的一段话作为收尾："广告这个行业之所以令人热爱，就在于它既清晰又模糊，既温暖又残酷，既无时无刻不在变，又万变不离其宗。对于广告公司和广告人而言，能适度因循守旧——必须坚守一些东西；有时无中生有——必须发展新型广告业态；不断有中生新——必须改变传统广告观念和做法。"①

---

① 丁俊杰：《广告的变与不变》，在云南广告产业园的演讲，2014年12月。

余论　灰烬深处有余温：对中国广告公司的历史考察

以余论作为本书的结尾，笔者基于两个方面的考虑。第一，现在与未来的关系。中国广告业在当下依然处在一个正在快速变化的进程之中。这不仅体现在专业化的重塑上，还体现在集团化、规模化、资本化的多维脉络上，更体现在从世界边缘到中央的巨大变化。改革开放以来的40年的历史，只是一个暂时的段落而已。这40年，中国广告业基本完成了与世界广告业的接轨，在整体的规模和发展水平上完成了单一的输入和学习，开始尝试专业自觉及全球化进程。第二，过去与现在的关系。在中国走向世界之际，在技术变革席卷世界之际，在广告公司的发展遇到了前所未有的困难之际，对于历史的总结显得更为必要。如哲学家黑格尔所言，"历史是一堆灰烬，但灰烬深处有余温"。历史的余温是我们最容易忽视却又最为重要的智慧。研究历史，某种程度上就是在研究未来。

第一，中国广告业与广告公司发展的双重境遇

中国广告业从一开始即面临着与世界上任何国家的广告业发展都不同的境遇。一方面，自改革开放以来，中国社会的核心主体与价值取向即是全社会的现代化追求，这是中国的广告业探索与发展的历史背景。同时，计划经济的经济体制、事业属性的公共传播体系、悠久的历史文化和谋略智慧等因素决定了中国广告业发展的独特路径。我们的研究所聚焦的广告公司，以其独特的社会文化和经济作用，在反映这段壮阔历史的同时，也在自觉或不自觉地参与建构着中国的各个方面。

另一方面，中国广告业从一开始也必须接受来自国外先进广告行业的挑战，中国广告公司和广告人以学习者甚至崇拜者的身份开始漫漫的专业化探索。而20世纪80年代开始的全球范围内的资本化、规模化、集团化和技术变革浪潮使身处其中的中国广告业还来不及讨论理想和专业，就要

面对来自资本浪潮和技术革命的巨大冲击，我们需要做的唯有总结前路，再次踏上转型与职业流动的漫漫长路。

第二，中国本土广告公司发展的四重关系与四个特征

纵观40年来的中国广告公司和广告业发展历程，广告处在中国改革开放的最前端，是最早参与国际交往的行业之一，广告本身的"多重构造"属性也使其最能反映市场经济发展和社会文化变迁。难以数计的广告公司和广告人凭借他们的智慧和心血，创造了一个个难以磨灭的广告作品，也在社会经济层面形成了一个又一个的涟漪。在"时间差"的错位中发展的中国现代广告业，跳跃着进入了它的40岁，并丝毫没有停歇，迈着大步走向更恢宏的未来。

第一重关系是基于中国广告业与国家力量关系的"广告的深层动因"。这对关系曾经在20世纪80年代贯穿了广告业与广告公司的发展始终。条块分割的内贸与外贸广告公司体系，无形中使广告可以更快地摆脱意识形态"妖魔化"。国家相关职能部门也在不断学习和思考广告的角色与价值，将"实践是检验真理的唯一标准"也运用到广告领域。上海广告公司、北京广告公司、上海市广告装潢公司、北京市广告艺术公司、中国广告联合总公司等争先投身于中国广告业的实践大潮。广告是什么？十年的经济发展和市场实践有了一个初步的回应：广告从消失到复苏继而全面发展，与中国的改革开放息息相关，可以说，没有改革开放就没有今天的中国广告。而市场经济正是中国广告产业的基因所在。

第二重关系是中国广告业与以经济建设为中心的现代化。没有广告很长一段时间被认为是社会主义经济优越性的表现，但随着改革开放程度的加深，人们逐渐认识到广告是实现社会主义现代化目标的有力工具。20世纪90年代开始的市场经济改革，成为广告公司汹涌大潮的一个最直接动因。短短几年时间，市场所掀起的全民广告带来了无数的故事，其中，有贪婪与欺骗，有残酷与血泪，有懊悔与可惜，有神话和泡沫。这一时期的"精彩"之处体现在三个方面：其一，中国广告市场柔软的包容性，不同国别、不同体制、不同区域的广告经营机构跨越意识形态鸿沟融通其间；其二，中国广告公司极强的竞争适应性，大有大的发展，小有小的生存，它们匹配了市场复苏阶段的经济发展，迎合各类企业的竞争需求；其三，中国广告人丰富的创造性，既有广告表现本身的创意性，也有广告操作流程的创造性以及战略模式的创新性。

第三重关系是中国广告业与外来先进力量。借用一种全球史的思考，现代广告即是中国广告业在与世界广告业交往中的"舶来品"。从一开始，中国就受到外来广告业的影响。跨国广告公司"神"一般的广告大师、"漂浮"在空中的方法论体系等成为中国广告业和广告公司膜拜的对象。在中国广告业还未完成学习和专业自觉之时，跨国广告公司又将竞争的核心转移了，市场竞争获胜的关键因素已经从创意和人才，变成了资本与规模。本土广告公司之所以存活下来且发展壮大，有赖于三个支撑点：其一，蓬勃发展的中国经济，带来了旺盛的本土企业营销需求和品牌传播需求；其二，中国媒体的规模化和产业化，尤其是本土媒体的生存与发展提供了本土化传播的土壤；其三，中国宏大的消费市场，以及多元、复杂、纵深的市场格局打造了本土化营销的空间。

第四重关系是中国广告业与全球技术革命。如果说在纸质媒体和电子媒体时代，中国广告业远较国外落后，那么在互联网时代，尤其移动互联网时代，中国广告业的发展和其他国家一样，处在全球性的传播革命的前沿。[①] 而这一次革命，对于广告业而言，远较前几次媒介革命来得深远。大数据、云计算、人工智能使得广告的知识范式和公司的组织结构发生了巨大变化，广告与内容、场景、精准、互动之间产生了诸多值得挖掘的议题。广告公司也在与咨询公司、IT 公司、互联网媒体、In－house 等公司的博弈中，走向一个充满诸多可能性的未来。但是，无论技术如何变化，企业在，广告在；媒介在，广告在；消费在，广告在。只要这些根基在，具有强大市场基因的广告公司不会亡，广告业虽有跌宕起伏但依然蓬勃发展。广告的形态可以千变万化，但刺激社会经济发展的作用不会变，发现和点燃受众欲望的核心功能不会变。[②]

第三，中国广告公司发展的四个命题

在中国广告公司发展的变迁中，我们也可以看到广告公司发展中的一些关键词。如"规模化""本土化""资本化""专业化"等，它们也成为

---

① 王珍：《世界广告中心向东方转移，中国如何打造"大国广告"？》，《上观新闻》，2017 年11 月23 日。

② 这一部分观点，受到了黄升民教授的多次指导。相关的内容来自黄升民教授2019 年7 月在《媒介》杂志发表的《中国广告，精彩纷呈40 年》的"视点"文章。

在中国情境与世界视野下的中国广告公司发展的脉络。

对于规模化，中国广告公司在两极化的方向不断深化发展。一方面宏观层面产业规模不断扩大，另一方微观层面有实力规模的机构不断出现。尤其在资本化的浪潮中，广告营销开始成为资本市场的故事与素材，包括一些广告公司上市，尤其是一些非广告企业开始将广告营销服务作为主业，都是以广告和营销作为优势平台逐步走向资本市场。

本土化是中国本土广告公司与跨国广告公司运作中都非常注重的一个概念。全球化市场在信息传播、资本流动以及商品生产等因素的推动下已经是一个不可阻挡的趋势，与广告业的全球化伴随的是广告运作的本土化，这也成为广告公司发展的一个核心竞争力所在。在跨国广告公司不断在人员、方法、组织方面本土化的同时，本土化广告集团也陆续开始出现，它们或依赖媒介资源，或依赖创意生产，或依赖互动技术，或依赖地方文化产业。甚至还出现了一些以销售主义和战略咨询为依托的"大师型"广告公司，它们也成为中国广告公司为世界提供的一种独特类型。

对于资本化，从 2000 年开始的户外广告媒体领域的资本化，开始席卷媒介代理公司、集团化的广告公司等领域。面对已有百多年资本积累和全球运作经验的跨国广告公司，中国广告公司必须迎头赶上，需要在继续完成专业化追求和自身方法论自觉的同时，学习如何将资本作为提升广告营销服务效率的工具，将资本与创意两种看起来全然不同的要素加以综合，并转化为自身在广告公司领域的核心竞争力。

专业化是广告公司诞生以来的终极命题，广告公司依次经历了市场调查、广告策划、广告创意等阶段。到底什么才是广告公司的专业核心竞争力？著名历史学家许倬云认为两个文明交替之际，人类会陷入一种迷惑（confusion）。这一观点应用到广告领域，当下的变化也会带来现实层面的生态变革，以及更深层次的对于知识与方法焦虑。广告的目的依然是让客户的产品家喻户晓。这一判断从广告诞生之初的原始社会，到技术升级与变化层出的当下都适用。广告的形态可能是一个网站，也可能是 App，可能是一条微信，可能是一个代言人，可能是一个有趣的故事，所有东西都可能成为广告所利用的身份，但目标都是指向同一个点。

第四，中国广告公司未来思考的两个维度

时至今日，我们需要从两个维度来看待未来的中国广告业与广告公司的发展与演进。一方面，横向结构维度广告业与宏观环境匹配的变化。虽然中国广告业与广告公司质与量的发展越来越好，但是中国广告依然是非常矛盾的一个行业。广告公司与广告人处在产业、经济、政治的前沿，但又经常因为出身低微，被客户、政府等误解、歧视。广告业与广告公司的发展需要看到中国与世界各个维度的宏观环境。中国改革开放 40 年，经济实力和综合国力上了一个大台阶，GDP 从占世界 1.8% 升至近 15%，由世界第十位跃升到第二位。2018 年进入世界 500 强的中国企业的数量已经达到了 120 家。一带一路、亚投行、自贸区、进博会等各种国家战略层面的努力带来了更多的发展利好。随着中国经济的发展以及国际地位的大幅提升，中国广告发展也需要融入"大局观"，即让广告成为展现中国形象、讲好中国故事的重要窗口。中国也需要与之相匹配的广告业规模、质量和更加专业化、国际化的广告公司。

另一方面，纵向维度的广告业与广告公司。国内学者丁俊杰在谈到中国广告 40 年发展时的观点值得我们思考。如何从新时代的全新视角去全景式地把握中国广告发展的历程，是学理与实践相结合的重大课题。中国广告发展的前 40 年可以称为新时期广告，即从学习、模仿西方到加入中国元素进行融合的广告之路。而从现在这个时间节点开始，广告可称为新时代广告，即进入消费新时代、传播新时代、市场新时代和广告价值的新时代。在中国品牌走向世界的过程中，我们需要更多的方法自信、理论自信和创意自信的自主性广告。

附录一 1979～2018年中国广告业与中国广告公司部分发展数据

1979年：全国广告营业额约1000万元，占国内生产总值的0.0025%，人均广告费0.01元。全国广告专业公司10家，从业人员约4000人，人均营业额2500元。

1980年：全国广告营业额约1500万元，占国内生产总值的0.0033%，人均广告费0.015元。

1981年：全国广告营业总额为1.18亿元，占国内生产总值的0.024%，人均广告费0.118元。全国广告经营单位1160家，从业人员16160人，人均营业额7302元。

1982年：全国广告营业额为1.5亿元，占全国生产总值的0.028%，人均广告费0.148元。全国广告经营单位1623家，从业人员18000人，人均营业额8333元。其中专业广告公司115家；兼营广告电视台46家，广播电台115家；报纸231家，杂志436家；其他综合（包括有线广播）680家。

1982年：全国广告营业额为1.5亿元，占全国生产总值的0.028%，人均广告费0.148元。全国广告经营单位1623家，从业人员18000人，人均营业额8333元。

1983年：全国广告营业额为2.34亿元，占国内生产总值的0.039%，人均广告费0.227元。全国广告经营单位2340家，从业人员34853人，人均营业额6714元。

1984年：全国广告营业额3.65亿元，占国内生产总值的0.051%，人均广告费0.35元。全国广告经营单位4077家，从业人员约47259人，人均营业额7724元。

1984年：全国广告营业额为3.65亿元，占国内生产总值的0.051%，人均广告费 0.35 元。全国广告经营单位 4077 家，从业人员约 47259 人，人均营业额 7724 元。

1985 年：全国广告营业额为 6.05 亿元，占国内生产总值的 0.067%，人均广告费 0.571 元。全国广告专业公司 6052 家，从业人员约 63819 人，人均营业额 9480 元。广告业连续三年高速发展，1983～1985 年，广告经营额平均递增 59.3%，广告经营单位平均年递增 55.6%，广告从业人员平均年递增 54.7%。

1986 年：全国广告营业额为 8.45 亿元，占国内生产总值的 0.083%，人均广告费 0.786 元。全国广告经营单位 6944 家，从业人员 81130 人，人均营业额 1.04 万元。其后六年广告也进入快速发展期，广告年平均增长率为 34.14%。

1987 年：全国广告营业额为 11.12 亿元，占国内生产总值的 0.093%，人均广告费 1.017 元。全国广告经营单位 8225 家，从业人员 92279 人，人均营业额 1.21 万元。

1988 年：全国广告营业额为 14.93 亿元，占国内生产总值的 0.106%，人均广告费 1.345 元。全国广告经营单位 10677 家，从业人员 112139 人，人均营业额 1.33 万元。

1989 年：全国广告营业额为 19.99 亿元，占国内生产总值的 0.118%，人均广告费 1.774 元。全国广告经营单位 11142 家，从业人员 128203 人，人均营业额 1.56 万元。

1990 年：全国广告营业额为 25.02 亿元，占国内生产总值的 0.135%，人均广告费 2.188 元。全国广告经营单位 11123 家，从业人员 131970 人，人均营业额 1.90 万元。全国四大广告传媒营业总额 23.3 亿元，增长 16.7%，报纸广告收入比 1980 年营业额增加 3.3 亿，仍居榜首。

1991 年：全国广告营业额为 35.09 亿元，占国内生产总值的 0.162%，人均广告费 3.03 元。全国广告经营单位 11769 家，从业人员 134506 人，人均营业额 2.61 万元。

1992 年：全国广告营业额为 67.87 亿元，占国内生产总值的 0.255%，人均广告费 5.792 元。全国广告经营单位 16683 家，从业人员 185428 人，人均营业额 3.66 万元。中国广告业进入连续三年的超高速发展期，年均增长率为 80.11%。

1993 年：全国广告营业额为 134.09 亿元，占国内生产总值的 0.392%，人均广告费 11.314 元。全国广告经营单位 31770 家，从业人员 311967 人，人均营业额 4.30 万元。在中国广告业连续三年（1992～1994）超高速发展期中，本年为增速最高的一年。

1994 年：全国广告营业额为 200.26 亿元，占国内生产总值的 0.439%，人均广告费 16.709 元。全国广告经营单位 43046 家，从业人员 410094 人，人均营业额 4.88 万元。

1995 年：全国广告营业额为 273.27 亿元，占国内生产总值的 0.475%，人均广告费 22.562 元。全国广告营业单位 48082 家，从业人员 477371 人，人均营业额 5.72 万元。

1996 年：全国广告营业额 366.64 亿元，占国内生产总值的 0.548%，人均广告费 29.957 元。全国广告经营单位 52871 家，从业人员 512087 人，人均营业额 7.16 万元。全球广告费 2910 亿美元，比 1995 年增长 7.8%。中国广告费在世界排序由 1995 年的第 12 位上升到 1996 年第 9 位，10 年来（1986～1996）发展速度名列世界第一，为 4980%。

1997 年：全国广告营业额为 461.96 亿元，占国内生产总值的 0.032%，人均广告费 37.368 元。全国广告经营单位 57024 家，从业人员 545788 人，人均营业额 8.46 万元。中国公司均摊营业额仅 8 万元，距世界高水平距离甚远。

1998 年：全国广告营业额为 537.83 亿元，占国内生产总值的 0.699%，人均广告费 43.092 元。全国广告经营单位 61730 家，从业人员 578876 人，人均营业额 9.29 万元。中国广告业从本年开始至 2003 年进入相对稳步的发展期，年增长速率为 15.20%。

1998 年：全国广告营业额为 537.83 亿元，占国内生产总值的 0.699%，人均广告费 43.092 元。全国广告经营单位 61730 家，从业人员 578876 人，人均营业额 9.29 万元。

1999 年：全国广告营业额达到 622.05 亿元，占国内生产总值的 0.76%，人均广告费 51.84 元。全国广告经营单位 64882 户、从业人员 587474 人，分别增长 5.1%、51.5%，人均营业额达 10.59 万

2000 年：全国广告营业额为 712.66 亿元，比 1999 年增长 14.57%，占国内生产总值 0.8%，人均广告费 56.3 元。全国广告从业人员 641116

人，比 1999 年增长 9.13%；广告经营单位 70747 户，比 1999 年增长 9.04%，人均营业额 11.12 万元。

2001 年：全国广告营业额为 794.89 亿元，比 2000 年增长 11.54%，占国内生产总值 0.82%，人均广告费 61.15 元。全国广告经营单位 78339 户，从业人员 709076 人，分别比 2000 年增长 10.73% 和 10.6%，人均营业额 11.21 万元。

2002 年：全国广告营业额达到 903.1 亿元，增长 108.2 亿元，增长 13.62%，占国内生产总值 0.86%，人均广告费 69.47 元。全国广告经营单位 89552 户，比上年增加 11213 户，增长 14.31%，从业人员 756414 人，增加 47338 人，增长 6.68%，人均营业额 11.94 万元。

2003 年：全国广告营业额 1078.68 亿元，比 2002 年度增长 19.44%，占国内生产总值的 0.92%，人均广告费 82.98 元。全国广告营业单位 10.18 万户，比 2002 年增长 13.66%；从业人员为 87.14 万人，比上年度增长 15.2%；人均营业额 12.38 万元。

2004 年：全国广告营业额达 1264.6 亿元，比上年增加 185.9 亿元，增长 17.2%，占国内生产总值的 0.93%，占第三产业生产总值的 2.9%。全国共有广告经营单位 113508 户，比上年增加 11722 户，增长 11.5%；广告从业人员 913832 人，比上年增加 42466 人，增长 4.9%。

2005 年：全国广告经营额达 1416.3 亿元，比上年增长 151.7 亿元，增长率达 12%。全国共有广告经营单位 125394 户，比上年增加 11886 户，增长 10.5%，增幅比上年下降 1 个百分点；广告从业人员 940415 人，比上年增加 26583 人，增长 2.9%，增幅比上年下降 2 个百分点。2005 年平均每个广告经营单位有 7.5 个从业人员。

2006 年：全国广告经营额达 1573 亿元，比上年增长 156.7 亿元，增长率达 11.1%。2006 年底，全国共有广告经营单位 143129 户，比上年增加 17735 户，增长 14.1%；广告从业人员 1040099 人，比上年增加 99684 人，增长 10.6%。

2007 年：全国广告经营额达 1741 亿元，比上年增长 168 亿元，增长率达 10.68%。全国广告经营单位达到 17.3 万户，从业人员 11.3 万人。

2008 年：全国广告经营额达 1889.6 亿元，比上年增长 158.6 亿元，增长率达 9.11%。中国广告经营额占 GDP 比例为 0.632%，比 2007 年的

0.706% 略有下降，广告经营单位与从业人员继续稳步增长，全国共有广告经营单位 18.58 万户，比 2007 年增加 1.32 万户，增长 7.62%，广告从业人员 126.64 万人，比上年同期增加 15.39 万人，增长 13.83%。

2009 年：全国广告经营额首次突破 2000 亿，达到 2041.0322 亿元，同比增长 7.45%，广告经营单位 20.50 万户，增加 1.92 万户，增长 10.34%，广告从业人员 133.31 万人，增加 6.67 万人，增长 5.27%。

2010 年：全国广告经营额超 2300 亿，达到 2340.5 亿元，广告经营单位 24.3 万户，广告从业人员 148 万人，中国已进入世界广告大国前四。

2011 年：全国广告经营额为 3125.55 亿元，比 2010 年增长 33.54%，创下了自 1997 年以来全国广告经营额增速的高峰。广告经营单位 296507 户，增加 21.80%，广告从业人员 167.344 万人，增加 13.03%。广告市场总规模已超过德国跃居世界第三位，仅次于美国和日本。

2012 年：全国广告营业额已突破 4000 亿元，达到 4698 亿元，较上一年增长 50.32%，创造了自 1993 年以来的最大增幅。全国已有 20 个广告产业园区挂牌开展工作。伴随着市场经济发展的中国广告业，经过 30 多年发展，已成长为一个拥有 37.8 万家经营单位、217.8 万从业人员的大行业。

2013 年：全国广告营业额达到 5019.75 亿元，较上年增长 6.84%，增幅有所回落。广告经营单位数量达到 45 万户，从业人员达到 262 万人，均保持两位数增长。互联网广告在 2013 年实现 638.8 亿元营业额，较 2012 年增长 45.85%。

2014 年：全国广告经营额达到 5607 亿元人民币，年增长率超过 11%。广告经营单位达 54 万余户，年增长率达到 22%；广告从业人员达到 270 多万人，比上年增加近 10 万人。中国广告市场的规模已位居全球第二，仅次于美国。

2015 年：全国广告经营额达到 5973.4 亿元，增长 6.6%。广告经营单位 67.2 万户，比去年增长 23.6%；广告从业人员 307.3 万人，增长 13.0%。

2016 年：全国广告经营额达到 6489 亿元，比 2015 年增长 8.6%，占 GDP 的 0.87%；广告经营单位达到了空前的 87.5 万户，较之 2015 年的 67 万余户激增了 30%，广告从业人员 390 万人，平均每天新增企业 500 多家，每天新增就业人员超过 2000 人。

2017 年：全国广告经营额达到 6896.41 亿元，同比增长 6.3%，户均广告经营额 61.41 万元；纳税 559.58 亿元，同比增长 50.2%；户均纳税 4.98 万元，同比增长 17.1%。广告业从业人数 438.18 万人，同比增长 12.3%，广告经营单位户均吸纳从业人员 3.9 人。广告经营单位 112.31 万户，同比增长 28.3%。

2018 年：全国广告产业经营额达到 7991.49 亿元，同比增长 15.88%。全国广告经营单位 137.59 万户，比 2017 年增长 22.51%；从业人员 558.23 万人，比 2017 年增长 27.4%。

（数据来源于国家市场监督管理总局公布的相关资料，经整理而成）

附录二　中国广告公司发展大事记与广告业阶段特征

第一阶段：1978～1982 年

1978 年开始，中央针对国民经济中存在的诸如农、轻、重比例严重失调，积累与消费比例严重失调等突出问题，在工业、农业、商业、外贸等领域进行了一系列有效的政策调整。随着这些政策的实施，国民经济得到恢复，企业活力不断释放，商品和市场开始恢复。

数据显示，受多种因素的影响，近乎空白的极低起点的中国广告行业，在 1981 年广告经营额增长率呈现井喷式的 686.67%，从 1980 年的 0.15 亿蹿升到 1.18 亿元。

大事件

1. 1978 年 6 月，上海广告公司为恢复广告开始积极奔走，同时开展相关广告活动。

2. 1979 年 1 月 4 日，《天津日报》发布了"蓝天牙膏"广告，它成为改革开放后在中国内地发布的第一个商品广告。

3. 1979 年 1 月 14 日，上海广告公司外贸设计科丁允朋在《文汇报》上发表《为广告正名》，引起了极大的震动。

4. 1979 年 1 月 25 日，作为上海电视台总负责人的邹凡扬向上级主管机关中共上海市广播事业局委员会和中共上海市委宣传部递交了《关于试办广告业务的报告》。

5. 1979 年 1 月 28 日，中国内地第一条电视广告，1 分 30 秒的"参桂养荣酒"广告在上海电视台黄金时间播出，由上海市美术公司（现上海市广告装潢公司）组织。《解放日报》也于同日恢复刊出商业广告。同年 3 月 15 日，上海人民广播电台播出"春蕾药性发乳"首例广播类商业广告。

6. 1979 年 2 月上海恢复路牌广告，在 11 个站点树立 40 余块广告牌。

同年，北京市广告公司在王府井南口推出 10 块广告牌，其中国内企业 6 块，客户为雪莲羊绒衫、金鱼洗衣粉等。

7.1979 年 3 月 18 日 18 时，上海电视台播出首例外商广告，1 分钟瑞士雷达表广告。之后，3 月 23 日《文汇报》与《解放日报》分别刊登日本"精工表"和"美能达相机"广告。这是"文革"后报刊刊登来华广告首举，引起广告界注目。

8.1979 年 6 月间，北京市委宣传部批准首都恢复广告业务。1979 年 8 月，北京市委批准成立"北京市广告公司"，1980 年 5 月改名为"北京市广告艺术公司"。

9.1979 年 10 月 27 日，由北京、上海、南京三家广告公司发起，在上海召开了全国 13 家广告单位的第一次广告经验交流工作会议，会议规定委托上海市广告装潢公司筹办《中国广告》杂志，委托北京市广告艺术公司草拟成立中国广告联合总公司章程。

10.1979 年 11 月 8 日，中共中央宣传部发布《关于报刊、广播、电视台刊登和播放外国商品广告业务的通知》。

11.1979 年最早成立的一批广告公司，分布在内贸系统和外贸系统。例如，隶属商业一局的上海市广告装潢公司、文化局的上海美术设计公司和外贸局的上海广告公司。北京外贸系统和广东外贸系统分别在 1979 年 7 月 18 日和 10 月 22 日成立了北京广告公司和广东省广告公司。

12.1980 年，国务院明确广告业隶属国家工商行政管理总局管理，国家工商总局筹建广告管理机构，着手制定有关广告管理法规。

13.1980 年 2 月，作为全球最大的单体广告公司，日本电通在北京设立了事务所，是最早来华的外商广告公司之一。

14.1980 年 11 月，上海服装公司建立我国第一支服装模特队。

15.1980 年 11 月 28 日，在广州召开 22 个大中城市广告单位第二次广告工作会议，会议通过由参加会议成员筹建《中华全国广告协会》，筹办第一届全国广告装潢展览。会议同时展示北京、上海、天津、广州等大中城市各种优秀广告作品并举办广告学术讲座。

16. 北京恢复路牌广告，至 1980 年 12 月 30 日改建和新建路牌已达 300 条块（面积 6000 平方米左右）为全国数量之最，引起国外瞩目，《瑞典时报》、日本《每日新闻》等先后进行报道。

17.1981 年 1 月 8 日，北京的《市场报》在显著位置刊登第一例《征婚广告》，一时举国上下褒贬不一。

18.1981 年 2 月 25 日，中国第一家广告经营单位联合体中国广告联合总公司在京成立，其成员 25 家广告公司。

19.1981 年 2 月 27 日，在京召开"中华全国广告协会"筹委会，拟定包括新闻、教育、科研、出版界等 45 人组成筹委会。

20.1981 年 8 月 21 日，经国务院、对外贸易部批准，"中国对外贸易广告协会"正式成立。

21.1981 年 10 月，宁波鄞县创办万龄广告公司，这是我国第一家农民办的专业广告公司。

22.1982 年 2 月 6 日，国务院颁布《广告管理暂行条例》，同年 5 月 1 日起施行。6 月 5 日，国家工商行政管理局颁发《广告管理暂行条例实施细则》。6 月 5 日，国家工商行政管理局下发《关于整顿广告工作意见》，对全国广告经营单位进行普查，统一发证。

23.1982 年 2 月 18 日，《人民日报》发表了《办好社会主义广告事业》评论员文章祝贺《广告管理暂行条例》的颁布。

24.1982 年 2 月 21 日，第一届全国广告装潢设计展览在北京举办，随后又陆续在沈阳、武汉、广州、上海、重庆、西安等六城市巡回展出，历时近一年。

25.1982 年 3 月 18 日，中国广告联合总公司经国家工商行政管理局核准登记注册，3 月 24 日正式成立，4 月 15 日挂牌营业。中国广告联合总公司挂靠国家工商行政管理局，总部设在北京，这是第一家全国性的广告企业。

26.1982 年，上海国际饭店屋顶装置一块日商霓虹灯广告，轰动全市。

第二阶段：1983 ~ 1991 年

这一时期最为瞩目的事件当属"中央 1 号文件"对家庭联产承包责任制的农村改革战略的确立，国家开始逐步对国民经济的各个领域进行大刀阔斧的改革，商品经济开始快速勃兴，多种消费品的市场开始率先形成，媒体数量也在迅速扩充，这一时期，中国广告市场从最初的恢复状态到发展壮大，处于稳定的高速增长状态。

根据数据显示，这一时期，最低的一年（1991 年）增长率为 25.2%，最高的一年（1985年）增长率为65.8%。1991年的下滑，和当年国内改革步伐变缓有着直接关系。

大事件

1.1983年3月间，香港华资广告业商会应中国广告学会之邀，赴上海、北京、杭州等地访问，进行经验交流。

2.1983年5月30日，经教育部批准厦门大学新闻传播系开办广告专业，并开始正式向全国招生，这是我国院校第一个开办的广告专业。

3.1983年12月27日，经国务院批准，中国广告协会在京召开第一次代表大会，来自全国28个省、自治区、直辖市，以及香港地区代表参加了大会，中国广告协会正式成立。1984年11月1日，中国广告协会广告公司委员会成立。

4.1984年10月2日，中国广告代表团应邀参加在日本召开的第29届世界广告会议。中国广告界首次步入国际广告界，受到42个国家代表的热烈欢迎。

5.1985年8月间，《国际广告》杂志在上海创刊出版。

6.1986年2月22日，中国广告函授学院开学典礼在京举行。学院共设17门课程，招录学员近5000名。

7.从20世纪80年代开始，学界、业界、政府等领域开始"社会主义广告"的大讨论。

8.1984年，北京广告公司率先提出"北广模式"，核心理念是"以创意为中心，为客户提供全面服务"。

9.1986年，广东省广告公司成立时装模特队；1987年，北京广告公司成立北京时装模特队；1988年，甘肃省广告公司模特队受兰州24家企业委托，前往23个城市进行广告宣传。

10.1986年，第一家合资广告公司——电扬广告公司成立。由中国国际广告公司、纽约中国贸易公司和美国电扬、扬罗必凯公司合资兴办。

11.1987年6月16日至20日，第三世界广告大会在北京召开，万里代总理出席开幕式并发表重要讲话。李先念主席会见出席大会的各国代表。

12.1987年10月26日，国务院颁发《广告管理条例》，自1987年12月1日起施行。1988年1月9日国家工商行政管理局发布《广告管理条例施行细则》。

13. 1987 年 2 月初至 5 月 28 日，甘肃广告美术公司组织模特队，受兰州 24 家企业委托前往 23 个省会主要城市进行巡回广告宣传，行程 23 万公里，直接观众 300 多万人，此间国内外 100 多家报刊、电台、电视报道了她们的活动。

14. 1988 年 6 月，北京国安广告总公司与中央电视台广告部联合开创了中国电视媒介史上第一个广告专栏《榜上有名》并获得成功；1988 至今开播 17 年，成为央视著名栏目。1990 年，与中央电视台广告部合作，开办的第二个电视广告专栏《名不虚传》成为著名的广告专栏。

15. 1989 年 9 月 13 日，香港《南华早报》发表了"外商恢复在中国作广告"的文章，真实地介绍国内广告业发展情况。来华广告外汇收入折合人民币达 1 亿元。

16. 1991 年，世界著名的奥美广告公司与上海广告公司合资，正式成立上海奥美，最初的客户名单中包括联合利华、大众等跨国公司。

17. 1991 年 11 月 12 日，全球四大广播传媒集团之一美国 BBDO 天高广告公司与我国拥有 75 家成员公司的中国广告联合总公司共同合资组建了天联广告公司。

第三阶段：1992～2000 年

1992 年 10 月，中共十四大提出建立社会主义市场经济体制的目标，此后，国家实施了一系列鼓励广告业发展的政策，对广告业实行经营放开。和社会上的"下海"热潮一致，诸多其他行业的人员，如高校教师、报社职员、工艺美术毕业生等开始进入广告领域，这一阶段是我国改革开放快速推进的一个阶段，也是中国广告市场成长最快的一个阶段。

数据显示，1992 年和 1993 年两年，广告的经营额开始成倍增长，中国开始进入世界广告大国的序列，虽然随后增长速率开始下降，但依然保持较高的增长速度。这一时期，广告公司开始成为广告行业的最主要力量，广告代理制也开始推行，媒介代理公司开始出现，广告行业在专业化的路上不断摸索前行。

大事件

1. 1992 年 2 月 25 日，由中国广告协会主办，李奥贝纳（中国）广告有限公司协办的"1992 中国高级广告讲习班"在深圳开办。

2. 20世纪90年代，运用CIS系统打造品牌，推动广告CI导入成为一股浪潮，从而提升了神州、华帝、美的、科龙、东大、固力、健力宝诸多粤货的形象，使"CIS"在广东风靡，并由南向北延伸。

3. 1992年，CCTV未来广告公司与《东方时空》栏目相伴而生。

4. 1993年，广告公司的广告经营额首次超过媒体单位的广告经营额。

5. 1993年，珠海举办首届广告人节。珠海市、江门市纷纷举办各种类型的"广告人节"，广告人开始成为一种专业化和职业化的力量进入社会公众的视野。

6. 1993年，杭州西湖三潭印月风景区竖起大型广告牌，引发批评。

7. 1993年7月15日，国家工商行政管理局发布《关于部分城市进行广告代理制和广告发布前审查试点工作意见》，并选择部分地区开展试点和先在报纸、广播、电视三种媒介上试行。

8. 1994年6月8日，国家工商局与中国企业评价协会在北京召开"中国广告公司实力评价新闻发布会"暨"中国广告公司发展战略研讨会"，公布首届1992年中国广告公司实力排序50强和广告营业额前50名。排名第一的广告公司为上海广告公司，电视台为中央电视台，报纸为《广州日报》。

9. 1994年1月1日，广告行业开始全面贯彻落实《关于加快广告业发展的规划纲要》，中国广告业开始向新体制迈进。

10. 1994年3月间，北京广播学院成立我国大陆第一个广告学系。

11. 1994年10月27日，《中华人民共和国广告法》经第八届全国人大第二次会议审议通过，同时江泽民主席签发第34号主席令正式公布《中华人民共和国广告法》，自1995年2月1日施行。

12. 1994年11月2日，中央电视台黄金时段20块5秒广告段位招标活动启动，电器电脑类和酒类竞争最为激烈，该时段成为当时国内最贵的广告时间，结果孔府宴酒以最高价3099万元中标，成为第一届"标王"。

13. 1994年，北京电通广告有限公司正式成立，由姜弘担任总经理。

14. 1995年，法国索福瑞和央视调查公司合作，在实力媒体的帮助下将市场调查应用到广告业。

15. 1996年6月21日，我国首次派团参加第43届夏纳国际广告节，令人遗憾的是我国选送的69件广告作品不仅与金狮奖、银狮奖无缘，而且无一入围。

16. 1996 年 9 月 9 日，中国国家教委与日本电通就"中日广告教育交流项目达成协议，电通将向六所院校提供广告设备，派遣专家讲学，并接受六校师生到该公司进修学习。

17. 1996 年，广州地区综合性广告代理公司委员会即广州 4A 成立，首批会员公司有 18 家，这是中国内地最早出现的 4A 组织。

18. 1996 年，盛世长城、达彼思广告公司媒介部合并，成立"实力媒体"。

19. 1997 年，媒体以制造明星的方式推出第一届中国十大策划人榜单。

20. 1998 年，广东白马广告有限公司与英国 More Group 合资经营中国城市候车亭灯箱广告。

21. 1999 年，广州市旭日广告公司率先出版中国第一本广告公司年鉴。

22. 1999 年 1 月，英特尔的全球广告代理灵智大洋（广州）有限公司在北京成立"互动传播部"；3 月，恒美（DDB）成立网络互动市场部；4 月，奥美和中乔智威汤逊在中国联合推出互动媒体资讯；5 月，台湾"梦想家媒体"与上海金马广告合资组建互联网门户站点；精信广告有限公司之精信医疗保健部在中国开通第一个医疗网站；赛乐特心理网站成为第一个为广告商和客户提供准确的广告定向报告的网站。

23. 1999 年，由实力媒体主办的中国首届"电视媒体品牌营销研讨会"在上海举行。

24. 2000 年，科龙集团宣布，将与电通、奥美和朗涛 CI 设计公司进行合作，正式启动"世纪品牌工程"。

25. 2000 年，云南省昆明风驰广告集团和昆明恒通广告公司宣布正式合并为大型户外广告媒体公司。其后，新公司被来自香港的 TOM 集团收购。

26. 2000 年，著名全球在线广告方案公司 Double Click 宣布与新浪网达成合作协议，为其提供广告管理方案。

第四阶段：2001～2010 年

从 20 世纪 90 年代末开始，中国广告在经历了长达 20 年的高速发展之后，开始走向平稳发展，这是中国广告行业发展必然要经历的历史"拐点"。中国广告开始走向和国民经济与产业利润保持相当水平的稳健型发展。

从某种程度上说，中国广告开始摆脱了粗放式的经营格局，难以再继续依赖市场快速增长的红利，需要进一步的专业化和职业化，调整结构，修炼内功。一方面，广告是以"创意"为生产力的三密集行业，需要不断在创意升级、技术更新中寻找动能；另一方面，以利润为驱动的资本开始涌进广告行业，技术也开始重构广告生态。此外，加入世贸组织之后，中国广告行业又面临着来自跨国广告公司竞争等诸多不确定性因素的影响。

大事件

1.2001年12月，广东白马广告有限公司旗下的企业"风神榜"在香港主板上市，成为中国第一家上市广告企业，为其缔造中国户外广告网络提供了资金。

2.2001年年底，以北京电通为首的合资广告公司在中国加入WTO之际，在国内推行"零代理"制度。

3.2002年，媒体世纪和媒体伯乐相继在香港挂牌上市。目前，媒体世纪在18个城市拥有2万辆车身广告的经营权，以及北京地铁，上海地铁2号线、明珠线的广告经营权。媒体伯乐拥有1.2万辆巴士车身广告经营权和广州地铁、上海地铁1号线的广告经营权。

4.2002年，广东省广告公司改制为广东省广告有限公司（股份制）。

5.2003年，山东宏智广告集团通过其在香港的子公司"洪福国际广告有限公司"，在美国纳斯达克借壳上市，开中国内地民营广告公司在美上市之先河。

6.2003年，根据《内地与香港关于建立更紧密经贸关系的安排》，自2004年起，香港公司可在内地设立独资分公司。2004年，国家工商行政管理总局和商务部发布《外商投资广告企业管理规定》，自2005年12月10日起，经审批，外商可以在我国境内成立独资的广告公司。

7.2004年，第39届世界广告大会在北京成功举办，主题是"突破：从现在到未来"，标志着中国本土广告业得到了全世界的关注与认可。

8.2004年6月21日，奥美集团与福建奥华联手宣布，由两家共同投资的福建奥华奥美广告公司正式成立，跨国广告公司在中国的并购成为一个重要议题。

9.2004年11月17日，BBDO与四川西南国际广告公司签约，成立

BBDO 中国西部分部。

10. 2004 年 11 月 18 日上午，在中央电视台广告招标会上，宝洁公司以 3.8515 亿的投标额成为央视历史上第一个外资企业标王。

11. 2005 年，分众传媒成为首家在美国纳斯达克上市的中国广告传媒股并于 2007 年入选纳斯达克 100 指数。

12. 2005 年 12 月，中国商务广告协会综合代理专业委员会（简称"中国 4A"）正式成立，中国 4A 旨在建设一个在服务、创新、实力、诚信等方面水准最高、最具社会影响力的广告同业组织。

13. 2006 年，在中国国际广告节上，首届"中国元素国际创意大赛"举办，此后成为一个重要的活动议题。

14. 2008 年，BBDO 宣布收购中国领先的整合传播公司——宣亚国际传播集团的部分股份。与此同时，BBDO 改名为 BBDO CHINA，做一家"中国公司"

15. 2010 年至今，蓝色光标、省广股份等综合服务类广告公司纷纷上市，广告公司价值受到资本市场认可，上市进入常态化阶段。

第五阶段：2011～2019 年

消费升级、渠道升级和传播升级建构了一个全新的营销传播世界，互联网广告的崛起带来了一整套全新的产业运作模式，技术、资本、跨界、融合、颠覆开始成为行业的主流。一方面，从视频网站，到社交媒体，广告行业的产业链在发生巨变，广告公司的经营模式、知识体系、赢利模式在颠覆中寻找重构。另一方面，广告创意的操刀者也已经不局限于传统的广告公司，大量依托新技术、新媒介的创意机构，以"小而美"的形态闯入创意市场。

大事件

1. 2011 年 1 月 12 日，国家形象宣传片的人物篇制作完成，1 月 17 日亮相纽约时代广场。

2. 2011 年，国务院《产业结构调整指导目录（2011 年本）》，将"广告创意、广告设计、广告制作"列为鼓励类，这是广告业第一次享受国家鼓励类政策，为广告业的发展提供了强有力的政策支持依据和空间。

3. 2011 年，由国家人力资源和社会保障部、国家工商总局共同组织实施的广告师"执业"资质考试 6 月首次举行。这是中国广告行业首次实行执业水平评价制度。

4. 2011 年，广电总局下发"限广令"（66 号令）（同年还有"限娱令"），决定自 2012 年 1 月 1 日起，全国各个电视台播出电视剧时，每集电视剧中间不得以任何形式插播广告。

5. 2011 年，上海 JWT 凭借《天堂与地狱》获得戛纳国际创意广告节平面单元全场大奖，这是大中华区获得的第一个全场大奖（备注：当年一共 17 个全场大奖）。距离 1996 年中国军团的戛纳全军覆没已过去了 17 年时间。

6. 2012 年年初，DDB Worldwide 集团宣布其首席创意官将在上海主持成立 DDB 全球创意中心，使 DDB 成为麦迪逊大道上首家将创意总部迁至中国的广告公司。

7. 2012 年 4 月 19 日，国家工商总局在南京为首批 9 个"国家广告产业园区"授牌。

8. 2013 年 11 月 6 日，上海天与空广告股份有限公司在上海市工商局登记成立，打出"4A 升级版"的商业模式。

9. 2014 年 5 月，凤凰网发起的中国原生营销研究院成立。

10. 2014 年，奥美中国在北京成立了 K1ND。这家创新型公司将帮助客户为它们的实体产品加载互联性，从而顺应全新的数码潮流。

11. 2014 年，思美传媒股份有限公司在深交所中小板上市，成为中国民营传媒广告第一股。

12. 2014 年，中国最大的营销传播集团之一蓝色光标完成收购全球最大社会化媒体传播公司 WeAreSocial（英国）。

13. 2014 年 12 月，全国基础设施行业规模最大、综合实力最强的民营企业柯达集团，收购北京百孚思广告有限公司、上海同立广告传播有限公司、广州市华邑众为品牌策划有限公司、广东雨林木风计算机科技有限公司、北京派瑞威行广告有限公司等五家公司各 100% 股份，成为全国主板上市唯一一家互联网营销公司。

14. 2015 年 1 月，阿里巴巴集团以现金 3 亿美金 + 资源的方式控股易传媒，未来将与其分享所有品牌客户和基础数据。

15. 2015 年 6 月，百度宣布收购日本原生广告公司 popIn 的控股权。

16. 2015 年，中国泵行业上市公司利欧股份跨界进入数字营销领域，一举收购聚胜万合（MediaV）、氩氪广告、琥珀传播、万圣伟业和微创时代100%股权，开始加速转型进入数字营销领域。

17. 2015年，先进的LED显示屏制造技术联建光电以19.6亿元收购深圳力玛、华瀚文化、励唐营销和远洋传媒等四家广告传媒公司，形成了数字户外传媒集团的雏形。

18. 2015年5月底，作为国内老牌的电视剧制作公司，长城影视收购三家主营业务为广告的公司，借助其自身优质的内容实力向广告行业布局。

19. 2016年9月1日，新《广告法》正式实施。

20. 2016年6月底，央视播出建党95周年公益广告《我是谁篇》与《心跳篇》。

21. 2016年，Accenture收购6家广告创意公司，其中包括全球最大的独立创意和品牌咨询公司Karmarama。

22. 2016年3月，微博红人papi酱获得1200万人民币融资，单靠在微博发布各类吐槽变音视频的她，在投资人眼里被估值1.2亿人民币，而她的第一次广告被拍出2200万的价格。

23. 2017年戛纳广告节，腾讯与戛纳广告节成立了idea+实验室，阿里巴巴和阳狮广告传播集团达成了战略合作。

24. 2017年，BeOne奥美正转型成为单一品牌的整合代理商，以更好地为数字时代的新一代营销客户服务。

25. 2018年9月，今日头条向外透露，2018年的广告创收有望突破290亿元人民币，这将超过所有省级电视媒体全年创收之和。

26. 宝洁集团在2018年投资者大会中，明确表示2018年到2021年要减去近26.8亿元营销预算，并砍掉50%目前合作的代理商服务数量。

27. 2018年4月，广告巨头WPP集团苏铭天辞去首席执行官一职，离开了长达32年的掌门职位。

28. 2018年5月，埃森哲互动宣布收购数字营销公司伙传播。

29. 2018年6月3号，马马也、火橙、有门互动、之外创意、天与空、好卖广告、有氧、找马策略、胜加、意类、Karma等21家创意公司联合发起了关于付费比稿的联合倡议。

30. 2018年7月18号，阿里巴巴约以150亿元人民币战略入股分众传媒及其控股方。此次阿里入股分众，很好地利用了分众的线下电梯广告和阿里的线上优势互补，尝试新零售新趋势下数字营销的模式创新。

31. 2018 年 9 月 2 号，WPP 集团宣布，将旗下扬罗必凯（Y&R）与VML 两家公司合并组建一家全新的全球"品牌体验代理商"——VMLY&R。WPP 表示，VMLY&R 将在"全球范围内为客户提供现代化，完全集成的数字和创意产品"，在 2019 年初开始运营。

32. 2019 年的 CES（国际消费电子产品展览会）上，宝洁全球首席品牌官毕瑞哲（Marc Pritchard），再一次发出惊人的表述，"我们需要思考没有广告的世界"。

参考文献

1. 文献资料

《首届（1992）中国广告公司实力排序》，经济管理出版社，管理世界杂志社，1994。

《中国广告年鉴》，新华出版社，（1988～2017）。

《中国广告》杂志（1981～2017）。

《国际广告》杂志（1985～2010）。

《广告导报》杂志（1993～2017）。

《现代广告》杂志（1994～2017）。

《广告门》网站：2006 至今。

麦迪逊邦网站：2006 至今。

林俊明主编《龙吟榜》，1995～2010。

劳博等编著《广告圈》（第一、二、三期），内部发行。

《中国广告二十年》，音像资料，黄升民，2001。

《中国广告三十年》，音像资料，黄升民，2010。

仲辉、王春荣：《发展中的中国广告业——中国广告二十五年发展报告》，新华出版社，2004。

中国广告协会：《迈向新世纪的中国广告业》，工商出版社，2000。

邹东涛：《中国改革开放 30 年（1978～2008）》，社会科学文献出版社，2008。

国家工商行政管理总局广告监管司编《2004 中国广告经营单位名录》，新华出版社，2004。

北京广告协会：《当代北京广告史》，中国市场出版社，2007。

现代广告杂志社编《中国广告业二十年统计资料汇编》，中国统计出版社，2000。

现代广告杂志社编《影响中国广告30年杰出人物》，中国统计出版社，2009。

范鲁彬编《中国广告25年》，中国大百科全书出版社，2004。

范鲁彬编《中国广告30年全数据》，中国市场出版社，2009。

中国传媒大学等主编《见证：中国广告30年》，中国传媒大学出版社，2009。

中国广告协会编《中国广告三十年大事典》，中国工商出版社，2009。

彭曙曦、吴予敏主编《深圳广告26年》，社会科学文献出版社，2006。

袁乐清等主编《广告潮》（第一、二、三、四、五辑），岭南美术出版社，1994～2000。

王菲、倪宁等：《日本企业在华广告20年》，中国轻工业出版社，2004。

林升梁：《美国伟大广告人》，中国经济出版社，2008。

魏炬：《世界广告巨擘》，中国人民大学出版社，2006。

IAI国际广告研究所/国际广告杂志社/北京广播学院广告学院：《中国广告猛进史（1979～2003）》，华夏出版社，2004。

陈国权：《中华人民共和国经济建设简史》，中国物资出版社，1995。

上海市委党史研究室、上海市现代上海研究中心编《口述上海：改革创新（1978年—1992年）》，上海教育出版社，2014。

宋涛：《当代北京广告史》，中国市场出版社，2007。

龙吟榜主编《榜上客：全球二十八位顶级华文创意人谈广告》，国际文化出版公司，2001。

2. 中文论著

刘保孚：《广告风云：1982～1997改革开放亲历记》，中国广播电视出版社，2013。

姜弘：《广告人生》，中信出版社，2012。

唐忠朴：《我的广告生涯》，中国友谊出版公司，2004。

唐忠朴：《中国电视广告十年》，新疆美术摄影出版社，1995。

余虹、邓正强：《中国当代广告史》，湖南科学技术出版社，1999。

陈刚：《当代中国广告史》，北京大学出版社，2010。

黄升民、丁俊杰主编《营销·传播·广告新论》,北京广播学院出版社,2000。

黄升民:《广告观:一个广告学者的观点》,中国三峡出版社,1996。

黄升民:《新广告观》,国际文化出版社,2003。

黄升民:《黄升民自选集:史与时间》,复旦大学出版社,2004。

黄升民:《中国广告图史》,南方日报出版社,2006。

丁俊杰、董立津:《中国广告业生存及发展模式研究》,中国工商出版社,2004。

丁俊杰、陈刚:《广告的超越:中国4A十年蓝皮书》,中信出版社,2016。

丁俊杰:《现代广告通论》(第三版),中国传媒大学出版社。

陈培爱:《中外广告史——站在当代视角的全面回顾》(第2版),中国物价出版社,2002。

赵琛:《中国广告史》,高等教育出版社,2005。

许俊基:《中国广告史》,中国传媒大学出版社,2015。

李志恒、胡正起:《中国广告大未来》,中信出版社,2012。

朱海松:《国际4A广告公司媒介策划基础》,中国市场出版社,2009。

朱海松:《国际4A广告公司基本操作流程》,中国市场出版社,2009

朱海松:《国际4A广告公司品牌策划方法》,中国市场出版社,2009。

卢泰宏、何佳讯:《蔚蓝智慧:读解十大跨国广告公司》,羊城晚报出版社,2000。

傅慧芬:《西方广告世界》,人民出版社,1993。

邓小平:《邓小平文选》,人民出版社,1993。

梁庭嘉:《如何大做广告》,汕头大学出版社,2004。

纪文凤:《回归路:在中国创业的经验之谈及所思所想》,香港博益出版集团,1997。

宋秩铭等:《奥美的观点(Ⅰ)》,企业管理出版社,2000。

宋秩铭、庄淑芬:《奥美的观点(Ⅱ)》,企业管理出版社,2000。

奥美公司,《奥美的观点(Ⅲ)》,中国物价出版社,2003。

奥美公司:《奥美的观点(Ⅳ)》,中国人民大学出版社,2006。

奥美公司:《奥美的观点(Ⅴ)》,中国市场出版社,2008。

奥美公司：《奥美的观点（Ⅵ）》，中信出版社，2010。

奥美集团：《奥美的观点（Ⅶ）》，中信出版社，2013。

麦肯·光明广告公司编《百年麦肯》，国际文化出版公司，2002。

麦肯·光明广告公司编《十年麦肯·光明（1991～2001）》，中国物价出版社，2002。

唐锐涛、劳双恩等：《智威汤逊的智》，机械工业出版社，1998。

李传屏：《营销论语》，中国市场出版社，2006。

莫康孙：《老莫煲汤》，黑龙江科学技术出版社，2002。

孙大伟：《孙大伟的异想世界》，国际文化出版公司，2003。

伦洁莹：《不抹口红的广告》，中国物价出版社，2003。

陈卫星：《传播的观念》，人民出版社，2008年6月修订版。

谢薇：《清末上海中文报纸中的日本广告研究》，上海三联书店，2016。

陈洪波：《抗战时期〈广西日报〉（桂林）广告研究（1937～1945）》，厦门大学出版社，2016。

俞雷：《追寻商业中国：觉醒的时代》，中信出版社，2009。

吴晓波：《激荡三十年：中国企业1978～2008》，浙江大学出版社，2007。

吴晓波：《跌荡一百年：中国企业（1970～1977）》，中信出版社，2009。

吴晓波：《浩荡两千年：中国企业（公元前7世纪－1869年）》，中信出版社，2012。

吴晓波：《激荡十年，水大鱼大：中国企业（2008～2018）》，中信出版社，2017。

王铮：《少数派广告》，电子工业出版社，2004。

张丽君：《广告枭雄》，华夏出版社，2005。

陈小云：《泛广告时代的幻象》，复旦大学出版社，2006。

文武文：《方法：国家著名广告公司操作工具》，中国线装书局，2003。

寇非：《广告·中国：（1979～2003）》，中国工商出版社，2004。

邹振环：《西方传教士与晚清西史东渐：以1815至1900年西方历史译

著的传播与影响为中心》，上海古籍出版社，2008。

刘招成：《美国中国学研究：以施坚雅模式社会科学化取向为中心的考察》，上海人民出版社，2009。

冯筱才：《在商言商：政治变局中的江浙商人》，上海社会科学院出版社，2004。

郝延平、李荣昌、沈祖炜：《十九世纪的中国买办：东西间桥梁》上海社会科学院出版社，1988。

何炳棣：《读史阅世六十年》，广西师范大学出版社，2009。

葛剑雄、周筱赟：《历史学是什么？》，北京大学出版社，2002。

朱孝远：《史学的意蕴》，中国人民大学出版社，2002。

钱穆：《中国历史研究法》，生活·读书·新知三联书店，2005。

梁启超：《中国历史研究法》，上海古籍出版社，1998。

赵光贤：《中国历史研究法》，中国青年出版社，1988。

黄宗智：《中国研究的范式问题讨论》，社会科学文献出版社，2003。

李欧梵：《现代性的追求：李欧梵文化评论精选集》，三联书店，2000。

李伯重：《火枪与账簿：早期经济全球化时代的中国与东亚世界》，生活·读书·新知三联书店，2017。

林毓生：《中国传统的创造性转化》，生活·读书·新知三联书店，1994。

茅海建：《天朝的崩溃：鸦片战争再研究》，生活·读书·新知三联书店，2005。

王德威：《想象中国的方法：历史、小说、叙事》，百花文艺出版社，2016。

曹锦清：《如何研究中国》，上海人民出版社，2010。

曹锦清：《黄河边的中国：一个学者对乡村社会的观察与思考》，上海文艺出版社，2013。

陈以爱：《中国现代学术研究机构的兴起：以北大研究所国学门为中心的探讨》，江西教育出版社，2002。

梁启超：《论中国学术思想变迁之大势》，上海古籍出版社，2012。

黄旦：《传者图像：新闻专业主义的建构与消解》，复旦大学出版社，2005。

周雪光：《组织社会学十讲》，社会科学文献出版社，2003。

杨伯溆：《全球化：起源、发展和影响》，人民出版社，2002。

李金铨：《报人报国》，香港中文大学出版社，2013。

3. **中文译著**

〔美〕马丁·迈耶：《麦迪逊大道：不可思议的美国广告业和广告人》，刘会梁译，海南出版社，1999。

〔美〕威廉·阿伦斯、迈克尔·维戈尔德、克里斯蒂安·阿伦斯：《当代广告学》，丁俊杰、程坪、陈志娟译，人民邮电出版社，2010。

〔法〕热拉尔·拉尼奥：《广告社会学》，林文译，商务印书馆，1998。

〔美〕朱丽安·西沃卡：《肥皂剧、性、香烟：美国广告200年经典范例》，周向民、田力男译，光明日报出版社，1999。

〔美〕苏特·杰哈利：《广告符码：消费社会中的政治经济学和拜物现象》，马姗姗译，中国人民大学出版社，2004。

〔美〕詹姆斯·特威切尔：《美国的广告》，凤凰出版传媒集团，2006。

〔美〕约瑟夫.塔洛：《分割美国：广告主与新媒体世界》，洪兵译，华夏出版社，2003。

〔美〕迈克尔·舒德森：《广告，艰难的说服：广告对美国社会影响的不确定性》，陈安全译，华夏出版社，2003。

〔美〕托马斯·英奇：《美国通俗文化简史》，施咸荣译，漓江出版社，1998。

〔美〕伊丽莎白·爱森斯坦：《作为变革动因的印刷机：早期近代欧洲的传播与文化变革》，北京大学出版社，2010。

〔美〕成基尼·汉默夫：《广告代理公司经营实务》，陈若鸿等译，企业管理出版社，1999。

〔美〕安德雷·内德尔：《如何进入广告业》，金光辉等译，陕西师范大学出版社，2004。

〔美〕罗伯茨：《至爱品牌》，丁俊杰译，中国人民大学出版社，2005。

电通跨媒体开发项目组：《打破界限》，苏友友译，中信出版社，2011。

〔美〕菲尔·杜森伯里:《洞见》，宋洁译，上海远东出版社，2011。

〔美〕Jim Aitchison:《卓越广告》，臧恒佳等译，云南大学出版社，2001。

〔英〕罗纳德·哈里·科斯:《变革中国:市场经济的中国之路》，王宁、徐尧、李哲民译，中信出版社，2013。

〔荷〕许理和:《佛教征服中国:佛教在中国中古早期的传播与适应》，李四龙译，江苏人民出版社，2005。

〔美〕彭慕兰、史蒂夫·托皮克:《贸易打造的世界:1400 至今的社会、文化与世界经济》，黄中宪译，陕西师范大学出版社，2008。

〔美〕格拉斯:《工业史》，连士升译，上海社会科学院出版社，2016。

〔英〕芬巴尔·利夫西:《后全球化时代:世界制造与全球化的未来》，王吉美、房博博译，中信出版社，2018。

〔美〕高家龙、程麟荪:《大公司与关系网:中国境内的西方、日本和华商大企业 (1880~1937)》，上海社会科学院出版社，2002。

〔美〕高家龙:《中国的大企业:烟草工业中的中外竞争 (1890~1930)》，商务印书馆，2001。

〔美〕高家龙:《中华药商:中国和东南亚的消费文化》，上海辞书出版社，2013。

〔美〕艾尔弗雷德·D. 钱德勒:《看得见的手:美国企业的管理革命》，商务印书馆，1987。

〔美〕艾尔弗雷德·D. 钱德勒:《企业规模经济与范围经济》，中国社会科学出版社，1999。

〔美〕艾尔弗雷德·D. 钱德勒:《战略与结构:美国工商企业发展的若干篇章》，孟昕译，云南人民出版社，2002。

〔美〕彭慕兰、史建云:《大分流:欧洲、中国及现代世界经济的发展》，江苏人民出版社，2004。

〔美〕凡勃伦:《企业论》，蔡受百译，商务印书馆，2012。

〔美〕威廉·麦克尼尔:《西方的兴起:人类共同体史》，孙岳等译，中信出版社，2015。

〔美〕斯塔夫里阿诺斯:《全球通史:从史前史到 21 世纪》，吴象婴等译，北京大学出版社，2012。

〔美〕杰里·本特利、赫伯特·齐格勒：《新全球史：文明的传递与交流》，魏凤莲译，北京大学出版社，2007。

〔英〕彼得·弗兰科潘：《丝绸之路：一部新世界史》，邵旭东、孙芳译，浙江大学出版社，2016。

〔美〕王国斌、李伯重译《转变的中国》，江苏人民出版社，1998。

〔加〕麦克卢汉：《机器新娘：工业人的民俗》，何道宽译，中国人民大学出版社，2004。

〔日〕大前研一：《无国界的世界》，黄柏棋译，中信出版社，2007。

〔英〕弗兰克·莫特：《消费文化：20世纪后期英国男性气质和社会空间》，余宁平译，南京大学出版社，2001。

〔英〕卡尔·波兰尼：《大转型：我们时代的政治与经济起源》，刘阳译，浙江人民出版社，2007。

〔法〕费尔南·布罗代尔：《15至18世纪的物质文明、经济和资本主义》，顾良译，生活·读书·新知三联书店，2002。

〔法〕阿芒·马特拉，米歇尔·马特拉：《传播学简史》，孙五三译，中国人民大学出版社，2008。

〔美〕丹尼尔·J.布尔斯廷：《美国人：建国的历程》，谢延光等译，上海译文出版社，2009。

〔美〕丹尼尔·J.布尔斯廷：《美国人：民主的历程》，谢延光译，上海译文出版社，2009。

〔美〕迈克尔·费瑟斯通：《消费文化与后现代主义》，刘精明译，译林出版社，2000。

〔美〕杰克逊·李尔斯：《丰裕的寓言：美国广告文化史》，任海龙译，上海人民出版社，2005。

〔日〕山本武利：《广告的社会史》，赵新利、陆丽君译，北京大学出版社，2013。

〔法〕托克维尔：《旧制度与大革命》，冯棠译，商务印书馆，1992。

〔美〕迪克斯：《马克斯·韦伯的思想肖像》，刘北成译，上海人民出版社，2007。

〔美〕施坚雅：《中国农村的市场和社会结构》，史建云、徐秀丽译，中国社会科学出版社、1998。

〔美〕杰里·本特利、赫伯特·齐格勒：《新全球史：文明的传承与交流》，魏凤莲译，北京大学出版社，2007。

〔美〕亚当·斯密：《国富论》，唐日松等译，华夏出版社，2005。

〔美〕西奥多·莱维特：《营销想象力》，辛弘译，机械工业出版社，2007。

〔美〕柯文、林同奇：《在中国发现历史：中国中心观在美国的兴起》，中华书局，2002。

〔美〕汤姆·彼得斯、沃特曼：《追求卓越》，戴春平译，中央编译出版社，2003。

〔美〕彼得·圣吉：《第五项修炼：学习型组织的艺术与实践》，张成林译，中信出版社，2009。

〔美〕迈克尔·舒德森：《发掘新闻：美国报业的社会史》，陈昌凤、常江译，北京大学出版社，2009。

〔英〕E. H. 卡尔：《历史是什么?》，陈恒译，商务印书馆，2000。

〔美〕兰德尔·柯林斯、迈克尔·马科夫斯基：《发现社会：西方社会学思想评述》，李霞译，2014。

4. 学术论文

孟令光：《中国广告企业发展进程研究（1978～2016）》，华东师范大学博士学位论文，2017。

邓广梓：《国际广告公司在中国的早期发展研究（1992～2001 年）》，北京大学博士学位论文，2015。

阴雅婷：《中国当代品牌文化传播变迁研究——基于广告传播的视角（1978～2015）》，华东师范大学博士学位论文，2017。

杜积西：《1978～2008：广告审美意识的流变》，西南大学博士学位论文，2012。

曹汝平：《上海美术设计机构研究（1909～1978）》，上海大学博士学位论文，2016。

郅阳：《百年麦肯广告设计研究》，苏州大学博士学位论文，2013。

苏鹏亮：《台湾广告公司发展史研究（1949～2013）》，厦门大学硕士学位论文，2014。

张剑烽：《企业、媒体和广告公司博弈模式的历史变化研究》，北京大学硕士论文，2007。

张树庭：《正名之路：中国当代广告业发展研究（1979～2008）》，中国传媒大学博士论文，2009。

范鲁彬、陈刚：《十年一剑——透视中国专业广告公司的成长历程》，《现代广告》，2003年第8期。

陈刚、祝帅：《"当代中国广告史"研究的问题与方法》，《广告研究》，2008年第4期。

丁俊杰、王昕：《中国广告观念三十年变迁与国际化》，《国际新闻界》，2009年第5期。

黄升民、黄河、陈素白：《分裂之间的危情与转机——略论新世纪以来中国广告产业的内在驱力》，《国际广告》，2007年第9期。

黄升民、王昕：《大国化进程中广告代理业的纠结与转型》，《现代传播》，2011年第1期。

陈卫星：《经济改革的形象铭文——解读〈中国传播的飞跃〉》，《新闻与传播研究》，1999年3月。

王晶：《我国历次广告风波原因探析（1979年—2009年）》，《现代广告》，2012。

图书在版编目（CIP）数据

中国广告公司四十年：1979－2019／刘佳佳，王昕
著. -- 北京：社会科学文献出版社，2020.5
（中国广告四十年）
ISBN 978－7－5201－5464－2

Ⅰ.①中… Ⅱ.①刘… ②王… Ⅲ.①广告公司－企
业发展－研究－中国－1979－2019 Ⅳ.①F713.8

中国版本图书馆 CIP 数据核字（2019）第 192246 号

·中国广告四十年·

中国广告公司四十年（1979～2019）

著　者／刘佳佳　王　昕

出 版 人／谢寿光
责任编辑／张建中

出　　版／社会科学文献出版社·政法传媒分社（010）59367156
　　　　　地址：北京市北三环中路甲 29 号院华龙大厦　邮编：100029
　　　　　网址：www. ssap. com. cn
发　　行／市场营销中心（010）59367081　59367083
印　　装／三河市龙林印务有限公司

规　　格／开　本：787mm × 1092mm　1/16
　　　　　印　张：23.5　字　数：377 千字
版　　次／2020 年 5 月第 1 版　2020 年 5 月第 1 次印刷
书　　号／ISBN 978－7－5201－5464－2
定　　价／118.00 元

本书如有印装质量问题，请与读者服务中心（010－59367028）联系

▲ 版权所有 翻印必究